HERMAN E. DALY

WIRTSCHAFT JENSEITS VON WACHSTUM

HERMAN E. DALY

WIRTSCHAFT JENSEITS VON WACHSTUM

DIE VOLKSWIRTSCHAFTSLEHRE NACHHALTIGER ENTWICKLUNG

VERLAG ANTON PUSTET
Salzburg – München
edition solidarisch leben

Herausgegeben von der edition solidarisch leben
(ERNST FÜRLINGER, MONA MÜRY-LEITNER,
JOSEF P. MAUTNER)

Originaltitel:
Beyond Growth
The Economics of Sustainable Development

Erschienen bei Beacon Press, Boston, Massachusetts

Aus dem Amerikanischen übersetzt von Tillmann Blume, Josef P. Mautner
und Julia Wörz
Fachliche Beratung: Hans G. Nutzinger, Achim Lerch

Die Deutsche Bibliothek – CIP-Einheitsaufnahme

Daly, Herman E.:
Wirtschaft jenseits von Wachstum : die Volkswirtschaftslehre nachhaltiger Entwicklung /
Herman E. Daly. – 1. Aufl. – Salzburg ; München: Pustet, 1999
(Edition solidarisch leben)
Einheitssacht.: Beyond growth <dt.>
ISBN 3-7025-0375-7

1. Auflage

Bergstraße 12, A-5020 Salzburg

Titelbild: Wall Street/New York von Michael Stahl
Umschlaggestaltung nach einer Idee von Friedrich Pürstinger
Druck: Salzburger Druckerei
ISBN 3-7025-0375-7

INHALT

DANK 8
ZUR DEUTSCHEN AUSGABE 9
HINFÜHRUNG ZUM BUCH von *Hans G. Nutzinger* 12

EINLEITUNG
Die derzeitige Sichtweise nachhaltiger Entwicklung 16
Nachhaltige Entwicklung und klassische Ökonomie 19
Nachhaltige Entwicklung und die Weltbank 21
Nachhaltige Entwicklung und der akademische Bereich 28
Nachhaltige Entwicklung und die Politik der USA 31
Nachhaltige Entwicklung, Wissenschaft und Religion 38

Teil I
ÖKONOMISCHE THEORIE UND NACHHALTIGE ENTWICKLUNG 46
EINLEITUNG 46
KAPITEL 1
Der Übergang zu einer Wirtschaft in stationärem Zustand 52
Der Übergang von der Wachstumsmanie zum stationären Zustand in der Theorie: Theoretische und moralische Anomalien des Wachstumsparadigmas, die im stationären Zustand aufgelöst werden 54
Der Übergang von der Wachstumsmanie zum stationären Zustand in der Praxis: Wachstumsversagen als erzwungene erste Schritte zur Wirtschaft im stationären Zustand 61
KAPITEL 2
Elemente der Umweltmakroökonomie 70
Die Umweltmakroökonomie mit optimalem Ausmaß 74
Die Politik geht über die Theorie hinaus: Handelbare Lizenzen als eine erzwungene Trennung von Allokation, Verteilung und Ausmaß 78
Wie groß ist die Wirtschaft? 85
Cowboy, Raumfahrer oder Elefant im Porzellanladen? 86
Eine prächtige Anomalie 89
KAPITEL 3
Konsum: Mehrwert, physische Transformation und Wohlfahrt 92
Konsum und Mehrwert 92
Konsum und physische Transformation 96
Konsum und Wohlfahrt 100
Schlußfolgerung 103

Teil II
OPERATIONALE POLITIK UND NACHHALTIGE ENTWICKLUNG 107
EINLEITUNG 107

KAPITEL 4
Operationalisierung von nachhaltiger Entwicklung durch Investitionen in natürliches Kapital 109
Verschiebung der Investitionen in Richtung des natürlichen Kapitals 110
Wie man in natürliches Kapital investiert 116
KAPITEL 5
Förderung einer ökologisch nachhaltigen Entwicklung: Vier abschließende Vorschläge für die Weltbank 128

Teil III
VOLKSWIRTSCHAFTLICHE GESAMTRECHNUNGEN UND NACHHALTIGE ENTWICKLUNG 137
EINLEITUNG 137
KAPITEL 6
Schritte in Richtung eines Maßes für ein nachhaltiges, gesellschaftliches Nettosozialprodukt 140
Nachhaltiges Einkommen 140
Defensive Ausgaben 142
Abschreibung des natürlichen Kapitals 143
KAPITEL 7
Nachhaltige Entwicklung und Volkswirtschaftliche Gesamtrechnung 145
Die Anomalie: Eine Unmöglichkeitshypothese 145
Kosten, Nutzen und Kapitalbilanzen: Eine Alternative zum Bruottosozialprodukt 151

Teil IV
BEVÖLKERUNG UND NACHHALTIGE ENTWICKLUNG 162
EINLEITUNG 162
KAPITEL 8
Tragfähigkeit als ein Instrument der Entwicklungspolitik: Der ecuadorianische Amazonas und der Chaco in Paraguay 165
Der ecuadorianische Amazonas 166
Der Chaco in Paraguay 171
Schlußbemerkungen 174
KAPITEL 9
Marx und Malthus im Nordosten Brasiliens: Eine Bemerkung zum größten Klassenunterschied bezüglich Fruchtbarkeitsrate in der Welt und zu seiner aktuellen Entwicklung 175

Teil V
INTERNATIONALER HANDEL UND NACHHALTIGE ENTWICKLUNG 192
EINLEITUNG 192
KAPITEL 10
Freihandel und Globalisierung versus Umwelt und Gemeinschaft 194

Argumente gegen Globalisierung mittels Freihandel 195
Widerlegung zweier häufiger Einwände 201
Schlußfolgerungen 209
KAPITEL 11
Von der Anpassung hin zu nachhaltiger Entwicklung:
Das Hindernis des Freihandels 214
Was das neoklassische Modell wegläßt 215
Warum Freihandel mit nachhaltiger Entwicklung im Konflikt steht 217
Entwicklung, nicht Wachstum 224

Teil VI
ZWEI PIONIERE DER NACHHALTIGEN ENTWICKLUNG
IN DEN WIRTSCHAFTSWISSENSCHAFTEN 227
EINLEITUNG 227
KAPITEL 12
Das ökonomische Denken von Frederick Soddy 229
Die vernachlässigte physische Grundlage der Wirtschaftswissenschaft 232
Die große Verwechslung: Vermögen versus Schulden 235
Die Schwäche des Geldes 238
Reformmaßnahmen 242
Die Bedeutung von Soddys wirtschaftswissenschaftlichem Denken für die Gegenwart 244
KAPITEL 13
Über den Beitrag von Nicholas Georgescu-Roegen zur
Wirtschaftswissenschaft: Ein Nachruf 251

Teil VII
ETHIK, RELIGION UND NACHHALTIGE ENTWICKLUNG... 262
EINLEITUNG 262
KAPITEL 14
Ein biblisches Wirtschaftsprinzip und die nachhaltige Wirtschaft 267
Das Prinzip der begrenzten Ungleichheit und seine biblische Grundlage 268
Das Prinzip in der modernen Welt 272
Das Prinzip und die Wirtschaft im stationären Zustand 276
KAPITEL 15
Nachhaltige Entwicklung: Von der religiösen Erkenntnis über ein ethisches
Prinzip zur Wirtschaftspolitik 282
Die religiösen Grundlagen der nachhaltigen Entwicklung 282
Das ethische Prinzip der nachhaltigen Entwicklung 286
Wirtschaftspolitische Maßnahmen für eine nachhaltige Entwicklung 290
Zusammenfassung und Schlußbemerkung 293

VERZEICHNIS DER IM TEXT ZITIERTEN LITERATUR 295
ZUM AUTOR 300

DANK

Auf der Titelseite erscheint mein Name als alleiniger Autor dieses Buches. Ich hatte jedoch einige stille Partner, die zumindest Mitarbeiter, wenn nicht Koautoren waren. Sie lehrten mich vieles und halfen mir in sehr vielen Bereichen während der letzten Jahre. Die „International Society for Ecological Economics" unterstützte mich als Gemeinschaft im Denken und Forschen; speziell meine Zusammenarbeit mit Robert Costanza bei der Gründung dieser Organisation und ihrer Zeitschrift *Ecological Economics* war sehr fruchtbar. Zu einer weiteren glücklichen und aufschlußreichen Freundschaft führte meine Zusammenarbeit mit John B. Cobb Jr.; wir verfaßten gemeinsam das Buch „For the Common Good". Während meiner sechs Jahre bei der Weltbank hatte ich das Glück, Robert Goodland als Mentor, Partner und Freund zu haben, ebenso auch Salah El Serafy und zahlreiche andere Mitglieder der „loyalen Opposition der Umweltschützer" innerhalb der Weltbank. An der Maryland Universität profitierte ich in letzter Zeit von Diskussionen mit meinen neuen Kollegen Robert Nelson, Robert Sprinkle, Mark Sagoff und David Crocker. Ganz besonders möchte ich die Unterstützung Peter G. Browns erwähnen. Dieses Buch verdankt seine Kohärenz zum großen Teil den überlegten redaktionellen Ratschlägen von Andrew Hrycyna sowie der gewissenhaften und hilfreichen Redaktion von Chris Kochansky. Aber am meisten Hilfe und Ermutigung, verbunden mit der ihr eigenen Weisheit, erhalte ich bereits seit 32 Jahren von meiner Lebenspartnerin und Frau, Marcia Damasceno Daly.

ZUR DEUTSCHEN AUSGABE

Ich habe mich sehr über die deutsche Ausgabe von „Beyond Growth", „Wirtschaft jenseits von Wachstum", gefreut, obwohl mir scheint, daß die meisten Deutschen, Schweizer und Österreicher überraschend gut Englisch sprechen, häufig besser als ich. Liegt es daran, daß Englisch heutzutage bei Treffen innerhalb der Europäischen Union als gemeinsame Verkehrssprache für den Europäer ein „Muß" ist? Eine weitere Dimension der Kosten und Nutzen wirtschaftlicher Integration!

Ich glaube, daß Ideen von Übersetzung profitieren und daß Übersetzung eine Art Filter ist, der die zusätzliche Überzeugungskraft durch den Stil, die Rhetorik und das Hervorrufen von Assoziationen herausfiltert. Natürlich ist es das Ziel eines guten Übersetzers, diesen Reichtum der Sprache zu erhalten, vor allem aber muß der Übersetzer die Grundaussage und die inhaltliche Logik zum Ausdruck bringen. Formuliert man Gedanken in einer anderen Sprache, so erschließen sie sich einem neuen Leserkreis, und man gelangt üblicherweise zu neuen Einsichten. Kann etwas nicht übersetzt werden, dann war es vermutlich von vornherein nicht allzu sinnvoll. Ich bin den Übersetzern dankbar, daß sie mein Werk dieser Prüfung unterzogen haben, und hoffe, es besteht.

Hatte ich in den letzten drei Jahren seit Verfassen dieses Buches Zweifel, oder gäbe es etwas, das ich hinzufügen oder weglassen würde, wenn ich die Möglichkeit hätte? Nichts, was einem Widerruf gleichkäme, aber ich biete meinen deutschen Lesern eine Reihe von Erläuterungen, die angesichts der Kommentare von Kritikern nützlich sein könnten.

Erstens werde ich im Abschnitt über Handel und Globalisierung eine Unterscheidung zwischen „Globalisierung" und „Internationalisierung" hinzufügen. Zweitens versuche ich im letzten Teil die Frage „Ist es möglich, ein Zufallsprodukt zu lieben?" zu klären.

1. Die von vielen als unvermeidbare Zukunft betrachtete Globalisierung wird häufig mit Internationalisierung verwechselt, ist tatsächlich aber etwas gänzlich anderes. *Internationalisierung* bezieht sich auf die zunehmende Bedeutung des internationalen Handels, internationaler Beziehungen, Verträge, Bündnisse etc. Inter-national meint selbstverständlich „zwischen" oder „unter" Nationen. Die wesentliche Einheit bleibt der Nationalstaat, auch wenn die Beziehungen zwischen den Staaten zunehmend notwendiger und bedeutender werden. *Globalisierung* bezieht sich auf die globale wirtschaftliche Integration vieler bisher nationaler Volkswirtschaften in eine globale Wirtschaft, hauptsächlich durch Freihandel und freien Kapitalfluß, aber

auch durch erleichterte oder unkontrollierte Wanderungsbewegungen. Sie bedeutet effektiv die Aufhebung der nationalen Grenzen für wirtschaftliche Zwecke. Was international war, wird überregional. Was durch komparativen Vorteil gesteuert wurde, wird nun durch absoluten Vorteil dominiert. Aus vielen Teilen wird ein Ganzes. Das Wort „Integration" selbst leitet sich von „integer" ab, was soviel bedeutet wie eins, gesamt oder ganz. Integration ist der Vorgang der Vereinigung zu einem Ganzen. Da es nur ein Ganzes, nur eine Einheit in Hinblick auf die zu integrierenden Bestandteile geben kann, folgt daraus, daß eine globale wirtschaftliche Integration logischerweise eine Desintegration der Volkswirtschaft beinhaltet. Mit Desintegration meine ich keineswegs, daß der Produktionssektor der einzelnen Staaten vernichtet wird, sondern vielmehr, daß seine Teile aus dem nationalen Kontext herausgerissen werden (des-integriert), um in ein neues Ganzes, nämlich die globalisierte Wirtschaft, re-integriert zu werden. Im sprichwörtlichen Sinne: „Wo gehobelt wird, da fallen Späne". Das Fallen der nationalstaatlichen Späne ist unvermeidbar, wenn der Hobel der globalen Integration angesetzt wird.

2. Ich habe die Frage: „Ist es möglich, ein Zufallsprodukt zu lieben?" gestellt, oder deutlicher auf den Punkt gebracht: „Ist es einem Zufallsprodukt möglich, ein anderes Zufallsprodukt zu lieben?" Diese Frage ergab sich, weil mir scheint, daß Umweltschützer Opfer fordern, welche keinesfalls gebracht werden ohne eine tiefe und beständige Liebe zur Schöpfung und zu unseren Mitgeschöpfen, zusammen mit einer aufrichtigen Dankbarkeit unserem Schöpfer gegenüber und im Vertrauen darauf, daß unser Dasein letztendlich nicht ohne Sinn ist. Allein das Wort Schöpfer stört viele und schreckt – wahrscheinlich die meisten – modernen Wissenschaftler ab, speziell Biologen und Ökologen, die ja im Großen und Ganzen eine neodarwinistische Weltsicht haben. Wenn man davon überzeugt ist, daß die Welt und das Leben im wesentlichen ein kosmischer Zufall sind, restlos erklärbar durch zufällige Veränderung und natürliche Auslese, warum sollte dann jemand dieses zufällige Ereignis ausreichend lieben, um Opfer für seinen Schutz oder den Schutz von Teilen von ihm zu bringen? Warum sollte man überhaupt auf irgendwelche rationale oder moralische Fähigkeiten vertrauen, wenn deren Ursprünge ausschließlich von irrationalen und amoralischen Vorgängen abhängen, gleichgültig wie lange diese schon zurückliegen? Deshalb war meine Frage: „Ist es möglich, ein Zufallsprodukt zu lieben?", oder: „Kann ein Zufallsprodukt ein anderes Zufallsprodukt lieben?"

Ein Kritiker bemerkte, daß es zweifellos möglich ist, ein Zufallsprodukt zu lieben, hinlänglich bewiesen durch Eltern, die ihre zufällig gezeugten Kinder lieben. Er hätte sich genausogut auf Wunschkinder beziehen können, da auch ihre Zeugung die zufällige Vereinigung von Spermium und Ei als eine

Zufallsmischung von genetischem Erbgut beinhaltet. Es war nicht meine Absicht, das Vorhandensein von zufälligen Prozessen zu leugnen, vielmehr wollte ich darauf hinweisen, daß, wenn man daran glaubt, der Kosmos sei im Grunde seines Zweckes beraubt, es widersprüchlich ist, unsere Mitmenschen zu zweckorientiertem Handeln zu drängen, einschließlich des Zweckes, diese oder jene vom Aussterben bedrohte Art zu retten. Es ist eine Sache zu sagen, daß die Schöpfung durch zufällige Vorgänge funktioniert oder dazu bestimmt ist, diese zu nutzen. Es ist aber etwas anderes zu behaupten, daß, da der gesamte Kosmos vermutlich nur ein Zufallsprodukt ist, man ihn deshalb nicht als Schöpfung betrachten könne, sondern vielmehr als Zufall. In diesem größeren kosmischen Zusammenhang empfinde ich den Begriff „Zufall" als zugleich wenig liebenswert und lieblos. A. N. Whitehead verweist auf diese unlogische Verbindung von einer vollkommen mechanischen Betrachtungsweise des Kausalprinzips mit der unbestreitbaren Erfahrung des Zwecks als „der radikale Widerspruch an der Basis des modernen Denkens, [welcher] vieles erklärt, was halbherzig und unsicher ist an unserer Zivilisation (…). Es schwächt das vernunftorientierte Denken durch diesen im Hintergrund lauernden Widerspruch." Meine Absicht war es, diesen „lauernden Widerspruch" zu beleuchten und zumindest an einem Beispiel aufzuzeigen, wie modernes Denken dadurch geschwächt wird.
Möglicherweise hätten diese beiden Erläuterungen meine Kritiker zufriedengestellt. Vielleicht auch nicht.

September 1998

Herman E. Daly
Washington, D.C.

HINFÜHRUNG ZUM BUCH

In einem der ersten Versuche, ein zusammenfassendes Bild der seit Mitte der achtziger Jahre entstandenen „Ökologischen Ökonomie“ zu präsentieren, nämlich in dem Sammelband „Ecological Economics“ (1991), hat Robert Costanza dieses neue Wissensgebiet zutreffend als „science and management of sustainability“, als „Lehre von der Nachhaltigkeit“ charakterisiert. Fünf Jahre später hat einer der Mitbegründer der Ökologischen Ökonomie, Herman E. Daly, die erste geschlossene Darstellung einer „Wirtschaft jenseits von Wachstum“ vorgelegt, die in bewußt einfacher und anschaulicher Sprache, aber durchaus mit wissenschaftlichem Anspruch ein umfassendes Bild von einer um das Konzept der „nachhaltigen Entwicklung“ zentrierten neuen Wirtschaftswissenschaft entwirft. Das 1996 erschienene amerikanische Original „Beyond Growth“ liegt nunmehr knapp drei Jahre später in einer deutschen Übersetzung vor, von der wohl richtigen Erkenntnis bestimmt, daß nicht nur die hier behandelte Thematik, sondern auch die Art und Weise, wie der Autor sie vermittelt, es verdienen, einem breiteren Leser(innen)kreis vorgestellt zu werden, der auch im Zeitalter der Globalisierung verständlicherweise leichter Zugang zu einem neuen Wissensgebiet findet, wenn die Verständigung in der eigenen Muttersprache stattfindet.

Die Gliederung des vorliegenden Bandes ist sehr eingängig und auch für diejenigen Leser(innen) gut nachvollziehbar, die sich bisher nur am Rande mit Fragen einer Ökologischen Ökonomie beschäftigt haben. In Teil I setzt der Verfasser zunächst das Konzept der „nachhaltigen Entwicklung“ – das als *sustainable development* vor allem durch den Bericht der Weltkommission für Umwelt und Entwicklung 1987 in die internationale wissenschaftliche und politische Diskussion eingeführt wurde – in Beziehung zu der bisherigen ökonomischen Theorie, in der sich dieser Begriff bisher immer nur gelegentlich, aber keineswegs als durchgängiges Prinzip fand. Zwar hatte der berühmte britische Nationalökonom John Stuart Mill bereits 1848 in seinen „Principles of Political Economy“ die Möglichkeit und Wünschbarkeit eines solchen „stationären Zustands“ (Buch IV, Kap. VI) aufgezeigt, aber das blieb für die spätere Theoriebildung nahezu folgenlos.

Konsequenterweise untersucht Herman E. Daly im ersten Kapitel des vorliegenden Buches die Möglichkeit eines Übergangs von der bisherigen „Wachstumsmanie“ des seit Adam Smith (1776) propagierten „progressive state“ zu einem ökonomisch funktionalen und zugleich mit den Naturgrundlagen des Wirtschaftens verträglichen stationären Zustand. Er weist dabei auf biophysische Grenzen des Wachstums ebenso hin wie auf dessen ethisch-soziale

Begrenzungen. Damit und mit der folgenden Skizze von Elementen einer – bisher nur ansatzweise entwickelten – Umweltmakroökonomie in den Kapiteln 2 und 3 bereitet er die Teile II und III seiner Studie vor, die sich zum einen den Möglichkeiten einer operationalen Politik auf dem Wege zu einer nachhaltigen Entwicklung und zum anderen dem Konfliktfeld zwischen traditioneller Volkswirtschaftlicher Gesamtrechnung und nachhaltiger Ent wicklung widmen. Über eine im Prinzip bekannte und auch von der herrschenden Wirtschaftstheorie anerkannte, wenn auch merkwürdig folgenlose Kritik an der „Naturblindheit" traditioneller Sozialproduktsberechnung hinaus liefert Daly dabei auch interessante Vorschläge für neue Konzepte und Berechnungsmethoden, die dem Leitbild der Nachhaltigkeit besser entsprechen, als dies die herkömmliche Gesamtrechnung tut.

Ein schwieriges, aber in der Nachhaltigkeitsdiskussion unvermeidliches Konfliktfeld betritt Daly in Teil IV seines Buches, wo er die komplizierte Beziehung zwischen Bevölkerung und nachhaltiger Entwicklung skizziert und zugleich an praktischen Fallbeispielen, nämlich dem Amazonasgebiet von Ecuador, dem Chaco in Paraguay und dem Nordosten Brasiliens, veranschaulicht und beleuchtet. In diesem Kontext betont Daly auch den engen Zusammenhang zwischen der notwendigen „Landreform" und der nicht minder notwendigen „Fortpflanzungsreform".

Die aktuell und vor allem potentiell destruktive Rolle, die der an sich wünschenswerte internationale Handel auf die Möglichkeiten einer weltweit nachhaltigen Entwicklung ausübt, ist Gegenstand von Teil V des Buches. Daly verweist dabei nicht nur darauf, daß im Zeichen weltweiter Kapitalmobilität nicht mehr die klassischen *relativen* (komparativen) Kostenvorteile, sondern – wie früher nur innerhalb einer Volkswirtschaft – die *absoluten* Kostenvorteile die globalen Produktions- und Standortentscheidungen bestimmen, begünstigt durch weltweite Transportmöglichkeiten, deren Preise die mit der Globalisierung und den Faktor- und Güterbewegungen einhergehende Beanspruchung, ja Gefährdung der Naturgrundlagen auch nicht annähernd widerspiegeln. Daly präsentiert hier anschaulich und zusammenfassend seine Sicht der eher zerstörerischen Folgen des bisher praktizierten Welthandels, wie er sie in einer Kontroverse mit Jagdish Bhagwati als dem Vertreter der traditionellen Theorie des internationalen Handels bereits Anfang der neunziger Jahre entwickelt hatte. Daly sieht außer dem Problem der nicht angelasteten „externen Kosten" auch eine Reihe von meist „außerökonomischen" Problemen, wie Verteilungsgerechtigkeit, Gemeinschaftspflege, nationale makroökonomische Handlungsfähigkeit und insbesondere die Einhaltung der ökologischen Grenzen, die durch ein ständig wachsendes „Ausmaß" wirtschaftlicher Aktivitäten zunehmend verletzt werden.

In dem stärker dogmenhistorisch orientierten Teil VI werden zwei Pioniere der nachhaltigen Entwicklung in den Wirtschaftswissenschaften besonders hervorgehoben und dargestellt, nämlich der britische (Natur-)Wissenschaftler Frederick Soddy (1877–1956) und der 1996 verstorbene, aus Rumänien stammende Wirtschaftswissenschaftler Nicholas Georgescu-Roegen, dessen ökologisches, am Konzept der „Entropie" orientiertes Spätwerk weitaus stärker außerhalb als innerhalb seiner eigenen Disziplin wahrgenommen wurde. Diesen beiden Gelehrten, so bekennt Daly, verdankt er wichtige Anstöße für die Entwicklung seines eigenen Denkens.

Wenn nun Herman E. Daly im letzten Teil seines Buches „Ethik, Religion und nachhaltige Entwicklung" zueinander in Beziehung setzt, werden viele Wirtschaftswissenschaftler und vermutlich auch manche Leser(innen) einwenden, daß der Autor damit eindeutig die Grenzen seines Faches überschreitet. Eine derartige Grenzüberschreitung, so zeigt Daly aber, ist notwendig, wenn wir unsere nicht nur in den Wirtschaftswissenschaften, sondern auch in der alltäglichen Wirtschaftspraxis eingeschliffenen Vorstellungen von einer reibungsfreien Selbstläufigkeit des Marktgeschehens hin terfragen wollen. Im Grunde geschieht dies ja bereits mit dem Konzept der „nachhaltigen Entwicklung", da ja die Anerkenntnis unterschiedlicher, nicht einfach durch den Welthandel abgegoltener Interessen zwischen den Menschen „des Südens" und jenen „des Nordens" und vor allem die Anerkenntnis der Rechte künftiger Generationen, die sich weder auf den Märkten noch in politischen Entscheidungszusammenhängen artikulieren können, unzweifelhaft ethisch-distributive Komponenten enthalten, welche die ökonomische Theorie seit Adam Smith und Vilfredo Pareto systematisch ausblendet.

Daly tut noch mehr: In Kapitel 14 formuliert er ein „biblisches Wirtschaftsprinzip" für eine nachhaltige Wirtschaft, dem ein „Elftes Gebot" zugrunde liegt, welches das Ausmaß von Ungleichheit bei der Verteilung des Privateigentums begrenzt. Im folgenden Kapitel skizziert Daly eine nachhaltige Entwicklung von religiöser Erkenntnis über ein ethisches Prinzip – ein ausreichendes Vermögen pro Kopf für die größtmögliche Anzahl von Menschen über die Zeit hinweg – hin zur Wirtschaftspolitik. Deutlich wird dabei, daß zwar „naturzerstörende" ökonomische Aktivitäten begrenzt werden sollen, daß diese Begrenzungen aber in erster Linie mit den sowohl effiziente als auch individuelle Handlungsmöglichkeiten respektierenden marktwirtschaftlichen Instrumenten der Umweltpolitik durchgeführt werden sollen. Die Darstellung ist hier verständlicherweise skizzenhaft, da der Gegenstand dieses Buches nicht so sehr die einzelnen wirtschaftspolitischen Schritte hin zu einer nachhaltigen Entwicklung sind, sondern der grundsätzliche Nachweis, daß ein am Kreislaufprinzip orientierter stationärer Zustand

nicht nur eine wünschenswerte, sondern auch eine prinzipiell erreichbare Form des Wirtschaftens darstellt.
Die dezidiert christliche Fundierung, die Herman E. Daly im letzten Teil seines Buches für die von ihm formulierte ökologische Ethik wählt, sollte die Leser(innen), die dieser religiösen Tradition fremd oder kritisch gegenüberstehen, nicht von einer gründlichen Lektüre auch dieses Teils abhalten. Denn das meiste, was Daly hier sagt, läßt sich ohne einen spezifisch christlichen Hintergrund im Kontext eines aufgeklärten liberalen Humanismus formulieren. So kann z. B. Kants berühmter „Kategorischer Imperativ" durch Einbeziehung zukünftiger Generationen in die Gesamtheit aller „vernünftiger Wesen" zwanglos so umformuliert werden, daß er das Anliegen der Nachhaltigkeit – und damit der Ökologischen Ökonomie – prinzipiell in sich aufnimmt.
Ich wünsche der deutschen Ausgabe von „Beyond Growth" viel Erfolg, nicht nur, was die registrierten Absatzzahlen betrifft (das wäre ja vielleicht im Sinne von Daly eher Ausdruck einer kritikwürdigen Wachstumsmanie), sondern vor allem im Hinblick darauf, daß dieses Buch wie kaum ein anderes geeignet ist, unsere ökonomische, politische und philosophische Diskussion nachhhaltig um jene Fragen (und auch Antworten) zu bereichern, die für das langfristig gedeihliche Zusammenleben der Menschheit von entscheidender Bedeutung sein werden.

Dezember 1998

Hans G. Nutzinger
Kassel

EINLEITUNG

DIE DERZEITIGE SICHTWEISE NACHHALTIGER ENTWICKLUNG

Obwohl sich immer mehr ein politischer Konsens darüber herausbildet, daß so etwas wie „nachhaltige Entwicklung“ erstrebenswert sei, ist dieser Begriff – von vielen in Anspruch genommen und an manchen Stellen sogar schon institutionalisiert – immer noch gefährlich vage. Vordergründige Übereinstimmung verdeckt einen Kampf um die genaue Bedeutung von „nachhaltiger Entwicklung“, einen Kampf, in dem die Einsätze sehr hoch sind.

Die Stärke des Konzepts nachhaltiger Entwicklung liegt darin, daß sie eine latente Veränderung unserer Vorstellung vom Zusammenhang zwischen den wirtschaftlichen Tätigkeiten der Menschen und der natürlichen Umwelt – einem endlichen, nicht wachsenden und materiell abgeschlossenen Ökosystem – zugleich reflektiert und auslöst. Eine Bedingung nachhaltiger Entwicklung besteht darin, den Bedarf dieser wirtschaftlichen Tätigkeiten nach der Regeneration von einzugebendem Rohmaterial und nach der Aufnahme von auszustoßendem Abfall auf einem ökologisch nachhaltigen Niveau zu halten. Diese Änderung unserer Sichtweise hat zur Folge, daß statt der wirtschaftlichen Norm der quantitativen Expansion (Wachstum) die der qualitativen Verbesserung (Entwicklung) als Weg des zukünftigen Fortschritts gewählt wird. Diesem Umschwung wird von den meisten wirtschaftlichen und politischen Institutionen, die auf dem traditionellen quantitativen Wachstum beruhen, Widerstand geleistet, da sie zurecht dessen Ablöse durch etwas so schwer Greifbares und (Heraus-)Forderndes wie qualitative Entwicklung fürchten. Die Ökonomie einer Entwicklung ohne Wachstum – und jenseits davon – muß noch genau herausgearbeitet werden. Enorme Widerstände formieren sich gegen diese notwendige Veränderung der Sichtweise und der analytischen Arbeit. Um diese Kräfte zu überwinden, bedarf es tiefer philosophischer Klärung und sogar religiöser Erneuerung.

Nachhaltige Entwicklung ist ein Begriff, dem jede und jeder positiv gegenübersteht, aber niemand ist sich sicher, was damit gemeint ist. (Er klingt in jedem Fall besser als „nicht nachhaltige Nichtentwicklung“.) Der Begriff bekam die Bedeutung eines Mantras – oder eines Shibboleths – besonders im Zusammenhang mit der Publikation des von den Vereinten Nationen unterstützten Berichtes der Brundtland-Kommission „Unsere Gemeinsame Zukunft“ (1987), welcher den Begriff folgendermaßen definiert: eine Form von

Entwicklung, die die Bedürfnisse der Gegenwart erfüllt, ohne zugleich die Möglichkeit der zukünftigen Bedürfniserfüllung einzuschränken. Obwohl diese Definition keineswegs inhaltslos war, so war sie doch ausreichend unscharf, um einen breiten Konsens zu ermöglichen. Zu jener Zeit war das vermutlich eine gute politische Strategie: Ein Konsens über ein ungenaues Konzept war besser als Meinungsverschiedenheiten über ein exakt definiertes. Zum jetzigen Zeitpunkt stellt diese ursprüngliche Unbestimmtheit jedoch keineswegs mehr eine Basis für einen Konsens dar, sondern eher eine Brutstätte für Widersprüche. Breite Zustimmung zu einem großteils nicht definierten Ausdruck liefert die Voraussetzung für eine Situation, in welcher derjenige, der dem Ausdruck seine Definition anheften kann, automatisch eine wichtige politische Schlacht um Einfluß auf unsere Zukunft gewinnt.

Es gibt einige, die das Konzept nachhaltiger Entwicklung gerne als ganzes aufgäben, weil es ihrer Meinung nach der Standardökonomie nichts Neues hinzufügt und zu vage ist, um je nützlich zu sein.[1] Jedoch die meisten wichtigen Konzepte sind nicht analytisch exakt definiert – man denke zum Beispiel an Demokratie, Gerechtigkeit oder Wohlfahrt. Wichtige Konzepte sind eher dialektisch als analytisch in dem Sinn, daß sie gewaltige Halbschatten werfen, die sich teilweise mit ihrem „Anderen“ überlappen. Analytische Konzepte weisen keinerlei Überlappungen auf, weshalb das Gesetz der Kontradiktion gilt – also: B kann nicht zugleich A und Nicht-A sein.[2] Bei dialektischen Konzepten gibt es jedoch Fälle, in denen es sinnvoll ist zu behaupten, daß B beides ist, A und Nicht-A. Es gibt zum Beispiel ein Lebensalter, in dem wir zugleich jung und alt sind; eine Gezeitensalzmarsch ist sowohl Land als auch Meer; eine Kreditkarte ist zugleich Geld und kein Geld. Hätten wir nur analytische Konzepte, so könnten wir Veränderung und Evolution nicht erfassen. Analytisch definierte Arten könnten sich niemals entwickeln, wenn sie sich zu keiner Zeit und in keiner Weise mit ihrem Anderen überschneiden würden. Alle wichtigen Konzepte sind an ihren Grenzen dialektisch vage. Ich behaupte, daß nachhaltige Entwicklung ein mindestens ebenso klares ökonomisches Konzept ist wie Geld selbst. Ist Geld denn in Wirklichkeit M1 oder M2 oder M1a? Werden im Geldangebot der USA Anleihen in Eurodollar eingerechnet? Wie liquide muß ein Vermögenswert sein, damit er als Geschäftsbankengeld gilt? Aber das menschliche Gehirn ist schlau. Wir können nicht nur mit dem Konzept „Geld“ umgehen, wir täten uns sogar sehr schwer ohne es! Ich behaupte, daß dasselbe auch für das Konzept der nachhaltigen Entwicklung gilt. Wenn Ökonomen dieses Konzept verwerfen, weil es dialektisch – statt analytisch – ist, dann sollten sie auch aufhören, über Geld zu sprechen.

Auch wenn man die inhärenten Überlappungen und Ungenauigkeiten aller dialektischen Konzepte akzeptiert, bleibt dennoch viel Spielraum, der Idee der nachhaltigen Entwicklung Inhalt zu geben und ihre analytische Durchsetzungskraft zu schärfen. Zum einen sagt uns die Brundtland-Definition nur, daß damit eine Form von Entwicklung gemeint ist, welche die Zukunft nicht ihrer Grundlagen beraubt. Diese Aussage sagt etwas aus über die Bedeutung von „Nachhaltigkeit" in diesem Zusammenhang, aber sie versucht nicht im geringsten, „Entwicklung" zu definieren. Gibt es einen Unterschied zwischen wirtschaftlicher Entwicklung und wirtschaftlichem Wachstum? Bedeutet Wachstum Steigerung des gesamten, in einem bestimmten Zeitraum erzeugten Güter- und Leistungsvolumens (Bruttosozialprodukt = BSP)? Oder bedeutet es Steigerung der Durchflußrate von Materie und Energie durch ein bestimmtes Wirtschaftssystem (physischer Durchfluß)? Dies sind einige der Themen, die in diesem Buch behandelt werden sollen. Zuvor erscheint es mir jedoch wichtig zu betonen, daß die Themen, welche durch das Konzept nachhaltiger Entwicklung angesprochen werden, schon lange existierten und intensiv diskutiert wurden, bevor der Begriff „Nachhaltigkeit" geläufig wurde.

Seit mehr als 25 Jahren ist das Konzept einer Wirtschaft im stationären Zustand („steady-state-economy") ein zentrales Element in meinem Denken und Schreiben.[3] Schon 1857 diskutierte John Stuart Mill diese Idee unter der Bezeichnung „stationärer Zustand" („stationary state"), womit er einen Zustand des Nullwachstums im Hinblick auf Bevölkerung und physischen Kapitalbestand meinte, aber bei ständiger technologischer Verbesserung und ethischer Entwicklung. In Anlehnung an Mill und die klassischen Ökonomen dachte ich immer, daß dieses Konzept von größter Bedeutung für „entwickelte" oder „reife" Volkswirtschaften sei. Während meiner sechs Jahre bei der Weltbank (1988–1994) war ich daher umso überraschter zu sehen, wie eine sehr ähnliche Idee, nun „nachhaltige Entwicklung" genannt, das dominierende Idealbild für die weniger entwickelten Länder (des Südens) wurde, nicht jedoch für die reifen, hochentwickelten Länder (des Nordens). Obwohl Nachhaltigkeit sicher auch im Süden wichtig ist, ist es meiner Meinung nach die zentrale Aufgabe des Nordens, Nachhaltigkeit zu erreichen im Sinne eines Niveaus an Ressourcennutzung, das einerseits für den Wohlstand seiner Bevölkerung ausreicht und andererseits innerhalb der Tragfähigkeit der Umwelt bleibt – für den Fall, daß dieses Niveau von der gesamten Welt erreicht würde. Bevölkerungswachstum und Produktionszuwachs dürfen die Wirtschaft nicht auf ein Niveau jenseits nachhaltiger Kapazitäten der Umwelt an Ressourcenerneuerung und Abfallabsorption bringen. Sobald dieser Punkt erreicht ist, sollten daher Produktion und Reproduktion nur mehr Ersatz für Bestehendes sein. Physisches Wachstum sollte aufhören, während qualitativer Fortschritt andauert.

NACHHALTIGE ENTWICKLUNG UND KLASSISCHE ÖKONOMIE

Die klassischen Ökonomen dachten, daß die Wirtschaft auf natürliche Weise im stationären Zustand enden würde, in welchem die Löhne am Subsistenzniveau sind und aller Überschuß als Pacht an die Landbesitzer geht, so daß nichts mehr übrigbleibt für Profite der Kapitalisten und es daher auch keinerlei Motivation für weiteres Wachstum gibt. Die meisten klassischen Ökonomen fürchteten den stationären Zustand als Ende des Fortschritts, Mill jedoch hieß ihn willkommen, weil er erkannte, daß „ein Stillstand von Kapital- und Bevölkerungswachstum nicht automatisch einen stationären Zustand der menschlichen Vorwärtsentwicklung mit sich bringt" und daß sogar eine „Verbesserung der Lebensweise" wahrscheinlicher ist, „wenn das Denken nicht mehr vollständig von der Kunst des Fortschreitens in Anspruch genommen wird". Im Gegensatz zu vielen klassischen Ökonomen glaubte Mill nicht, daß jene Gesetze, die die Produktion bestimmen, auch streng die Verteilung determinieren – so daß der Subsistenzlohn für ihn keine notwendige Folge des stationären Zustandes war. In heutiger Terminologie gesprochen argumentierte Mill für eine nachhaltige Entwicklung, eine Entwicklung ohne Wachstum – also für qualitative Verbesserung ohne quantitativen Zuwachs. Mills Schriften über den stationären Zustand wurden jedoch vergessen, und die meisten Doktoren der Wirtschaft der vergangenen zwei Jahrzehnte erfuhren nie davon, weil ihre Lehrer, die das Konzept noch gehört hatten, es nicht für wert hielten, weitergegeben zu werden.

Die Grenzen, welche die klassischen Ökonomen im Kopf hatten, waren im Grunde demographischer und ökologischer Art: Malthus' ehernes Gesetz der Löhne und Ricardos Gesetz der zunehmenden Differentialrente (welche aus dem zunehmenden Wettbewerb einer wachsenden Bevölkerung um eine unveränderbare Menge an Land in unterschiedlicher Qualität resultierte) wirkten zusammen, um die Prämien (die Renten), welche für hochwertiges Land gezahlt wurden, hinaufzutreiben und die Löhne am Subsistenzniveau zu halten. In ihrer Epoche gab es noch nicht jenes Bewußtsein für die ökologischen Grenzen, wie wir es heute haben, obwohl dieser Faktor in ihren Theorien nicht völlig fehlte. Die Aufmerksamkeit lag mehr bei Verteilungsgrenzen, da der gesamte Überschuß in die unproduktiven Hände der Landbesitzer floß – aber diese Akkumulation selbst resultierte aus dem demographischen Druck der wachsenden Arbeiterklasse und dem ökologischen

Faktum unterschiedlich fruchtbaren Landes, welche zusammen höhere Renten für qualitätvolleres Land verursachten.

Im Gegensatz zu den klassischen Ökonomen beginnt die heutige (neoklassische) Standardökonomie mit nichtphysischen Parametern (Technologie, Präferenzen und Einkommensverteilung werden als gegeben angesehen) und untersucht, wie die physischen Variablen der produzierten Gütermenge und der verwendeten Ressourcenmengen angepaßt werden müssen, um zu einem durch diese nichtphysischen Parameter bestimmten Gleichgewicht zu führen (oder zu einer im Gleichgewicht befindlichen Wachstumsrate). Die nichtphysischen, qualitativen Parameter sind vorgegeben und die physischen, quantitativen Größen müssen sich anpassen. In der neoklassischen Theorie bedeutet diese „Anpassung" fast immer Wachstum. Das gegenwärtig neu entstehende Paradigma (stationärer Zustand, nachhaltige Entwicklung) beginnt hingegen mit physischen Parametern (eine endliche Welt, komplexe ökologische Zusammenhänge, die Gesetze der Thermodynamik) und untersucht, wie die nichtphysischen Variablen Technologie, Präferenzen, Verteilung und Lebensstil mit dem komplexen, biophysischen System, dem wir als ein Teil angehören, in ein mögliches und sinnvolles Gleichgewicht gebracht werden können. Die physischen, quantitativen Größen sind vorgegeben und die nichtphysischen, qualitativen Lebensmuster werden zu Variablen. Dieses sich herausbildende Paradigma nähert sich mehr der klassischen als der neoklassischen Ökonomie – in dem Sinn, daß die Anpassung an das Gleichgewicht über qualitative Entwicklung und nicht über quantitatives Wachstum erfolgt.

Mit der Industriellen Revolution wurden die Idee eines stationären Zustandes und die klassische Ökonomie im allgemeinen Geschichte. Die neoklassische Ökonomie mit ihrer subjektivistischen Werttheorie verlegte die Aufmerksamkeit der Theoretiker weg von den Ressourcen und dem Faktor Arbeit hin zu Austausch, Effizienz und Nutzen. Die subjektivistische und marginalistische Revolution, mit ihrer Grenznutzentheorie des Wertes, erreichte sicherlich ein besseres Verständnis von Preisen und Märkten. Aber dieser Vorteil wurde auf Kosten der physischen Faktoren, die nun zu weit in den Hintergrund gedrängt wurden, erreicht. Klassische Überlegungen bezüglich der „wahren" Kostendimension von Werten (Arbeit und Ressourcen) wurden ausgeblendet. Heute ist der Geist des „klassischen" stationären Zustandes als ungeladener Gast auf den Ball zurückgekehrt, verkleidet als „nachhaltige Entwicklung". Wie Mill heiße ich seine Gegenwart willkommen. Und ich gehöre wie Mill einer Minderheit unter den Ökonomen an; von denen die meisten bereits den bloßen Gedanken von sich weisen, wie die folgende Diskussion zeigen wird.

Wenn mit Entwicklung etwas Konkretes gemeint ist, dann ein Prozeß, durch den der Süden sich dem Norden in Niveau und Mustern des Konsums anpaßt. Aber selbst wenn wir vom Standard unserer besten existierenden Technologien ausgehen, können die gegenwärtigen nördlichen Muster nicht globalisiert werden, ohne die ökologische Tragfähigkeit zu übersteigen – das heißt, ohne natürliches Kapital zu konsumieren und dabei die Fähigkeit der Erde zu verringern, daß sie Leben und Wohlstand auch in Zukunft erhält. Es ist klar, daß wir bereits natürliches Kapital konsumieren und es als laufendes Einkommen in unserer Volkswirtschaftlichen Gesamtrechnung verbuchen. Man muß sich nur 1,2 Milliarden Chinesen mit Autos, Kühlschränken, Waschmaschinen usw. vorstellen, um sich ein Bild von den ökologischen Konsequenzen zu machen, die eine Ausdehnung des im Norden üblichen Ressourcenverbrauchs über den ganzen Globus nach sich zieht. Dazu sind noch die ökologischen Folgen einer intensiven Landwirtschaft zu rechnen, sollten sich die Chinesen „besser" (mit mehr Fleisch und weniger Getreide z. B.) ernähren. Jedes Kilo Fleisch benötigt ungefähr 10 Kilo Getreide, die – statt von Menschen – vom Mastvieh verzehrt werden. Dadurch wird der Druck auf Weideland und die Umwandlung von Wäldern in Weiden verstärkt.
Könnte eine solche Expansion die ökologische Kapazität der Erde zur Erhaltung des Lebens in der Zukunft zerstören? Möglicherweise, denn eine solche „Liquidation" kann im Sinne ökonomischer Modelle „optimal" sein. Das derzeit dominierende Modell schließt ökologische Kosten insgesamt aus. Jedoch können auch solche Modelle, die ökologische Kosten anerkennen, solange sie auf Barwertmaximierung beruhen, zu solcher „optimaler" Liquidation führen. Je höher der Diskontsatz, desto früher erfolgt die Liquidation. Diese Anomalie ist den neoklassischen Ökonomen manchmal unangenehm, aber nicht immer. Normalerweise nehmen sie an, daß zusätzliches, von Menschen erzeugtes Kapital die verbrauchten natürlichen Ressourcen ersetzen kann. Die Weltbank, vermutlich der weltweit größte und großzügigste Arbeitgeber für Ökonomen, ist einer der Orte, an welchem die Realität zum Überdenken dieser Modelle zwingt.

NACHHALTIGE ENTWICKLUNG UND DIE WELTBANK

Die Weltbank wäre sicherlich die geeignete Institution, um die ökologischen Widersprüche in den Entwicklungsplänen für die Weltwirtschaft zu erkennen und auf die Notwendigkeit aufmerksam zu machen, das Wachstum der Ressourcendurchlaufmengen im Norden zu stoppen. Dies sollte zweierlei bewirken: Einerseits soll dadurch den Menschen im Süden der verbleibende ökologische Raum, den sie für ein wirtschaftliches Wachstum und zur Befriedigung ihrer lebensnotwendigen Bedürfnisse benötigen, erhalten werden und andererseits soll damit ein zur Verallgemeinerung und Nachahmung geeignetes Beispiel nachhaltiger Entwicklung gegeben werden. Die beste Möglichkeit, dies umzusetzen, hatte die Weltbank im Rahmen ihres Weltentwicklungsberichtes 1992 mit dem Titel „Entwicklung und Umwelt". In dieser Zeit arbeitete ich in der Umweltabteilung der Weltbank, und obwohl ich nicht dem Team angehörte, das den Bericht verfaßte, hatte ich doch die Möglichkeit, mich zu frühen Entwürfen zu äußern und die gesamte Arbeit aus der Nähe zu betrachten.

Obwohl der Bericht von 1992 eine Reihe von Beiträgen lieferte – insbesondere lenkte er die Aufmerksamkeit auf die gesundheitlichen Folgen der Verschmutzung von Wasser und Luft, so vermochte er dennoch die wichtigste Frage nicht zu beantworten. Umweltzerstörung wurde hauptsächlich als Folge der Armut angesehen, und die vorgeschlagene Lösung war die, die die Weltbank auch für andere ökonomische Probleme bereithielt: mehr Wachstum.

Damit war nicht nur Wachstum im Süden gemeint, sondern auch im Norden, denn wie sonst könnte der Süden wachsen, wenn er nicht in die Märkte im Norden exportieren könnte und Investitionen aus dem Norden erhalten könnte? Und wie anders könnte der Norden Auslandsinvestitionen und größere Märkte für den Süden bereithalten, als durch eigenes Wachstum? Während der Weltbankbericht hier und da einige Konflikte zwischen Wachstum und Umwelt konzidierte, wurde die Welt dennoch als Ansammlung von „Gewinn-Gewinn"-Möglichkeiten sowohl für zunehmendes Wachstum – wie üblich – als auch für eine Verbesserung der Umweltbedingungen gesehen. Die Botschaft war eine neuerliche Bestätigung des Glaubens der Bank an Wirtschaftswachstum einerseits und die Verleugnung der Existenz fundamentaler, ökologischer Beschränkungen dieses Wachstums andererseits: Die Probleme bestehen größtenteils im Süden, die Lösungen dafür liegen hauptsächlich im Norden. Es ist immer leichter, seinen Schuldnern zu predigen als seinen Gläubigern.

Die Entstehung des Manuskriptes „Entwicklung und Umwelt" spricht für sich. Eine frühe Version enthielt ein Diagramm mit dem Titel „Die Beziehung zwischen der Wirtschaft und der Umwelt". Es bestand aus einem Quadrat mit der Bezeichnung „Wirtschaft", in welches ein Pfeil, beschriftet mit „Inputs", hineinwies und aus dem ein Pfeil, benannt „Outputs", herauszeigte – weiter nichts. Ich wies darauf hin, daß das Bild die Umwelt nicht zeigte, und schlug vor, ein größeres Quadrat um das Bestehende herumzuzeichnen, welches die Umwelt darstellen sollte. Dann würde die Beziehung zwischen

Umwelt und Wirtschaft klarer werden – insbesondere würde diese Grafik unterstreichen, daß die Wirtschaft ein Teilsystem der Umwelt ist, welches von jener zweifach abhängig ist: einerseits abhängig von ihr als Quelle von Rohmaterial und andererseits als ein Auffangbecken für Abfall.

Die nächste Version enthielt dasselbe Diagramm und den Text, jedoch mit einem unbeschrifteten Quadrat, um die Wirtschaft herumgezeichnet wie ein Bilderrahmen. Ich merkte an, daß das größere Quadrat mit „Umwelt" beschriftet werden müsse, sonst sei es nur Zierde, und daß der Text erklären müsse, daß die Wirtschaft in ihrem Verhältnis zur Umwelt ein Subsystem innerhalb des größeren Ökosystems sei und in der oben beschriebenen Weise von ihr abhänge. Die nächste Version ließ das Diagramm einfach weg.

Durch Zufall war der Chefökonom der Weltbank, Lawrence H. Summers, unter dessen Aufsicht der Bericht verfaßt wurde, einige Monate später im Gremium einer Konferenz der „Smithsonian Institution". Dort wurde das Buch „Beyond the Limits" (Donella H. Meadows et al.) diskutiert. Summers hielt es für wertlos. Dieses Buch enthielt ein Diagramm, welches die Beziehung der Wirtschaft zum Ökosystem zeigte und das genauso aussah wie jenes, welches ich vorgeschlagen hatte (siehe auch Abbildung 3, Seite 75). Während der Diskussion fragte ich den Chefökonomen, ob er – im Hinblick auf dieses Diagramm – die Frage nach der Größe des ökonomischen Subsystems im Verhältnis zur Umwelt für wichtig erachte und ob er denke, daß Ökonomen sich die folgende Frage stellen sollten: Was ist das optimale Ausmaß der Makroökonomie im Verhältnis zur Umwelt? Seine Antwort kam sofort und bestimmt: „Das ist nicht die richtige Art, die Dinge zu betrachten."

Diese zwei Erfahrungen bestärkten mich in meiner Überzeugung, daß sich das Hauptproblem innerhalb der Nachhaltigkeitsdebatte in Wahrheit um das dreht, was der Ökonom Joseph Schumpeter mit „präanalytischer Vision" umschrieben hat. Meine präanalytische Vision der Wirtschaft als Subsystem führt sofort zu den Fragen: Wie groß ist das Subsystem im Vergleich zum ganzen System? Wie groß kann es sein, ohne die Funktionsweise des Gesamtsystems zu stören? Wie groß sollte es sein? Ab welcher Größe wird weiteres Wachstum antiökonomisch, d. h. es würde mehr kosten als es wert wäre? Der Chefökonom der Weltbank war keinesfalls interessiert, in diese subversiven Fragen hineingezogen zu werden. Daher blendete er den Standpunkt aus, durch den solche Fragen erst aufgeworfen werden.

Summers' Abweisung war ziemlich entschieden, ebenso auch meine Reaktion auf das Diagramm, das eine Wirtschaft darstellte, welche Ressourcen aus dem Nichts empfing und ihre Abfälle ins Nichts entlud. Das ist nicht die richtige Art, die Dinge zu betrachten, fühlte ich, und alle Fragen, die sich aus diesem unvollständigen Bild ergaben – zum Beispiel: wie man die Wirtschaft so schnell als möglich wachsen lassen kann, indem man die Geschwindigkeit des Energie- und Materialflusses erhöht –, waren nicht die richtigen Fragen. Ohne diese präanalytische Vision der Wirtschaft ergibt die Idee nachhaltiger Entwicklung – eben eines Subsystems, aufrechterhalten von einem größeren System, dessen Grenzen und Kapazitäten zu respektieren sind – überhaupt keinen Sinn. Andererseits erlaubt die präanalytische Vision, die sich Wirtschaft als einen im unendlichen Raum schwebenden Kasten vorstellt, von „nachhaltigem Wachstum" zu sprechen – ein eindeutiges Oxymoron für diejenigen, welche die Wirtschaft als Subsystem sehen. Der Unterschied zwischen diesen beiden Ansichten könnte nicht fundamentaler oder unvereinbarer sein!

Es ist interessant, daß in einem so einfachen Bild ein so bedeutendes Thema auf dem Spiel steht. Sobald man die Begrenzung durch die Umwelt um die Wirtschaft herum einzeichnet, behauptet man, daß die Wirtschaft nicht ewig wachsen kann. Man gibt John Stuart Mill recht, der sagte, daß die menschliche Bevolkerung und die Kapitalakkumulation nicht ewig wachsen können, daß ab einem gewissen Punkt das quantitative Wachstum zugunsten einer qualitativen Entwicklung als Fortschrittspfad aufhören muß.

Ich glaube, wir sind heute an diesem Punkt angelangt. Aber die Weltbank kann das nicht zugeben, zumindest noch nicht. Sie kann die Grenzen des Wachstums nicht anerkennen, weil Wachstum als die Lösung des Armutsproblems gesehen wird. Historisch gesehen liegt sehr viel Wahrheit in dieser Ansicht. Wenn wir nun feststellen, daß Wachstum physisch beschränkt oder sogar ökonomisch beschränkt ist, daß die Grenzkosten größer zu werden beginnen als der Grenzertrag, wie wollen wir dann die Armen aus ihrer Armut holen? Die Antwort ist schmerzhaft einfach: durch Bevölkerungskontrolle, durch Umverteilung von Vermögen und Einkommen, durch technische Verbesserungen in der Produktivität der eingesetzten Rohstoffe. Sprich: nicht durch Wachstum, sondern durch Entwicklung. In den meisten Kreisen werden jedoch Bevölkerungskontrolle und Umverteilung als politisch nicht machbar angesehen. Die Erhöhung der Ressourcenproduktivität wird solange als eine gute Idee angesehen, bis sie mit der Kapital- und Arbeitsproduktivität in Konflikt gerät, bis wir entdecken, daß wir in den entwickelten Ländern hohe Produktivität und hohe Einkommen für Kapital und Arbeit – und daher auch eine Verringerung der Klassenkonflikte – durch einen verschwenderischen Umgang mit den Rohstoffen erkauft haben, das heißt, indem wir Ressourcenproduktivität geopfert haben. Die Rohstoffe jedoch sind langfristig gesehen der beschränkende Faktor, und daher sind sie auch der Faktor, dessen Produktivität entsprechend der ökonomischen Logik maximiert werden sollte. Die Versuchung, dies zu verleugnen, ist auf politischer Ebene groß.

Wenn wir die Grenze der Umwelt um die Wirtschaft herum ziehen, so bewegen wir uns von der Wirtschaft innerhalb einer „leeren Welt" hin zur Wirtschaft innerhalb einer „vollen Welt" – von einer Welt, in der Zuflüsse und Abflüsse der Wirtschaft unbeschränkt sind, hin zu einer Welt, die zunehmend beschränkt ist durch den Raubbau und die Verschmutzung einer endlichen Umwelt. Die ökonomische Logik bleibt dieselbe: Mit dem beschränkenden Faktor ist wirtschaftlich umzugehen. Jedoch das wahrgenommene Muster der Knappheit ändert sich radikal: Der beschränkende Faktor verlagert sich vom durch Menschen produzierten Kapital zum verbliebenen natürlichen Kapital, von den Fischerbooten zu den im Meer verbliebenen Fischbeständen. Diesem Umstand muß sich das politische Handeln radikal anpassen. Deswegen gibt es einen solchen Widerstand gegen ein einfaches Bild. Die Tatsache, daß das Bild so einfach ist und so offensichtlich realistisch, erklärt, warum es von Wachstumsökonomen nicht betrachtet werden kann, warum diese darauf bestehen müssen, daß „das nicht die richtige Art ist, die Dinge zu betrachten".

Letztendlich war der Weltbankbericht „Entwicklung und Umwelt" nicht in der Lage, die grundlegendste Frage zu klären: Ist es für den Süden besser oder schlechter, wenn der Norden weiterhin in seinem Ressourcenverbrauch wächst? Die gängige Antwort lautet: Es ist besser, weil der Norden somit die Märkte für Exporte aus dem Süden vergrößert und auch die Fonds für Hilfe und Investitionen des Nordens im Süden. Die gegenteilige Antwort lautet: Es ist deswegen schlechter, weil der Norden sich somit das Vorkaufsrecht auf die verbleibenden Ressourcen und den ökologischen Raum erwirbt, die benötigt werden, um im Süden ein ausreichendes Wirtschaftswachstum zu gewährleisten. Außerdem verstärkt das Wachstum im Norden globale Ungleichverteilungen des Einkommens und politische Spannungen weltweit. Diese Ansicht drängt auf anhaltende *Entwicklung* im Norden, nicht jedoch auf Wachstum. Natürlich können nicht beide Antworten auf diese grundlegenden Fragen zugleich wahr sein. Die Abwesenheit dieser fundamentalen Frage in der Suche der Weltbank nach politischen Antworten stellt einerseits ein Versagen im Hinblick auf Mut und Intellekt dar und andererseits das andauernde psychologische Phänomen einer Verleugnung hinsichtlich der Grenzen des Wachstums.

Eine kleine, oppositionelle Umweltgruppe innerhalb der Bank versuchte, diese Frage in den Bericht „Entwicklung und Umwelt" einzubringen, nicht als zentrale Frage, denn das war von vornherein ausgeschlossen, nur als halbseitige Abbildung, um zum Nachdenken anzuregen. Wir waren aber nicht erfolgreich, denn die orthodoxen Ökonomen erkannten richtigerweise, daß ein Nachdenken über diese Frage für ihre Unternehmung zu gefährlich sei. Es war, als hätten wir einen Wolkenkratzer gebaut, und beim zwanzigsten Stock angekommen würden einige von uns darauf hinweisen, daß die ganze Struktur aus dem Lot sei und zusammenbrechen würde, wenn wir noch weitere zwanzig Stockwerke bauten. Architekten und Investoren hassen nichts mehr, als das Fundament neu errichten zu müssen. Orthodoxe Ökonomen glauben, alle grundlegenden Probleme der Entwicklungstheorie gelöst zu haben, und ihr berufliches Ansehen beruht auf diesen Lösungen. Nun möchten sie sich höheren Themen zuwenden, sozusagen der Theorie den „Feinschliff" geben; dabei bauen sie diesen schiefen Turm von Babel immer höher, mit eingeschobenen Ad-hoc-Korrekturen. Vergiß das dumme Diagramm! Das ist nicht die richtige Art, die Dinge zu betrachten.

Da unsere oppositionelle Umweltgruppe den Bericht „Entwicklung und Umwelt" nicht grundlegend beeinflussen konnte, erstellten wir unseren eigenen, alternativen Kommentar, den wir vergeblich innerhalb der Weltbank zu veröffentlichen versuchten; er erschien schließlich bei der UNESCO.[1] Unter unseren Mitarbeitern befanden sich zwei Nobelpreisträger (Jan Tinbergen und Trygve Haavelmo), und das Vorwort schrieben als eine Unterstützung die Umweltminister von zwei der größten Schuldnerstaaten bei der Weltbank (José Lutzenberger von Brasilien und Emil Salim von Indonesien). Die Bank konnte ihn jedoch unmöglich veröffentlichen, denn der Kommentar stützte sich auf dieses einfache, aber bedrohliche Diagramm. Ich erwähne die zwei Nobelpreisträger nicht, weil ich glaube, daß die Seite, mit der mehr Nobelpreisträger übereinstimmen, in dieser Frage gewinnt – so gesehen wäre die Weltbank der klare Sieger –, sondern nur, um zu zeigen, daß sich nicht alle Ökonomen weigern, die Annahmen ihrer Disziplin zu überdenken. Die norwegische Ausgabe des kleinen Büchleins hatte sogar ein schönes Vorwort der Premierministerin Gro Harlem Brundtland, der Vorsitzenden der berühmten Brundtland-Kommission, welche die gesamte Idee nachhaltiger Entwicklung auf die Tagesordnung gebracht hatte. Aber die Weltbank konnte diese Idee einfach nicht ernst nehmen.

Obwohl die Weltbank offiziell nachhaltige Entwicklung befürwortete, wurde dieses Bekenntnis durch die fast völlige Inhaltsleere der Phrase bedeutungslos. Versuchen der oppositionellen Umweltgruppe, dem Konzept eine klare Definition zu geben, wurde energisch entgegengetreten. Die Parteilinie beurteilte nachhaltige Entwicklung ähnlich wie Pornographie: Wir erkennen sie zwar, wenn wir sie sehen, aber es ist zu schwierig, sie zu definieren. Unsere einfache Definition (Entwicklung ohne über die Tragfähigkeit der Umwelt hinausgehendes Wachstum, wobei mit Entwicklung qualitative Verbesserung und mit Wachstum quantitative Steigerung gemeint sind) bestätigte nur die schlimmsten Befürchtungen der orthodoxen Ökonomen hinsichtlich des subversiven Charakters dieser Idee und bestärkte sie in ihrem Entschluß, das Thema vage zu halten.

Eine Strategie, jegliches Konzept zu verharmlosen, besteht darin, seine Bedeutung so zu erweitern, daß fast alles darin enthalten ist. 1991 hatte das Schlagwort bereits solches Gewicht erhalten, daß alles nachhaltig sein mußte, und der verhältnismäßig klare Begriff von der ökologischen Nachhaltigkeit eines wirtschaftlichen Subsystems wurde unter so „hilfreichen" Erweiterungen wie soziale Nachhaltigkeit, politische Nachhaltigkeit, finanzielle Nachhaltigkeit, kulturelle Nachhaltigkeit und so weiter begraben. Wir waren jeden Tag darauf gefaßt, von der „nachhaltigen Nachhaltigkeit" zu hören. Jede Definition, die nichts ausschließt, ist wertlos. Wenn man sich jedoch dagegen wehrt, Kultur in die Definition von nachhaltiger Entwicklung aufzunehmen, wird man sofort beschuldigt, die Bedeutung der Kultur zu leugnen. Bald war nachhaltige Entwicklung so definiert, daß sie sogar das Recht auf friedliche Versammlung beinhaltete. Dieses Recht ist eine gute Sache. Es ist jedoch nicht sinnvoll, alle guten Dinge in die Definition nachhaltiger Entwicklung aufzunehmen. Der Ausdruck war so in Mode, daß jeder das Gefühl hatte, seine Herzenssache müsse darin enthalten sein oder sie würde zur Vergessenheit verdammt sein, und dieser Verwirrung wurde von der Weltbank Vorschub geleistet, die das Konzept ja vage belassen wollte, um seine scharfen Kanten abzuschleifen, bevor sie die laufenden Geschäfte beschneiden würden – sprich: die Forcierung von Darlehen im Interesse eines exportgetriebenen Wachstums und globaler Integration.

Zur Verteidigung der Weltbank sollte ich anführen, daß ihre Umweltstandards in der Regel strenger sind als die der meisten ihrer Mitgliedsstaaten. Nur die Niederlande und die skandinavischen Länder haben wirklich einen Stand, der es ihnen erlaubt, bessere Umweltstandards bei der Weltbank anzumahnen. Weiterhin muß zur Verteidigung der Bank gesagt werden, daß sie wie die Kirche ist: Sie bemüht sich, in der Welt Gutes zu tun im Sinne dessen, was die Geistlichen in den Seminaren gelernt haben. Aber die „Seminare" lehren eine schlechte Theologie. Die Ökonomen der Bank, egal ob sie aus Kamerun oder Kalifornien stammen, erhalten ihre Ausbildung in einer Handvoll akademischer Ökonomieabteilungen, und sie lernen im wesentlichen alle dieselbe ökonomische Theologie. Viele akademische Berater der Bank (auch der Chefökonom kommt gewöhnlich aus dem akademischen Bereich) erneuern die fehlerhafte Theologie, indem sie jeden, wenn nötig, daran erinnern, daß „das nicht die richtige Art ist, die Dinge zu betrachten". Ich habe Freunden von Greenpeace vorgeschlagen, zumindest einmal jährlich – zusätzlich zu den Protesten gegen Bankprojekte – die schwarze Fahne auf den Gebäuden der Ökonomieabteilung des „Massachusetts Institute of Technology" (MIT) zu hissen (oder auch in Chicago, Stanford, Oxford oder Cambridge).

NACHHALTIGE ENTWICKLUNG UND DER AKADEMISCHE BEREICH

Im Jahre 1994 entschloß ich mich, die Weltbank zu verlassen und in das akademische Leben zurückzukehren. Natürlich hatte ich nicht die Illusion, Blindheit und Korruption zu verlassen und in ein Reich der Wahrheit und Ehrlichkeit einzutreten. Ich kannte das akademische Leben von früher. Hätte ich eine solche Illusion gehegt, so hätte ich diese aufgrund einer Erfahrung mit dem MIT-Verlag schnell verloren. Diese Erfahrung lehrte mich, daß angesehene Universitäten sich manchmal weniger zu freier Rede und offener Debatte bekennen als kommerzielle Verleger.[5]

Es gibt auch eine bessere Seite des akademischen Lebens als die eben genannte. 1995 unterschrieben elf bedeutende akademische Ökonomen und Ökologen eine Erklärung mit dem Titel „Wirtschaftswachstum, Tragfähigkeit und die Umwelt" und veröffentlichten sie im Politikteil der Zeitschrift *Science*.[6] Sie bekannten sich darin ausdrücklich zu den Tatsachen, daß (1) *„die Rohstoffbasis* (der Umwelt) *endlich ist"* (2) *„es Grenzen der Tragfähigkeit dieses Planeten gibt"* und (3) *„Wirtschaftswachstum kein Allheilmittel für* (sich verringernde) *Umweltqualität ist"*. Es ist eine traurige aber bezeichnende Aussage über den derzeitigen Zustand beider akademischen Disziplinen, Ökonomie und Ökologie, daß solch selbstverständliche Behauptungen immer noch so viel Widerstand hervorrufen und daß sie eines so defensiv formulierten Konsenses bedürfen.

Man hätte hoffen können, daß die Autoren die dritte Einsicht etwas vorangetrieben hätten im Hinblick auf die Überlegung, ob das Wirtschaftswachstum nicht nur die falsche Heilmethode, sondern eventuell auch eine der Haupt*ursachen* für die Verschlechterung der Umweltsituation sein könnte – zusammen mit dem Bevölkerungswachstum, mit dem auch kurzer Prozeß gemacht wurde. Um dies zu argumentieren, hätten sie das Wirtschaftswachstum (definiert als Wachstum des Bruttosozialprodukts) in seine quantitativen, physischen Komponenten (Wachstum der Rohstoffdurchlaufmenge) und seine qualitativen, nichtphysischen Komponenten (Verbesserung der Rohstoffeffizienz) zerlegen müssen. Dann hätten sie vielleicht einen weiteren Konsens darüber erreicht, daß das Wachstum der gesamten Durchlaufmenge tatsächlich einer der Hauptgründe für die Verschlechterung der Umweltsituation ist, während Verbesserungen in der Effizienz der eingesetzten Rohstoffe sparsam mit der Umwelt umgehen, indem sie eine Verringerung der Durchlaufmenge oder eine günstigere Mischung der Produkte erlauben. Vielleicht hätten sie sich dann darauf geeinigt, Entwicklung (Verbesserung der Rohstoffeffizienz) ohne Wachstum (Expansion der Durchlaufmenge) zu empfehlen – also nachhaltige Entwicklung. Sie hätten darauf hinweisen können, daß Wachstum in diesem physischen Sinne antiökonomisch oder negativ sein kann, daß im Grenzfall das Wachstum der Durchlaufmenge dazu führen kann, daß die Umweltkosten stärker ansteigen als die Produktionserträge, und es uns dadurch ärmer statt reicher macht. Niemand hat etwas dagegen, reicher zu werden, aber einige unter uns haben etwas dagegen, ärmer zu werden in der Folge antiökonomischen Wachstums, das als Wirtschaftswachstum getarnt ist.[7] Die oben zitierten Aussagen sind jedoch das Beste, das man sich von der gängigen akademischen Lehre erhoffen kann, und sie sind um einiges besser als das, was man von orthodoxen Ökonomen zu hören bekommt. Also muß man dafür schon dankbar sein.

Es ist mir natürlich auch schon in den Sinn gekommen, daß die orthodoxen Ökonomen vielleicht recht haben und wir Abtrünnigen die Dinge tatsächlich falsch sehen könnten. Deshalb versuche ich hier und da die Dinge aus der Perspektive ihrer präanalytischen Vision heraus zu betrachten und auch aus anderen Visionen heraus. Es bedarf einiger Anstrengung, von meiner grundlegenden „Standardeinstellung" abzuweichen, und ich bin mir sicher, daß dasselbe für Wachstumsökonomen gilt. So darf ich nun aus der Perspektive unterschiedlicher Visionen heraus ein paar Überlegungen über die Verbindung von Ökonomie und Ökologie und über den Zusammenhang zwischen dem Subsystem und dem Gesamtsystem anstellen.

Wie ich glaube, gibt es drei alternative Strategien, um die Wirtschaft und das Ökosystem zu vereinen, die in der Öffentlichkeit diskutiert wurden.[8] Erstens: die Strategie des „ökonomischen Imperialismus", in welcher das Subsystem (die Wirtschaft) wächst, bis es alles einschließt. Das Subsystem wird identisch mit dem Gesamtsystem. Alles ist Wirtschaft, und alles hat einen Preis. Die Internalisierung von Externalitäten wird bis zum Extrem geführt, und nichts bleibt gegenüber der Wirtschaft extern. Dies scheint implizit die Strategie der Neoklassiker zu sein.

Die zweite Strategie besteht darin, die Grenzen der Wirtschaft auf Null schrumpfen zu lassen, bis alles Ökosystem ist. Ich nenne dies ökologischen Reduktionismus. Alle menschlichen Bewertungen und Entscheidungen werden angesehen, als wären sie durch dieselben evolutionären Kräfte des Zufalls und der Notwendigkeit erklärbar, die vermutlich die natürliche Welt bestimmen. Relative Werte entsprechen dem gesamten Energiegehalt, und

Volkswirtschaften wie Ökosysteme werden vom Überlebenstrieb bestimmt. Manche verfolgen diese Position bis zur letzten logischen Konsequenz und halten daher das Aussterben des Menschen für nicht bedeutsamer als das Aussterben jeder anderen Art – oder sie geben vor, es so zu sehen. Das scheint implizit die Strategie der vielen Biologen und Ökologen zu sein, die auf der Grundlage der Philosophie eines wissenschaftlichen Materialismus arbeiten. Die dritte Strategie ist die hier verwendete. Sie sieht die Wirtschaft als Teilsystem des Ökosystems und erkennt, daß die Wirtschaft von den Naturgesetzen einerseits nicht ausgenommen ist, sie aber andererseits nicht darauf reduziert werden kann, völlig durch Naturgesetze erklärt zu werden. Die menschliche Wirtschaft kann nicht auf ein Natursystem reduziert werden. In der Wertidee steckt mehr als nur gebundene Energie oder Überlebensvorteil. Jedoch kann das Wirtschaftssystem auch nicht das gesamte Natursystem seiner Verwaltungsdomäne der effizienten Verteilung einverleiben. Diese Vorstellung von der Erde als einem durch einen Alchemisten zentral geplanten Terrarium, in dem nichts Wildes oder Spontanes existiert, aber jeder Grundstoff in Gold verwandelt werden kann, in seinen höchsten instrumentellen Wert für die Menschen, ist ein Rezept, das eindeutig zur Katastrophe führt. Wir können die Grenze des Teilsystems nicht aufheben, weder indem wir dieses vergrößern, bis es das gesamte System enthält, noch indem wir es verkleinern, bis es nichts mehr enthält. Zu viele bedeutsame Unterscheidungen gehen in jeder der zwei Strategien verloren. Deshalb müssen wir die Begrenzung der Wirtschaft genau einzeichnen, damit wir weder zu viel noch zu wenig einschließen, damit wir die richtigen Dinge ein- bzw. ausschließen. Im Moment besteht die dringendste Notwendigkeit darin, der exponentiellen Ausbreitung dieses Subsystems unter dem gegenwärtigen Regime des ökonomischen Imperialismus Einhalt zu gebieten – jedoch ohne den Verführungskünsten des ökologischen Reduktionismus zu erliegen.

Wir haben einen weiten Weg vor uns. Die Weltbank widmet sich immer noch einer Ausbreitung der Grenzen durch traditionell definiertes Wachstum. Akademische Ökonomen wenden sich dem Wirtschaftswachstum vermutlich noch mehr zu, und die Regierung der USA hat sich dem Wachstumsziel sogar in noch stärkerem Ausmaß verschrieben. Es zeichnet sich jedoch ein Wandel ab. Obwohl Clinton und Gore auf einer Wachstums-Plattform gewonnen haben, schrieb Al Gore als Senator ein sehr aufschlußreiches Buch über Umweltprobleme und Wirtschaftswachstum.[9] Außerdem gibt es den Präsidentenrat für Nachhaltige Entwicklung, dessen Erklärungen Aufmerksamkeit verdienen als maßgebende Feststellungen darüber, wo wir uns gerade befinden und wie weit wir von hier aus noch zu gehen haben.

NACHHALTIGE ENTWICKLUNG UND DIE POLITIK DER USA

Ein Blick auf den „Rat des Präsidenten für Nachhaltige Entwicklung" und auf die fünfzehn Thesen, die er zur nachhaltigen Entwicklung veröffentlicht hat, vermittelt uns eine konkrete Vorstellung vom politischen Bewußtsein bezüglich nachhaltiger Entwicklung in den USA.[10]

Der Rat verdient Lob dafür, daß er eine Liste von Prinzipien aufgestellt und zur Kommentierung derselben aufgefordert hat, jedoch sind *fünfzehn* Prinzipien nicht sehr vertrauenserweckend bei einem Thema, wo zwei oder drei genügt hätten. Es ist nicht leicht für ein so unterschiedlich besetztes Komitee, das von seiner Zusammensetzung her notwendigerweise Mitglieder der verschiedensten Interessengruppen enthält, Übereinstimmung bei einem so schwierigen Thema zu erreichen. Oft bedeutet Konsens bezüglich eines bestimmten Prinzips die Reduzierung dieses Prinzips bis zur Inhaltslosigkeit: Je weniger man sagt, desto weniger bleibt übrig für Meinungsverschiedenheiten. Und: Je weniger ein Prinzip aussagt, desto größer ist das Bedürfnis, ein neues Prinzip hinzuzufügen. Immerhin erarbeitete der Rat einige Prinzipien, die, wenn auch nicht kristallklar, immerhin nicht komplett inhaltsleer waren. Und wenn auch einige etwas leer oder wiederholend erscheinen, so ist das eine Einladung an die Bürger, zusätzliche Genauigkeit und Inhalt einzubringen und so die Diskussion vorwärts zu treiben.

Im folgenden zitiere ich jedes der fünfzehn Prinzipien und füge einen kurzen Kommentar an, welcher das Prinzip zu mehr Klarheit und Genauigkeit führen sollte. In den meisten Fällen würde mein Kommentar nicht die Übereinstimmung erreichen, die dem ursprünglichen Prinzip beschieden war, gerade wegen der hinzugefügten Genauigkeit. Obwohl es möglich wäre, die Diskussion im Rahmen einer strengeren Systematik zu führen als der durch die fünfzehn Prinzipien vorgegebenen, halte ich es für wichtig, gerade diese als unseren Diskussionsrahmen zu akzeptieren. Auf diese Weise erfaßt man das Ausmaß des derzeitigen Konsenses und des gegenwärtigen Verständnisses in seiner ganzen Unvollkommenheit und vermeidet mögliche falsche Darstellungen durch Umschreibungen oder Zusammenfassungen. Querverweise zu Erörterungen in den folgenden Kapiteln des Buches, die für manche der Prinzipien relevant sind, unterstreichen die einleitende Funktion dieser Abhandlung.

1. Wir müssen die Integrität der natürlichen Systeme – Boden, Wasser, Luft und biologische Vielfalt –, welche sowohl das wirtschaftliche Gedeihen als auch das Leben selbst erhalten, bewahren und – soweit als möglich – wiederherstellen.

In der Tat. Um die natürlichen Systeme wiederherzustellen, bedarf es einer Reduktion unserer physischen Ansprüche an diese Systeme (als Quellen und

Abflüsse für die Wirtschaft); diese Reduktion ermöglicht ihnen, sich wieder zu erholen. Durch die andauernde Ausdehnung der menschlichen Wirtschaft wird ein immer größerer Anteil vom Lebensraum anderer Arten vereinnahmt, und die Ausdehnung der Wirtschaft ist mit dem Aufrechterhalten biologischer Vielfalt und ökologischer Lebenserhaltungssysteme unvereinbar.
Kapitel 1, 2 und 4 tragen zu dieser Erörterung bei.
2. Wirtschaftswachstum, Umweltschutz und soziale Gerechtigkeit sollen voneinander abhängige, sich gegenseitig verstärkende nationale Ziele sein, und die politischen Wege zur Erreichung dieser Ziele sollen integriert sein.
Vielleicht *sollen* diese Ziele einander gegenseitig verstärken, häufig widersprechen sie sich jedoch. Um Konflikte und Harmonien voneinander zu trennen, müssen wir zwischen *Wachstum* (quantitative Steigerung durch Materialanpassung oder -zuwachs) und *Entwicklung* (qualitative Verbesserung, Realisierung von Potentialen) unterscheiden. Im Konstrukt des „Bruttosozialprodukts" verschmelzen diese zwei völlig verschiedenen Bereiche ebenso wie im üblichen Konzept des Wirtschaftswachstums, im Sinne von Wachstum des Bruttosozialprodukts. Die quantitative Ausmaßsteigerung der Wirtschaft durch Materialanpassung oder Materialzuwachs aus einer endlichen Umwelt ist nicht nachhaltig. Qualitative Verbesserungen und die Realisierung von Potentialen können sehr wohl für immer fortdauern – wenigstens können wir keine offensichtlichen Grenzen ihrer Nachhaltigkeit feststellen. Nachhaltige Entwicklung ist daher Entwicklung ohne Wachstum, das bedeutet: ohne einen Zuwachs an Durchlaufmengen, der die Regenerations- und Absorptionsfähigkeit der Umwelt übersteigen würde. Der Weg des zukünftigen Fortschritts ist Entwicklung, nicht Wachstum. Diese Unterscheidung muß gemacht werden, oder wir enden unausweichlich in Verwirrung.
Weitere Erörterungen sind in den Kapiteln 1, 2 und 5 zu finden.
3. Gemeinsam mit den angemessenen Schutzmaßnahmen sollen Marktstrategien verwendet werden, die private Energien und Kapital nutzbar machen, um die Umwelt zu schützen und ihren Zustand zu verbessern.
Selbstverständlich soll der Marktmechanismus das Hauptinstrument sein, um das Problem der effizienten Allokation von Ressourcen zu lösen. Zwei Probleme müssen zuvor auf politischer Ebene gelöst werden, als Vorbedingung, damit der Markt in dieser Weise arbeiten kann. Wir müssen auf politischer und sozialer Ebene das Gesamtausmaß der Durchlaufmenge für die wichtigsten Rohstoffe auf ein nachhaltiges Niveau beschränken. Das liefert ein nachhaltiges Ausmaß. Zweitens: Die Rechte auf Rohstoffabbau oder Verschmutzung bis zu diesem Limit sind kein freies Gut mehr, sondern wertvolle Aktivposten. Wer besitzt sie? Die gerechte Verteilung der Besitzverhältnis-

se im Ausgangszustand muß sozial geregelt werden. Erst wenn diese Rahmenbedingungen eines nachhaltigen Niveaus und einer gerechten Verteilung auf sozialer Ebene gelöst sind, kann der individualistisch agierende Markt das Problem der effizienten Allokation lösen. Zur Lösung der Allokationsfrage müssen wir den Markt benützen, wir können jedoch nicht erwarten, daß der Markt auch Ausmaß- und Verteilungsprobleme löst.

Weitere Ausführungen hierzu sind in den Kapiteln 2 und 15 zu finden.

4. Die Bevölkerungszahl muß auf einem Niveau stabilisiert werden, das mit der Fähigkeit der Erde, ihre Einwohner am Leben zu erhalten, in Einklang steht.

Das ist entscheidend. Zur Klarheit sollten wir noch hinzufügen, „ihre Einwohner auf einem Vermögensstand pro Kopf zu halten, der für ein gutes Leben ausreicht“. Wir können ein „gutes Leben“ nicht genau definieren, jedoch würden die meisten mit Malthus übereinstimmen, daß es einem jeden erlauben sollte, ein Glas Wein und ein Stück Fleisch zum Abendessen zu haben. Auch wenn einzelne abstinent oder Vegetarier sind, so ist dieses Wohlstandsniveau dennoch wünschenswert, und es allein würde ausreichen, um Bevölkerungszahlen auf oder über dem heutigen Niveau auszuschließen. Genaugenommen muß der Gesamtkonsum stabilisiert werden, der sich aus Bevölkerungszahl mal Pro-Kopf-Verbrauch zusammensetzt. Die beiden letzteren Faktoren müssen reduziert werden.

Die Nation und nicht die Erde ist die Einheit, in welcher Bevölkerungszahl und Konsum kontrolliert werden. Verschiedene Nationen treffen unterschiedliche Entscheidungen: Einige werden weder Bevölkerungszahl noch Konsum kontrollieren, andere kontrollieren beides. Von jenen, die den Gesamtkonsum kontrollieren, werden einige einen hohen Pro-Kopf-Konsum und eine geringe Bevölkerungszahl wählen, andere das Gegenteil. Freie Migration, sogar freier Handel mit freier Kapitalmobilität untergraben nationale Politiken, welche auf Selbstdisziplin und Konsum- und Bevölkerungsbeschränkung abzielen. Der gegenwärtige Schub in Richtung wirtschaftlicher Globalisierung ist, abgesehen von der wenig ansprechenden Aussicht einer Weltregierung, sehr wahrscheinlich kontraproduktiv für nachhaltige Entwicklung. Der beste Beitrag, den unsere Nation zur weltweiten nachhaltigen Entwicklung liefern mag, ist es, ein nachahmenswertes, erfolgreiches nationales Beispiel zu liefern, dem andere nacheifern können.

Diese Themen werden in den Kapiteln 8 und 9 besprochen.

5. Der Schutz der natürlichen Systeme bedarf eines veränderten Konsumverhaltens, welches vereinbar ist mit einer ständigen Effizienzsteigerung in der gesellschaftlichen Nutzung der natürlichen Ressourcen.

In erster Linie brauchen wir eine *Verringerung* des Konsums, nicht nur *veränderte Konsummuster.* Selbstverständlich müssen wir die Effizienz der Ressourcenverwendung unserer Gesellschaft verbessern (Entwicklung). Der beste Weg dahin ist jedoch, den Ressourcendurchlauf (Wachstum) zu beschränken, wodurch der Fortschritt auf den Pfad der Entwicklung statt des Wachstums gezwungen wird, wie schon im Kommentar unter Punkt 2 vorgeschlagen wurde.

Für weitere Ausführungen siehe Kapitel 3.

6. Fortschritte in Richtung einer Beseitigung der Armut sind notwendig für wirtschaftlichen Fortschritt, Gerechtigkeit und Umweltqualität.

Die Beseitigung der Armut ohne Wachstum (das bis jetzt ohnehin nicht in der Lage war, die Armut zu verringern) muß auf gerechterem Teilen, mehr Bevölkerungskontrolle und Entwicklung im hier definierten Sinn beruhen. Die politischen Schwierigkeiten, die damit verbunden sind, Teilen, Bevölkerungskontrolle und qualitative Entwicklung als wahre Heilmittel gegen die Armut anzuerkennen, werden die Politiker in ärgste Versuchung führen, das unerreichbare Wachstumsziel wieder auferstehen zu lassen – gemäß dem Slogan: „mehr für alle, ohne daß einer ein Opfer bringen muß, für immer und ewig, ohne Ende, Amen." Ohne Zweifel werden sie es „nachhaltiges Wachstum" nennen!

Kapitel 14 und 15 beschäftigen sich mit Gerechtigkeit und Verteilung.

7. Alle Bereiche der Gesellschaft sollten die Umweltkosten und Umweltnutzen gleichermaßen teilen.

Ja. Dies sollte durch die Internalisierung der Umweltkosten in die Preisgestaltung geschehen, sodaß Verschmutzer und Rohstoffabbauer zahlen müssen. Dieses Ziel kann auf wirksame Weise durch die Verschiebung der Steuerbemessungsgrundlage vom Einkommen (dem Mehrwert) auf die Durchlaufmenge (der der Wert hinzugefügt wird) erreicht werden. Warum das besteuern, von dem wir mehr wollen – Beschäftigung und Einkommen? Warum nicht das besteuern, von dem wir weniger wollen – Raubbau und Verschmutzung? Diese Umstellung könnte ertragsneutral sein und von einer hohen Einkommensteuer auf sehr hohe Einkommen sowie einer negativen Steuer auf sehr niedrige Einkommen begleitet werden, um die Progressivität zu wahren. Da wir die öffentlichen Gelder auf irgendeine Weise erheben müssen und nachdem fast alle Steuern verzerrend wirken, warum sollten wir dann nicht lieber diejenigen „Verzerrungen" hervorrufen, die wir wollen, statt derer, die wir nicht wollen? Da der Verschmutzer und der Rohstoffabbauer zahlen, wird die Gerechtigkeit gewahrt, die unausweichliche Regressivität einer Konsumsteuer wird wiederum durch eine negative Einkommenssteuer auf sehr niedrige Einkommen und eine hohe Steuer auf sehr hohe Einkommen verhindert.

Die Kapitel 5 und 15 beschäftigen sich mit ähnlichen Themen.

8. Alle wirtschaftlichen und umweltbezogenen Entscheidungen sollten die Wohlfahrt der künftigen Generationen berücksichtigen und ihnen größtmögliche Wahlfreiheit erhalten.
Das heute zur Verfügung stehende Ausmaß an Wahlfreiheit für künftige Generationen zu erhalten, ist selbstverständlich ein Ziel von zentraler Bedeutung für nachhaltige Entwicklung. Es kann jedoch nicht durch die individuelle Berücksichtigung der einzelnen Effekte aller mikroökonomischen und umweltrelevanten Entscheidungen auf die Zukunft umgesetzt werden. Die Wahlfreiheit künftiger Generationen zu schützen, muß eine Makroentscheidung sein, eine soziale Entscheidung, die durch eine Makropolitik – zum Beispiel durch die Beschränkung der Durchlaufmenge – umgesetzt wird. Die einzelnen dazu aufzufordern, in ihren persönlichen Entscheidungen künftige Generationen zu berücksichtigen, ist zwar notwendig, aber nicht hinreichend.
9. Wenn die öffentliche Gesundheit negativ beeinflußt werden kann oder ein beträchtlicher bzw. irreversibler Umweltschaden entstehen könnte, muß in Anbetracht wissenschaftlicher Unsicherheiten mit höchster Vorsicht vorgegangen werden.
Nicht zu vermindernde Unsicherheit über die Umweltauswirkungen neuer Technologien oder Substanzen sind reale wirtschaftliche Kosten. Sie sollten daher – wie andere Kosten auch – im Preis enthalten sein und vom Konsumenten für die Ware, welche die Kosten verursacht hat, bezahlt werden, statt auf die Allgemeinheit abgewälzt zu werden. Mittels einer verpflichtenden Versicherungsobligation im Ausmaß der möglichen Gefahr könnte dies besser als bisher gelöst werden. Diese Obligation müßte im vorhinein zu bezahlen sein und im Lauf der Zeit zurückgezahlt werden, sobald neue Erkenntnisse die Unsicherheit über mögliche Schäden verringern. Derzeit wird die Last der Unsicherheit zu sehr von der Allgemeinheit getragen. Unsere Haftungsgesetze treten erst in Erscheinung, wenn wir vor vollendeten Tatsachen stehen, und auch dann tritt häufig Zahlungsunfähigkeit ein.
10. Nachhaltige Entwicklung bedarf fundamentaler Veränderungen im Verhalten von Regierungen, von privaten Institutionen und von Individuen.
Ja. In meinen Kommentaren zu diesen fünfzehn Prinzipien wurden einige spezielle Veränderungen vorgeschlagen. Während sich das Verhalten verändern muß, bleibt das zugrundeliegende Prinzip häufig dasselbe. Es ist zum Beispiel ein anerkanntes wirtschaftliches Prinzip, daß wir bei der Einkommensrechnung Abschreibungen auf das Kapital vornehmen müssen, damit die Produktionskapazität intakt bleibt. Dieses Prinzip gilt weiterhin, es muß nur auf Naturkapital zusätzlich zum menschlich produzierten Kapital ausgedehnt werden. Der Verbrauch des natürlichen Kapitals verursacht Kosten

und sollte in der Volkswirtschaftlichen Gesamtrechnung, in Projektevaluationen und im internationalen Zahlungsbilanzsystem erfaßt werden.
Siehe dazu Kapitel 2, 6 und 7.
11. Umwelt- und Wirtschaftsinteressen sind von zentraler Bedeutung für unsere nationale und globale Sicherheit.
Das ist wahr, insbesondere weil die Wahrscheinlichkeit weit geringer ist, daß Länder, die mit einem langfristig umweltverträglichen, nicht wachsenden biophysischen Budget leben, einen Krieg beginnen, als solche Länder, die ihren Ressourcenverbrauch auf die Ressourcen anderer Länder oder auch auf die Ressourcen der gesamten Menschheit ausdehnen – wie zum Beispiel auf das Erdöl im Nahen Osten oder auf die Kapazität der Atmosphäre, CO_2 oder SO_2 zu absorbieren.
Hierzu ist Kapitel 10 relevant.
12. Nachhaltige Entwicklung wird am besten in einer Gesellschaft erreicht, in der sich freie Institutionen entfalten können.
Ja. Wir müssen bedenken, daß freie Institutionen nicht nur Institutionen individueller Freiheit im Markt umfassen (Freiheit von Monopolen), sondern auch die soziale, kollektive Freiheit, demokratische Regeln für das Gemeinwohl zu erlassen. Wie bereits oben betont wurde, setzt die Lösung des Allokationsproblems unter Einhaltung der Effizienzkriterien durch den Markt eine politische Lösung der Probleme des nachhaltigen Ausmaßes und der gerechten Verteilung voraus.
13. Die Entscheidungen, welche nachhaltige Entwicklung beeinflussen, sollten offen sein und eine informierte Teilnahme von interessierten und betroffenen Parteien erlauben. Dies erfordert eine gebildete Öffentlichkeit, einen freien Informationsfluß und gerechte und gleiche Möglichkeiten der Überprüfung und der Entschädigung.
Im Hinblick auf die obige These sind das alte GATT („General Agreement on Tariffs and Trade" = Allgemeine Zoll- und Handelsbestimmungen) und die neue WTO („World Trade Organisation" = Welthandelsorganisation) höchst verdächtig, und sie bedürfen bedeutender Veränderungen, um mit dieser Forderung nach Transparenz und anderen Prinzipien nachhaltiger Entwicklung in Einklang zu kommen.
Siehe dazu Kapitel 10 und 11.
14. Fortschritte in Wissenschaft und Technologie sind vorteilhaft, denn sie erhöhen sowohl unser Verständnis als auch unsere Wahlmöglichkeiten bezüglich der Beziehungen zwischen der Menschheit und der Umwelt. Wir müssen ständige Verbesserungen in Wissenschaft und Technik anstreben, um ökologische Effizienz zu erreichen, die natürlichen Systeme zu schützen und wiederherzustellen, sowie unser Konsumverhalten ändern.

Niemand kann gegen den Fortschritt von Wissen sein, jedoch sollte es inzwischen klar sein, daß nicht jede neue Technologie einen Nettonutzen für die menschliche Rasse darstellt. E. J. Mishan drückt es folgendermaßen aus: „Während eine neue Technologie den Teppich erweiterter Möglichkeiten vor uns zentimeterweise ausrollt, rollt sie ihn oft hinter uns meterweise wieder ein." Wir brauchen Entwicklungstechnologien, Technologien, die eine gegebene Durchlaufmenge an Ressourcen effizienter verdauen, aber nicht die Wachstumstechnologien eines größeren Mauls und eines größeren Verdauungstraktes. Und nochmals: Anstelle vager Forderungen nach „verändertem Konsumverhalten" sollten wir uns klar zu einem „verringerten Niveau des Verbrauchs" von Ressourcen und Umweltleistungen bekennen. Wenn erst einmal die Durchlaufmenge der Ressourcen auf ein nachhaltiges Maß reduziert ist, wird sich das Konsumverhalten dank des Marktes automatisch anpassen. Die direkte Kontrolle des Verhaltens würde die Abschaffung des Marktes erzwingen und nicht das Konsumniveau begrenzen.

15. Nachhaltigkeit in den Vereinigten Staaten ist eng an globale Nachhaltigkeit gebunden. Unsere Politiken für Handel, wirtschaftliche Entwicklung, Hilfe und Umweltschutz müssen im Zusammenhang der internationalen Auswirkungen dieser Politikbereiche gesehen werden.

Die Verbindung zwischen Nachhaltigkeit und internationalem Handel ist wichtig, aber ich denke, in einer ganz anderen Weise, als sie der Beirat im Sinn hat. Fast alle politischen Strategien zur Nachhaltigkeit beinhalten die Internalisierung externer Umwelt- und Sozialkosten auf der nationalen Ebene. Das erhöht die Preise. Daher ist freier Handel mit Ländern, die diese Kosten nicht oder nur in geringerem Ausmaß internalisieren, nicht durchführbar. In solchen Fällen gibt es eine ausreichende Begründung für Schutzzölle. Solche Zölle wären nicht zum Schutz einer ineffizienten Industrie oder Firma, sondern sie würden eine effiziente nationale Politik der Kosteninternalisierung schützen. Freier Handel zwischen unterschiedlichen Kosteninternalisierungssystemen führt zu einem standardsenkenden Wettbewerb und in der Folge zu einer Situation, in der ein immer größerer Teil der gesamten Weltproduktion in Ländern stattfindet, welche immer weniger von den wahren Kosten einberechnen. Das kann wohl kaum ein Schritt in Richtung globaler Effizienz sein! Der gegenwärtige Schub in Richtung wirtschaftlicher Globalisierung durch freien Handel, freie Kapitalmobilität und freie (oder zumindest unkontrollierte) Migration stellt im Grunde die Auslöschung der nationalen Grenzen aus wirtschaftlichen Gründen dar. Dies untergräbt wiederum in großem Maße die Fähigkeit der Nationalstaaten, politische Strategien umzusetzen, welche nachhaltige Entwicklung fördern. Genannt seien hier als Beispiele Bevölkerungskontrolle und auch die nationale Umsetzung interna-

tionaler Verträge, welche eventuell unterschrieben wurden, um Bemühungen zur Bekämpfung unwiderruflich globaler Umweltprobleme zu unterstützen. Das Machtvakuum, das durch die Schwächung der nationalen Gemeinschaften geschaffen wurde, wird von den transnationalen Konzernen ausgefüllt werden, welche aufgrund des Fehlens einer Weltregierung durch keinerlei Gemeinschaftsinteressen beschränkt sind.
Weitere Erörterungen dieser Themen sind in den Kapiteln 5, 10 und 11 enthalten.

NACHHALTIGE ENTWICKLUNG, WISSENSCHAFT UND RELIGION

Ich möchte diesen einleitenden Abschnitt mit einigen Gedanken über das wenig ausgeprägte Gefühl von Dringlichkeit und über den geringen Grad an ethischer Motivation, welche nachhaltige Entwicklung bei der Weltbank, bei der wissenschaftlichen Welt, bei der Regierung der USA und bei den meisten anderen Staatsregierungen auslöst, beenden. Natürlich gibt es in jedem dieser Bereiche individuelle Ausnahmen, prophetische Stimmen in der Wüste. Warum erwecken diese Rufe so wenig Antworten in einer so großen Wüste? Was braucht es, damit wir aus unserer gewohnten Haltung des Verleugnens ausbrechen?
Einige prominente Wissenschaftler, die zu Teilzeitpropheten wurden und zu Buße für die Sünden an der Umwelt aufriefen, stellten sich eben diese Frage. Manche von ihnen kamen zu dem Schluß, daß die Wissenschaft zwar über die Techniken verfüge, jedoch nicht in der Lage sei, genügend moralische Leidenschaft zu entfachen, die die Öffentlichkeit zum Akzeptieren und Finanzieren einer Politik motivieren könnte, die diese Techniken anwendet. Daher dachten sie, daß es einen Versuch wert sei, sich an die Religion zu wenden, um so die fehlende moralische Leidenschaft als Basis für einen politischen Konsens zu schaffen. Dies führte im Mai 1992 zum „Gemeinsamen Appell der Wissenschaft und Religion zur Umwelt", angeführt von den berühmten Wissenschaftlern Carl Sagan, Edward O. Wilson und Stephen J. Gould gemeinsam mit einigen Vertretern von Religionsgemeinschaften, geleitet vom damaligen Senator Al Gore. Diese drei Wissenschaftler sind allgemein bekannt als Vertreter des wissenschaftlichen Materialismus und für ihre konsequente Zurückweisung jeglicher religiöser Interpretation des Kosmos sowie für ihr auf einem hohen Wissensstand gründendes und authentisches Engagement für die Umwelt. Sie wandten sich an die religiöse Gemeinschaft aus der Überlegung heraus, daß die Wissenschaft zwar das Verständnis habe, wie man vorgehen müsse, ihr jedoch die moralische Inspiration fehle, um zu handeln und andere zum Handeln zu bringen. Oder, um es mit einer

häufig gebrauchten Metapher auszudrücken: Die Religion wurde gebeten, den moralischen Kompaß zu liefern, während die Wissenschaft das Fahrzeug zur Verfügung stellen würde.

Ich besuchte die Konferenz und war damals etwas beunruhigt über den, wie mir erschien, nicht ganz ehrlichen Aufruf der Wissenschaftler an eine eher leichtgläubige Gruppe von religiösen Führungspersonen. Etwa ein Jahr später entdeckte ich, daß der Theologe John F. Haught, der damals ebenfalls anwesend war, meine vagen Zweifel in einem Buch genauestens artikuliert hat. In „The Promise of Nature" wundert sich Haught laut darüber,

„ob es wirklich ehrlich von ihnen [den Wissenschaftlern] ist, in diesem Fall so genüßlich vom Fluß der moralischen Leidenschaft zu trinken, der aus dem entspringt, was sie ständig als das unangebrachte und sogar falsche Bewußtsein der religiös Gläubigen angesehen haben. (...) Der gutgemeinte Versuch der Skeptiker, den moralischen Enthusiasmus religiöser Menschen zum Heil der Umwelt zu benutzen, ist besonders verwunderlich, wenn man bedenkt, daß dies nur möglich ist, weil Gläubige ihre religiösen Symbole und Ideen als Offenbarung der Wahrheit über die Realität sehen und dadurch erst zu moralischer Leidenschaft bewegt werden. Würden die Anhänger einer Religion glauben, daß ihre Religion keine repräsentative Wahrnehmung von der Wirklichkeit der Welt biete, dann wären Religionen ethisch impotent (...).

Es ist schwer, sich irgendeine tiefgreifende Transformation der menschlichen Verhaltensmuster vorzustellen ohne ein gemeinschaftliches menschliches Vertrauen in die letzte Sinnhaftigkeit unserer moralischen Bemühungen. Und ohne tiefes Vertrauen in die Wirklichkeit selbst wird die ökologische Moralität schlußendlich erlahmen und absterben, fürchte ich. Solches Vertrauen (...) muß in der Überzeugung begründet sein, daß das Universum einen Sinn enthält, oder daß es die Enthüllung eines ‚Versprechens' darstellt. Ein gemeinsam getragenes Verständnis, daß der Kosmos ein sinnvoller Prozeß ist, daß er etwas offenbart, analog zu dem, was wir Menschen ‚Zweck' nennen, ist – denke ich – eine unerläßliche Vorbedingung für eine nachhaltige und generationenübergreifende Verpflichtung gegenüber dem Wohlergehen der Erde."[11]

Haught will darauf hinweisen, daß Sagan, Wilson und Gould die Kosmologie des wissenschaftlichen Materialismus proklamieren, die den Kosmos als absurden Zufall ansieht, und das Leben, das er enthält, ist in ihren Augen nichts als ein weiterer Zufall, der letztendlich auf tote Materie in Bewegung zurückgeführt werden kann. Ihrer Meinung nach gibt es keine Werte im objektiven Sinn oder einen Zweck, der über kurzfristige Überlebenssicherung und Reproduktion hinausgeht, welche völlig instinktiv und daher letztlich mechanisch ablaufen. In einer solchen Welt einen moralischen Kompaß

zu fordern, ist ebenso absurd, wie wenn man in einer Welt nach einem magnetischen Kompaß rufen würde, von der man behauptet, daß es so etwas wie einen magnetischen Nordpol nicht gibt. Eine empfindliche Kompaßnadel ist sinnlos, solange es keinen externen Pol gibt, von dem sie angezogen wird. Eine moralisch sensible Person in einer Welt, in der es keine objektiven Werte gibt, die als magnetischer Pol dienen und diese Person anziehen, ist wie die Kompaßnadel ohne magnetische Kraft, die auf sie wirkt.
Man könnte hier einwenden, daß objektive Werte nicht außerhalb des Menschen existieren, sondern von den Menschen in ihrem Innern geschaffen werden (oder von Gott nur in den Menschen) und von diesen auf die äußere Welt projiziert werden. Das ist die Lösung des Dualismus und war die dominierende Sichtweise seit Descartes. Zweck, Bewußtsein und Werte kommen unzusammenhängend durch den Menschen in die Welt, der Rest ist bloßer Mechanismus. Eine solche Ansicht steht jedoch im Gegensatz zum evolutionären Verständnis einer Verwandtschaft der Menschen mit anderen Lebensformen, welches durch die Wissenschaft bestätigt ist. Damit Bewußtsein, Zweck und Werte real sein konnen, mussen sie, aus evolutionärer Sicht, bereits zu einem gewissen Grad in der Welt, aus der heraus sich die Menschen entwickelten, existiert haben, oder aber sie wären das Objekt einer speziellen Schöpfung. Die letztere Deutung kann die Wissenschaft und die Evolutionstheorie natürlich nicht akzeptieren. Der wissenschaftliche Materialismus löst das Dilemma, indem er die Realität von Zweck, Werten und Bewußtsein sowohl im Menschen als auch in der äußeren Welt leugnet. Die subjektiven Gefühle, welche wir Zweck oder Wert nennen, sind lediglich Epiphänomene, letztlich erklärbar durch zugrundeliegende physikalische Strukturen und Bewegungen.
Die wichtigste Alternative zum wissenschaftlichen Materialismus, welche jedoch die Wissenschaft immer noch ernst nimmt, ist die Prozeßphilosophie von Alfred North Whitehead. Seine Ansicht ist radikal empirisch. Was wir am konkretesten und direktesten wissen, nicht vermittelt durch unsere Sinne und nicht durch abstrakte Konzepte verzerrt, ist unsere innere Erfahrung des Zwecks. Dies sollte der Ausgangspunkt sein, das Allerbekannteste, von dem aus wir weniger bekannte Dinge zu erklären versuchen. Hingegen mit höchst abstrakten Konzepten zu beginnen, wie zum Beispiel mit Elektronen und Photonen, und die direkte Erfahrung von Zweck als ein Epiphänomen zu erklären, welches zufällig durch das Verhalten dieser Abstraktionen produziert wurde, ist ein Beispiel für das, was Whitehead den „Trugschluß der unangemessenen Konkretheit" („fallacy of misplaced concreteness") nennt. Ich möchte hier nicht den Eindruck erwecken, daß Whiteheads Philosophie einfach sei oder nicht mit eigenen Problemen behaftet, jedoch strapaziert sie

meiner Meinung nach die Leichtgläubigkeit der Menschen weitaus weniger als der wissenschaftliche Materialismus.

Gould bemerkte selbst: „Wir können diesen Kampf für die Erhaltung der Arten und der Umwelt nicht gewinnen, wenn wir nicht ein emotionales Band zwischen uns selbst und der Natur knüpfen – denn wir werden nicht für etwas kämpfen, das wir nicht lieben."[12] Ist es jedoch möglich, einen Zufall zu lieben? Vielmehr, ist es einem Zufall möglich, einen anderen Zufall zu lieben? Daß ein Zufall darum kämpft, einen anderen Zufall zu retten? Ich bezweifle das, aber ich bezweifle nicht, daß es für Leute, die sich selbst wissenschaftliche Materialisten nennen, möglich ist, sich in die Welt zu verlieben, die sie studieren und genauestens kennengelernt haben. Gottes Welt ist liebenswert, und Wissenschaftler verlieben sich oft heftiger in sie als Theologen! Sollten sie nicht auch ihre Liebe zugeben und sich fragen, wie es dazu kam, daß sie sich in etwas verliebt haben, das ihrer Wissenschaft nach purer Zufall ist? Empfinden sie Zufallsereignisse in ihrem täglichen Leben als besonders angenehm, oder sind diese eher ärgerlich? Es ist etwas grundsätzlich Törichtes, wenn Biologen, die am Montag, Mittwoch und Freitag lehren, daß alles, einschließlich unseres Sinns für Werte und Vernunft, nur das mechanische Produkt genetischen Zufalls und umweltbedingter Notwendigkeit ist ohne einen tieferen Sinn, und dann am Dienstag und Donnerstag vor uns hintreten und die Öffentlichkeit davon zu überzeugen versuchen, daß sie einen zufälligen Teil dieses sinnlosen Puzzles so sehr lieben sollten, um für seinen Schutz zu kämpfen und etwas zu opfern.

Diese Absurdität wird durch die Erkenntnis der Wissenschaftler unterstrichen, daß sie sich in ihrem Versuch, öffentliche Unterstützung zu mobilisieren, auf nichts weiter stützen können als auf religiös fundierte Werte, die sie selbst als unbegründet ansehen! Leben sie nicht zeitweise von den Früchten jenes Baumes, dessen Pfahlwurzel sie gerade gefällt haben? Haught drückt es folgendermaßen aus:

„Solche Denker sehen jede Vision von Zweck im Universum als archaisch und illusorisch an… Man findet tatsächlich selten Wissenschaftler, Gelehrte oder Philosophen, die öffentlich bekennen, daß unser Universum irgendeinen Sinn hat oder daß irgendein transzendenter Zweck seine Evolution beeinflußt. Kann jedoch dieser kosmische Pessimismus den lebhaften Umweltaktivismus, den viele eben dieser Denker nun gemeinsam mit Mitgliedern der religiösen Gemeinschaft fordern, ausreichend nähren?"[13]

Dies einen „ziemlich treuherzigen Vorschlag" zu nennen, wie Haught es tut, ist sehr liebenswürdig ausgedrückt. Es sollte auch für die Mitglieder der religiösen Gemeinschaft überraschend sein (und über alle Maßen schmeichelhaft), daß die Wissenschaftler annehmen, die Mehrheit der religiösen Menschen werde heute tatsächlich durch ihren Glauben dazu motiviert, sich für die Umwelt zu engagieren, obwohl das bis jetzt nicht der Fall ist. Es ist in der Tat ein Paradoxon, daß Menschen, deren erklärte Überzeugung keinen guten Grund dafür liefert, die Umwelt zu schützen, sich in der Regel wesentlich mehr für sie einsetzen, als Menschen, denen ihr Glaube genügend Gründe dafür böte! Die Wissenschaftler rufen implizit nach einer religiösen Erneuerung, nicht nur nach einem moralischen Kompaß, der auf wunderbare Weise in einem amoralischen Universum funktioniert – und der den Wissenschaftlern den Weg zu den öffentlichen Geldern für den Schutz der Umwelt eröffnet.

Wie Alfred North Whitehead beobachtete:

„So mancher Wissenschaftler hat mit viel Geduld und Scharfsinn Experimente konstruiert, deren *Zweck* die Bestätigung seiner Überzeugung war, daß tierisches Verhalten nicht durch Zwecke gelenkt wird. Und möglicherweise hat er daneben in seiner Freizeit noch Aufsätze geschrieben, in denen der Nachweis geführt wird, daß Menschen sich in nichts von den übrigen Tieren unterscheiden, weshalb ‚Zweck' ein für die Erklärung ihrer körperlichen Betätigungen (einschließlich seiner eigenen) vollkommen irrelevanter Begriff sein muß. Ich finde, Wissenschaftler, deren Lebenszweck in dem Nachweis besteht, daß sie zwecklose Wesen sind, sind ein hochinteressanter Untersuchungsgegenstand."[14]

Man sollte hinzufügen, daß religiöse Menschen, die durch den Glauben an einen Schöpfergott motiviert werden, und dennoch unbekümmert bei der Zerstörung der Schöpfung mitwirken, ebenfalls ein interessantes Studienobjekt darstellen.

Während des Treffens zum „Gemeinsamen Appell" in Washington D.C. wurde der Mangel an Zielen in der Diskussion häufig mit der Phrase „für unsere Kinder" bemäntelt. Wenn aber wir bereits Produkte des Zufalls sind, so sind unsere Kinder es auch, und das Dilemma wird nicht aufgelöst, indem wir es um eine Generation nach vorne verschieben. Ich erinnere mich, daß eine Frau offensichtlich über die Sentimentalität dieser ständigen und bis zum Überdruß vorgebrachten Anrufung für „unsere Kinder" so verärgert war, daß sie das Mikrophon nahm und sagte, sie hätte keine Kinder, und sollte sie die Sache daher so verstehen, daß sie keinen Grund hätte, sich um die Zukunft von Gottes Schöpfung zu sorgen? Ich glaube, sie war Reporterin oder Photographin, nicht einmal eine offizielle Teilnehmerin, aber ihre Intervention brachte die Dinge auf den Punkt. Wenn man manche Biologen liest, so hat man den Eindruck, daß jeder, der seine Gene nicht in die nächste Generation „vorantreibt", genausogut nicht gelebt haben könnte!

Umweltschützer und Befürworter nachhaltiger Entwicklung müssen sich wirklich tiefen philosophischen und religiösen Fragen stellen, warum ihre

Bemühungen letztendlich Sinn machen. Weder vage pantheistische Sentimentalitäten über Gaia, noch unbegründetes Wunschdenken über Instinkte wie „Biophilie" können philosophischer Kritik standhalten. Sie sind jedoch willkommene erste Schritte weg vom reinen wissenschaftlichen Materialismus. Ich finde, daß das Denken einer Minderheit christlicher Intellektueller, welche von Whitehead beeinflußt sind, wie zum Beispiel John B. Cobb Jr., John F. Haught und Charles Birch, eine viel solidere Grundlage dafür bildet, um die Natur genug zu lieben, um für ihre Rettung zu kämpfen, als der wissenschaftliche Materialismus einerseits und die traditionelle Theologie andererseits. Viele andere traditionelle Religionen teilen mit dem Christentum eine Schöpfungstheologie (nicht jene buchstabengetreue Sektenlehre von der „wissenschaftlichen Schöpfung"). Deshalb ist die theologische Grundlage für etwas wie „Biophilie" als überzeugende Tugend statt als mechanischer Instinkt weithin akzeptiert. Alle traditionellen Religionen sind Feinde derselben modernen Idolatrie, daß der zufällig entstandene Mensch mithilfe des Wirtschaftswachstums, welches auf Wissenschaft und Technologie beruht, der wahre Schöpfer sei und daß die natürliche Welt nur ein Haufen von zufälligem, nützlichem Stoff sei, welcher dazu da ist, in beliebigen Projekten einer Gattung ohne Zweck aufgebraucht zu werden. Wenn wir nicht eine kohärentere Kosmologie als diese durchsetzen können, dann können wir genausogut den Laden zumachen und fischen gehen – solange es noch Fische gibt.

Aus den oben genannten Gründen hatte ich das Gefühl, daß es absolut nötig sei, Teil VII über Religion und Ethik in dieses Buch hereinzunehmen, zusätzlich zu den anderen, üblicheren Abschnitten über ökonomische Theorie, Betriebswirtschaftslehre, Volkswirtschaftliche Gesamtrechnung, Bevölkerung, internationalen Handel und die jüngere Geschichte der Ökonomie der Nachhaltigkeit. Dieses Thema habe ich nicht deswegen an den Schluß gestellt, weil ich glaube, daß es am wenigsten wichtig sei – ich halte es sogar für das wichtigste! –, sondern weil ich am wenigsten qualifiziert bin, darüber zu schreiben. Außerdem ist es in unserer Gesellschaft, in der „political correctness" inzwischen mit einer antireligiösen Einstellung verbunden zu sein scheint, sehr wahrscheinlich der umstrittenste Teil. Im Sinne einer Konsensbildung ist es wahrscheinlich besser, die Widerspruch erregenden Themen für den Schluß aufzubewahren, sogar wenn sie letztendlich die wichtigsten sind. Aber es wäre sehr unehrlich, sie überhaupt nicht anzusprechen.

Anmerkungen

[1] Siehe Wilfried Beckerman, *Small Is Stupid. Blowing the Whistle on the Greens* (London: Duckworth, 1995). Siehe außerdem meinen Überblick in *Population and Development Review*, September 1995.

[2] Siehe Nicholas Georgescu-Roegen, *The Entropy Law and the Economic Process* (Cambridge: Harvard University Press, 1971), Kapitel 2 und 3.
[3] Herman Daly, *Steady-State Economics* (2. Auflage, Washington D. C.: Island Press, 1991; 1. Auflage, W. H. Freeman Co., 1977).
[4] *Environmentally Sustainable Economic Development: Building on Brundtland*, hg. von Robert Goodland, Herman Daly, Salah El Serafy und Bernd von Droste (UNESCO, 1991), neu herausgegeben als *Population, Technology, and Lifestyles: The Transition to Sustainability* (Washington, D. C.: Island Press, 1992).
[5] Auf ihre Anfrage schickte ich eine Sammlung von Artikeln über nachhaltige Entwicklung an den MIT-Verlag, eine frühere Version dieses Buches. Sie verschickten es zur Prüfung, und nach drei positiven Rückmeldungen unterschrieben sie einen Vertrag, unter der Bedingung, daß ich es noch weiter bearbeiten würde. Das tat ich und schickte ihnen das überarbeitete Manuskript. Einige Monate später wurde ich darüber informiert, daß ein berühmter Ökonom ihres Beratungskomitees mit dem Buch nicht zufrieden sei und noch weitere Beurteilungen wünsche. Hatte der berühmte Ökonom spezielle Kritikpunkte? Nein. Es wurde mir gesagt, er habe das Manuskript nicht gelesen, sondern wolle nur routinemäßig weitere Beurteilungen. Nichts Beunruhigendes. MIT fühlte sich nach wie vor verpflichtet, das Buch zu veröffentlichen. Also holten sie für das Manuskript zwei weitere Beurteilungen ein. Eine Kritik war positiv, die andere extrem negativ. Insgesamt gab es jetzt also fünf Kritiker, alle von MIT ausgewählt, von denen vier für eine Veröffentlichung waren und einer dagegen. Die negative Kritik stach die anderen aus, und der Verlag brach seinen Vertrag. Die grundlegende Stoßrichtung der negativen Kritik, Belanglosigkeiten *ad hominem* beiseite lassend, war: „Dies ist nicht die richtige Art, die Dinge zu betrachten." All das war umso überraschender, als ich gerade kürzlich einen Sammelband bei MIT veröffentlicht hatte, der sehr gut ankam (*Valuing the Earth: Economics, Ecology, Ethics*, hg. von H. Daly und K. Townsend [Cambridge, Mass.: MIT Press, 1993]).
Die Mitarbeiter des MIT-Verlags waren peinlich berührt von der unerwarteten und anmaßenden Handlungsweise des berühmten Ökonomen in ihrem Beratungskomitee. Weder dieser Ökonom noch der anonyme Verfasser der negativen Kritik, deren Identitäten unschwer zu erraten waren, haben je eines meiner früheren Bücher schriftlich rezensiert oder kritisiert. Ich habe nichts dagegen einzuwenden, daß sie mir nicht zustimmen – ich bin mir sicher, daß es ihnen mit ihrem tief empfundenen Widerspruch ernst ist. Ich finde nur, daß ihre Kritik öffentlich sein sollte, in Form von mit ihren Namen versehenen, veröffentlichten Rezensionen, von denen ich und andere profitieren könnten. Was hat diese bedeutenden Ökonomen so durcheinandergebracht, daß sie ein solch schäbiges Verhalten an den Tag legten? Ich erzähle diese Geschichte, um zu zeigen, daß es in der akademischen Welt genauso doktrinär zugeht wie in der Weltbank.
[6] K. Arrow et al., „Economic Growth, Carrying Capacity, and the Environment", *Science*, 28. April 1995.
[7] Siehe Clifford W. Cobb und John B. Cobb, Jr., *The Green National Product: A Proposed Index of Sustainable Economic Welfare* (Lanham, Md.: University Press of America, 1994). Siehe auch Herman E. Daly und John B. Cobb, Jr., *For the Common Good* (Boston: Beacon Press, 1984).
[8] Siehe Herman E. Daly, „Alternative Strategies for Integrating Economics and Ecology". In: *Integration of Economy and Ecology: An Outlook for the Eighties*, hg. von AnnMari Jansson (Stockholm: University of Stockholm Press, 1984), 19–29.
[9] Al Gore, *Earth in the Balance: Ecology and the Human Spirit* (New York: Houghton Mifflin, 1992).
[10] President's Council on Sustainable Development, Washington, D. C., *Status Update*, April 1995, 11.

[11] John F. Haught, *The Promise of Nature: Ecology and Cosmic Purpose* (Mahwah, N. J.: Paulist Press, 1993), 9, 7. Siehe auch Charles Birch, *On Purpose* (Kensington, Australien: New South Wales Press, 1980).
[12] Stephen J. Gould, „Unenchanted Evening", *Natural History*, September 1991, 14. Eine aufschlußreiche Diskussion ist auch in David Orr, *Earth in Mind* (Washington D. C.: Island Press, 1994), Kapitel 20 enthalten.
[13] Haught, *The Promise of Nature,* 15.
[14] Alfred North Whitehead, *Die Funktion der Vernunft* (Stuttgart: Reclam, 1974), 16.

Teil I

ÖKONOMISCHE THEORIE UND NACHHALTIGE ENTWICKLUNG

EINLEITUNG

Der Weg der Nachhaltigkeit in die ökonomische Theorie war kein leichter, denn die Wirtschaftswissenschaften widmeten sich in den letzten 50 Jahren fast ausschließlich dem Wirtschaftswachstum. Der Ausdruck „Wirtschaftswachstum" wurde in der Praxis mit der Steigerung des Bruttosozialprodukts gleichgesetzt. Alle Probleme sollten durch ein stetig wachsendes Bruttosozialprodukt gelöst oder zumindest verringert werden. Es ist die einzige Größe in der Wirtschaftswissenschaft, von der andauerndes Wachstum erwartet wurde – sie sollte nie eine ökonomische Grenze erreichen, ab welcher die Grenzkosten weiteren Wachstums den Grenznutzen überschreiten würden. In der Mikroökonomie gibt es für jeden Betrieb eine optimale Größe, über die hinaus er niemals wachsen sollte. Wenn wir aber alle mikroökonomischen Einheiten zur Makroökonomie zusammenfassen, verschwindet der Begriff einer optimalen Größe, jenseits derer jedes weitere Wachstum antiökonomisch wird, vollständig!
Dafür sind mehrere Gründe verantwortlich. Erstens werden alle mikroökonomischen Aktivitäten als Teil eines größeren Ganzen gesehen, und die Beziehung zu diesem größeren Ganzen beschränkt das Ausmaß der einzelnen Teile auf eine richtige oder optimale Größe. Die Makroökonomie jedoch wird nicht als Teil eines größeren Ganzen angesehen – sie bildet vielmehr die Gesamtheit. Sie kann auf ewige Zeiten wachsen und hebt dabei die zeitweiligen Beschränkungen auf, die jeden einzelnen ihrer Sektoren betreffen und die durch Engpässe bedingt werden, hervorgerufen durch Knappheit in komplementären Bereichen. Solange die Proportionen stimmen, kann das Ganze mit seinen Teilbereichen für immer wachsen. Jeder Betrieb kann immer noch seine optimale Größe, die durch Beschränkungen in der Verwaltung bestimmt wird, erreichen. Die gesamte Industrie oder der gesamte Sektor jedoch können durch das Hinzufügen neuer Betriebe ewig weiter-

wachsen. Preise messen relative Knappheit und helfen uns, alles im richtigen Verhältnis zueinander zu halten. Es wird jedoch keine absolute Knappheit anerkannt, die das Ausmaß der Makroökonomie beschränken würde.

Die Kapitel in Teil I beruhen auf der präanalytischen Vision, daß die Makroökonomie noch nicht das Ganze ist, sondern selbst Teilsystem eines größeren, endlichen und nicht wachsenden Ökosystems und daher notwendigerweise selbst eine optimale Größe hat. Eine notwendige Bedingung für diese optimale Größe ist, daß die wirtschaftliche *Durchlaufmenge* (jener Prozeß, der mit dem Einsatz von Rohmaterial beginnt; dieses wird in der Folge in Waren umgewandelt, und der Prozeß endet schließlich mit dem Ausstoß von Abfall) die Regenerations- und Absorptionsfähigkeit des Ökosystems nicht übersteigt. Hinter dem Konzept nachhaltiger Entwicklung steckt folgende Grundidee: Das Teilsystem Wirtschaft darf nicht über jenes Maß hinauswachsen, innerhalb dessen es vom umfassenden Ökosystem permanent aufrechterhalten oder getragen werden kann.

Es herrscht einige Verwirrung darüber, was genau wachsen soll, wenn das Bruttosozialprodukt wächst. Manche sprechen von der „Entmaterialisierung der Wirtschaft" und der Möglichkeit, daß das Bruttosozialprodukt ewig wachsen kann ohne physische Grenzen zu erreichen, weil es in Werteinheiten und nicht in physischen Einheiten gemessen wird. Das vielleicht beste Beispiel hierfür liefert die Entwicklung der Computer: Neuere Generationen verbrauchen weniger Material sowie Energie und führen zugleich kompliziertere Operationen aus. Der Wert der Leistungen ist höher, aber das Material und die Energie, die dafür benötigt werden, sind geringer. In diesem Buch werden solche qualitativen Verbesserungen der gegenwärtigen Standards als „Entwicklung" bezeichnet; die Erhöhung der Anzahl von Computern, egal welcher Herstellung, wird als „Wachstum" bezeichnet. Die Berechnung des Bruttosozialprodukts unterscheidet nicht zwischen Wachstum und Entwicklung. Beides führt zu einer Steigerung des Bruttosozialprodukts – also zu einer Steigerung im Wert der im Verlauf eines Jahres erzeugten Güter und Leistungen, und wird als „Wirtschaftswachstum" gemessen. Es führt jedoch zu ziemlicher Verwirrung, wenn man qualitative Verbesserung und quantitative Steigerung miteinander vermischt.

In Teil III über die Volkswirtschaftliche Gesamtrechnung werde ich genauer auf das Bruttosozialprodukt eingehen. Im Moment muß zumindest gesagt werden, daß, obwohl das Bruttosozialprodukt nicht eine einfache physische Größe ist, es trotzdem den *Wertindex* einer Menge an physischen Gütern und Leistungen darstellt. Die Aggregation auf einen Wertindex über die Preise hebt die physischen Dimensionen nicht auf. Bei der Berechnung des realen Bruttosozialprodukts geben sich die Wirtschaftsstatistiker sogar einige

Mühe, Veränderungen zu eliminieren, die nicht durch eine Steigerung der physischen Einheiten des Outputs bedingt sind. Der Wert ergibt sich aus $P \times Q$ und der Preisindex P wird konstant gehalten, so daß wertmäßige Veränderungen nur mehr Veränderungen im Mengenindex Q widerspiegeln, welche physischer Art sind. Sogar Dienstleistungen stellen die Leistung einer *Person* oder *Sache* über eine bestimmte Zeit dar und haben daher eine physische Dimension.

Sollte „Entmaterialisierung“ nur ein ausgefallener Ausdruck für erhöhte Ressourcenproduktivität (Reduzierung der Durchlaufmengenintensität von Leistungen) sein, dann sollten wir sie soweit als möglich vorantreiben. Es gibt viele ausgezeichnete Arbeiten von Wissenschaftlern, die den Ausdruck in diesem eingeschränkten Sinn verstehen (zum Beispiel am Wuppertal-Institut in Deutschland). Aber der Gedanke, daß wir das Paradigma „ewigen Wachstums“ durch die Entmaterialisierung der Wirtschaft retten könnten – oder dadurch, daß wir sie von den Ressourcen entkoppeln, oder indem wir Ressourcen durch Information ersetzen, ist reine Phantasie. Wir können uns auf eine niedrigere Stufe der Nahrungskette begeben, aber wir können nicht soweit gehen, die Rezepte zu essen!

Dieser Punkt muß wirklich nicht diskutiert werden. Wir können ganz einfach Wachstum (quantitative Expansion) von Entwicklung (qualitativer Verbesserung) unterscheiden und uns selbst dazu anhalten, die Entwicklung so weit als möglich voranzutreiben und das Wachstum zu beenden, sobald die Regenerations- und Absorptionsfähigkeit des Ökosystems ausgeschöpft ist (nachhaltige Entwicklung). Diejenigen, welche an Entmaterialisierung glauben, sollten eher noch weniger Grund dazu haben, sich dieser Politik zu widersetzen, als diejenigen, die sich um physische Begrenzungen sorgen.

Ich sollte auch etwas zu den Themen sagen, die ich in Teil I weggelassen habe, die aber dorthin gehören würden. Die Beziehung von Ökonomie und Entropie wird zwar erwähnt, aber nicht im Detail besprochen. Dazu möchte ich den Leser auf das maßgebliche Werk des verstorbenen Nicholas Georgescu-Roegen, „The Entropy Law and the Economic Process“[1] aufmerksam machen. Eine Zusammenfassung seines Beitrags findet sich in Kapitel 13, doch ist es vielleicht bereits an dieser Stelle nützlich, Georgescu-Roegens Einsichten bezüglich Entropie und Wirtschaft kurz zu beschreiben.

Die Quintessenz seiner Ideen kann in Georgescu-Roegens „Entropiesanduhr“ zusammengefaßt werden (siehe Abbildung 1, Seite 49).

Zum einen ist die Sanduhr ein abgeschlossenes System: Kein Sand kommt von außen dazu oder tritt nach außen.

Zweitens wird innerhalb der Uhr weder neuer Sand produziert noch bestehender Sand zerstört; die Sandmenge bleibt konstant. Diese beiden Fakten

Abbildung 1: *Entropiesanduhr (Georgescu-Roegen)*

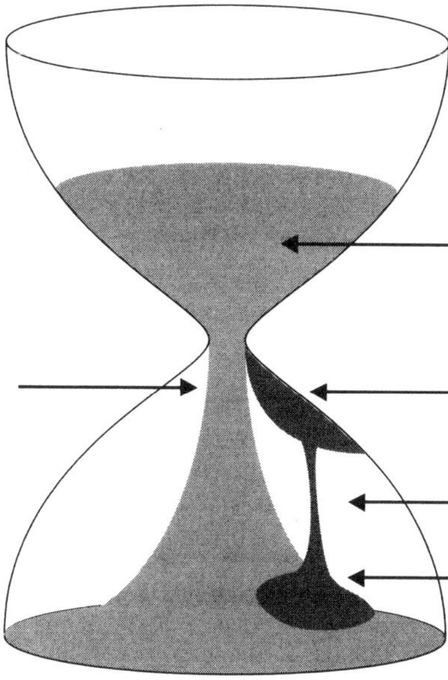

sind analog zum Ersten Gesetz der Thermodynamik: Erhaltung von Materie/Energie.

Drittens fließt der Sand aus der oberen Kammer ständig nach unten und wird in der unteren Kammer angehäuft. Der Sand in der unteren Kammer hat im Fallen sein ganzes Arbeitspotential ausgeschöpft, er stellt Materie von hoher Entropie bzw. nicht verfügbare (aufgebrauchte) Materie/Energie dar. Der Sand in der oberen Kammer verfügt immer noch über das Potential zu fallen, er entspricht verfügbarer (noch nützlicher) Materie/Energie von niedriger Entropie. Dies entspricht dem Zweiten thermodynamischen Gesetz: In einem geschlossenen System nimmt die Entropie (oder der Grad an „Verbrauchtsein") zu. Das Bild der Sanduhr ist besonders passend, denn die Entropie bildet den Zeitzeiger der physischen Welt.

Die Analogie kann noch erweitert werden, wenn man den Sand im oberen Teil der Sanduhr als den mit niedriger Entropie ausgestatteten Energievorrat der Sonne ansieht. Die Sonnenenergie erreicht die Erde als ein Fluß, dessen Ausmaß durch den schmalen Hals der Sanduhr reguliert wird. Dadurch wird das Ausmaß und die Geschwindigkeit des fallenden Sandes beschränkt, also das Maß, in dem Sonnenenergie zur Erde fließt. Nehmen wir an, daß über geologische Zeitalter hinweg Teile des fallenden Sandes an der Innenseite der unteren Kammer steckengeblieben sind, aber am oberen Teil der unteren Kammer, bevor sie die ganze Strecke fallen konnten. Dies formt eine irdische Mitgift von Materie/Energie mit niedriger Entropie, ein Vorrat, den wir in einem selbstbestimmten Maß verbrauchen können. Wir bohren also Löcher in seine Oberfläche, sodaß der steckengebliebene Sand hinunterfallen kann. Diese Quelle von Materie/Energie mit geringer Entropie können wir nach eigenem Gutdünken verbrauchen – anders als die Sonnenenergie, welche in konstantem Maße fließt. Wir können nicht auf der Sonne „schürfen", um heute schon das Sonnenlicht von morgen zu verbrauchen. Aber wir können die Vorräte auf der Erde schürfen und – in diesem Sinne – das Öl von morgen schon heute aufbrauchen.

Es besteht also eine bedeutende Asymmetrie zwischen unseren beiden Quellen von Materie/Energie mit geringer Entropie. Die Sonne besitzt einen Überfluß an Vorräten, jedoch ist ihr Fluß begrenzt. Die Quellen auf der Erde haben einen beschränkten Vorrat, können aber (zeitweilig) in beliebigem Maße verbraucht werden. Bäuerliche Gesellschaften zehrten vom Fluß der Sonnenenergie, welcher im Überfluß vorhanden ist, die Industriegesellschaften sind von enormen Mengen der beschränkten Vorräte auf der Erde abhängig geworden.

Um diese Abhängigkeit aufzuheben, bedarf es eines enormen evolutionären Umschwungs. Georgescu-Roegen behauptet, daß die Evolution in der Vergangenheit aus der langsamen Anpassung unserer „endosomatischen Organe" (Herz, Lunge etc.), die mit Sonnenenergie arbeiten, bestanden habe. Der jetzige Weg der Evolution ist gekennzeichnet durch rapide Anpassungen unserer „exosomatischen Organe" (Autos, Flugzeuge etc.), welche von den Vorräten der Erde an Materie/Energie mit niedriger Entropie abhängig sind. Die ungleiche Verteilung des Eigentums an exosomatischen Organen und den irdischen Vorräten an niedriger Entropie, aus welchen sie erzeugt wurden – verglichen mit der gleichmäßigen Verteilung des Eigentums an endosomatischem Kapital – ist für Georgescu-Roegen die Wurzel der sozialen Konflikte in den Industriegesellschaften.

Noch ein Gedanke: Im Gegensatz zu einer wirklichen Sanduhr kann diese hier nicht umgedreht werden! Ihr zentrales Kennzeichen nannte Georgescu-Roegen den „metabolischen Fluß", den entropischen Durchlauf von Materie/Energie, durch welche die Wirtschaft an ihre Umwelt gebunden ist. Der neoklassische Ausgangspunkt der Ökonomie, der Kreislauf des Tauschwertes, abstrahiert vollständig von dieser Bindung an die Umwelt.

Anmerkung

[1] Nicholas Georgescu-Roegen, *The Entropy Law and the Economic Process* (Cambridge, Mass.: Harvard University Press, 1971). Zur Verteidigung der Ansicht, daß Entropie in der Ökonomie eine wesentliche Rolle spielt, entgegen den Argumenten einiger Ökonomen, die gegenteiliger Ansicht sind, siehe meine Artikel „Thermodynamic and Economic Concepts as Related to Resource-Use Policies: A Comment", *Land Economics* 62, Nr. 3 (August 1986), 319–21; „Is the Entropy Law Relevant to Natural Resource Scarcity? – Reply", *Journal of Environmental Economics and Management* 23 (Juli 1992), 91–95. Siehe auch G. A. Lozada, „Georgescu-Roegen's Defense of Classical Thermodynamics Revisited", *Ecological Economics* 14, Nr. 1 (Juli 1995), 31–44. Ein weiteres theoretisches Thema, welches in diesen Artikeln nicht angesprochen wird, jedoch für die Nachhaltigkeit wichtig ist, ist Zeitdiskontierung. Das Thema wird in diesem Buch gelegentlich berührt, besonders in Teil VII, es wird jedoch nicht thematisch behandelt. Ein guter Überblick und eine gute Einführung in die reichhaltige Literatur zu diesem Thema findet sich in Colin Price, *Time, Discounting, and Value* (Oxford: Blackwell, 1993).

KAPITEL 1

DER ÜBERGANG ZU EINER WIRTSCHAFT IN STATIONÄREM ZUSTAND

Meiner Meinung nach bedeutet nachhaltige Entwicklung in jedem Fall einen radikalen Umschwung von einer Wachstumswirtschaft und allem, was sie beinhaltet, hin zu einer Wirtschaft im stationären Zustand. Dies gilt ganz sicherlich für den Norden und schließlich auch für den Süden. Meine erste Aufgabe muß es sein, die Umstände für diesen theoretischen und praktischen Umschwung in weltweiter Perspektive herauszuarbeiten. Worin liegen die hauptsächlichen theoretischen und moralischen Anomalien der Wachstumswirtschaft und wie werden sie von einer Wirtschaft im stationären Zustand gelöst? Worin bestehen die praktischen Mißerfolge der Wachstumswirtschaft, welche als erzwungene, erste Schritte in Richtung eines stationären Zustands gesehen werden können?

Es ist zunächst notwendig, die Begriffe „Wirtschaft im stationären Zustand" (WsZ) und „Wachstumswirtschaft" zu definieren. Wachstum im hier verwendeten Sinn bedeutet die physische Ausmaßsteigerung des Sach- und Energiedurchlaufs, welcher die wirtschaftlichen Aktivitäten von Warenproduktion und Warenkonsum aufrechterhält. In einer WsZ ist die gesamte Durchlaufmenge konstant, obwohl ihre Allokation (Zuteilung) zu konkurrierenden Verwendungszwecken entsprechend der Marktnachfrage frei variieren kann. Da es natürlich keine Produktion und keinen Konsum von Materie/Energie im physischen Sinn gibt, ist der Durchlauf eigentlich ein Prozeß, der Rohmaterial mit geringer Entropie in Waren und diese schließlich in Abfall mit hoher Entropie transformiert. Der Durchlauf beginnt mit Rohstoffabbau und endet mit Verschmutzung. Wachstum bedeutet eine quantitative Steigerung der physischen Durchlaufmenge. „Entwicklung" bedeutet eine qualitative Verbesserung in der Verwendung einer gegebenen Durchlaufmenge, welche entweder aus besserem technologischen Wissen oder aus einem besseren Verständnis der Zwecke resultiert. Eine WsZ als Subsystem des Planeten Erde kann sich daher entwickeln, aber nicht wachsen – genauso wie die Erde sich entwickeln kann, ohne daß sie wächst.

Der stationäre Zustand ist keinesfalls statisch. Es gibt ständige Erneuerung durch Tod und Geburt, Entwertung und Produktion einerseits sowie qualitative Entwicklung von Menschen und Verbesserung von Erzeugnissen andererseits. Genaugenommen kann im Rahmen dieser Definition der Bestand an Menschen oder Erzeugnissen sogar zeitweilig wachsen. Dieses Wachstum ist das Resultat eines technischen Fortschritts, welcher die Haltbarkeit und Instandsetzbarkeit (also die Langlebigkeit) der Erzeugnisse erhöht. Dieselbe Erhaltungsleistung kann einen größeren Bestand in Gang halten, indem sie ihn langlebiger werden läßt. Der Bestand kann jedoch auch schrumpfen, wenn die Qualität der Ressourcen schneller abnimmt, als sie durch die technologischen Fortschritte, die deren Haltbarkeit fördern, wachsen kann.

Der zweite entscheidende Punkt in der Definition einer WsZ ist, daß die konstante Durchlaufmenge bis in die ferne Zukunft ökologisch nachhaltig sein muß, eine Bevölkerung, die einen Lebensstandard oder Ressourcenverbrauch pro Kopf hat, der für ein gutes Leben ausreicht. Es ist zu beachten, daß eine WsZ nicht im Hinblick auf das Bruttosozialprodukt definiert ist. Eine WsZ ist nicht gleichbedeutend mit einem „Nullwachstum des Bruttosozialprodukts".

Die ökologische Nachhaltigkeit der Durchlaufmenge wird nicht von den Marktkräften garantiert. Der Markt kann nicht von sich aus die Kosten, die sein eigenes Wachstum im Verhältnis zum Ökosystem verursacht, feststellen. Marktpreise messen die relative Knappheit der individuellen Mittel in ihrem Verhältnis zueinander. Sie messen nicht die absolute Knappheit der Mittel im allgemeinen, die der geringen Entropie der Umwelt. Von einem perfekten Markt können wir bestenfalls eine pareto-optimale Allokation der Ressourcen erwarten (d. h. eine Situation, in der niemand besser gestellt werden kann, ohne einen anderen schlechter zu stellen). Eine solche Allokation kann bei jeder beliebigen Durchlaufmenge von Ressourcen erreicht werden, einschließlich ökologisch untragbarer Niveaus, genauso wie eine solche Allokation bei jeder beliebigen Verteilung von Einkommen erreicht werden kann, auch bei einer ungerechten. Die erste Behauptung ist im allgemeinen weniger bekannt als die zweite, jedoch mindestens ebenso wahr. Ökologische Nachhaltigkeitskriterien – ebenso wie ethische Gerechtigkeitskriterien – werden von den Märkten nicht erfüllt. Märkte zielen einzig und allein auf die Erfüllung effizienter Allokation ab. Optimale *Allokation* ist eine Sache, optimales *Ausmaß* eine andere.

Ökonomen sind ständig an Maximierung interessiert: Maximierung der Profite, der ökonomischen Rente, des Barwerts, der Konsumentenrente und so weiter. Was wird in der WsZ maximiert? Im Grunde genommen das Leben selbst, gemessen in kumulierenden Personen-Jahren, die jemals gelebt werden, in denen jederzeit ein Standard an Ressourcenverbrauch möglich ist, der für ein gutes Leben ausreicht. Damit kann sicherlich nicht die Maximierung des Bevölkerungswachstums gemeint sein, wie von Julian Simon (1981) vorgeschlagen, weil zu viele Menschen, die zur selben Zeit leben, besonders wenn sie in Konsumgesellschaften leben, gezwungenermaßen das ökologische „Kapital" aufbrauchen und dadurch die Tragfähigkeit der Umwelt und die Gesamtheit zukünftigen Lebens verringern. Obwohl menschliches Leben der Maximand ist, nimmt die WsZ große Anstrengungen zur Maximierung des Lebens aller Arten auf sich, indem sie sich auf eine konstante Durchlaufmenge auf nachhaltigem Niveau beschränkt. Dadurch gebietet die WsZ der zunehmenden Übernahme der Lebensräume anderer Arten Einhalt und verlangsamt gleichzeitig die Ausbeutung des geologischen Kapitals, damit es künftigen Generationen zur Verfügung steht.

Ich möchte die Idee, daß der stationäre Zustand auf lange Sicht das Leben aller Arten maximiert, nicht überstrapazieren, aber eine WsZ ist dafür sicher besser geeignet als die gegenwärtige wertmaximierende Wachstumswirtschaft, die jede wertvolle Spezies ausrottet, deren biologische Wachstumsrate kleiner ist als der erwartete Zinssatz, solange die Fangkosten nicht zu hoch sind (Clark 1976).

Natürlich werden hier im Interesse der gebotenen Kürze viele wichtige Punkte dieser Definition einer WsZ nur am Rande berührt. Die Bedeutung von Formulierungen wie „für ein gutes Leben ausreichend" und „nachhaltig bis in die ferne Zukunft" kann hier nicht näher definiert werden. Jedoch muß jedes ökonomische System implizite Antworten auf diese dialektischen Fragen geben, auch wenn es sich ihnen nicht explizit stellen will. Zum Beispiel postuliert die Wachstumsökonomie implizit, daß es niemals eine ausreichende Menge gibt, denn mehr ist immer besser, und daß eine 20 Jahre währende Zukunft durchaus lang genug ist, wenn der Diskontsatz 10 Prozent beträgt. Viele würden gerne eine explizite Unbestimmtheit einer solchen impliziten Präzision vorziehen.

DER ÜBERGANG VON DER WACHSTUMSMANIE ZUM STATIONÄREN ZUSTAND IN DER THEORIE: THEORETISCHE UND MORALISCHE ANOMALIEN DES WACHSTUMSPARADIGMAS, DIE IM STATIONÄREN ZUSTAND AUFGELÖST WERDEN

Die Wachstumswirtschaft gelangt an zwei grundlegende Grenzen: die biophysische und die ethisch-soziale. Obwohl diese beiden Grenzen keinesfalls vollkommen unabhängig voneinander sind, lohnt es sich, zwischen den beiden zu unterscheiden:

Biophysische Grenzen des Wachstums

Die biophysischen Wachstumsgrenzen werden verursacht durch drei miteinander zusammenhängende Bedingungen: Endlichkeit, Entropie und ökologische Interdependenz. Die Wirtschaft ist in ihren physischen Dimensionen ein offenes Teilsystem unseres endlichen und geschlossenen Ökosystems, welches ihr sowohl Rohmaterialien von niederer Entropie liefert als auch ihre Abfallprodukte mit hoher Entropie aufnimmt. Das Wachstum des wirtschaftlichen Teilsystems ist beschränkt durch die vorgegebene Größe des umfassenden Ökosystems, durch seine Abhängigkeit vom Ökosystem als Rohstoffquelle und als Lagerstätte für seine Abfälle und durch die komplexen ökologischen Zusammenhänge, die umso eher zerstört werden, je mehr das Ausmaß des ökonomischen Teilsystems (bzw. die Durchlaufmenge) im Verhältnis zum gesamten Ökosystem wächst. Darüber hinaus beeinflussen sich diese drei Begrenzungen gegenseitig. Die Endlichkeit wäre nicht so beschränkend, wenn alles wiederverwertet werden könnte, die Entropie verhindert jedoch ein vollständiges Recycling. Die Entropie hätte nicht so einschränkende Wirkung, wenn die Umweltressourcen und Abfallagerstätten unbegrenzt wären, aber beide sind es nicht. Die Tatsache, daß beide endlich sind, im Zusammenwirken mit dem Entropiegesetz, hat zur Folge, daß die geordneten Strukturen des ökonomischen Teilsystems nur um den Preis aufrechterhalten werden können, daß dadurch ein unverhältnismäßig größeres Maß an Unordnung im übrigen System entsteht. Wenn hauptsächlich die Sonne die Kosten jener Unordnung, die Kosten für die Entropie der Durchlaufmengen trägt, wie es in traditionellen bäuerlichen Wirtschaften der Fall ist, dann gibt es keinen Anlaß zur Sorge. Wenn jedoch diese Kosten für Entropie (Raubbau und Verschmutzung) sich hauptsächlich auf die Umwelt der Erde niederschlagen, wie es in einer modernen industrialisierten Gesellschaft der Fall ist, dann geraten sie in Konflikt mit komplexen lebenserhaltenden Leistungen der Natur für die Wirtschaft. Der Verlust dieser Leistungen sollte selbstverständlich als Kostenpunkt des Wachstums erfaßt werden, der letztendlich gegenüber dem Nutzen abgewogen werden muß. Unsere Volkswirtschaftlichen Gesamtrechnungen übergehen diesen Faktor ganz bewußt.

Die gängige Wachstumsökonomie ignoriert Endlichkeit, Entropie und ökologische Zusammenhänge. Denn ihrer präanalytischen Vision, die in der Vorstellung von einem isolierten Kreislauf der Tauschwerte besteht, fehlt das Konzept der Durchlaufmenge (siehe Abbildung 2, Seite 72). Dies kann bei der Lektüre der ersten Kapitel in jedem Grundlehrbuch überprüft werden (Daly 1985; Georgescu-Roegen 1971). Von der physischen Dimension der Waren und Faktoren wird im besten Fall vollkommen abstrahiert (sie wird einfach weggelassen), und im schlechtesten Fall nimmt man einen Kreislauf, wie jenen des Tauschwertes, an. Es ist, als würde man die Physiologie nur als Kreislaufsystem studieren, ohne je den Verdauungstrakt zu erwähnen. Die

Abhängigkeit des Organismus von seiner Umwelt würde daraus nicht ersichtlich. Das Fehlen des Konzepts einer Durchlaufmenge in der präanalytischen Vision der Ökonomen bedeutet, daß die Wirtschaft keinerlei Austausch mit ihrer Umwelt betreibt. Sie ist, so wird impliziert, ein sich selbst erhaltendes, isoliertes System, ein gigantisches Perpetuum mobile. Die Konzentration auf den Tauschwert im makroökonomischen Kreislauf abstrahiert ebenfalls vom Gebrauchswert und jeglicher Vorstellung von einem anderen Zweck als dem der Maximierung des Kreislaufs des Tauschwertes.

Es weiß aber jedermann – einschließlich der Ökonomen – nur zu gut, daß die Wirtschaft Rohstoffe aus ihrer Umwelt entnimmt und Abfälle zurückgibt. Warum bleibt also diese unumstrittene Tatsache im Kreislaufparadigma unerwähnt? Wirtschaftswissenschaftler interessieren sich für Knappheiten. Alles, was nicht knapp ist, wird ignoriert. Rohstoffquellen und Abfallagerstätten in unserer Umwelt wurden als unendlich groß im Vergleich zur Nachfrage der Wirtschaft angesehen. Diese Sichtweise war in der Zeit, als sich die Ökonomie als Wissenschaft formierte, noch mehr oder weniger zutreffend, daher war es keine unvernünftige Abstraktion. Es ist jedoch höchst unvernünftig, das Konzept der Durchlaufmenge nach wie vor unbeachtet zu lassen, nachdem das Ausmaß der Wirtschaft auf ein Niveau angewachsen ist, durch das Rohstoffe und Abfallager für die Durchlaufmenge offensichtlich knapp geworden sind, auch wenn sich diese neue absolute Knappheit nicht in relativen Preisen widerspiegelt. Die gegenwärtige Praxis, die ad hoc „Externalitäten" einführt, um die Effekte einer wachsenden Durchlaufmenge einzubeziehen, welche nicht in das Kreislaufmodell passen, ist vergleichbar der Verwendung des Begriffs „Epizyklen", der die Abweichung astronomischer Beobachtungen von den theoretischen Kreisbewegungen der Himmelskörper erklären sollte.

Dennoch halten viele Ökonomen auf die eine oder andere Weise an der Annahme unendlicher Ressourcen fest, denn sonst müßten sie zugeben, daß dem Wirtschaftswachstum Grenzen gesetzt sind, und das ist „undenkbar". Die übliche Masche besteht darin, sich auf die unendlichen Möglichkeiten der Technologie und der Ressourcensubstitution (die Erfindungsgabe) als dynamische Kraft zu berufen, durch die man dem Rohstoffverbrauch und der Verschmutzung auf Dauer entrinnen kann. Dieses Gegenargument bietet vielerlei Angriffspunkte. Erstens bedeuten technologische Innovation und fortwährende Substitution lediglich, daß eine Form von Materie/Energie mit geringer Entropie gegen eine andere ausgetauscht wird – und dies innerhalb einer endlichen und kleiner werdenden Rohstoffmenge mit geringer Entropie. Solche Substitutionen sind häufig sehr vorteilhaft, wir können jedoch, netto betrachtet, niemals Rohstoffe mit geringer Entropie durch

Abfälle mit hoher Entropie ersetzen. Zweitens wird oft behauptet, daß reproduzierbares Kapital ein beinahe perfektes Substitut für Rohstoffe sei. Diese Behauptung würde allerdings voraussetzen, daß Kapital unabhängig von Rohstoffen produziert werden könnte, was absurd ist. Außerdem widerspricht sie der offensichtlichen Komplementarität von Kapital und Rohstoffen in der Produktion. Der Kapitalbestand ist ein Mittel zur Transformation des Ressourcenflusses von Rohstoffen in fertige Produkte (Georgescu-Roegen 1971). Ein Mehr an Kapital wiegt ein Weniger an Rohstoffen nicht auf, außer in sehr beschränktem Ausmaß. Man kann nicht das gleiche Haus bauen, indem man weniger Holz durch mehr Sägen ersetzt.

Den Verteidigern des Wachstums bleibt nur mehr ein grundlegendes Argument: Rohstoff- und Umweltbeschränkungen haben das Wachstum in der Vergangenheit nicht beeinträchtigt und werden es auch in der Zukunft nicht tun. Solch eine Logik möchte jedoch zu viel beweisen: nämlich die Behauptung, daß nie etwas Neues passieren kann. Ein berühmter General überlebte hundert Schlachten ohne einen einzigen Kratzer, und diese Behauptung ist immer noch wahr, auch nachdem er in die Luft gesprengt worden war.

In einem seiner letzten Artikel liefert Earl Cook eine aufschlußreiche Kritik dieses Glaubens an unbegrenzte Erfindungsgabe (Cook 1982). Der Reiz dieses Arguments, so behauptet er, liegt weder in der wissenschaftlichen Begründung seiner Prämissen noch in seiner zwingenden Logik, sondern eher in der Tatsache, daß „das Konzept der Wachstumsschranken wohlerworbene Rechte und Machtstrukturen bedroht; schlimmer noch: Es bedroht Wertstrukturen, in die ganze Leben investiert wurden (...). Den Glauben an ewig fortdauernde Bewegung aufzugeben, war ein wesentlicher Schritt zur Erkenntnis der wahren Voraussetzungen menschlichen Lebens. Es ist bezeichnend, daß die Ökonomen des ‚Mainstream' diesen Glauben nie aufgegeben haben und auch die Bedeutung des Zweiten Gesetzes der Thermodynamik für den Wirtschaftsprozeß nicht anerkennen; ihre Position als Hohepriester der Marktwirtschaft wäre sonst unhaltbar." (Cook 1982, Seite 198)

Daher wird viel Erfindungsgabe aufgewandt, um die Unbeschränktheit der Erfindungsgabe zu beweisen. Julian Simon, George Gilder, Herman Kahn und Ronald Reagan verkündeten diese These besonders laut. Jede technische Leistung, gleichgültig wie extrem unwichtig sie auch sein mag, wird als ein weiterer Sieg in einer unendlichen Reihe künftiger Siege der Technologie über die Natur gefeiert. Die Griechen nannten dies „Hybris". Die Israeliten wurden davor gewarnt: „Dann nimm dich in acht und denk nicht bei dir: Ich habe mir diesen Reichtum aus eigener Kraft und mit eigener Hand erworben" (Dtn. 8, 17). Solche Weisheit geht jedoch im Staccato des

„Nichts-Schlimmes-in-Sicht" der Wachstumsmanie unter. Umso nötiger ist es, Earl Cooks scharfe Bemerkung zu wiederholen, daß „ohne die enorme Leistung der Natur, die Energieflüsse und Rohstoffvorräte zu konzentrieren, die menschliche Erfindungsgabe reine Selbstbefriedigung wäre. Was bedeutet es schon, daß der menschliche Erfindungsreichtum unerschöpflich ist, wenn die Materie und die Energie durch andere Regeln bestimmt werden als die Information?" (Cook 1982, Seite 194)

Ethisch-soziale Grenzen

Selbst wenn Wachstum durch genügend Erfindungsgabe weiterhin ermöglicht würde, könnte es aufgrund ethisch-sozialer Grenzen nicht mehr erstrebenswert sein. Im folgenden werden vier ethisch-soziale Thesen kurz besprochen, die die Erwünschtheit von Wachstum eingrenzen.

1. Die Erwünschtheit von Wachstum, welches durch den Abbau des geologischen Kapitals finanziert wird, ist durch die Kosten, die zukünftigen Generationen auferlegt werden, beschränkt. Normalerweise werden in der Ökonomie zukünftige gegen gegenwärtige Kosten durch Diskontierung ausgewogen. Ein Zeitdiskontsatz stellt eine Möglichkeit dar, um jenes Werturteil numerisch zum Ausdruck zu bringen, daß jenseits eines bestimmten Zeitpunktes die Zukunft für die gegenwärtig lebenden Menschen keinen Wert mehr darstellt. Je höher der Diskontsatz, umso eher wird dieser Punkt erreicht. Der Wert der Zukunft für die in der Zukunft lebenden Menschen zählt in der üblichen Perspektive der Wissenschaft nicht.

Ein vielleicht anspruchsvolleres, obgleich weniger numerisches Prinzip für den Ausgleich von Zukunft und Gegenwart läge darin, die Grundbedürfnisse der Gegenwart immer über jene der Zukunft zu stellen. Jedoch sollten die Grundbedürfnisse der Zukunft Vorrang gegenüber dem extravaganten Luxus der Gegenwart haben.

2. Die Erwünschtheit von Wachstum, welches durch die Übernahme von Lebensraum finanziert wird, ist durch die Ausrottung oder Dezimierung der empfindungsfähigen, nichtmenschlichen Arten beschränkt, deren Lebensraum verschwindet. Wirtschaftswachstum benötigt Platz für eine immer größere Anzahl von Werkzeugen und Menschen sowie für die sich ausdehnenden Rohstoffquellen und Abfallager. Andere Arten benötigen ebenfalls Raum, ihren „Platz an der Sonne". Der instrumentelle Wert anderer Arten für uns, die lebenserhaltenden Dienste, die sie leisten, wurden in der vorhergehenden Diskussion der biophysischen Grenzen erfaßt. Eine weitere Grenze leitet sich von dem ihnen innewohnenden Wert ab, also daraus, daß sie als empfindsame Wesen erfaßt werden, wenn auch wahrscheinlich nicht als Wesen, die ein Bewußtsein ihrer selbst besitzen und somit als Wesen, welche Freude und

Schmerz empfinden und deren erfahrbare „Nützlichkeit" in einer Wohlfahrtsökonomie positiv berechnet werden sollte, auch wenn sie nicht zu maximierendem Marktverhalten führt.

Der intrinsische Wert nichtmenschlicher Arten sollte der Übernahme von Lebensraum eine gewisse Grenze entgegenstellen, zusätzlich zur Beschränkung, die sich aus ihrem instrumentellen Wert ergibt. Es ist jedoch schwer festzulegen, wo diese Grenze liegen sollte (Birch und Cobb 1981). Die Klärung dieser Frage ist hauptsächlich eine philosophische Aufgabe. Wenn wir jedoch auf eine endgültige Antwort warten, bevor wir der Übernahme irgendwelche Grenzen setzen, so wird die Frage durch Ausrottungen wiederum aufgeworfen, die heutzutage – verglichen mit vergangenen Zeiten – mit extrem schneller Geschwindigkeit voranschreiten (Ehrlich und Ehrlich 1981).

3. Die Erwünschtheit von makroökonomischem Wachstum wird durch seine sich selbst aufhebenden Auswirkungen auf die Wohlfahrt beschränkt. Keynes (1930) behauptete, daß absolute Bedürfnisse (solche die wir unabhängig vom Befinden anderer fühlen) nicht unersättlich sind. Relative Bedürfnisse (also jene, die wir nur fühlen, weil uns ihre Befriedigung anderen überlegen macht) sind jedoch unersättlich, denn, wie Keynes es ausdrückt: „Je höher das allgemeine Niveau, desto höher sind auch sie." Oder, mit den Worten J. S. Mills: „Der Mensch möchte nicht reich sein, sondern reicher als andere." Beim gegenwärtigen Stand der Produktion in den reichen Ländern ist es sehr wahrscheinlich, daß Wohlfahrtszuwächse (Zuwächse im Lebensstandard) größtenteils von Veränderungen des relativen Einkommens abhängig sind (soweit sie sich überhaupt auf Einkommen beziehen). Da der Kampf um relative Anteile ein Nullsummenspiel ist, folgt daraus klarerweise, daß makroökonomisches Wachstum nicht die aggregierte Wohlfahrt steigern kann. Insofern also Wohlfahrt von der relativen Position des Einzelnen abhängt, kann Wachstum nicht die Wohlfahrt im Gesamten erhöhen. Es läuft in die gleiche Art einer Selbstaufhebungs-Falle, wie wir sie auch beim Wettrüsten finden.

Wegen dieses sich selbst aufhebenden Effekts der relativen Position erzeugt makroökonomisches Wachstum weniger menschliche Wohlfahrt, als wir bislang glaubten. Folglich sollten andere Ziele im Verhältnis zum Wachstumsziel an sozialer Bedeutung zunehmen (Abramowitz 1979). Zukünftige Generationen, nichtmenschliche Arten, die Gemeinschaft und alles, was sonst noch im Namen des Wachstums geopfert wurde, sollte von nun an weniger leichtfertig geopfert werden, weil Wachstum weniger zum allgemeinen Glück beiträgt, als es zu Zeiten der Fall war, in denen marginales Einkommen hauptsächlich zur Befriedigung absoluter Bedürfnisse statt zur Befriedigung relativer Bedürfnisse verwendet wurde.

4. Die Erwünschtheit von makroökonomischem Wachstum wird beschränkt durch die zersetzende Wirkung auf die moralischen Werte, die aus eben jenen Einstellungen resultiert, die Wachstum begünstigen, wie die Glorifikation von Eigeninteresse und eine wissenschaftlich-technokratische Weltsicht. Auf der Nachfrageseite der Gütermärkte wird Wachstum stimuliert durch Gier und Gewinnsucht, die über ihr „natürliches", durch die Ursünde begründetes Maß hinaus noch intensiviert werden durch die Milliarden-Dollar-Industrie der Werbung. Auf der Angebotsseite proklamiert technokratische Wissenschaftsgläubigkeit die Möglichkeit unbeschränkter Expansion und predigt eine reduktionistische, mechanistische Philosophie, welche – trotz ihres Erfolges als Forschungsprogramm – als Weltanschauung ernsthafte Unzulänglichkeiten aufweist. Als Forschungsprogramm fördert sie erfolgreich Macht und Kontrolle, aber als Weltanschauung läßt sie keinen Raum für die Frage nach einem Zweck und noch weniger für jegliche Unterscheidung zwischen guten und schlechten Zwecken. „Anything goes" ist ein bequemer moralischer Slogan für die Wachstumswirtschaft, denn er beinhaltet, daß sich auch alles verkaufen läßt. Wenn Wachstum einen klar definierten Zweck hat, dann erreicht es auch mit der Erfüllung dieses Zweckes eine Grenze. Die Ausweitung der Macht und das Zurückdrängen des Zweckes führte zu unkontrolliertem Wachstum um seiner selbst willen, welches die moralische und soziale Ordnung genauso sicher zerstört wie die ökologische (Hirsch 1976).

Die Situation des heutigen ökonomischen Denkens kann durch folgende etwas weithergeholte, aber treffende Analogie zusammengefaßt werden. Die neoklassische Ökonomie, ebenso wie die klassische Physik, ist für den speziellen Fall gültig, in dem wir annehmen, von allen Grenzen weit entfernt zu sein: weit entfernt von der Begrenzung durch die Lichtgeschwindigkeit oder durch die kleinste Größe von Elementarteilchen in der Physik, weit entfernt von den biophysischen Grenzen der Aufnahmefähigkeit der Erde und den ethisch-sozialen Grenzen der Bedürfnisbefriedigung in der Wirtschaftswissenschaft. Wie in der Physik, so funktionieren auch in der Ökonomie die klassischen Theorien in der Nähe dieser Grenzen nicht besonders gut. Eine allgemeingültigere Theorie wird benötigt, um sowohl die Norm- als auch die Grenzfälle zu beschreiben. In der Ökonomie wird die Notwendigkeit einer solchen Theorie mit der Zeit immer größer, denn die Wachstumsethik selbst sorgt dafür, daß der Grenzfall mehr und mehr zur Norm wird. Je näher die Wirtschaft an ihre Grenzen heranrückt, desto weniger können wir die praktischen Beurteilungen der meisten Ökonomen akzeptieren, nämlich, daß „eine Veränderung der wirtschaftlichen Wohlfahrt zugleich eine Veränderung der gesamten Wohlfahrt in dieselbe Richtung, wenn nicht im selben

Ausmaß, beinhaltet" (Abramowitz 1979). Wir sollten eher lernen, die andere Komponente der Gesamtwohlfahrt zu definieren und explizit zu berücksichtigen, die durch ein an seine Grenzen stoßendes Wachstum behindert und untergraben wird.

DER ÜBERGANG VON DER WACHSTUMSMANIE ZUM STATIONÄREN ZUSTAND IN DER PRAXIS: WACHSTUMSVERSAGEN ALS ERZWUNGENE ERSTE SCHRITTE ZUR WIRTSCHAFT IM STATIONÄREN ZUSTAND

Der andauernde Rüstungswettlauf stellt zweifellos das größte Wachstumsversagen dar, hier hat Wachstum zu weniger statt zu mehr Sicherheit geführt und die Einsätze erhöht: vom Verlust einzelner Leben zum Verlust des Lebens selbst durch einen allumfassenden Ökozid. Übermäßiges Bevölkerungswachstum, giftige Abfälle, saurer Regen, Klimaveränderungen, die Zerstörung der Regenwälder und der Verlust von Ökosystemleistungen, der durch diese Aggressionen gegenüber der Umwelt herbeigeführt wird, stellen Fallbeispiele für Wachstumsversagen dar. Sie als erste Schritte in Richtung einer Wirtschaft im stationären Zustand (WsZ) anzusehen, bedarf der bewußten Bereitschaft zu einer hoffnungsvollen Einstellung.

Alle oben erwähnten Fälle von Wachstumsversagen resultierten aus der Weigerung der Wachstumswirtschaft, die biophysischen Grenzen ihres Gastgebers zu respektieren. Ich möchte auch einige Symptome von Wachstumsmanie innerhalb der Ökonomie selbst berücksichtigen. Ich erwähne drei Beispiele: den Geldfetischismus und die „virtuelle Ökonomie" („paper economy"), fehlerhafte Volkswirtschaftliche Gesamtrechnungen und die Tücke quantifizierter Erfolgsindizes sowie die Ambivalenz der „Informationswirtschaft".

Geldfetischismus und die virtuelle Ökonomie

Geldfetischismus ist ein spezieller Fall des von Alfred North Whitehead so benannten „Trugschlusses der unangemessenen Konkretheit", welcher darin besteht, daß auf einem bestimmten Abstraktionsniveau argumentiert wird, die Schlußfolgerungen daraus jedoch auf einem anderen Abstraktionsniveau angewandt werden. Es wird argumentiert, daß – nachdem der abstrakte Tauschwert in einem Kreislauf fließt – auch die physischen Waren, die das Bruttosozialprodukt ausmachen, im Kreis fließen. Oder: Nachdem Geld auf der Bank mittels der Verzinsung ewig wachsen kann, kann auch das reale Vermögen und die Wohlfahrt fortwährend wachsen. Was auch immer für das abstrakte Symbol des Vermögens zutrifft, wird auch für das konkrete Vermögen selbst als wahr angenommen.

Geldfetischismus lebt und gedeiht gut in einer Welt, in der die Banken der reichen Länder den armen Ländern Kredite geben und dann, wenn die Schuldnerländer zahlungsunfähig werden, ihnen einfach neue Kredite geben, um die Rückzahlung der Zinsen auf die alten Kredite zu ermöglichen, und damit Verluste durch verlorene Forderungen vermeiden. Die Verwendung neuer Kredite zum Begleichen der Zinsen für alte Kredite ist schlechter als ein Schneeballsystem à la Ponzi, jedoch erwartet man, daß der exponentielle Schneeballeffekt wachsender Schulden durch einen Schneeballeffekt realen Wachstums in den Schuldnerländern ausgeglichen werden wird. Die internationale Schuldensackgasse ist ein deutliches Symptom der grundlegenden Krankheit der Wachstumsmanie. Eine zu große Anzahl von Geldakkumulationen versucht exponentiell zu wachsen in einer Welt, in der die physische Größe der Wirtschaft im Verhältnis zum Ökosystem schon so groß ist, daß nicht mehr viel Spielraum bleibt für ein Wachstum in physischen Dimensionen.

Marx und vor ihm bereits Aristoteles wiesen darauf hin, daß die Gefahr des Geldfetischismus dann auftaucht, wenn eine Gesellschaft unter dem Druck zunehmend komplexer werdender Arbeitsteilung und Tauschbeziehungen schrittweise ihre Aufmerksamkeit vom Gebrauchswert auf den Tauschwert verlegt. Diese Abfolge wird in den folgenden vier Schritten kurz aufgezeigt, unter Verwendung der Marxschen Abkürzungen.

1. *C-C'*. Ein Gut *C* wird direkt gegen ein anderes Gut *C'* getauscht. Per definitionem ist der Tauschwert der zwei Güter gleich, jedoch gewinnt jeder Händler an Gebrauchswert. Das ist einfacher *Tauschhandel*. Geld existiert nicht, also kann es auch keinen Geldfetischismus geben.

2. *C-M-C'*. Der *einfache Güterkreislauf* beginnt und endet mit einem im Gut gebundenen Gebrauchswert. Geld *(M)* ist einfach ein bequemes Tauschmittel. Ziel des Tausches bleibt das Erreichen eines höheren Gebrauchswertes. *C'* stellt einen höheren Gebrauchswert für den Händler dar, ist jedoch immer noch ein Gebrauchswert, durch die spezifische Verwendung oder den Zweck des Gutes festgelegt. Man braucht zum Beispiel einen Hammer nötiger als ein Messer, man braucht jedoch nicht zwei Hämmer, noch weniger 50. Der Anreiz zur Akkumulierung von Gebrauchswerten ist sehr gering.

3. *M-C-M'*. Nachdem der einfache Güterkreislauf den Weg zum *kapitalistischen Kreislauf* geebnet hatte, drehte sich die Reihenfolge um. Nun beginnt und endet der Kreislauf mit Geldkapital. Das Gut oder der Gebrauchswert ist nun ein Zwischenschritt zur Vergrößerung des Tauschwertes um einen Profitbetrag, $\Delta M = M' - M$. Der Tauschwert hat keine spezielle Verwendung oder eine physische Dimension, der man konkrete Beschränkungen auferlegen könnte. Ein Dollar Tauschwert ist nicht so gut wie zwei, 50 sind noch besser,

und eine Million ist viel besser etc. Im Gegensatz zum Gebrauchswert, der verdirbt oder geringer wird, wenn das Gut gehortet wird, kann der Tauschwert bis ins Unendliche akkumuliert werden, ohne zu verderben oder Lagerkosten zu verursachen. Der Tauschwert kann sogar durch Zinserträge von alleine wachsen. Wie jedoch Frederick Soddy (Daly 1980) klarstellte, „kann man eine absurde menschliche Übereinkunft (Zinsraten) nicht permanent gegen ein Naturgesetz (entropischen Verfall) ausspielen".[1] „Permanent" ist jedoch nicht dasselbe wie „in der Zwischenzeit", in welcher wir auf der mikroökonomischen Ebene die Absurdität der Gebrauchswertakkumulierung durch die Tauschwertakkumulierung überwunden haben und diesen als Pfand für künftige Gebrauchswerte benutzen. Wenn jedoch in derselben Zeit der zukünftige Gebrauchswert oder das Realvermögen nicht im gleichen Ausmaß wie die Anhäufung der Tauschwerte gewachsen ist, dann wird es nach einer gewissen Zeit eine Abwertung des Tauschwertes durch Inflation oder eine andere Form der Nichtanerkennung von Schulden geben. Auf der makroökonomischen Ebene werden sich die Grenzen wieder geltend machen, auch wenn sie auf der mikroökonomischen Ebene, auf welcher das Streben nach Tauschwertakkumulierung die treibende Kraft geworden ist, ignoriert werden.

4. *M-M'*. Wir können die Marxschen Schritte um einen weiteren Schritt hin zur *virtuellen Ökonomie* erweitern. In dieser „verschwinden" bei vielen Transaktionen die konkreten Güter sogar als Zwischenschritt in der Ausdehnung des Tauschwertes. Die Manipulation von Symbolen aufgrund willkürlicher und sich ändernder Steuergesetze, Buchhaltungsvorschriften, Abschreibungen, Fusionen, Public-relations-Metaphorik, Werbung, Rechtsstreitigkeiten und so weiter, führt insgesamt zu einem positiven ΔM für einige, jedoch nicht zu einer Erhöhung des Sozialvermögens und daher zu einer ebenso großen negativen Veränderung des ΔM für andere. Solcher „Kasino-Kapitalismus" und nur auf Rentenabschöpfung gerichtete Aktivitäten nehmen mehr und mehr Unternehmenstalent in Anspruch. („Rent-seeking" ist der Versuch einzelner oder von Interessensgruppen, den staatlichen Ordnungsrahmen so zu beeinflussen, daß einem besondere wirtschaftliche Vorteile entstehen oder Nachteile abgewendet werden können. Anm. d. Übers.) Ein Echo auf Frederick Soddy ist in der Aussage Robert Reichs (1983, Seite 153) hörbar, daß „die Menge an Symbolen, welche entwickelt wurden um reale Vermögenswerte darzustellen, die Beziehung mit jeglicher tatsächlich produktiven Aktivität verloren hat. Das Finanzwesen hat sich allmählich zu einem völlig eigenständigen Sektor entwickelt, welcher nur lose mit der Industrie verbunden ist." Im Gegensatz zu Soddy würdigt Reich jedoch nicht die Rolle, die die biophysischen Grenzen beim Umlenken der Bemühungen von der Beeinflussung resistenter Materie und Energie hin zur

Beeinflussung nachgiebiger Symbole leisten. Er denkt, daß finanzielle Symbole und physische Realitäten auf irgendeine Weise wieder kongruent werden, je stärker die traditionelle Massenproduktion durch flexible und informationsintensive Produktionsprozesse ersetzt wird. Es kann jedoch auch der Fall sein, daß der Anreiz, die physikalische Welt zu umgehen, indem man von *M-C-M'* auf *M-M'* übergeht, umso größer wird, je schwerer physische Ressourcen gewonnen werden, wie aufgrund fallender Ertragsraten auf Energieinvestitionen deutlich wird (Cleveland et al. 1984). Wir können dann immer noch auf dem Papier weiterwachsen, nicht aber in der Wirklichkeit. Diese Illusion wird durch unsere Konventionen der Volkswirtschaftlichen Gesamtrechnung begünstigt. Es könnte sein, daß wir uns einer nicht mehr wachsenden Wirtschaft um einiges schneller nähern, als wir denken. Wenn die Kosten der Giftmülldeponien vom Wertprodukt der chemischen Industrie abgezogen würden, so könnten wir feststellen, daß wir in diesem Wirtschaftssektor bereits ein Nullwachstum bezüglich des Wertes erreicht haben.

Fehlerhafte Volkswirtschaftliche Gesamtrechnung und die Tücke quantitativer Erfolgsindikatoren

Unsere Volkswirtschaftliche Gesamtrechnung ist so entworfen, daß sie die Kosten des Wachstums nicht wiedergeben kann, außer sie würde absurderweise Folgeausgaben zum Schutz vor den Folgen des Wachstums als weiteres Wachstum zählen. Es ist inzwischen allgemein üblich, darauf hinzuweisen, daß das Bruttosozialprodukt nichts darüber aussagt, ob wir vom Einkommen oder vom Vermögensbestand leben, von den Zinsen oder vom Kapital. Der Abbau der fossilen Brennstoffe, der Minerale, Wälder und Böden stellt Verbrauch von Kapital dar, jedoch wird ein solcher, langfristig nicht aufrechterhaltbarer Verbrauch im Bruttosozialprodukt nicht anders behandelt als nachhaltige Ertragsproduktion (wirkliches Einkommen). Wir bauen jedoch nicht nur positives Kapital ab (Reichtum), wir häufen auch negatives Kapital an in Form von Giftmülldeponien und Atommüllendlagerstätten. So unbekümmert von „Wirtschaftswachstum“ zu sprechen, wann immer wir produzierte Güter anhäufen, während zugleich der Reichtum der Natur geschmälert wird und menschlich produzierte Übel anwachsen, läßt zumindest auf ein enormes Vorurteil bezüglich der relativen Größe dieser Veränderungen schließen (Hueting 1980). Ein solches Vorgehen ist nur sinnvoll, wenn man von der Annahme unbeschränkter Aufnahmekapazitäten und Rohstoffquellen in der Umwelt ausgeht.

Ein weiteres Problem der Volkswirtschaftlichen Gesamtrechnung liegt darin, daß sie die „informelle“ Wirtschaft (Schattenwirtschaft, „Schwarzarbeit“ etc.) nicht erfaßt. Schätzungen über das Ausmaß der Schattenwirtschaft in den USA ergaben einen Anteil von 4 bis 30 Prozent des Bruttosozialprodukts, je nach Schätzmethode (Tanzi 1983). Die Schattenwirtschaft ist in letzter Zeit offenbar gewachsen, vermutlich infolge höherer Steuern, wachsender Arbeitslosigkeit und Frustration aufgrund der zunehmenden Komplexität und Willkür der virtuellen Ökonomie. Weder die Schattenwirtschaft, welche eine Ausdehnung der Haushaltsarbeit ist, noch die Haushaltsarbeit selbst sind im Bruttosozialprodukt enthalten. Ihr Wachstum bedeutet eine Anpassung an das Versagen des traditionellen Wirtschaftswachstums, Beschäftigung und Sicherheit bereitzustellen. Als Anpassungsleistung an ein Wachstumsversagen im Bruttosozialproduktsektor stellt die Schattenwirtschaft möglicherweise einen ersten, erzwungenen Schritt in Richtung einer Wirtschaft im stationären Zustand dar. Die Schattenwirtschaft ist jedoch nicht als ganze gutzuheißen. Viele ihrer Aktivitäten (Drogen, Prostitution) sind illegal, und oft ist ihre Grundmotivation Steuerhinterziehung, obwohl es in der heutigen Welt sicherlich einige noble Gründe gibt, keine Steuern zu zahlen.

Eine Messung beinhaltet immer Interaktion und Interferenz mit der zu messenden Realität. Diesem verallgemeinerten Prinzip von Heisenberg kommt vor allem in der Ökonomie Bedeutung zu, weil hier die Messung mittels eines Erfolgsindikators, auf den Entlohnungen aufbauen und mit dem Steuern berechnet werden, fast immer perverse Rückwirkungen auf die zugrundeliegende Wirklichkeit hat. Man denke zum Beispiel an Management durch quantitative Zielsetzungen in einem Tuberkulosespital, ein Fallbeispiel, welches mir ein Arzt berichtete. Es ist allgemein bekannt, daß TBC-Patienten weniger husten, wenn sie sich erholen. Also nahm man die Zahl der Hustenanfälle pro Tag als Maßeinheit für die Gesundung des Patienten. Es wurden kleine Mikrophone an den Betten der Patienten angebracht, ihr Husten wurde gewissenhaft aufgenommen und in Tabellen eingetragen. Die Belegschaft erkannte schnell, daß sie im umgekehrten Verhältnis zum Husten der Patienten bewertet wurde. Das Husten nahm beständig ab, da häufiger Codein verschrieben wurde. Entspannte Patienten husten weniger. Unglücklicherweise ging es den Patienten aber schlechter, weil sie eben nicht husteten und die verstopften Atemwege nicht freimachten. Also wurde der Hustenindex wieder aufgegeben.

Der Hustenindex zerrüttete vollständig die Aktivität, welche er messen sollte, weil die Belegschaft versuchte, dem abstrakten Index und nicht dem konkreten, qualitativen Ziel der Gesundheit zu dienen. Die Literatur über die sowjetische Planwirtschaft enthält jede Menge an Perversionen, welche durch quantitative Zielsetzung entstehen. Setzt man die Produktionsquoten für Tuch in Metern an, so werden die Ballen schmäler; setzt man sie in Quadratmetern an, so wird das Tuch dünner; setzt man sie in Gewichtseinheiten an, so wird es zu dick. Man muß aber nicht bis in die Sowjetunion gehen, um hierfür Beispiele zu finden. Das Phänomen ist allgegenwärtig. Die Professoren an den Universitäten werden entsprechend der Anzahl ihrer Veröffentlichungen entlohnt. Folglich werden die Artikel immer kürzer, bis wir die kleinste publizierbare Forschungseinheit erreicht haben. Zugleich wird häufiger zusammen mit Koautoren publiziert. Immer mehr Leute arbeiten gemeinsam an immer kürzeren Artikeln. Es werden nicht Entdeckungen und die Verbreitung von zusammenhängendem Wissen maximiert, sondern die Zahl der Veröffentlichungen, auf denen der eigene Name erscheint.

Der Zweck dieser Beispiele für die Tücke von quantitativen Erfolgsindikatoren ist es, nahezulegen, daß, ebenso wie sie, auch das Bruttosozialprodukt nicht nur eine passive Falschmessung ist, sondern auch eine aktive, verzerrende Wirkung auf genau die Wirklichkeit hat, die es nur beschreiben möchte. Das Bruttosozialprodukt ist ein Indikator für Durchlaufmengen, nicht für Wohlfahrt. In einer Welt mit einer unendlichen Menge an Rohstoffquellen und Abfallagern besteht eine positive Korrelation zwischen den Durchlaufmengen und der Wohlfahrt, aber in einer endlichen Welt mit voll ausgelasteter Tragfähigkeit stellen Durchlaufmengen *Kosten* dar. Nationale politische Strategien zur Maximierung des Bruttosozialprodukts sind einfach nicht besonders schlau. In der Praxis können diese Bemühungen mit der Maximierung von Raubbau und Verschmutzung gleichgesetzt werden.

Gewöhnlich lautet die Antwort auf diese Kritik am Bruttosozialprodukt: „Es ist zwar nicht vollkommen, aber es ist alles, was uns zur Verfügung steht. Was würden Sie statt dessen vorschlagen?" Es wird angenommen, daß wir einen numerischen Index haben müssen. Warum aber? Wären wir nicht ohne Statistiken des Bruttosozialprodukts besser dran, sogar wenn wir nichts „statt dessen" hätten? Ging es den TBC-Patienten nicht besser ohne den Hustenindex, als sich die Ärzte und Pfleger auf „weiche", qualitative Beurteilungen verlassen mußten? Vor 1940 kam die Welt sehr gut ohne die Berechnung eines Bruttosozialprodukts aus. Vielleicht könnten wir ein besseres volkswirtschaftliches Gesamtrechnungssystem aufstellen, aber wir müssen nicht bis zu diesem Zeitpunkt warten, um das Bruttosozialprodukt aufzugeben. Politisch gesehen ist es sehr unwahrscheinlich, daß wir die BSP-Statistik in nächster Zukunft aufgeben werden. Aber wir könnten uns in der Zwischenzeit angewöhnen, es als „Bruttosozialkosten" zu verstehen.

Die Ambivalenz der „Informationswirtschaft"

Die viel beworbene „Informationswirtschaft" wird oft als Strategie zur Umgehung der biophysischen Grenzen präsentiert. Ihre modernen Anhänger stehen auf dem Standpunkt, daß „Materie und Energie entsprechend den Entropiegesetzen verfallen (…), während Information (…) unsterblich ist." Und weiter: „Das Universum selbst besteht aus Information – Materie und Energie sind nur einfache Formen der Information" (Turner 1984). Solche Halbwahrheiten vergessen, daß Information nicht losgelöst von physischen Gehirnen, Büchern und Computern existiert und daß außerdem die Gehirne der Unterstützung eines Körpers bedürfen, Bücher brauchen Bibliotheksgebäude, Computer Elektrizität usw. Im schlechtesten Fall wird die Informationswirtschaft als computergestützte Explosion der Manipulation von Symbolen in der virtuellen Ökonomie gesehen. Der Information und dem Instrument ihrer Bearbeitung, dem Computer, werden von den heutigen „Silikon-Gnostikern" noch okkultere Kräfte zugesprochen, als der primitivste Schamane je für seinen bevorzugten Talisman in Anspruch zu nehmen wagte. Und dies trotz der enormen und berechtigten Bedeutung des Computers, welche keiner Übertreibung mehr bedarf.

Andere Begriffsinhalte der Informationswirtschaft sind in keiner Weise unsinnig. Solange sich der Ausdruck auf qualitative Produktverbesserungen – erhöhte Leistungsfähigkeit, Lebensdauer, bessere Wiederherstellbarkeit und besseres Aussehen (Hawken 1983) – bezieht, haben wir es mit dem zu tun, was wir zuvor „Entwicklung" genannt haben. Qualitative Verbesserungen als Verkörperung von mehr Information in einem Produkt zu sehen, ist keineswegs unvernünftig.

Die beste Frage jedoch, die über die Informationswirtschaft gestellt werden kann, stammt aus dem Chor aus T. S. Eliots Drama „The Rock":

> „Where is the wisdom we have lost in knowledge?
> Where is the knowledge we have lost in information?"
> „Wo ist die Weisheit, die wir im Wissen verloren?
> Wo ist das Wissen, das wir in der Information verloren?"

Warum soll man bei einer Informationswirtschaft aufhören? Warum nicht eine Wirtschaft des Wissens? Warum nicht eine Wirtschaft der „Weisheit"? Wissen ist strukturierte, organisierte Information, welche klar und verständlich gemacht wurde. Es ist schwer, sich ein kleines Stück isolierter Information (im Sinne der Kommunikationstheorie) als in einem Produkt enthalten vorzustellen. Was benötigt wird, um Produkte qualitativ zu verbessern, ist Wissen – ein Verständnis des Zwecks der Sache, der Natur der Materialien und der weiteren Gestaltungsmöglichkeiten innerhalb der Beschränkungen durch Sinn und Natur der Materialien. Wahrscheinlich verwenden viele Autoren auf diesem Gebiet den Ausdruck „Information" gleichbedeutend mit „Wissen", und sie denken bereits an eine „Wirtschaft des Wissens". Der wesentliche Schritt wäre aber, zu einer „Wirtschaft der Weisheit" zu gelangen.

Weisheit beinhaltet gleichzeitig das Wissen um die Techniken sowie ein Verständnis der Zwecke und ihrer relativen Wichtigkeit, zusammen mit der Anerkennung der Grenzen, denen Techniken und Zwecke unterworfen sind. Um eine tatsächliche Grenze von einem vorübergehenden Engpaß unterscheiden zu können und einen grundlegenden Zweck von einem kraftlosen Willen, bedarf es weiser Beurteilung. Die Wachstumsmanie kann ohne weise Beurteilung nicht kontrolliert werden. Seit uns die Gegebenheiten dazu zwingen, im Rahmen einer Informationswirtschaft zu denken, ist es vielleicht nicht unrealistisch zu hoffen, daß wir diesem Druck weiter folgen werden, bis hin zu einer „Wirtschaft der Weisheit". Ein Gestaltungsmerkmal derselben, so füge ich hinzu, wird ein dynamischer, stationärer Zustand sein. Die Hauptmerkmale einer solchen „Wirtschaft der Weisheit" wurden von Earl Cook (1982) in der Liste seiner neun „Überzeugungen eines Neo-Malthusianers" skizziert; ich schließe mit deren Aufzählung:

1. „Material- und Energiegleichgewichte beschränken die Produktion."
2. „Überfluß war eine weitaus fruchtbarere Grundlage für Erfindungen als Notwendigkeit." Das heißt, Wissenschaft und Technologie brauchen wirtschaftliche Überschüsse zu ihrer Unterstützung, und einige zusätzliche, aber arme Genies, welche durch ein starkes Bevölkerungswachstum hervorgebracht werden, helfen nicht weiter.
3. „Tatsächlicher Reichtum entsteht durch die Technologie aus der Natur." Oder, wie William Petty es ausgedrückt hätte, die Technologie mag der Vater des Reichtums sein, aber die Natur ist seine Mutter.
4. „Das angemessene menschliche Ziel liegt in der Maximierung des psychischen Einkommens durch die Umwandlung der Naturreserven in brauchbare Güter und durch den möglichst effizienten Gebrauch dieser Güter", und „die angemessene Einheit, um die Effizienz der Ressourcenumwandlung in psychisches Einkommen zu messen, ist die menschliche Lebensstunde, wobei die Berechnung auf die noch Ungeborenen ausgedehnt werden muß."
5. „Die physischen Gesetze können vom Menschen nicht aufgehoben werden," und von allen wirtschaftlichen Gesetzen ist das Gesetz der abnehmenden Erträge einem Naturgesetz am ähnlichsten.
6. „Die Industrielle Revolution kann als jene Epoche der Menschheitsgeschichte definiert werden, in welcher grundlegende Rohstoffe, speziell nichtmenschliche Energie, billiger wurden und reichlich vorhanden waren."
7. „Die so definierte Industrielle Revolution geht ihrem Ende entgegen."
8. „Es gibt überzeugende Gründe, eine Verteuerung der Naturreserven zu erwarten."
9. „Ressourcenprobleme sind von Land zu Land derart verschieden, daß eine sorglose räumliche und gütergemäße Aggregation eher verwirrend als klä-

rend wirken kann." Das heißt, „es gibt keinen sinnvollen Grund, die Biomasse von Amazonien und jene der Sahelzone zusammenzunehmen, um die Verfügbarkeit von Feuerholz pro Kopf zu berechnen."

Earl Cook wäre sicher der letzte, der diese neun Punkte als kompletten Entwurf für eine „Ökonomie der Weisheit" angeboten hätte. Aber ich glaube, er hat uns zu einem guten Start verholfen.

Anmerkung

[1] Frederick Soddys Ideen bezüglich Finanz- und Bankwesen werden ausführlicher in Teil VI besprochen.

KAPITEL 2

ELEMENTE DER UMWELTMAKROÖKONOMIE

Ich habe im ersten Kapitel dargelegt, daß die Wachstumsökonomie zum gegenwärtigen Zeitpunkt ein nicht mehr verwirklichbares Ziel sei sowie daß wir unsere Vision und Praxis einem anderen Modell zuwenden müssen – dem Modell der nachhaltigen Wirtschaft oder Wirtschaft im stationären Zustand. Die Ökonomen sind jedoch ein hartnäckiger und zugleich einfallsreicher Haufen, und Ökonomie als Fach liefert eine breite Palette an Argumenten und Techniken, die verwendet werden können, um ein Überdenken des bestehenden Grundmodells zu vermeiden.

In den letzten Jahren ist die Umweltproblematik von den traditionellen Ökonomen aufgegriffen worden, und das von ihnen eingebrachte allgemeine Thema – „Internalisierung von Externalitäten" – nimmt sicher einen wichtigen Platz ein. Dennoch taugt es nicht für eine umfassende Lösung der Umweltproblematik. Die vermehrte Berufung auf sogenannte „Externalitäten" ist der deutlichste Beweis dafür, daß immer mehr wichtige Fakten nicht in den vorhandenen theoretischen Rahmen passen. Wenn zunehmend lebenswichtige Tatsachen, inklusive der Fähigkeit der Erde selbst, Leben zu erhalten, als „Externalitäten" behandelt werden müssen, dann ist es allerhöchste Zeit, daß wir die grundlegenden Rahmenbedingungen unseres Denkens ändern, damit wir diese kritischen Probleme als intern und zentral behandeln können. In diesem Kapitel werden wir uns einige der umweltrelevanten Beiträge der traditionellen Ökonomen (hauptsächlich aus dem Bereich der Mikroökonomie) ansehen und auch das übliche Fehlen von Beiträgen aus dem Bereich der Makroökonomie diskutieren. Schritte in Richtung einer Umweltmakroökonomie werden vorgeschlagen.

Umweltökonomie, wie sie an Universitäten gelehrt und in Regierungsagenturen und Entwicklungsbanken praktiziert wird, ist hauptsächlich *Mikro*ökonomie. Den theoretischen Schwerpunkt bilden die Preise, und das große Problem besteht darin, die externen Umweltkosten zu internalisieren, um Preise zu erhalten, die die gesamten marginalen Opportunitätskosten widerspiegeln. Wenn die Preise stimmen, ist das Umweltproblem „gelöst" – es existiert keine makroökonomische Dimension. Kosten-Nutzen-Analysen in den verschiedensten Variationen bilden das Hauptwerkzeug für die Schätzung eines Preises, der die Gesamtkosten beinhaltet, so bleiben wir sowohl in der Praxis als auch in der Theorie im Bereich der Mikroökonomie.

Es gibt selbstverständlich gute Gründe für die Umweltökonomie, eng mit der Mikroökonomie verbunden zu bleiben, und es ist nicht meine Absicht, gegen diese Verbindung zu argumentieren. Ich frage vielmehr, ob es nicht eine Verbindung zwischen Umwelt- und Makroökonomie gibt, die vernachlässigt wurde.

Bei einer Suche im Index von drei führenden Lehrbüchern der Makroökonomie[1] fanden sich keine Einträge unter den folgenden Begriffen: *Umwelt, natürliche Ressourcen, Umweltverschmutzung, Raubbau.* Eines der drei hat einen Eintrag unter „Ressourcen", aber die Diskussion bezieht sich nur auf Arbeit und Kapital, die, zusammen mit der Effizienz, als Ursachen für das Wachstum des Bruttosozialprodukts angesehen werden. Natürliche Ressourcen werden nicht erwähnt. Offensichtlich wird das Wachstum des Bruttosozialprodukts als von den natürlichen Ressourcen unabhängig betrachtet. Stimmt es wirklich, daß, wie berühmte Lehrbuchautoren zu glauben scheinen, Makroökonomie nichts mit der Umwelt zu tun hat? Welche historischen Ursachen haben die Entwicklung der Umweltmakroökonomie verhindert? Wenn es so etwas wie Umweltmakroökonomie nicht gibt, sollte es eine geben? Existieren vielleicht schon Elemente davon? Welche müssen noch hinzugefügt werden? Welche politischen Folgen sind absehbar?[2]

Der Grund, warum die Umweltmakroökonomie eine leere Schachtel ist, liegt in etwas, das Thomas Kuhn ein Paradigma nennt, und Joseph Schumpeter anschaulicher als eine präanalytische Vision beschreibt (Schumpeter 1965). Wie Schumpeter betont, muß die Analyse irgendwo beginnen – es muß erst ein Objekt der Analyse geben. Dieses Objekt ist durch einen präanalytischen, kognitiven Akt gegeben, den Schumpeter „Vision" nennt. Man könnte sagen, daß eine solche Vision das ist, was die „rechte Hirnhälfte" der „linken" zur Analyse übermittelt. Alles, was in der präanalytischen Vision ausgelassen wurde, kann durch die nachfolgenden Analysen nicht wiedererlangt werden. Es lohnt sich, Schumpeter hier in voller Länge zu zitieren:

„In der Praxis bauen wir alle unsere eigene Forschung auf der Arbeit unserer Vorgänger auf. Kaum jemals beginnen wir ganz von vorn. Angenommen aber, wir würden von vorn beginnen, welchen Weg müßten wir einschlagen? Um überhaupt irgendeine Aufgabe klar formulieren zu können, müssen wir offenbar zuerst einmal einen abgegrenzten Problemkreis ins Auge fassen, der für eine analytische Untersuchung ergiebig wäre. Mit anderen Worten, der analytischen Untersuchung geht zwangsläufig ein voranalytischer Erkenntnisakt voraus, der den Rohstoff für die analytische Arbeit liefert. In diesem Buche nennen wir den voranalytischen Erkenntnisakt *Vision.* Es ist bemerkenswert, daß in jeder Wissenschaft eine derartige Vision nicht nur zeitlich dem Einsatz analytischer Arbeit vorausgehen muß, sondern daß diese Vision auch in den

Werdegang jeder bereits abgerundeten Wissenschaft immer wieder von neuem einbrechen kann, sobald irgendjemand uns lehrt, die Dinge in einem Lichte zu *sehen*, das seine Quelle weder in den Fakten noch den Methoden und Ergebnissen des voraufgegangenen Standes der Wissenschaft hat." (Seite 77f.)
Die Vision der modernen Ökonomie im allgemeinen und der Makroökonomie im besonderen ist das bekannte Diagramm des Kreislaufs (siehe Abbildung 2).

Abbildung 2: *Die Wirtschaft als ein isoliertes System*

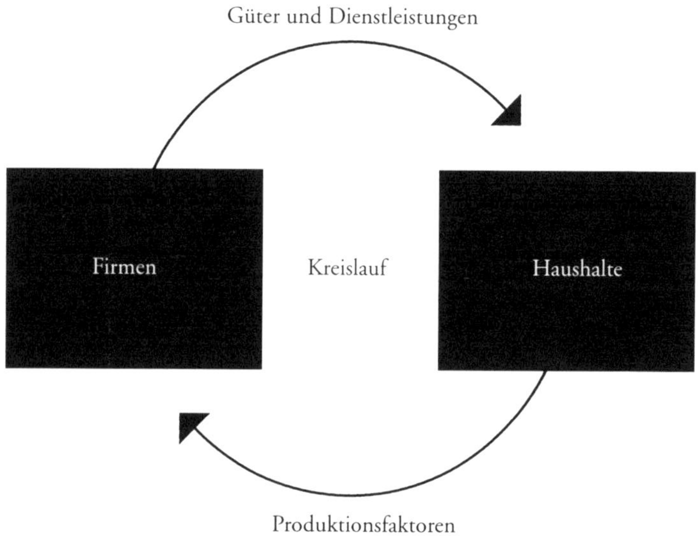

Die Makroökonomie wird als ein isoliertes System veranschaulicht (d. h. ohne Energie- oder Materieaustausch mit der Umwelt), in dem der Tauschwert zwischen Firmen und Haushalten in einem geschlossenen Kreislauf fließt.
Was „in einem Kreis fließt", wird je nachdem als Produktion oder Konsum bezeichnet, aber diese haben materielle Dimensionen. Der Kreislauf bezieht sich nicht auf die Wiederverwertung von Materialien, die ohnehin nicht in einem völlig geschlossenen Kreislauf stattfinden könnte und selbstverständlich Energie verbrauchen würde, die gar nicht wiederverwertet werden kann. Das einzige, das in einem Kreislauf fließen kann, ist der abstrakte Tauschwert – der Tauschwert ohne die materielle Dimension der Güter und Faktoren, die ausgetauscht werden. Weil ein isoliertes System des Kreislaufs von

abstraktem Tauschwert nicht von der Umwelt abhängig ist, kann es kein Problem der Erschöpfung natürlicher Ressourcen oder der Umweltverschmutzung geben noch eine Abhängigkeit der Makroökonomie von natürlichen Leistungen oder von überhaupt irgend etwas anderem außerhalb seiner selbst (Daly 1985). Da die Analyse nicht ersetzen kann, was die präanalytische Vision ausläßt, ist es nicht anders zu erwarten, als daß die makroökonomischen Texte über Realitäten wie Umwelt, natürliche Ressourcen, Raubbau und Umweltverschmutzung schweigen.
Die Situation scheint sich auch dann nicht zu bessern, wenn wir uns den fortgeschritteneren Kapiteln am Ende der meisten makroökonomischen Texte nähern, wo das Thema „Wachstumstheorie" auftaucht. Entsprechend der präanalytischen Vision wird hier die Gesamtproduktion als $Y=f(K,A)$ definiert, d. h. der Output ist eine Funktion von Kapital- und Arbeitsbeständen. Der Ressourcenfluß *(R)* wird nicht einmal miteinbezogen, noch wird ein Outputfluß von Abfällen vermerkt. Und auch wenn *R* fallweise in die Funktion gemeinsam mit *K* und *A* einbezogen wird, macht es kaum einen Unterschied, weil die Produktionsfunktion fast immer in multiplikativer Form erscheint, wie bei Cobb-Douglas, sodaß *R* gegen Null streben kann, bei konstantem *Y*, wenn man nur *K* oder *A* im entsprechenden Maße erhöht. Ressourcen werden als „notwendig" für die Produktion betrachtet, aber ihre Menge kann beliebig klein gewählt werden!
Wir bedürfen nicht der immer verfeinerteren Analyse einer fehlerhaften Vision, sondern einer neuen Vision. Das bedeutet nicht, daß alles, was auf der alten Vision aufgebaut wurde, unbedingt verworfen werden muß, aber fundamentale Veränderungen sind wahrscheinlich, wenn die präanalytische Vision geändert wird. Die notwendige Veränderung der Vision verlangt eine Beschreibung der Makroökonomie als offenes Teilsystem des endlichen, natürlichen Ökosystems (Umwelt), und nicht als isolierten Kreislauf von abstraktem Tauschwert, der von der Erhaltung von Masse, Entropie und Endlichkeit nicht eingeschränkt wird (siehe Abbildung 3, Seite 75). Der Kreislauf des Tauschwerts ist für manche Zwecke eine nützliche Abstraktion. Er hebt die Probleme der gesamtwirtschaftlichen Nachfrage, der Arbeitslosigkeit und der Inflation hervor, die für Keynes von Interesse waren, als er die Große Depression analysierte. Es wirft aber einen undurchdringlichen Schatten auf alle materiellen Beziehungen zwischen Makroökonomie und Umwelt. Dieser Schatten war für Keynes nicht sehr wichtig, aber für uns ist er es. Genauso wie für Keynes das Saysche Gesetz und die Unmöglichkeit einer allgemeinen Übersättigung des Marktes einen undurchdringlichen Schatten auf das Problem der Großen Depression warfen, hindern uns nun eben jene keynesianischen Kategorien, die zu ihrer Zeit revolutionär waren,

das Hauptproblem unserer Zeit zu analysieren – nämlich, was ist das angemessene Ausmaß der Makroökonomie im Verhältnis zum Ökosystem? Sobald die Makroökonomie als ein offenes Teilsystem statt als ein isoliertes System betrachtet wird, kann das Problem der Beziehung zu ihrem Muttersystem (der Umwelt) nicht mehr vernachlässigt werden. Die offensichtliche Frage lautet dann: Wie groß soll das Teilsystem in Relation zu dem Gesamtsystem sein?

DIE UMWELTMAKROÖKONOMIE MIT OPTIMALEM AUSMASS

So wie die Mikroeinheit der Ökonomie (Haushalt oder Firma) als Teil eines größeren Systems (der Makroökonomie) agiert, so ist auch die Wirtschaft insgesamt Teil eines größeren Systems. Die Makroökonomie ist ein offenes Teilsystem des Ökosystems und ist zur Gänze von ihm abhängig, sowohl als Quelle für Materie/Energie mit niedriger Entropie wie auch als Auffangbecken für Materie/Energie von hoher Entropie. *Die physischen Austauschbeziehungen, die die Grenze zwischen dem ökologischen Gesamtsystem und dem wirtschaftlichen Teilsystem überschreiten, sind das Erkenntnisobjekt der Umweltmakroökonomie.* Diese Ströme werden im Hinblick auf ihr Ausmaß oder ihr Gesamtvolumen in Relation zum Ökosystem betrachtet, und nicht im Hinblick auf den Preis einer Komponente des gesamten Stroms in Relation zu einer anderen. Wie die herkömmliche Makroökonomie sich auf das Volumen der Transaktionen statt auf die relativen Preise verschiedener Posten bezieht, so konzentriert sich auch die umweltrelevante Makroökonomie auf das Volumen der Austauschbeziehungen, die die Grenze zwischen Gesamtsystem und Teilsystem überschreiten, statt auf die Preisfestlegung und Allokation jedes einzelnen Teils des Gesamtstromes innerhalb der menschlichen Ökonomie oder sogar im außermenschlichen Bereich des Ökosystems.
Der Begriff „Ausmaß" ist ein Kürzel für „das physische Ausmaß oder die Größe der menschlichen Anwesenheit im Ökosystem, gemessen als Bevölkerung mal Ressourcenverbrauch pro Kopf". Die optimale *Allokation* eines gegebenen Ausmaßes des Ressourcenflusses innerhalb der Ökonomie ist eine Sache (ein mikroökonomisches Problem). Das optimale *Ausmaß* der gesamten Ökonomie in Relation zum Ökosystem ist ein völlig anderes Problem (ein Problem auf der Makro-Makro-Ebene). Das Allokationsproblem auf der Mikroebene ist analog zu dem Problem der optimalen Verteilung einer vorhandenen Ladung in einem Boot. Auch wenn die relativ beste Gewichtsverteilung im Boot festgelegt wurde, bleibt noch immer die Frage nach dem absoluten Gewicht, mit dem ein Boot belastet werden sollte. Dieses absolut optimale Ausmaß der Ladung wird in der Seefahrt von der „Plimsoll-Linie"

Abbildung 3: *Die Wirtschaft als ein offenes Teilsystem des Ökosystems*

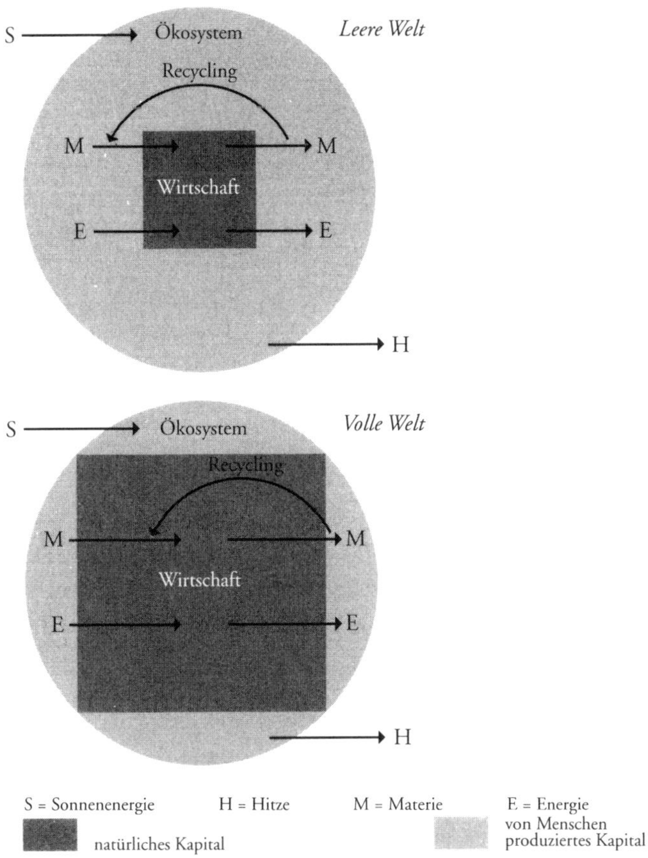

Da das Ökosystem im Ausmaß konstant bleibt, während die Wirtschaft wächst, ist es unvermeidlich, daß die Wirtschaft nach einer gewissen Zeit größer wird im *Vergleich* zum umfassenden Ökosystem. Dieser Übergang von einer „leeren Welt" zu einer „vollen Welt" wird in Abbildung 3 dargestellt. Entscheidend ist, daß die Evolution der menschlichen Wirtschaft von einer Ära, in der von Menschen produziertes Kapital der begrenzende Faktor für wirtschaftliche Entwicklung war, fortgeschritten ist zu einer Ära, in der das verbleibende natürliche Kapital zum begrenzenden Faktor wird. Dieses Thema wird in Teil II ausgeführt.

angegeben. Wenn der Wasserstand die „Plimsoll-Linie" erreicht hat, ist das Boot voll beladen und hat die Grenze seiner sicheren *Tragfähigkeit* erreicht. Wenn natürlich die Gewichte schlecht aufgeteilt wurden, wird der Wasserstand die „Plimsoll-Linie" früher erreichen. Wenn aber die absolute Ladung erhöht wird, wird der Wasserstand die „Plimsoll-Linie" auch bei einem Boot mit optimal verteilter Ladung irgendwann erreichen. Auch optimal beladene Boote werden aufgrund eines zu hohen Gewichts der Ladung sinken, auch wenn sie vielleicht optimal sinken! Es sollte klar sein, daß optimale Zuteilung und optimales Ausmaß ganz unterschiedliche Probleme sind. Die Hauptaufgabe einer Umweltmakroökonomie ist es, eine ökonomische Marke zu bestimmen, analog der „Plimsoll-Linie", welche das Gewicht, das absolute Ausmaß der Wirtschaft begrenzt, um die Arche unserer Biosphäre vor dem Versinken zu bewahren.[3]

Der Marktmechanismus funktioniert nur innerhalb des ökonomischen Subsystems, innerhalb dessen er wiederum nur eine Funktion hat: das Allokationsproblem durch die Bereitstellung der notwendigen Informationen und Anreize zu lösen. Diese Aufgabe erfüllt er auch sehr gut. Er löst jedoch nicht das Problem des optimalen Ausmaßes und das der optimalen Verteilung. Die Unfähigkeit des Marktes, das Problem einer gerechten Verteilung zu lösen, wurde weitgehend wahrgenommen, aber seine in gleichem Maße bestehende Unfähigkeit, das Problem eines optimalen, oder selbst nachhaltigen Ausmaßes zu lösen, wird nicht in gleichem Maße anerkannt.[4]

Das folgende Dilemma ist ein Beispiel dafür, welche Verwirrung daraus entsteht, wenn die Frage des Ausmaßes und das Allokationsproblem nicht als unabhängig voneinander gesehen werden.[5]

Was belastet die Umwelt mehr, ein niedriger oder ein hoher Diskontsatz?

Die übliche Antwort auf diese Frage lautet: Ein hoher Diskontsatz wirkt sich nachteiliger für die Umwelt aus, weil er die Ausschöpfung der nicht erneuerbaren Ressourcen beschleunigt und die Umsatz- und Brachezeit bei der Ausnutzung der erneuerbaren Ressourcen verkürzt. Er verschiebt die Allokation von Kapital und Arbeit zugunsten von Projekten, die natürliche Ressourcen intensiver ausbeuten, reduziert aber die Gesamtanzahl der unternommenen Projekte. Ein niedriger Diskontsatz wird mehr Unternehmungen zulassen, auch wenn er einen weniger intensiven Ressourcenverbrauch bei jedem einzelnen Projekt begünstigt. Die Auswirkung eines hohen Diskontsatzes auf die Allokation besteht darin, die Durchlaufmenge zu erhöhen; sein Effekt auf das Ausmaß hingegen besteht darin, die Durchlaufmenge zu verringern. Welcher Effekt mehr Gewicht hat, ist schwer zu sagen, obwohl man vermuten könnte, daß langfristig gesehen die Auswirkung auf das Ausmaß dominieren wird. Um das Dilemma zu lösen, muß man erkennen, daß zwei voneinander unabhängige Politikziele auch zwei unterschiedliche politische Instrumente benötigen. Wir können nicht beides, das optimale Ausmaß und die optimale Allokation, mit einem einzigen politischen Instrument, dem Diskontsatz, erreichen (Tinbergen 1952). Der Diskontsatz sollte das Allokationsproblem lösen, während das Problem des Ausmaßes von einem derzeit noch nicht existierenden politischen Instrument, das wir für den Augenblick „ökonomische Plimsoll-Linie" nennen können, zu lösen wäre, das das Ausmaß der Durchlaufmenge beschränkt.

Die Ökonomen haben die beiden Ziele der effizienten Allokation und der gerechten Verteilung als voneinander unabhängig erkannt, und sind sich darüber einig, daß es besser ist, die Preise der Effizienz dienen zu lassen, und der Gleichheit mittels politischer Maßnahmen der Einkommensumverteilung zu dienen. Ein angemessenes Ausmaß ist ein drittes, selbständiges Politikziel und erfordert ein drittes politisches Instrument. Der letzte Punkt ist von den Ökonomen noch nicht akzeptiert worden, aber seine Logik entspricht der Unterscheidung zwischen Allokation (Zuteilung) und Verteilung. Indem er die Preise der Produktionsfaktoren festlegt und Profite zuteilt, beeinflußt der Markt selbstverständlich die Einkommensverteilung. Um Anreize zu schaffen, bedarf es der Fähigkeit, die Einkommensverteilung im Interesse von mehr Effizienz zu ändern. Das Kriterium des Marktes für die Einkommensverteilung ist es, Anreize für eine effiziente Allokation zu schaffen und nicht Gerechtigkeit herzustellen. Und in jedem Fall sind die geschichtlichen Voraussetzungen von Vermögensbesitz Hauptdeterminanten der Einkommensverteilung, und sie haben wenig mit Effizienz oder Gerechtigkeit zu tun. Diese beiden Werte können im Gegensatz stehen, und der Markt löst diesen Konflikt nicht automatisch. Was hinzugefügt werden muß, ist, daß sich nicht nur zwei, sondern drei Werte miteinander im Konflikt befinden: Allokation (Effizienz), Verteilung (Gerechtigkeit) und Ausmaß (Nachhaltigkeit). Die Mikroökonomie hat im Preissystem keine eingebaute Tendenz entdeckt, nur bis zu jenem Ausmaß einer aggregierten Ressourcennutzung zu wachsen, das in seinen Ansprüchen an die Biosphäre optimal (oder zumindest nachhaltig) ist. *Optimales Ausmaß – ebenso wie Verteilungsgerechtigkeit, Vollbeschäftigung oder Preisniveaustabilität – ist ein makroökonomisches Ziel.* Und es ist ein Ziel, das leicht mit anderen makroökonomischen Zielen in Konflikt gerät. Die herkömmliche Lösung für das Problem der Arbeitslosigkeit ist Produktionswachstum, was zu einem größeren Ausmaß führt. Oft werden auch das Wachstum des realen Outputs und ein größeres Ausmaß als Lösungen für das Problem der Inflation angesehen. Und am häufigsten wird die Forderung nach Verteilungsgerechtigkeit durch das Argument „überlistet", daß makroökonomisches Wachstum den Armen mehr nützen wird als Umverteilungsmaßnahmen. Konventionelle makroökonomische Ziele tendieren dazu, miteinander in Konflikt zu stehen und das Ziel eines optimalen Ausmaßes wird sicherlich mit jedem Ziel in Konflikt treten, das weiteres Wachstum verlangt, wenn das Optimum schon erreicht worden ist.

Das Ausmaß hat eine Obergrenze, die entweder durch die Regenerations- oder durch die Aufnahmefähigkeit des Ökosystems definiert wird, je nachdem, welche geringer ist. Das maximale Ausmaß ist jedoch für gewöhnlich nicht identisch mit dem optimalen Ausmaß. Man kann zwei Konzepte eines optimalen Ausmaßes unterscheiden, beide sind auf dieser Stufe nur formal, dienen jedoch der Klarheit:

1. *Das anthropozentrische Optimum.* Die Regel besagt: Das Ausmaß (d. h. das Wachstum) soll bis zu jenem Punkt gesteigert werden, an dem der Grenznutzen des zusätzlichen, vom Menschen produzierten, physischen Kapitals für den Menschen gleich den Grenzkosten des dafür geopferten natürlichen Kapitals ist. Alle nichtmenschlichen Arten und ihre Lebensräume werden nur instrumentell – also entsprechend ihrer Fähigkeit, menschliche Bedürfnisse zu befriedigen – beurteilt. Ihr intrinsischer Wert (die Fähigkeit, ihr eigenes Leben zu genießen) wird gleich null gesetzt.
2. *Das biozentrische Optimum.* Andere Arten und ihre Lebensräume werden in einem Ausmaß erhalten, der über jenem Niveau liegt, das notwendig ist, um einen ökologischen Zusammenbruch oder einen zunehmenden Niedergang zu vermeiden, und über dem Punkt maximaler instrumenteller Bequemlichkeit. Diese Regel folgt aus der Erkenntnis, daß andere Arten einen intrinsischen Wert besitzen, der von ihrem instrumentellen Wert für den Menschen unabhängig ist. Das biozentrische Optimum für das Ausmaß der menschlichen Nische wäre also geringer als das anthropozentrische Optimum.

Die Definition nachhaltigen Wachstums bestimmt nicht im einzelnen, welches Konzept eines optimalen Ausmaßes verwendet werden soll. Sie ist mit jedem Ausmaß vereinbar, das nicht über dem Maximum liegt. Nachhaltigkeit ist wahrscheinlich jene Eigenschaft, die am meisten Zustimmung findet. Es ist eine notwendige, aber nicht hinreichende Bedingung für ein optimales Ausmaß.

DIE POLITIK GEHT ÜBER DIE THEORIE HINAUS: HANDELBARE LIZENZEN ALS EINE ERZWUNGENE TRENNUNG VON ALLOKATION, VERTEILUNG UND AUSMASS

Das Schema der handelbaren Verschmutzungslizenzen, welches weiter unten erklärt wird, ist ein schönes Beispiel für die gegenseitige Unabhängigkeit und die geeignete Beziehung zwischen Allokation, Verteilung und Ausmaß. Betrachten wir Schritt für Schritt, was diese Politik in der Praxis verlangt.

Erstens: Wir müssen eine beschränkte Anzahl von Verschmutzungsrechten erstellen. Die Gesamtmenge an Verschmutzung, welche diesen Rechten entspricht, wird so bestimmt, daß sie innerhalb der Aufnahmefähigkeit der betreffenden Luft- oder Wasserschicht liegt. Das bedeutet, daß die Auswirkung des Ausmaßes auf ein Niveau beschränkt ist, das als ökologisch nachhaltig angesehen wird – d. h.: als allererstes muß eine ökonomische „Plimsoll-Linie" gezogen werden. Weit davon entfernt, das Ausmaß zu ignorieren, verlangt diese Politik, daß die Frage des nachhaltigen oder optimalen Ausmaßes am Anfang geklärt wird. Dies kann aufgrund einer Schätzung der Tragfähigkeit durchgeführt werden, einer Schätzung des „safe minimum standard" oder einer Kosten-Nutzen-Analyse, aber es muß eine Grenze für die Gesamtverschmutzung festgelegt werden.

Zweitens: Die beschränkte Anzahl an Rechten, entsprechend dem gewählten Ausmaß, muß zunächst an verschiedene Personen verteilt werden. Entweder gleich verteilt an Bürger oder Firmen, oder kollektiv als öffentliches Eigentum, das dann von der Regierung an die Individuen versteigert oder verkauft wird. Es muß aber eine anfängliche Verteilung geben, bevor eine Allokation oder eine Reallokation durch Handel stattfinden kann.

Erst an dritter Stelle, nachdem soziale Entscheidungen über das ökologisch nachhaltige Ausmaß und die ethisch gerechte Verteilung getroffen worden sind, sind wir in der Lage, eine Reallokation zwischen den Individuen durch die Märkte im Interesse der Effizienz zu erlauben. Eine Trennung zwischen Allokation und Ausmaß erfordert, daß die Gesamtmenge an Genehmigungen festgelegt wird, aber der Preis, zu dem die Genehmigungen gehandelt werden, kann frei variieren. Würde die Gesamtmenge durch eine Analyse der Zahlungsbereitschaft bestimmt, die sowohl einen Schattenpreis als auch eine aggregierte Menge angibt, dann müßte der neoklassische Ökonom, der eine Trennung von Allokation und Ausmaß vermeiden will, darauf bestehen, daß der Handel zum berechneten Schattenpreis stattfindet. Sonst würde es zu einer Trennung zwischen Ausmaß und Allokation kommen. In der Praxis kann der Preis immer frei variieren, was darauf hinweist, daß die pragmatische, durchführbare Lösung in einer Trennung von Allokation und Ausmaß besteht.

Es ist klar, daß das Ausmaß nicht durch die Preise bestimmt wird, sondern durch eine soziale Entscheidung, welche die ökologischen Grenzen widerspiegelt. Auch die Verteilung wird nicht durch die Preise bestimmt, sondern durch eine soziale Entscheidung, die eine gerechte Verteilung der neu geschaffenen Vermögenswerte widerspiegelt. Erst entsprechend diesen sozialen Entscheidungen kann der individuelle Handel auf dem Markt die knappen Rechte effizient zuteilen. Aus irgendeinem Grund haben Ökonomen das Schema der handelbaren Lizenzen für Verschmutzung fast zur Gänze im Verhältnis zu planwirtschaftlichen Verfahren analysiert. Sie haben tatsächlich gezeigt, daß ersteres den planwirtschaftlichen Verfahren im Hinblick auf Allokationseffizienz überlegen ist. Aber durch die Konzentration auf Allokation blieb die kritische Rolle des Ausmaßes unbemerkt, und die Rolle der Verteilung, wenn auch sicherlich wahrgenommen, wurde nicht ausreichend betont. Handelbare Lizenzen wurden als Lösung im Rahmen des „freien Marktes" betrachtet, ohne zu betonen, daß dieser Markt erst frei ist, nachdem er innerhalb von Ausmaß- und Verteilungsgrenzen klar und kollektiv festgelegt wurde.

Auch die Grünen (Umweltschützer) haben dieses Schema mißverstanden und es verurteilt, weil es „Genehmigungen zur Umweltverschmutzung erteile". Dabei beschränkt dieses Schema das Gesamtniveau an Umweltverschmutzung. Die Rechte werden nicht einfach vergeben, sondern verkauft, d. h. es bringt staatliche Einnahmen und erlaubt die Reallokation zwischen den Individuen im Interesse der Effizienz. Manche Grünen beklagen, daß durch dieses Schema die Reichen Vorteile haben. Die Reichen haben *immer* Vorteile, aber die Frage ist, ob dieses Schema den bereits vorhandenen Vorteil der Reichen erhoht oder vermindert. Beides ist möglich, alles hängt von der ursprünglichen Verteilung der Eigentumsrechte an den neuen Vermögenswerten ab und nicht von der Tatsache, daß diese gehandelt werden können.

Die übliche Art der Ökonomen, mit dem Problem des Ausmaßes umzugehen, sofern sie überhaupt dazu gezwungen werden, darüber nachzudenken, ist es, dieses dem Allokationsproblem zuzuordnen und zu behaupten, daß es kein Problem mit dem Ausmaß mehr gibt, wenn nur die Preise richtig bestimmt werden. Solange das Ausmaß der Wirtschaft klein war, war der Preis für Leistungen der Umwelt gleich null, da sie nicht knapp waren. Die Ökonomen argumentieren folgendermaßen: Wenn diese Leistungen knapp werden, sei es einfach nur notwendig, den richtigen positiven Preis zu finden, und alles werde effizient zugeteilt. Es ist richtig, daß es notwendig ist, Preise für die knapp gewordenen Ressourcen festzulegen, um das Allokationsproblem zu lösen. Es ist allerdings ein Fehler, anzunehmen, daß damit auch das Problem des Ausmaßes gelöst werde. Ein kleines Wirtschaftsausmaß mit vielen kostenlosen Leistungen der Umwelt entspricht einem gänzlich anderen Entwicklungszustand der Welt als ein großes Ausmaß mit vielen positiven Preisen für die ursprünglich frei zugänglichen Leistungen der Umwelt. In beiden Fällen sind die „Preise richtig" und die Allokation effizient. Aber es ist trotzdem sinnvoll, die Frage zu stellen, ob die Menschen im ersten oder im zweiten Fall besser gestellt sind. Der Unterschied ist eine Frage des Ausmaßes.

Die neoklassischen Ökonomen würden erwidern, daß eine solche Frage leicht zu beantworten sei. Wenn das Ausmaß der Wirtschaft größer ist, dann wurde dieses Ausmaß offensichtlich von den einzelnen Menschen in zahlreichen Entscheidungen auf Mikroebene gewählt, in denen sie sich bereit erklärt haben, die Grenz-Umweltkosten für das Wachstum und das größere Ausmaß zu bezahlen, weil sie diese Kosten für geringer halten als die Grenzerträge. Selbstverständlich könnte das Urteil der Einzelnen von „Externalitäten" beeinflußt werden, aber daß „die Preise richtig sind", bedeutet, daß all diese Externalitäten preislich internalisiert wurden.

Der Preis einer Ware spiegelt den Wert der nächstbesten anderen Ware wider, der jene Faktoren, die in dieser Ware enthalten sind, zugeteilt hätten werden können. In der Praxis wird die Natur von der Warenwelt, deren Opportunitätskosten durch Marktpreise gemessen werden, ausgeschlossen. Die Preise gleichen nicht die marginalen Leistungen des Ökosystems aus, die zugunsten eines marginalen sozialen Nutzens für eine zahlreichere Bevölkerung oder für einen größeren Pro-Kopf-Verbrauch an Ressourcen (d. h. für ein größeres Ausmaß) geopfert werden. Ein solcher Ausgleich erfordert die Berechnung und Einführung von Schattenpreisen, die die Verwendung aller Ressourcen *in natura* bewerten, in Entsprechung zur üblichen Tauschbewertung der Güter durch Geld. Diese Sicht verlangt, daß wir geradezu heroische Einsichten voraussetzen bezüglich der externen Kosten, die aus der Störung des Ökosystems resultieren, und im Hinblick darauf, wie diese Kosten den Entscheidungen auf Mikroebene, die sie verursacht haben, aufgerechnet werden. Das Ökosystem ist keineswegs verpflichtet, auf den steigenden Streß zu reagieren, indem es seine Leistungen in der Reihenfolge zu ihrer steigenden Bedeutung für uns opfert, um den Ökonomen bequemerweise eine „anständige" Grenzkostenfunktion zu liefern. Sprungstellen, Schwellen und eine komplizierte Vernetzung gegenseitiger Abhängigkeiten führen die Vorstellung ad absurdum, daß wir gleichmäßig ansteigende Ökosystemkosten mit dem abnehmenden Grenznutzen der Produktion am Makroniveau sanft ausgleichen können. Die Vorstellung, daß man für den Fortbestand des Lebens entscheidenden Kosten (Treibhauseffekt, Ozonzerstörung) am besten dadurch Rechnung trägt, daß man vorgibt, jedes Individuum könnte und sollte – unter Annahme von vollständiger Information – über seine eigene Zahlungsbereitschaft zur Vermeidung des Verlustes solcher Umweltleistungen entscheiden, ist nicht gerade eine Idee, die einem vorurteilsfreien Menschen leicht in den Sinn kommt. Sie erfordert jahrelange Schulung in „methodologischem Individualismus".

Die Frage der Verteilung und des Ausmaßes, wie auch die Allokationsfrage, sind *ökonomische Fragen*, da sie Kosten und Nutzen betreffen. Aber die Dimensionen, in denen Kosten und Nutzen definiert werden, unterscheiden sich in den drei Fällen. Allokationspreise sind nicht relevant dafür, Kosten und Nutzen von Ausmaßerweiterungen zu veranschlagen, genauso wenig wie sie dafür relevant sind, Kosten und Nutzen eines Schrittes in Richtung einer ausgeglicheneren Verteilung von Einkommen und Vermögen abzuschätzen.

Wir haben drei voneinander unabhängige Optima vor uns, die drei unabhängige Politikinstrumente erfordern. Das Optimum wird in allen Fällen formal durch die Gleichheit zwischen steigenden Grenzkosten und fallendem Grenznutzen definiert. Aber die Definitionen und die Maßeinheiten von Kosten und Nutzen sind in allen drei Fällen verschieden, weil die zu lösenden Probleme unterschiedlich sind. Der relative Preis von Schuhen und Fahrrädern ist nützlich für die effiziente Allokation (Zuteilung) von Ressourcen zwischen Schuhen und Fahrrädern, dient aber sicher nicht dazu, den richtigen Umfang an Ungleichheit des Vermögens und Einkommens zu bestimmen oder zu entscheiden, wieviele Leute optimalerweise wieviel an natürlichen Ressourcen pro Kopf konsumieren dürfen.

Verteilung und Ausmaß betreffen die Beziehungen zu den Armen, zur Zukunft und zu anderen Arten, die grundsätzlich sozialer und nicht individueller Natur sind. Der *Homo oeconomicus* als sich selbsterhaltendes Atom des methodologischen Individualismus oder als das rein soziale Wesen der kollektivistischen Theorie sind beide strenge Abstraktionen. Unsere konkreten Erfahrungen entsprechen „Personen in der Gemeinschaft". Wir sind individuelle Personen, aber unsere individuelle Identität wird von der Qualität unserer sozialen Beziehungen bestimmt. Unsere Beziehungen sind nicht nur äußerlich, sondern auch innerlich, das bedeutet: Die Natur der aufeinander bezogenen Wesen (unserer selbst in diesem Fall) verändert sich, wenn sich die Beziehungen zwischen ihnen ändern. Wir sind nicht nur durch unsere individuelle Bereitschaft für unterschiedliche Dinge zu zahlen verbunden, sondern auch durch unsere Treuhandsbeziehung zu den Armen, zur Zukunft und zu anderen Arten. Der Versuch, von diesen konkreten Treuhandbeziehungen zu abstrahieren und alles auf die Frage der individuellen Zahlungsbereitschaft zu reduzieren, ist eine Verzerrung unserer konkreten Erfahrung als Personen in Gemeinschaft, ein Beispiel für den von A. N. Whitehead so bezeichneten „Trugschluß der unangemessenen Konkretheit" („fallacy of misplaced concreteness").[6]

Preise, die die Opportunitätskosten der Reallokation messen, stehen in keiner Beziehung zu den Maßeinheiten für die Opportunitätskosten der Umverteilung oder für Veränderungen im Ausmaß. Jede Abwägung zwischen den drei Zielen (d. h. eine Verbesserung in der Verteilung im Tausch gegen eine Verschlechterung im Ausmaß oder in der Allokation, oder eine ungleichere Verteilung im Tausch gegen schärfere Anreize, die für eine effizientere Allokation als nützlich angesehen werden) bedeutet eher ein ethisches Urteil bezüglich der Qualität unserer sozialen Beziehungen als eine Kalkulation unserer Zahlungsbereitschaft. Die gegenteilige Sicht besagt: Wir sollten uns zwischen grundlegenden sozialen Zielen und im Hinblick auf die Qualität unserer sozialen Beziehungen, die uns helfen, uns als Personen zu definieren, auf der Grundlage der individuellen Bereitschaft dafür zu bezahlen, entscheiden, so wie die Abwägung zwischen Kaugummi und Schnürsenkel gemacht wird. Diese Sicht scheint heute in der Ökonomie zu dominieren und ist Teil der modernen Reduktion aller ethischen Entscheidungen auf das Niveau des persönlichen Geschmacks, gewichtet durch das Einkommen.

Es ist aufschlußreich, sich den historischen Versuch der scholastischen Ökonomen anzusehen, die Verteilung der Allokation zuzuordnen (sie ordneten eher die Allokation der Verteilung unter – auf alle Fälle trafen sie keine Unterscheidung). Es handelte sich um die berühmte Doktrin des „gerechten Preises" im Mittelalter, die in der ökonomischen Theorie gänzlich verworfen wurde, auch wenn sie in der Mindestlohnpolitik, in der Preisstützung für landwirtschaftliche Produkte, in den Subventionen für Wasser und elektrischen Strom usw. noch hartnäckig weiterlebt. Dennoch gilt es nicht als allgemeine Regel, die externen Kosten der Verteilungsgerechtigkeit in die Marktpreise einzubeziehen. Wir lehnen jeden Versuch ab, die Marktpreise wegen ihrer unerwünschten Effekte auf die Einkommensverteilung zu korrigieren. Ökonomen halten heutzutage Allokation und Verteilung sorgfältig voneinander getrennt und vertreten die Ansicht, daß Preise ausschließlich der Effizienz dienen sollen, während Verteilungsgerechtigkeit mit Hilfe einer Politik des Vermögenstransfers durch Steuern und Sozialprogramme hergestellt werden sollte. Diese Ansicht folgt Tinbergens Diktum von der Gleichheit zwischen politischen Zielen und Instrumenten. Entscheidend ist, daß wir das Ausmaß genausowenig der Allokation unterordnen können wie die Verteilung.

Obwohl man üblicherweise versucht, das Ausmaß der Allokation unterzuordnen, wurde es in letzter Zeit von einigen Ökonomen implizit der Verteilung untergeordnet,[7] und zwar mit der Begründung, daß ein übermäßiges Ausmaß die Tragfähigkeit zerstört und dadurch Kosten auf zukünftige Generationen überträgt. Nachdem die zukünftigen Generationen eine andere Personengruppe sind, handelt es sich um ein Verteilungs- und nicht um ein Allokationsproblem. Ein nachhaltiges Ausmaß der Wirtschaft ist nichts anderes als eine Verteilung der Ressourcengrundlage zwischen den Generationen, die gegenüber der Zukunft gerecht ist. Dieses Argument wird denjenigen Ökonomen entgegengehalten, die das Ausmaß der Allokation unterordnen und behaupten, daß eine intertemporale Allokation, bei der die

Zukunft diskontiert wird, der nationale (effiziente) Weg sei, mit der Zukunftsvorsorge umzugehen. Dieses Argument für ein Diskontieren zwischen den Generationen ist zirkulär, weil der Diskontsatz, wie andere Preise, auf der Grundlage einer gegebenen Verteilung (der Verteilung der Ressourcengrundlage zwischen den Generationen in diesem Fall) bestimmt wird. Dann den Diskontsatz zu verwenden, um eben diese Verteilung zwischen den Generationen zu bestimmen, ist zirkulär. Man muß die Verteilung bestimmt haben, um den Diskontsatz zu erhalten, aber die Methode einer Diskontierung möchte den Diskontsatz verwenden, um die Verteilung zwischen den Generationen zu bestimmen – was dann irrtümlich eine „Allokation" zwischen den Generationen genannt wird.

Ich glaube, daß diese Kritik an der Abdiskontierung richtig ist. Sie sollte aber nicht als ein Weg angesehen werden, das Problem des Ausmaßes zur Gänze der Verteilung unterzuordnen. Obwohl Gerechtigkeit gegenüber der Zukunft sicherlich eine wichtige Motivation für Nachhaltigkeit ist und ein übermäßiges Ausmaß tatsächlich einen Verlust an Nachhaltigkeit nach sich ziehen kann, wird dadurch die Frage nach einem optimalen Ausmaß nicht ausreichend beantwortet. Das Ausmaß kann aus heutiger Sicht zu groß werden, auch wenn die Möglichkeit besteht, eine Wirtschaft in zu großem Ausmaß für immer in der Zukunft fortzusetzen. Zum Beispiel könnten wir den Lebensraum der meisten anderen Arten übernehmen, dadurch alle nicht lebenswichtigen Arten zum Aussterben verurteilen, und dann durch sorgfältige Selbstdisziplin ein gründliches und teures Management einführen, um die verdrängten, sich selbst regulierenden natürlichen Systeme zu ersetzen. Das Ausmaß könnte zu groß sein, auch wenn es nachhaltig ist. Aus diesem Grund kann das Ausmaß nicht zur Gänze der Verteilung untergeordnet werden, auch wenn man zugeben muß, daß sich das Problem des Ausmaßes in beträchtlichem Maße mit einem Teil der Verteilungsfragen, speziell mit denjenigen zwischen den Generationen, überlappt.

Obwohl sie im Zusammenhang mit der Umweltverschmutzung besprochen wurde, erstreckt sich die Logik der handelbaren Lizenzen auch auf die Kontrolle über die Ausschöpfung der Ressourcen. Sie kann auf regionalem, nationalem und sogar auf internationalem Niveau angewandt werden, ebenso wie die Genehmigungen bezüglich Kohlenstoffemissionen, um den Treibhauseffekt zu vermindern. Sie kann sogar auf Bevölkerungskontrolle angewendet werden, wie z. B. die von Kenneth Boulding (1964) vorgeschlagenen handelbaren Geburtenquoten. Tatsächlich war Bouldings Theorie meines Wissens die erste deutliche Erklärung der Logik dieses Schemas, auch wenn sie auf das Gebiet mit der geringsten Wahrscheinlichkeit einer politischen Akzeptanz angewandt wurde. Die Idee der handelbaren Lizenzen wurde wahrlich zu einem Paradigma für viele vernünftige Politiken, und ist heute ein Erfahrungswert, der zu einer Änderung der ökonomischen Theorie führen sollte. Insbesondere sollte die Theorie das Ausmaß neben Allokation und Verteilung als einen grundlegenden Teil des ökonomischen Problems anerkennen. Wenn die Operationalität (die Kongruenz der abstrakten Konzepte mit den Politikinstrumenten) ein Kriterium für die Beurteilung von Theorien darstellt, dann ist die theoretische Trennung von Ausmaß und Allokation, wie sie hier befürwortet wird, dem neoklassischen Versuch, sie zusammenzulegen, deswegen überlegen, weil dieser Versuch Annahmen verlangt, die nicht operationalisierbar sind, um die äußeren Erscheinungen des methodologischen Individualismus zu retten, während deren Trennung bereits durch die praktische Politik der handelbaren Lizenzen akzeptiert wurde.

WIE GROSS IST DIE WIRTSCHAFT?

Solange die menschliche Wirtschaft im Verhältnis zur natürlichen Welt unendlich klein war, konnten die Quellen für Material und der Raum für Ablagerungen als unendlich und deshalb als nicht knapp betrachtet werden. Da sie nicht knapp waren, konnten sie auch problemlos von der Ökonomie abstrahiert werden. Es bestand keine Notwendigkeit, das umfassende System in Betracht zu ziehen, weil es keine Knappheit produzierte. Dies war in einem gewissen Zeitraum eine vernünftige Ansicht, heute ist sie es jedoch nicht mehr. Wie Kenneth Boulding sagt: Wenn etwas wächst, wird es größer! Die Wirtschaft ist größer geworden, das Ökosystem nicht. Wie groß ist die Wirtschaft heute im Verhältnis zum Ökosystem geworden?

Der beste Index für das Ausmaß der menschlichen Wirtschaft als ein Teil der Biosphäre ist wahrscheinlich der Prozentsatz menschlicher Aneignung des gesamten Weltprodukts an Photosynthese. Die Nettoprimärproduktion (NPP) ist die Menge an Sonnenenergie, die in der Photosynthese von den primären Produzenten aufgefangen wird, minus der Energie, die für ihr eigenes Wachstum und für ihre Reproduktion notwendig ist. NPP ist also die Grundnahrungsquelle für alles auf der Welt, das keine Photosynthese durchführen kann. Vitousek et al. (1986) berechnen, daß 25 Prozent der potentiellen Weltproduktion an NPP (auf dem Land und im Wasser) heute von den Menschen verbraucht wird.[8] Wenn man nur die NPP auf dem Land in Betracht zieht, erhöht sich der Anteil auf 40 Prozent. Wenn man die Zahl von 25 Prozent für die gesamte Welt nimmt, ist es klar, daß zwei weitere Verdoppelungen des menschlichen Ausmaßes 100 Prozent ergeben würden. Da dies null Prozent verbliebene Energie für alle nicht menschlichen und nicht gezähmten Arten bedeuten würde, und da die Menschen nicht ohne die Leistungen des Ökosystems (die von anderen Arten erbracht werden) überleben können, ist es klar, daß zwei weitere Verdoppelungen des menschlichen Ausmaßes zwar nicht arithmetisch, aber ökologisch unmöglich sind. Darüber hinaus ist die Zahl von 40 Prozent wahrscheinlich von größerer Bedeutung, da es unwahrscheinlich ist, daß wir unsere Aneignung der NPP aus dem Ozean vergrößern werden. Die vollständige Aneignung der NPP auf dem Lande kann in wenig mehr als einer Verdoppelungszeit erreicht sein. Vielleicht ist es theoretisch möglich, die Gesamtkapazität an Photosynthese in der Welt zu vergrößern, aber der aktuelle Trend bisherigen wirtschaftlichen Wachstums geht entschieden in die entgegengesetzte Richtung.

Wenn man ein konstantes Niveau des Ressourcenverbrauches pro Kopf annimmt, würde die Zeit, in der eine Verdoppelung des menschlichen Ausmaßes stattfindet, jener Zeit, in der eine Verdoppelung der Bevölkerungszahl stattfindet, entsprechen; diese bewegt sich in einer Größenordnung von vierzig Jahren. Selbstverständlich tendiert das wirtschaftliche Wachstum derzeit dazu, den durchschnittlichen Ressourcenverbrauch pro Kopf zu vergrößern, und dadurch auch die Zeit, in der sich das menschliche Ausmaß verdoppelt, zu verkürzen, unter den durch das Bevölkerungswachstum gesetzten Zeitraum. Der Treibhauseffekt, die Zerstörung der Ozonschicht und der saure Regen machen offensichtlich, daß wir bereits über eine vernünftige „Plimsoll-Linie“ des makroökonomischen Ausmaßes hinausgegangen sind.

COWBOY, RAUMFAHRER ODER ELEFANT IM PORZELLANLADEN?

Wenn man von der Vorstellung ausgeht, daß der ökonomische Prozeß ein offenes Teilsystem in einem geschlossenen endlichen Gesamtsystem ist, wird die Frage, wie groß das Teilsystem im Vergleich zum Gesamtsystem sein soll, schwer zu vermeiden sein.

Wie haben wir es bis jetzt geschafft, sie zu vermeiden? Auf zwei Arten. Erstens: indem wir das ökonomische Teilsystem als unendlich klein im Vergleich zum Gesamtsystem angesehen haben; auf diese Weise wird sein Ausmaß irrelevant, weil es vernachlässigbar ist. Zweitens: indem wir die Wirtschaft als gleich umfassend wie das Gesamtsystem betrachtet haben. Wenn die Wirtschaft alles beinhaltet, dann stellt sich die Frage ihres Ausmaßes im Vergleich zum Gesamtsystem gar nicht. Diese beiden Extreme entsprechen Bouldings anschaulicher Unterscheidung zwischen der „Cowboywirtschaft“ und der „Raumfahrerwirtschaft“. Der Cowboy der unendlichen Tiefebenen lebt von einem linearen Durchlauf von der Quelle bis zum Abfluß, ohne daß er irgend etwas wiederverwerten muß. Der Raumfahrer lebt in seinem klei-

nen Raumschiff von geschlossenen Stoffkreisläufen und unverzüglichen Rückkoppelungen; alle unter vollständiger Kontrolle und seinen Bedürfnissen untergeordnet. Für den Cowboy ist das Ausmaß vernachlässigbar, für den Raumfahrer ist es allumfassend. Es existiert keine materielle Umwelt, in Bezug auf die man das Ausmaß bestimmen sollte; es gibt kein Ökosystem, nur die Wirtschaft. In jedem dieser Extremfälle ist die Allokation das einzige Problem. Das Ausmaß ist irrelevant.
Nur innerhalb der Zwischenstufen zwischen dem Cowboy und dem Raumfahrer verschmilzt das Problem des Ausmaßes nicht mit dem Problem der Allokation. Aber die Zwischenstufe ist, wie Boulding festgestellt hat, genau der Raum, in dem wir uns befinden. Zwischen der „Cowboywirtschaft" und der „Raumfahrerwirtschaft" liegt ein großer Bereich von größeren und kleineren Formen einer „Elefant-im-Porzellanladen-Wirtschaft", bei der das Ausmaß ein wesentliches Problem darstellt. Wir sind keine Cowboys, weil das existierende Ausmaß der Wirtschaft im Vergleich zur Umwelt bei weitem nicht vernachlässigbar ist. Aber wir sind auch keine Raumfahrer, weil die meisten Materie/Energie-Transformationen des Ökosystems nicht unter menschlicher Kontrolle stehen, weder durch Preise noch durch zentrale Planung. In einem endlichen System, das dem Gesetz der Erhaltung der Masse unterworfen ist, gilt, je mehr der Mensch unter seine Kontrolle bringt, desto weniger bleibt unter der spontanen Kontrolle der Natur. Da unsere Entnahme aus dem und unsere Eingabe in das Ökosystem an Ausmaß wächst, muß auch die qualitative Änderung im Ökosystem aus zwei Gründen wachsen. Der erste Grund ist das Erste Gesetz der Thermodynamik (Materie/Energieerhaltungssatz). Die Entnahme von Materie und Energie aus dem Ökosystem muß die Funktion dieses Systems stören, auch wenn nichts mit der auf diese Weise entfernten Materie und Energie gemacht wird. Das bloße Fehlen muß einen Effekt haben. Auf ähnliche Weise muß auch die Eingabe von Materie und Energie das System stören. Das gilt auch, wenn keine Qualitätsminderung der Materie und der Energie, die verlagert wurde, stattgefunden hat. Der zweite Grund ist das Zweite Gesetz der Thermodynamik, welches garantiert, daß die entnommene Materie/Energie von der hinzugefügten Materie/Energie qualitativ verschieden ist. Rohstoffe mit niedriger Entropie werden entnommen, Abfälle mit hoher Entropie werden zurückgegeben. Diese qualitative Verminderung des Materie/Energie-Durchlaufs, gemeinsam mit der rein quantitativen Verlagerung desselben, verursacht Änderungen im Ökosystem, die für uns überraschend und neu sind, weil unser Informations- und Kontrollsystem (die Preise) eine Nichtknappheit (Nichtstörbarkeit) der Ressourcen- und Abfallagerungsfunktion von Umwelt voraussetzen. Die ökonomische Berechnung steht davor, von den neuen,

unsicheren und überraschenden Reaktionen eines Ökosystems überwältigt zu werden, das übermäßig beansprucht wird, weil es ein viel zu großes wirtschaftliches Teilsystem unterstützen muß (Perrings 1987).

Wie groß sollte das Teilsystem im Verhältnis zum Gesamtsystem sein? Sicherlich ist diese Frage des optimalen Ausmaßes die große Frage der umweltrelevanten Makroökonomie. Da es sich aber um ein so kompliziertes Problem handelt und wir nicht zur Cowboyökonomie zurückkehren können, haben wir eine Tendenz entwickelt, direkt zur Raumfahrerökonomie springen zu wollen und die totale Kontrolle über das Raumschiff Erde zu übernehmen. (Das Hauptthema der Sonderausgabe des *Scientific American* vom September 1989 „Managing Planet Earth" ist repräsentativ für diese Denkrichtung.) Aber wie der Umweltschützer David Orr angeführt hat, haben Gott, Gaia oder die Evolution die Erde gut gemanagt, bis das Ausmaß der menschlichen Bevölkerung, der Wirtschaft und der Technologie außer Kontrolle geriet. „Planetares Management" bedeutet implizit, daß der Fehler beim *Planeten* liegt und nicht in den Bevölkerungszahlen, in der Gier, der Arroganz, der Ignoranz, der Dummheit oder im Bösen der Menschen. Eher sollten wir uns selber „managen" als den Planeten, und unser Selbst-Management sollte, in Orrs Worten, „eher der Tätigkeit ähneln, eine Kindertagesstätte kindersicher zu machen, als das Raumschiff Erde zu steuern". Der Weg, einen Raum kindersicher zu machen, besteht darin, einen Laufstall von optimaler Größe zu bauen, innerhalb dessen das Kind zugleich frei und vor den Auswüchsen seiner eigenen Freiheit geschützt ist. Es kann das Licht und die Wärme des elektrischen Stromkreises genießen, ohne darüber Bescheid zu wissen, ohne das Risiko zu laufen, diesen Stromkreis oder sich selbst kurzzuschließen, indem es mit der „Technik planetaren Managements" experimentiert und in ein elektrisches Kabel beißt.

Unsere erwiesene Unfähigkeit, eine Ökonomie zentral zu planen, sollte die Verfechter planetaren Managements, die das gesamte Ökosystem zentral planen wollen, etwas bescheidener werden lassen. Diese Bescheidenheit sollte uns zu einer Strategie führen, die die Notwendigkeit eines planetaren Managements möglichst gering hält: Das menschliche Ausmaß sollte ausreichend niedrig gehalten werden, um das automatische Funktionieren der lebenserhaltenden Systeme nicht zu stören und sie dadurch in den Bereich menschlichen Managements zu drängen. Diejenigen, die den Vorteil „der unsichtbaren Hand" des selbstregulativen Ökosystems nützen wollen, müssen erkennen, daß die unsichtbare Hand des Marktes zwar für die Allokation bestens geeignet ist, aber nicht in der Lage ist, das Ausmaß der Makroökonomie zu begrenzen. Unsere begrenzten Kapazitäten im Management sollten dafür verwendet werden, eine ökonomische „Plimsoll-Linie" einzuführen, die

die Makroökonomie auf ein Ausmaß beschränkt, welches die unsichtbare Hand in beiden Bereichen im vollen Umfang funktionieren läßt. Ironischerweise werden viele Vertreter des freien Markts, indem sie sich jeglicher Beschränkung der Marktwirtschaft im Ausmaß (und damit der Erhöhung der Externalitäten) widersetzen, eben jene von ihnen bekämpfte zentrale Planung immer unvermeidlicher machen. Noch schlimmer ist, daß sie die Erhöhung des Bruttosozialprodukts rühmen, die daraus resultiert, daß ursprünglich freie Güter knapp werden und einen Preis bekommen. Für die Allokation ist es notwendig, daß die nun verknappten Güter nicht weiterhin ohne Preis bleiben – niemand bestreitet das. Tatsache ist aber, daß, nach allem was wir wissen, es möglicherweise besser gewesen wäre, wenn wir innerhalb des kleineren Ausmaßes geblieben wären, bei dem die nun verknappten Güter noch frei waren und der angemessene allokative Preis noch null war. Die Erhöhung des Volkseinkommens und des Reichtums, der dadurch entsteht, daß ursprünglich freie Güter nun knapp geworden sind, ist eher ein Index für Kosten als für Nutzen, wie bereits durch den klassischen Ökonomen Lauderdale 1819 festgestellt wurde (Lauderdale 1819; Foy 1989).

EINE PRÄCHTIGE ANOMALIE

Das optimale Ausmaß einer einzelnen Tätigkeit ist für Ökonomen kein fremder Begriff. Tatsächlich ist die Mikroökonomie nicht viel mehr als das: Eine Tätigkeit wird identifiziert, sei es die Produktion von Schuhen oder das Konsumieren von Eiscreme, und eine Kosten- sowie eine Nutzenfunktion werden dafür definiert. Es gibt gute Gründe dafür, zu glauben, daß die Grenzkosten steigen und der Grenznutzen fällt, wenn das Ausmaß der Tätigkeit steigt. Die Botschaft der Mikroökonomie lautet: Erweitere das Ausmaß der betreffenden Tätigkeit bis zu dem Punkt, wo die Grenzkosten gleich dem Grenznutzen sind, jene Bedingung, die das optimale Ausmaß definiert. Die ganze Mikroökonomie ist eine erweiterte Variation dieses Themas.

Wenn wir aber zur Makroökonomie übergehen, hören wir nie wieder vom Problem des optimalen Ausmaßes. Es gibt angeblich kein optimales Ausmaß für die Makroökonomie. Es gibt keine Kosten- und Nutzenfunktionen, die für das Wachstum des Ausmaßes der Gesamtwirtschaft definiert werden. Es ist einfach nicht wichtig, wie viele Menschen es gibt oder wie viel jeder von ihnen konsumiert, solange die Verhältnisse und die relativen Preise stimmen. Aber wenn jede Tätigkeit auf Mikroebene ein optimales Ausmaß hat, warum hat dann die Summe aller ökonomischen Aktivitäten kein optimales Ausmaß? Wenn mir entgegengehalten wird, daß die zwangsläufige Grenze für jede Aktivität die fixe Größe aller anderen ist, und daß sich diese Beschrän-

kungen aufheben, wenn alle ökonomischen Aktivitäten proportional wachsen, dann lade ich diesen Ökonomen ein, das Ausmaß des Kohlenstoff- und des Wasserstoffkreislaufs im Verhältnis zum Wachstum von Industrie und Landwirtschaft zu erhöhen. Ich würde akzeptieren, daß die Gesamtökonomie unendlich wachsen könnte, wenn auch das Ökosystem dazu in der Lage wäre. Solange aber die Erdoberfläche nicht im selben Tempo zu wachsen anfängt wie der Zinssatz, sollte man diese Antwort nicht zu ernst nehmen.
Die totale Abwesenheit des grundlegendsten Begriffs der Mikroökonomie in der Makroökonomie ist eine prächtige Anomalie, und sie wird dadurch nicht gelöst, daß man sich auf den Trugschluß der Verallgemeinerung beruft. Was für einen Teil gültig ist, ist nicht unbedingt für das Ganze gültig. Aber es kann gültig sein und ist es für gewöhnlich auch, solange keine aggregierte Identität oder keine sich selbst aufhebende Rückkoppelung am Werk ist (wie in dem klassischen Beispiel von den Zuschauern, die alle auf Zehenspitzen stehen, um eine bessere Sicht zu haben, und einer dadurch die bessere Sicht des anderen aufhebt, oder wie in der Beobachtung, daß die Exporte eines einzelnen Landes zwar größer sein können als dessen Importe, die Summe aller Exporte sich aber nicht von der Summe aller Importe unterscheiden kann). Aber welche analoge Rückkoppelung oder Identität ermöglicht es, daß jede ökonomische Tätigkeit ein optimales Ausmaß hat, während die Gesamtökonomie vom Ausmaß unabhängig bleibt? Die Indifferenz gegenüber einem Ausmaß der Makroökonomie ergibt sich aus der präanalytischen Sicht der Ökonomie als isoliertem System – deren Unangemessenheit habe ich bereits besprochen.

Anmerkungen

[1] Siehe: R. Dornbusch und S. Fischer, *Macroeconomics* (4. Auflage, New York: McGraw-Hill, 1987); R. E. Hall und J. B. Taylor, *Macroeconomics* (2. Auflage, New York: W. W. Norton, 1988); R. J. Barro, *Macroeconomics* (2. Auflage, New York: Wiley and Sons, 1987).

[2] Was hat die Makroökonomie bis jetzt zur Umweltökonomie beigetragen? Wie wir gesehen haben, erheben die Lehrbücher keinen Anspruch auf irgendeinen Beitrag, aber das stimmt nicht ganz. Volkswirtschaftliche Gesamtrechnung ist ein Teil der Makroökonomie, und es wurden Bemühungen unternommen, den Verbrauch von natürlichem Kapital in den Einkommenskonten zu berücksichtigen. Die gebräuchlichen Regeln der Volkswirtschaftlichen Gesamtrechnung zählen die Reinigungskosten für die Umwelt eher zum Endverbrauch als zu den Zwischenkosten der Produktion jener Güter, deren Erzeugung diese Kosten erst verursacht hat (Hueting 1980; Leipert 1986; Repetto 1987; Ahmad et al. 1989). Jene, die traditionelle Volkswirtschaftliche Gesamtrechnungen durchgeführt haben, waren nicht gerade unter den ersten, die diese zwei Fehler korrigierten; man kann sogar sagen, sie hinkten hinterher. Der konservativ motivierte und vollkommen orthodoxe Versuch einer Annäherung an das wahre Hickssche Einkommen (das Maximum, wel-

ches für den Verbrauch zur Verfügung steht, ohne den Kapitalbestand zu verbrauchen), wird jedoch sicher einen wichtigen Grundstein der umweltrelevanten Makroökonomie bilden.

Input-Output-Analysen bilden auch ein nützliches Instrument der Umweltanalyse, auch wenn sie kaum als Mikro- oder Makroanalysen einzustufen sind. Nennen wir sie aufgrund ihrer engen Verbindung zur Volkswirtschaftlichen Gesamtrechnung jedoch Makroanalysen und lassen sie als einen bereits bestehenden Teil der umweltrelevanten Makroökonomie gelten. Sie sind sicherlich wichtig zur Erläuterung des gesamten (direkten und indirekten) Bedarfs an Material und insbesondere an Energie, die aus der Umwelt entnommen werden müssen, um irgendeinen Teilbetrag auf der Endabrechnung der erzeugten Wirtschaftsgüter um einen fixen Betrag zu erhöhen. Das Konzept der „Tragfähigkeit" entwickelt sich auch zu einem Instrument der umweltrelevanten Makroökonomie (siehe Kapitel 8 über den ecuadorianischen Amazonas und den paraguayischen Chaco).

[3] Jede Analogie hat ihre Grenzen, und die „Plimsoll-Linie" wird hier hauptsächlich benutzt, um den Unterschied zwischen optimaler Allokation und optimalem Ausmaß zu klären. Aber die Analogie kann noch etwas erweitert werden, und zwar hinsichtlich der offensichtlichen Schwierigkeit festzulegen, wo genau die entsprechende Linie für die Ökonomie gezogen werden soll. Eine Linie auf einem Schiffsbug zu ziehen, scheint im Vergleich dazu sehr einfach zu sein und ist es auch. Aber kleinliche akademische Relativisten würden darauf hinweisen, daß es unterschiedliche „Plimsoll-Linien" für Süß- und Salzwasser geben muß, daß die Linie nicht nur ein physikalisches Maß ist, sondern auch gesellschaftliche Beurteilungen von annehmbaren Risiken enthält, daß die technische Ausführung des Schiffes Einfluß auf die Position der Linie hat usw. Trotz all dieser Schwierigkeiten sind wir dennoch in der Lage, eine vernünftige Linie zu ziehen, zum enormen Vorteil für Generationen von Seefahrern. In der Ökonomie ist es ebenfalls wichtiger, daß die Grenze irgendwo gezogen wird, als daß sie genau am richtigen Ort ist.

[4] Für Ökonomen kann dies mit Hilfe des bekannten mikroökonomischen Werkzeugs der „Edgeworth-box" dargestellt werden. Bewegt man sich auf die Kontraktkurve zu, bedeutet dies eine Verbesserung der *Allokations*effizienz. Eine Bewegung entlang der Kontraktkurve bedeutet eine Veränderung der *Verteilung*, die aufgrund von ethischen Argumenten als gerecht oder ungerecht angesehen werden kann. Das Ausmaß wird durch die Dimensionen der „box" beschrieben, die als gegeben angenommen werden. Folglich kann das Problem einer optimalen Größe der „box" selbst nicht mit dem analytischen Werkzeug dargestellt werden. Von einem mikroökonomischen Instrument kann nicht erwartet werden, daß es ein makroökonomisches Problem löst. Bis jetzt hat aber die Makroökonomie diese Frage auch noch nicht beantwortet – sie hat sie ja noch nicht einmal gestellt. Die stillschweigende Antwort auf diese implizite Frage scheint zu sein: Eine größere „Edgeworth-box" ist in jedem Fall besser als eine kleinere!

[5] Siehe z. B. David Pearce et al. 1989, 135.

[6] Siehe Herman E. Daly und John B. Cobb, Jr., *For the Common Good* (Boston, Mass.: Beacon Press, 1989; 2. Auflage, 1994).

[7] Siehe Richard Norgaard und Richard Howarth, „Sustainability and Discounting the Future". In: *Ecological Economics: The Science and Management of Sustainability*, hg. von R. Costanza (New York: Columbia University Press, 1991).

[8] Die Definition der menschlichen Aneignung, die den zitierten Zahlen zugrundeliegt, umfaßt den direkten Verbrauch durch Menschen (von Nahrung, Treibstoff, Faser, Holz) und die Verringerung des vorhandenen Potentials, hervorgerufen durch die Verschlechterung des Ökosystems, die von den Menschen verursacht wurde. Letztere zeigt sich durch Abholzung, Ausbreitung der Wüsten, Flächenversieglung und durch vom Menschen verursachte Umstellung auf weniger produktive Systeme (wie z. B. Landwirtschaft).

KAPITEL 3

KONSUM: MEHRWERT, PHYSISCHE TRANSFORMATION UND WOHLFAHRT

Im Mittelpunkt der heutigen Krise in der ökonomischen Theorie und Praxis steht die Tatsache, daß wir die Ressourcen der Erde über ihre nachhaltige Erneuerungskapazität hinaus verbrauchen und dadurch diese Kapazität mit der Zeit erschöpfen – dies bedeutet, daß wir natürliches Kapital verbrauchen, aber „Einkommen" dazu sagen. Es ist also logisch, daß wir unsere Aufmerksamkeit einem anderen Set von Schlüsselthemen der ökonomischen Theorie zuwenden, nämlich: Konsum, Mehrwert und Wohlfahrt. Welche Einsichten können wir aus der traditionellen Ökonomie gewinnen? Welche Fehler müssen wir korrigieren?

Während sich alle Länder sowohl um die Bevölkerungszahl als auch um den Pro-Kopf-Verbrauch an Ressourcen zu sorgen haben, ist es eindeutig, daß der Süden sich mehr auf die Bevölkerungszahl und der Norden sich mehr auf den Pro-Kopf-Verbrauch konzentrieren muß. Diese Tatsache wird sehr wahrscheinlich eine wesentliche Rolle in den Verträgen und Diskussionen zwischen Nord und Süd spielen. Warum sollte der Süden sein Bevölkerungswachstum kontrollieren, wenn die dadurch gesparten Ressourcen lediglich durch den überhöhten Verbrauch im Norden verschlungen werden? Warum sollte der Norden seinen überhöhten Verbrauch beschränken, wenn die so eingesparten Ressourcen nur einer größeren Zahl von Armen erlauben werden, am selben Niveau des Elends zu überleben? Ohne auch nur im geringsten die Notwendigkeit der Bevölkerungskontrolle zu vernachlässigen, ist der Norden nichtsdestoweniger verpflichtet, mit der Beschränkung des Verbrauchs ernstzumachen. Diese Überlegungen machen es dringend notwendig, die Bedeutung des Konsums zu überprüfen.

KONSUM UND MEHRWERT

Woran denken wir, wenn wir über Konsum sprechen? Alfred Marshall hat uns an die Gesetze der Erhaltung von Materie/Energie erinnert und der daraus folgenden Unmöglichkeit, die Baublöcke der Materialien, aus denen die Güter hergestellt werden, zu konsumieren:

„Der Mensch kann keine materiellen Dinge schaffen – seine Bestrebungen und Opfer führen zu einer Änderung der Form oder Zusammenstellung von

Materie, damit er sie besser an seine Bedürfnisse anpassen kann –: Wie seine Produktion von materiellen Gütern im Grunde nichts anderes ist als eine andere Zusammenstellung von Materie, die ihr einen neuen Nutzen gibt, so ist deren Konsum nichts anderes als ein Umordnen der Materie, das deren Nutzen zerstört." (Marshall 1961, Seite 63f.)

Was wir beim Konsum eigentlich zerstören oder verbrauchen, ist nur die unwahrscheinliche Zusammenstellung dieser Baublöcke, Zusammenstellungen, die den Menschen Nutzen bringen, Zusammenstellungen, die, laut Marshall, von Menschen für menschliche Zwecke gemacht wurden. Dieser Nutzen, der Materie/Energie durch menschliche Tätigkeit hinzugefügt wird, ist nicht Produktion im Sinne einer Erzeugung von Materie/Energie, die genauso unmöglich ist wie deren Zerstörung durch Konsum. Der Materie/Energie (dem natürlichen Ressourcenfluß) wird durch Arbeit und durch den Kapitalbestand eine nützliche Struktur hinzugefügt. Den Wert dieser nützlichen Struktur, der ihr durch Arbeit und Kapitalbestand verliehen wird, nennen die Ökonomen „Mehrwert". Dieser „Mehrwert" ist das, was „konsumiert" wird, was im Konsum aufgebraucht wird. Neuer Mehrwert muß durch Arbeit und Kapital hinzugefügt werden, bevor er wieder verbraucht werden kann. Der Mehrwert wird dem Fluß der natürlichen Ressourcen hinzugefügt. Dieser Fluß wird letztlich als die unzerstörbaren Baublöcke der Natur angesehen. Der Wert, der von den Menschen verbraucht wird, ist in dieser Hinsicht nicht größer als der Wert, der von den Menschen hinzugefügt wird – Konsum plus Ersparnisse ergeben das Volkseinkommen –, welcher wiederum gleich der Summe aller Mehrwerte ist. Gemäß der üblichen Auffassung der Ökonomen verbrauchen wir nur jenen Wert, den wir zunächst hinzugefügt haben. Schließlich fügen wir ihn wieder hinzu, konsumieren ihn wieder usw. Diese Ansicht wird im berühmten Diagramm des isolierten Wertkreislaufs zwischen Firmen (Produktion) und Haushalten (Konsum), das sich auf den ersten Seiten jedes Ökonomielehrbuches findet, formal dargestellt.

Bei all der Aufmerksamkeit, die der Mehrwert findet, könnte man glauben, daß es auch eine Diskussion über *das gibt, dem der Wert hinzugefügt wird.* Moderne Ökonomen sagen aber nicht mehr darüber als das, was schon Marshall darüber gesagt hat. Es ist nur „Materie", und deren Eigenschaften sind nicht sehr interessant. Eigentlich werden sie immer weniger interessant für die Ökonomen, je mehr die Wissenschaft ihre grundlegende Gleichartigkeit enthüllt. Wie auch Barnett und Morse (1963) sagen:

„Die Fortschritte in der Grundlagenwissenschaft haben es ermöglicht, die Vorteile der Gleichartigkeit der Materie/Energie zu nützen – eine Gleichartigkeit, die es ohne vorher bestimmbare Grenze möglich macht, den quantitativen Beschränkungen, die von der Natur der Erdoberfläche auferlegt werden, zu entkommen." (Seite 11)

Dasjenige, dem der Wert hinzugefügt wird, besteht aus homogenen, unzerstörbaren Baublöcken – Atome im ursprünglichen Sinn –, deren Knappheit nicht denkbar ist. Das, zu dem der Wert hinzugefügt wird, ist also leblos, undifferenziert, austauschbar und überreichlich vorhanden – wirklich sehr langweiliges Zeug im Vergleich zu den Kräften der Arbeit, welche den Mehrwert hinzufügen, mit all ihren menschlichen Fähigkeiten, und dem Kapital, das die Wunder des menschlichen Wissens verkörpert. Es braucht also nicht zu überraschen, daß der Mehrwert das Herzstück der Ökonomie ist und daß der vermutlich passive Stoff, zu dem ein Wert hinzugefügt wird, minimale Aufmerksamkeit erhalten hat (Daly und Cobb 1994, Kapitel 10).

Drei Beispiele sollen zeigen, wie wenig Aufmerksamkeit „demjenigen, zu dem der Wert hinzugefügt wird", gewidmet ist; ich werde es der Einfachheit halber im folgenden „Ressourcen" nennen.

Manche Philister („Nichtökonomen", wie sie mit noch mehr Herablassung genannt wurden) haben sich gefragt, ob es genügend Ressourcen auf der Welt gibt, daß jeder sie im gleichen Ausmaß verwendet, wie es die Amerikaner heute tun. Diese „unwissende" Angst wird von Lester Thurow (1980, Seite 118) beruhigt, indem er darauf aufmerksam macht, daß die Frage voraussetzt, daß „der Rest der Welt die Konsumstandards des Durchschnittsamerikaners erreichen wird, ohne zur selben Zeit auch die Produktivitätsstandards des durchschnittlichen Amerikaners zu erreichen. Dies ist selbstverständlich algebraisch unmöglich. Die Welt kann nur verbrauchen, was sie produziert."

Aus dieser Sicht kann man Materie nur in Unordnung bringen (verbrauchen), wenn man sie vorher geordnet (produziert) hat, und die Ressourcen sind völlig passive Empfänger der Form (Wert), die durch Arbeit und Kapital hinzugefügt wird. Mehrwert ist alles, und man kann keinen Wert abziehen, der nicht vorher hinzugefügt wurde. Wenn man also etwas verbraucht, muß man es vorher auch produziert haben, vor kurzem oder in der Vergangenheit. Immer mehr intensiv konsumierende Menschen bedeuten nur, daß immer mehr Wert hinzugefügt wurde. Woher sonst könnten die Zusammenstellungen von Materie gekommen sein? Es ist „algebraisch unmöglich", daß der Konsum den Mehrwert übersteigt, zumindest in der engen, kleinen, abstrakten Welt der Ökonomen, in welcher durch Arbeit und Kapital erzeugter Mehrwert per Definition die Quelle für den ganzen produzierten Wert und folglich für den ganzen konsumierten Wert ist.

Im vorher zitierten Absatz bezieht sich Marshall auf den „neuen Nutzen", der vom Menschen hinzugefügt wurde, und läßt die Möglichkeit offen, daß die

Materie auch einen bereits vorher existierenden Nutzen habe. Aber die nachfolgenden Ökonomen haben in ihrem Bemühen, den *neuen* Nutzen oder den *Mehr*wert hervorzustreichen, vergessen, auch jenen Wert in Betracht zu ziehen, den die Natur schon vorher hatte. Aus der Sicht der üblichen Lehrbücher der Ökonomie konsumieren wir *nur* jenen Mehrwert, den wir dem natürlichen Ressourcenfluß hinzugefügt haben. Schließlich fügen wir ihn wieder denselben unzerstörbaren Baublöcken hinzu und konsumieren ihn wieder, fügen ihn wieder hinzu etc. – im berühmten Kreislauf.

Ein zweites Beispiel stammt von William Nordhaus, der behauptete, daß die globale Erwärmung nur eine geringe Auswirkung auf die amerikanische Wirtschaft haben werde, weil eigentlich nur die Landwirtschaft vom Klima abhänge und die Landwirtschaft nur 3 Prozent des gesamten Mehrwerts ausmache, also des Bruttosozialprodukts. Offenbar ist es der Mehrwert, welcher dem Samen, dem Boden, dem Sonnenschein und dem Regen durch Arbeit und Kapital hinzugefügt wird, der uns am Leben erhält und nicht der Samen, der Boden oder das Sonnenlicht selber. Frühere Ökonomen könnten sich gefragt haben, was mit dem Grenznutzen, dem Preis und dem Prozentsatz des Bruttosozialprodukts, welcher die Nahrung ausmacht, passiert, wenn die Nahrung sehr knapp wird – sagen wir durch eine Dürre? Könnten die 3 Prozent durch eine Hungersnot nicht leicht auf 90 Prozent steigen, wenn wir die preisunelastische Nachfrage nach Nahrung in Betracht ziehen? Aber diese Erwägungen weisen der „bloßen Materie" eine mehr als passive Rolle in der Wertfrage zu und verringern das dogmatische Monopol des von menschlichen Handlungsträgern durch Arbeit und Kapital hinzugefügten Mehrwerts.

Die Bedeutung der bloßen Materie wird oft untertrieben, indem man hervorstreicht, daß der ganze Rohstoffsektor (Bergwerke, Bohrungen, Steinbrüche usw.) nur 5 Prozent oder 6 Prozent des Bruttosozialprodukts ausmacht. Aber wenn die 95 Prozent des Mehrwerts nicht unabhängig von den 5 Prozent des Rohstoffsektors sind, sondern vielmehr abhängig davon – darauf beruhen –, dann ist der Eindruck der relativen Bedeutungslosigkeit falsch. Das Bild, das in mir dadurch heraufbeschworen wird, ist das einer Pyramide, die mit der Spitze nach unten steht. Jene 5 Prozent oder 6 Prozent des Volumens der Pyramide, nahe dem Punkt auf dem sie ruht, sind das Bruttosozialprodukt des Rohstoffsektors. Der Rest der Pyramide verkörpert den Mehrwert der den Rohstoffen hinzugefügt wurde. Diese 5 Prozent sind die Basis, auf die sich die anderen 95 Prozent stützen – das, wozu der Wert hinzugefügt wird. Ein Wert kann nicht einem Nichts hinzugefügt werden. Wert hinzuzufügen, also Mehrwert zu erzeugen, gleicht eher einer Multiplikation als einer Addition – wir multiplizieren den Wert des Stoffes mit Arbeit und Kapital. Aber null mit etwas zu multiplizieren, ergibt immer null. Nachdem der Wert der gewonnenen Ressourcen selbst (die 5–6 Prozent des Bruttosozialprodukts) vor allem jenen Wert repräsentiert, der durch Arbeit und Kapital beim Gewinnen der Ressourcen hinzugefügt wird, ruht die gesamte Pyramide des Mehrwerts praktisch auf einem winzigen Punkt in der Größenordnung von beinahe null, der den natürlichen Wert der Ressourcen repräsentiert (die Benutzerkosten). Dieses Bild einer wachsenden und wankenden Pyramide bringt mich dazu, nicht mehr ausschließlich an den Mehrwert denken zu wollen, sondern auch über dasjenige nachzudenken, dem Wert hinzugefügt wird. Was genau hält diese Pyramide des Mehrwerts aufrecht? Die Größe der Pyramide verrät uns nichts über die Größe der Ressourcenbasis, auf der sie ruht.

Ein drittes Beispiel kommt aus der Produktionstheorie und betrifft die übliche Verwendung einer multiplikativen Form der Produktionsfunktion. Die beliebteste davon ist die Cobb-Douglas-Produktionsfunktion. Häufig wird Produktion nur als eine Funktion von Kapital und Arbeit betrachtet – die Ressourcen werden dabei ganz weggelassen. Seit kurzem haben die Ökonomen begonnen, auch Ressourcen miteinzubeziehen. Dennoch ist dieser willkommene Schritt in Richtung Realismus sehr klein. Denn obwohl die Ressourcen heute als für die Produktion notwendig erkannt werden, kann die Ressourcenmenge, die für jedes beliebige Niveau an Output notwendig ist, beliebig klein werden, annähernd Null, solange in ausreichendem Maße Kapital und Arbeit an ihre Stelle treten. Und es wird implizit angenommen, daß das zusätzliche Kapital und die zusätzliche Arbeit ohne zusätzliche Ressourcen produziert werden können! Georgescu-Roegen (1979, Seite 98) bezeichnete diese „Papier-und-Bleistift-Übung" als Solows und Stiglitzs „Beschwörungstrick".[1]

Diese drei Beispiele tendieren alle dazu, die Abhängigkeit der ökonomischen Tätigkeit von den Ressourcen und vom natürlichen System, das sie hervorbringt, herunterzuspielen und die relative Bedeutung und Unabhängigkeit des menschlichen Beitrags zu übertreiben.

KONSUM UND PHYSISCHE TRANSFORMATION

Die oben skizzierte Vision, die in jedem Lehrbuch zu finden ist und auf dem Kreislauf des Mehrwerts basiert, stimmt völlig mit dem Ersten Gesetz der Thermodynamik überein. Materie/Energie wird nicht produziert oder verbraucht, sondern nur transformiert. Aber diese Sicht beinhaltet ein verblüffendes Versehen – sie ignoriert vollständig das Zweite Gesetz der Thermodynamik (Georgescu-Roegen 1971; Soddy 1922).[2] Die Materie wird in der

Produktion angeordnet, durch Konsum in Unordnung gebracht, in der Produktion wieder geordnet usw. Das Zweite Gesetz sagt uns, daß alle diese Umordnungen und Wiederverwertungen materieller Baublöcke Energie benötigen, daß Energie selbst nicht wiederverwertet wird und daß bei jedem Zyklus manche Baublöcke der Materie unwiederherstellbar stark zerstreut werden. Es bleibt wahr, daß wir keine Materie/Energie konsumieren, aber wir konsumieren (i. S. von unwiderruflich aufbrauchen) die *Fähigkeit*, Materie/Energie *neu anzuordnen.*

Im Gegensatz zu den Implikationen von Barnett und Morse ist nicht jede Art von Materie/Energie in ihrer wichtigsten Eigenschaft für die Ökonomie gleich gut – nämlich in ihrer Fähigkeit, die durch die menschlichen Zwecke festgelegten Umformungen aufzunehmen und beizubehalten, in der Fähigkeit, den Stempel menschlichen Wissens aufgeprägt zu bekommen, und in der Fähigkeit, Mehrwert zu verkörpern. Die Fähigkeit von Materie/Energie, Mehrwert zu verkörpern, ist nicht gleichartig. Sie erschöpft sich und muß ersetzt werden. Materie/Energie ist nicht völlig passiv. Wenn das ökonomische System weitergeführt werden soll, kann dies nicht in einem isolierten Kreislauf passieren. Die Wirtschaft muß ein offenes System sein, das Materie und Energie von außen bekommt, um das zu ersetzen, was nach außen verstreut wird. Was ist außen? Die Umwelt. Was ist die Umwelt? Sie ist ein komplexes Ökosystem, das endlich ist, nicht wächst, materiell geschlossen ist und zugleich offen für einen nicht wachsenden, endlichen Fluß an Sonnenenergie.

Wenn wir die Ökonomie als ein offenes Teilsystem ansehen, sind wir gezwungen zu erkennen, daß Konsum nicht nur ein Umordnen innerhalb des Teilsystems ist, sondern auch ein Umordnen im Rest des größeren Systems bewirkt, in der Umwelt (Perrings 1987). Wenn man Materie/Energie aus dem größeren System entnimmt, dieser Materie Wert hinzufügt, diesen Mehrwert dann aufbraucht und den Abfall wieder zurückgibt, wird die Umwelt natürlich verändert. Die Materie/Energie, die wir zurückgeben, ist nicht dieselbe wie die Materie/Energie, die wir entnehmen. Wenn das so wäre, könnten wir sie einfach in einem geschlossenen Kreislauf immer wieder verwenden. Gewöhnliche Beobachtungen sagen uns, und das Gesetz der Entropie bestätigt es uns, daß der Abfall an Materie/Energie von den Rohstoffen qualitativ verschieden ist. Materie/Energie mit niedriger Entropie wird aufgenommen und Materie/Energie mit hoher Entropie wird ausgeschieden, genau wie im Stoffwechsel eines Organismus. Unwiderruflich verbrauchen wir nicht nur den Wert, den wir durch Neuordnung hinzugefügt haben, sondern auch die Anordnung, die ursprünglich von der Natur getroffen wurde, sowie die energetische Fähigkeit zur weiteren Anordnung der

Materie, die auch von der Natur vermittelt wird. Wir verbrauchen nicht nur den Wert, den wir der Materie hinzugefügt haben, *sondern auch den Wert, der von der Natur hinzugefügt wurde, bevor wir die Materie in das ökonomische Teilsystem eingeführt haben*, und der die Voraussetzung dafür war, daß wir sie überhaupt als Ressource betrachten konnten. Die Fähigkeit zur Neuordnung, die im Teilsystem verbraucht wird, kann wiederhergestellt werden, indem man Materie/Energie mit niedriger Entropie aus dem größeren System importiert und Materie/Energie mit hoher Entropie wieder zurück exportiert. Die Import- und Exportraten, die weitgehend durch das Ausmaß des Teilsystems bestimmt werden, müssen aber mit den komplexen Funktionen des Muttersystems, des Ökosystems, übereinstimmen. Das Ausmaß des Teilsystems ist wichtig.

Auch in dieser Sichtweise wird den Ressourcen von den Handlungsträgern der Arbeit und des Kapitals Wert hinzugefügt. Aber dasjenige, dem Wert hinzugefügt wird, besteht nicht aus leblosen, gleichgültigen, gleichartigen Baublöcken oder Atomen. Wert wird derjenigen Materie/Energie hinzugefügt, die am ehesten in der Lage ist, diesen Wert, der durch wirtschaftliche Tätigkeit des Menschen hinzugefügt wird, aufzunehmen und zu verkörpern. Diese Aufnahmefähigkeit kann als „der Wert, der von der Natur hinzugefügt wird", gedacht werden. Kohlenstoffatome, die in der Atmosphäre verstreut sind, können Mehrwert nur durch enormen Einsatz von Energie und anderen Materialien aufnehmen. Kohlenstoffatome, die in einem Baum strukturiert sind, können viel leichter neu geordnet werden. Konzentrierte Kupfererze können Mehrwert aufnehmen, Kupferatome in der Erdkruste in durchschnittlicher Häufung nicht. Energie, die in einem Stück Kohle konzentriert ist, kann uns helfen, der Materie Wert hinzuzufügen, Energie bei gleichmäßiger Temperatur im Ozean oder in der Atmosphäre nicht. Je mehr Arbeit von der Natur bereits getan wurde, je konzentrierter und aufnahmefähiger die Ressource ist, um ihr Wert hinzufügen zu können, desto weniger Kapital und Arbeit werden notwendig sein, um sie für unsere Zwecke umzuordnen.

Aus der Perspektive von Nutzen oder Nachfrage heraus betrachtet müßte der Wert, der durch die Natur hinzugefügt wird, gleich beurteilt werden wie der durch Arbeit und Kapital hinzugefügte Wert. Aber von der Angebots- oder Kostenseite her betrachtet ist es nicht so, weil dem durch den Menschen hinzugefügten Wert die realen Kosten des negativen Nutzens von Arbeit und die Opportunitätskosten sowohl des Arbeits- als auch des Kapitaleinsatzes gegenüberstehen. Wir tendieren dazu, den natürlichen Mehrwert wie eine Subvention zu behandeln, wie ein Geschenk der Natur. Je größer die natürliche Subvention, desto niedriger die Kosten von Kapital und Arbeit (Mehrwert), die für weitere Anordnungen notwendig sind. Je weniger der vom Menschen hinzugefügte Mehrwert, desto niedriger der Preis, und umso stärker der Verbrauch. Mineralöl aus dem Osten von Texas stellte für die Ökonomie eine viel größere Nettosubvention an Energie durch die Natur dar als das küstennahe Mineralöl Alaskas. Aber sein Preis war viel niedriger, eben weil es weniger von dem durch Kapital und Arbeit hinzugefügten Mehrwert benötigte.[3] Je größer die natürliche Subvention von Energie, desto niedriger ist der Preis und um so schneller verbrauchen wir sie!

Teilweise ist es dieser natürlichen Subvention zu verdanken, daß die Ökonomie im Verhältnis zum gesamten Ökosystem bis zu einem derartigen Ausmaß gestiegen ist, daß sich die Grundzüge der Knappheit verändert haben. Früher war die Mehrwertsteigerung gewöhnlich durch das Angebot der Transformationskräfte Kapital und Arbeit begrenzt. Heute ist die Mehrwertsteigerung eher durch die Verfügbarkeit von Ressourcen begrenzt, die von der Natur bis zu jenem Niveau subventioniert wurden, auf dem sie Mehrwert empfangen können. Reines Wissen hat für die Wirtschaft keine Bedeutung, solange es nicht in physischen Strukturen verkörpert ist. Materie/Energie mit niedriger Entropie ist das enge Tor, durch das hindurch Wissen sich in der Materie verkörpert und zu vom Menschen produziertem Kapital wird. Ohne Materie/Energie mit niedriger Entropie kein Kapital – ohne Rücksicht auf vorhandenes Wissen. Selbstverständlich kann neues Wissen zur Entdeckung neuer Materie/Energie mit niedriger Entropie führen, auch zu Methoden, um diese besser umzuwandeln, damit sie menschlichen Bedürfnissen gerechter werden (z. B. Atomenergie). Aber neues Wissen kann auch zu neuen Grenzen und zu neuen Kosten führen (die mit Atomenergie verbundene Strahlung verursacht Krebs). Neues Wissen hält immer Überraschungen bereit. Es ist durch nichts gerechtfertigt, anzunehmen, daß sie immer angenehm sein werden.

Das physische Wachstum des Teilsystems ist die Umwandlung natürlichen Kapitals in vom Menschen produziertes Kapital. Ein Baum wird gefällt und in einen Tisch umgewandelt. Wir gewinnen die Leistung des Tisches, aber wir verlieren die Leistung des Baumes. In einer relativ leeren Welt (kleines ökonomisches Teilsystem, das Ökosystem ist relativ wenig gefüllt durch Menschen und ihre Erzeugnisse) war der Leistungsverlust durch weniger Bäume gleich null und der Leistungsgewinn durch mehr Tische bedeutend. In der relativ vollen Welt der Gegenwart bedeutet eine geringere Zahl von Bäumen einen bedeutenden Verlust an Leistungen, und eine größere Anzahl Tische ist nicht mehr so wichtig, weil die meisten Haushalte in großen Teilen der Welt schon mehrere haben. Selbstverständlich wird das ständige Bevölkerungswachstum die Nachfrage nach Tischen hoch halten, und wir werden einen noch höheren Verlust an natürlicher Leistung erleiden, da immer mehr Bäume gefällt werden, solange die Bevölkerung wächst. Das Ausmaß des ökonomischen Teilsystems stellt man sich am besten als Ressourcenverbrauch pro Kopf mal Bevölkerung vor (was selbstverständlich identisch ist mit dem gesamten Ressourcenverbrauch). Entscheidend ist, daß die Vergrößerung des Teilsystems (des Gesamtverbrauchs) zugleich Nutzen und Kosten birgt. Der Nutzen ist ein Mehr an ökonomischen Leistungen (mehr Tische); die Kosten bestehen in den geopferten Leistungen des Ökosystems (weniger Bäume, die CO_2 absorbieren, Lebensraum für Wild zur Verfügung stellen, die Erosion begrenzen, lokale Abkühlung bewirken usw.). Wenn das Ausmaß wächst, werden tendenziell die Grenzkosten steigen, und der Grenznutzen wird fallen.[4] Das Gleichgewicht zwischen Grenzkosten und Grenznutzen definiert die optimale Größe, über die hinaus jedes weitere Wachstum des Ausmaßes (Gesamtkonsum) nicht mehr ökonomisch wäre.

Wenn wir uns der optimalen oder reifen Größe nähern, dient die Produktion nicht mehr länger dem Wachstum, sondern der Erhaltung. Eine reife Ökonomie, ebenso wie ein reifes Ökosystem (Odum 1969), verschiebt sich von einem System der Wachstumseffizienz (maximiere P/B = die Produktion pro Einheit an Biomassevorrat) hin zu einem System der Erhaltungseffizienz (maximiere den Kehrwert B/P = den Betrag der Biomassevorräte, welcher pro Einheit an neuer Produktion erhalten wird). Die Produktion stellt nun die Erhaltungskosten des Vorrats dar und sollte minimiert werden. Wie Kenneth Boulding (1945) bereits vor mittlerweile *über* fünfzig Jahren argumentierte:

„Jede Entdeckung, die den Konsum weniger notwendig für das Weiterleben macht, ist genauso ein ökonomischer Gewinn, wie eine Entdeckung, die unsere Produktionsfähigkeiten verbessert. Produktion – unter der wir genau das Gegenteil von Konsum verstehen, nämlich die Erzeugung wertvoller Dinge – ist nur notwendig, um die Menge des Vorrates zu ersetzen, an dem der Konsum ununterbrochen nagt." (Seite 2)

KONSUM UND WOHLFAHRT

Wohlfahrt ist die Bedürfnisbefriedigung durch den Kapitalbestand, sowohl durch den natürlichen als auch durch den von Menschen produzierten. Das eigentliche Ziel der Ökonomie ist es, das natürliche in von Menschen produziertes Kapital umzuwandeln, und zwar in einem optimalen Ausmaß – d. h. bis zu dem Punkt, wo die Gesamtleistung (die Summe der Leistungen des natürlichen und des von Menschen produzierten Kapitals) maximal ist.

Wie bereits im vorigen Abschnitt besprochen wurde, ist dieses optimale Ausmaß dann erreicht, wenn der Grenznutzen der Leistungen des von Menschen erzeugten Kapitals gleich den Grenzkosten der natürlichen Leistungen ist, die geopfert werden, wenn das natürliche Kapital, das diese Leistungen hervorgebracht hat, in von Menschen geschaffenes Kapital umgewandelt wird.
Die theoretische Existenz eines solchen optimalen Ausmaßes des ökonomisches Teilsystems ist im Prinzip klar. Unklar bleiben die Maßstäbe für den Wert der Leistungen, besonders des natürlichen Kapitals, aber auch des von Menschen produzierten. Aber wenn Wirtschaftspolitik etwas sein sollte, dann die Kunst, mit unklaren Quantitäten dialektisch für die Unterstützung vernünftiger Handlungen zu argumentieren. Wir können Grund haben, an die Existenz eines optimalen Ausmaßes zu glauben – und daß wir uns entweder darüber oder darunter befinden –, ohne genau zu wissen, wo dieses optimale Ausmaß liegt. Aus politischen Gründen ist es aber wesentlich zu wissen, auf welcher Seite des Optimums wir uns befinden. In Kapitel 1 und 2 wurden Gründe dafür angeführt, daß wir (sowohl die Vereinigten Staaten als auch die ganze Welt) dieses Optimum überschritten haben. Zu diesen Argumenten fügen wir noch einige Überlegungen hinzu:
Die Wohlfahrt der Menschen ist nicht eine Funktion von Konsumströmen, sondern von Kapitalbeständen. Wir können nicht nur mit den Erhaltungs-, Verbrauchs- und Ersatzkosten eines Autos in die Stadt fahren, wir brauchen das ganze Auto als Teil des gegenwärtigen Autobestands. Es ist wieder einmal Boulding (1949), der dies schon vor fünfzig Jahren richtig erfaßt hat:
„Ich behaupte, daß es der Kapitalbestand ist, aus welchem wir Befriedigung erhalten, nicht aus dem, was ihm hinzugefügt wird (Produktion) oder aus dem, was von ihm abgezogen wird (Konsum): Weiter behaupte ich, daß Konsum, weit davon entfernt etwas Erwünschtes zu sein, eine beklagenswerte Eigenschaft des Kapitalbestands ist, welche die gleichsam beklagenswerten Aktivitäten der Produktion nötig macht; und daß es nicht Ziel der Wirtschaftspolitik sein sollte, Konsum oder Produktion zu maximieren, sondern eher sie zu minimieren, d. h. uns in die Lage zu versetzen, unseren Kapitalbestand mit so wenig Konsum oder Produktion als möglich zu erhalten." (Seite 79)
Diese Verschiebung von der Maximierung der Produktionseffizienz hin zur Maximierung der Erhaltungseffizienz ist, wie vorhin erwähnt, die ökonomische Analogie zur Verschiebung der Ökosysteme, wenn sie die Reife erreicht haben – also die Verschiebung von der Maximierung von *P/B* zur Maximierung des Kehrwerts *B/P*. Sobald eine reife Größe erreicht worden ist, wird Produktion mehr und mehr als Kosten der Erhaltung des Bestehenden gesehen statt als Quelle zusätzlicher Leistungen durch hinzugefügten Bestand. Je

mehr etwas gewachsen ist, um so größer sind, *ceteris paribus* (unter sonst gleichen Umständen), dessen Erhaltungskosten. Mehr neue Produktion, mehr Durchlaufmenge ist nur notwendig, um den größeren Bestand gegen die entropischen Verwüstungen des Verfalls, des Rosts und des Zufalls konstant zu halten.

Die Erkenntnisse von Boulding und Odum können mit Hilfe einer einfachen Gleichung (Daly 1991)[5] dargestellt werden:

$$\frac{\text{Leistung}}{\text{Durchlaufmenge}} = \frac{\text{Leistung}}{\text{Bestand}} \times \frac{\text{Bestand}}{\text{Durchlaufmenge}}$$

Der Bestand des von Menschen produzierten Kapitals steht im Zentrum der Analyse. Auf der einen Seite ist es der Bestand, der Leistung erbringt; auf der anderen Seite ist es der Bestand, der bedauerlicherweise konsumiert wird und folglich durch neue Produktion erhalten werden muß, die ihrerseits neue Durchlaufmengen und neue Verluste an natürlichem Kapital erfordert – mit der daraus folgenden Reduktion der Leistung des natürlichen Kapitals. Wir können *Wachstum* als eine Erhöhung der Durchlaufmenge definieren, indem wir die zwei Verhältnisse auf der rechten Seite konstant halten. Leistung erhöht sich also proportional zur Durchlaufmenge als Resultat des Wachstums. *Entwicklung* kann man definieren als eine Erhöhung der Leistung durch die Erhöhung der zwei Effizienzverhältnisse auf der rechten Seite bei konstanter Durchlaufmenge. „Wirtschaftswachstum", Wachstum des Bruttosozialprodukts, ist eine Verschmelzung dieser zwei Prozesse: (1) Wachstum (physische Erhöhung) und (2) Entwicklung (qualitative Verbesserungen, die mehr Bestandserhaltung pro Durchlaufmengeneinheit und mehr Leistung pro Bestandseinheit ermöglichen). Da physisches Wachstum von physikalischen Gesetzen beschränkt ist, qualitative Entwicklung jedoch nicht oder zumindest nicht auf dieselbe Art und Weise, ist es dringend notwendig, diese zwei sehr unterschiedlichen Prozesse zu trennen. Daß diese Unterscheidung unterlassen wurde, ist der Grund, warum die Definition von „nachhaltigem Wachstum" so schwierig war. Mit Hilfe dieser Unterscheidung ist es einfach, nachhaltiges Wachstum als „Entwicklung ohne Wachstum – ohne Wachstum der Durchlaufmenge über die Regenerations- und Aufnahmefähigkeit der Umwelt hinaus" zu definieren.[6] Bis heute sind Politiker und Ökonomen jedoch mit dem Wachstum „verheiratet". Sie bestehen darauf, daß Wirtschaftswachstum selbst die Haupteigenschaft einer nachhaltigen Entwicklung sei, und verwenden unsinnige Begriffskombinationen wie „nachhaltiges Wachstum" (wie zum Beispiel der „Rat des Präsidenten für Umweltqualität").

Auch wenn wir akzeptieren, daß der Kapitalbestand die Leistung erbringt (Kapital im Sinne von Irving Fisher beinhaltet sowohl den Bestand an Konsumgütern sowie an Produktionsgütern), müssen wir uns trotzdem fragen: Wie viel an zusätzlicher Wohlfahrt erhalten wir durch den von Menschen produzierten, zusätzlichen Kapitalbestand, zum Beispiel in den Vereinigten Staaten heute? Wie viele zusätzliche Kosten in Form von geopferten Leistungen des natürlichen Kapitals sind notwendig, um mehr natürliches Kapital in von Menschen produziertes umzuwandeln?[7] Wir haben keine gut funktionierenden Maßeinheiten für die Kosten und Nutzen des Gesamtwachstums, also müssen wir uns an den gesunden Menschenverstand und die vorläufigen Maßeinheiten halten, die wir haben, z. B. den „Index of Sustainable Economic Welfare“ ISEW (= Index der Nachhaltigen Ökonomischen Wohlfahrt), der eindeutig darauf hinweist, daß das Wachstum des Bruttosozialprodukts in den Vereinigten Staaten sein Optimum im Hinblick auf Wohlfahrt überschritten hat (Daly und Cobb 1994, Cobb und Cobb, 1994). Ein ähnlicher Schluß wurde auch von Jackson und Marks gezogen (1994), die einen ISEW für England erstellt haben.

SCHLUSSFOLGERUNG

Welche politischen Konsequenzen ergeben sich aus den in diesem Kapitel besprochenen Themen für die Nord/Süd-Zusammenarbeit in der Wirtschaftsentwicklung und für die Teilung des „globalen ökonomischen Kuchens“? Erwägen wir zwei Ansichten.

1. Die traditionelle Mehrwertansicht des Einkommens würde dazu führen, daß der Überbegriff vom „globalen Kuchen“ des Einkommens, der unter den Nationen gerecht oder ungerecht zu verteilen ist, abgelehnt wird. Es gibt keinen fixen Kuchen – es gibt nur eine Menge von getrennten Törtchen, die von einigen Statistikern dummerweise zu einem abstrakten Kuchen zusammengefaßt wurden. Die Törtchen sind das Resultat des Mehrwerts, der durch Arbeit und Kapital produziert wurde, und nicht mehr. Wenn die Nation A aufgefordert wird, ein bißchen von ihrem großen Törtchen mit der Nation B, die nur ein kleineres Törtchen gebacken hat, zu teilen, sollte das auf der Großzügigkeit der Nation A basieren und nicht auf irgendwelchen Ideen von Verteilungsgerechtigkeit oder noch weniger von Ausbeutung.

Wenn man glaubt, daß der ganze Wert aus der Arbeit und dem Kapital kommt, und die Natur nur eine materielle Grundlage ist, die nicht zerstörbar und im Überfluß vorhanden ist und daher wertlos, dann ist das vernünftig. Bist du arm? Füge einfach Wert hinzu, durch Arbeit und Kapital. Du hast deine eigene Arbeit und kannst dein eigenes Kapital akkumulieren, oder du kannst es vom Ausland verzinst ausleihen. Es gibt keine natürlichen Grenzen dafür. Höre auf zu jammern, mach dich an die Arbeit und höre auf über diesen eingebildeten Kuchen nachzudenken. Diese Sicht ist unter den neoklassischen Ökonomen üblich. Eigentlich ist es die Folge von John Lockes Begründung des Privateigentums – etwas als sein Privateigentum zu bezeichnen, verlangt, daß man seine Arbeit mit dem Stoff, aus dem dieses Etwas gemacht ist, vermischt hat – d. h., daß man ihm Mehrwert hinzugefügt hat.

2. Die alternative Meinung, nämlich daß die Natur Wert hinzufügt, würde aufmerksam die Törtchen betrachten, die unterschiedliche Menschen gebacken haben. Ist das Törtchen nur das Resultat der Arbeit des Bäckers und des Kapitals der Küche, welche alleine den austauschbaren und überreichlich vorhandenen Atomen Wert hinzufügen? Nein: um ein Törtchen zu backen, brauchst du Mehl, Zucker, Butter und Äpfel. Davor brauchst du Weizen, Zuckerrohr, Milch und Apfelbäume. Davor brauchst du Erbfaktoren für Weizen, Zuckerrohr, Kuhe und Äpfel, mit einem Mindestmaß an Diversität, und auch Boden, dessen Fruchtbarkeit von Würmern, Mikroben, Mineralien und Sonnenlicht ohne zu viel UV-Strahlung, von nicht zu saurem Regen, und von Auffanggebieten, die den Regen von der Erderosion abhalten, aufrechterhalten wird. Weiterhin brauchst du vorhersehbare saisonale Temperaturen, welche durch die Mischung der Gase in der Atmosphäre geregelt werden. Mit anderen Worten, wir brauchen natürliches Kapital und den Fluß an Ressourcen und Leistungen, die daraus folgen – also viel mehr als nur unzerstörbare Baublöcke! Unsere Mitgift an natürlichem Kapital ist mehr oder weniger gegeben, und ist nicht das Produkt menschlicher Arbeit und Kapital. Teile dieser Mitgift betreffen das Gesamtsystem und sind nicht unter den Nationen teilbar. Und der Teil, der teilbar ist, wurde durch geologische und nicht durch ökonomische Prozesse geteilt.

Ich möchte die Aufmerksamkeit vom traditionellen Mehrwert-Konzept auf dasjenige verschieben, „zu dem der Wert hinzugefügt wird". Während viele argumentieren, daß der durch Arbeit und Kapital hinzugefügte Wert rechtmäßig dem Arbeiter und dem Kapitalisten gehören (lassen wir sie darüber streiten, wie sie ihn verteilen), ist der Mehrwert der Natur nicht so leicht zu verteilen, ganz besonders die Leistungen des natürlichen Kapitals, die die nationalen Grenzen übersteigen. In diesem letzten Sinne gibt es tatsächlich einen globalen Kuchen, und die Forderung nach Gerechtigkeit bezüglich dessen Verteilung und Verwaltung kann nicht der traditionellen Sichtweise, daß der Wert demjenigen gehört, der ihn hinzufügt, untergeordnet werden.

Anmerkungen

[1] N. Georgescu-Roegen (1979) verdient es, zu diesem Punkt zur Gänze zitiert zu werden, da ihn so wenige verstanden haben. Er beschreibt die „Solow-Stiglitz-Variante" der Cobb-Douglas-Funktion wie folgt:

$$Q=Ka_1Ra_2La_3 \qquad (1)$$

wobei Q der Output ist, K der Kapitalbestand, R der Fluß von natürlichen Ressourcen, die in der Produktion verwendet werden. L ist das Arbeitsangebot und $a_1+a_2+a_3=1$ und selbstverständlich ist $a_i>0$.
Aus dieser Formel folgt, daß mit einer konstanten Arbeitskraft Lo eigentlich jeder Output Qo erreichbar ist, vorausgesetzt der natürliche Ressourcenfluß erfüllt folgende Bedingung:

$$Ra_2 = \frac{Qo}{Ka_1Loa_3} \qquad (2)$$

Das zeigt, daß R so klein sein kann, wie wir wollen, vorausgesetzt K ist groß genug. Folglich können wir mit einem sehr kleinen Ressourcenbestand, R>0, ein auf unbegrenzte Zeit konstantes Jahresprodukt erhalten, wenn wir R in eine unendliche Serie zerlegen $R=\sum Ri$ (wobei $Ri \rightarrow o$), im Jahr i Ri verwenden und den Kapitalbestand jedes Jahr entsprechend Gleichung (2) vergrößern. Aber dieser Schluß gilt in Wirklichkeit nicht. In Wirklichkeit bedeutet eine Vergrößerung des Kapitals auch eine zusätzliche Erschöpfung der Ressourcen. Und wenn K gegen unendlich geht, wird R durch die Kapitalproduktion sehr rasch erschöpft werden. Solow und Stiglitz hätten ihren „Beschwörungstrick" gar nicht erst entwickeln können, hätten sie bedacht, daß erstens jeder materielle Prozeß aus der Umwandlung bestimmter Materialien in andere (den Stromgrößen) durch die Tätigkeit bestimmter Kräfte (den Bestandsgrößen) besteht und zweitens, daß die natürlichen Ressourcen der Kern des ökonomischen Prozesses sind. Sie sind nicht wie jeder andere Produktionsfaktor. Eine Änderung im Kapital- oder Arbeitseinsatz kann lediglich die Abfallmenge in der Produktion einer Ware verringern: Kein Werkzeug kann das Material produzieren, an dem es arbeitet. Ebensowenig kann Kapital den Stoff produzieren, aus dem es gemacht wird. In manchen Fällen kann eine andere Anordnung dieselbe Leistung erbringen und dabei weniger Materie oder Energie verbrauchen. Aber auch hier gibt es eine Grenze, außer wir glauben, daß es dem Wirtschaftsprozeß letztlich bestimmt ist, das Paradies auf Erden zu sein.
Heute stehen wir der Frage gegenüber, ob wir neue Energiequellen entdecken können, die auch sicher verwendet werden können. Keine Elastizitäten einer Cobb-Douglas-Funktion können uns helfen, diese Frage zu beantworten.

[2] Der Beitrag dieser beiden Pioniere ist das Thema von Teil VI.

[3] Die Differentialrente würde den Preis beider Mineralöle gleichsetzen, wenn die Nachfrage so groß wäre, daß beide gleichzeitig verwendet werden müssen. Aber sie werden nacheinander verbraucht, und die Differentialrente wird niemals gegen die frühere Subvention aufgerechnet. Die Nachfrage künftiger Generationen wird nicht wahrgenommen, solange diese nicht geboren sind. Die Ertragsrate von Energieinvestitionen in Erdöl ist gefallen, so daß die reale Subvention für die Wirtschaft gefallen ist, obwohl der Beitrag des teureren Erdöls zum Bruttosozialprodukt gestiegen ist. Siehe J. Gever et al., *Beyond Oil* (Cambridge, Mass.: Ballinger, 1986), und C. Cleveland et al., „Energy and the U.S. Economy: A Biophysical Perspective", *Science* 225 (1984), 890–97.

[4] Der Grenznutzen ist deswegen fallend, weil wir als Vernunftwesen Ressourcen zunächst dazu verwenden, uns unsere dringendsten Wünsche zu erfüllen. Die Grenzkosten steigen, weil wir in gleicher Weise die besten und zugänglichsten Ressourcen zuerst verwenden.

[5] Das ist eine einfachere Version der Gleichung, die in Kapitel 4 besprochen wird.

[6] Dies ist die Definition eines nachhaltigen Ausmaßes. Nachhaltigkeit bedeutet nicht Optimalität – wir könnten ein anderes nachhaltiges Ausmaß bevorzugen, eines mit mehr oder weniger natürlichem Kapital, aber noch immer nachhaltig. Ich halte es für vernünftig, Nachhaltigkeit als eine notwendige, aber nicht hinreichende Bedingung für Optimalität zu betrachten. In der aktuellen ökonomischen Theorie beinhaltet Optimalität keine Nachhaltigkeit. Die Maximierung des aktuellen Wertes bei positiven Diskontsätzen beinhaltet die Abschreibung der Zukunft ab einem gewissen Punkt sowie ihre Liquidation zum Nutzen der Gegenwart und der nahen Zukunft.

[7] In weiten Zusammenhängen zu denken, hat seine Grenzen. Natürliches in von Menschen produziertes Kapital umzuwandeln, umfaßt beides: die extravagante Umwandlung von tropischen Harthölzern in Zahnstocher und die sparsame Umwandlung von Nadelhölzern in Behausungen für Obdachlose. Nicht daß alle Formen einer Umwandlung von natürlichem in von Menschen produziertes Kapital gleichzeitig nicht mehr der Mühe wert wären! Aber immer weniger sind es wert, je länger das Wachstum andauert.

Teil II

OPERATIONALE POLITIK UND NACHHALTIGE ENTWICKLUNG

EINLEITUNG

In den Kapiteln des zweiten Teils versuche ich, operationale Prinzipien der nachhaltigen Entwicklung zu entwickeln. Sie wurden geschrieben, als ich bei der Weltbank war, und entwickelten sich aus meiner dortigen Hauptbeschäftigung, Kriterien für nachhaltige Entwicklung aus dem Bereich der „frommen" Allgemeinplätze in den Bereich der Politik- und Investitionskriterien zu übersetzen. Der Widerstand des höheren Bankmanagements (der in der Einleitung zu diesem Buch beschrieben wurde) wurde damals von akademischen Ökonomen verstärkt, von denen einige sich selbst „umweltbewußte" oder sogar „ökologische" Ökonomen nannten, die ebenfalls ihre Disziplin nicht grundsätzlich durch eine neue Sichtweise verändert sehen wollten. Dieser Widerstand war für mich besonders ärgerlich und schwer zu verstehen, weil viele Instrumente der traditionellen Ökonomie beim Ausarbeiten einer Politik der Nachhaltigkeit weiterhin von Bedeutung sind.[1] Die Hingabe an die Wachstumsmanie stirbt nur langsam aus.

Trotz des Widerstandes glaube ich, daß sowohl die Weltbank als auch die akademischen Ökonomen angefangen haben, ihre Meinung zu ändern. Die Herausforderung von Seiten der Umweltbewegung hatte einen wichtigen Anteil daran, dieses beginnende Erwachen auszulösen. Die daraus hervorgehende, „übergreifende Disziplin" der „ökologischen Ökonomie", mit einer gleichnamigen Gesellschaft und Zeitschrift, bildet eine Brücke, um Ökonomie und Ökologie zur Förderung nachhaltiger Entwicklung zu verbinden. Ähnliche Bemühungen sind vom Beijer Institut für ökologische Ökonomie in Stockholm, von der Abteilung für Umweltökonomie der Universität London und von vielen anderen Organisationen auf der ganzen Welt unternommen worden.[2]

Das erste Kapitel dieses Teiles beginnt mit einer Wiederholung von Punkten, die im ersten Teil festgelegt wurden, wendet sich dann einigen Schlußfolgerungen für die Politik zu, gefolgt von einer Betrachtung möglicher Wege, diese Formen von Politik zu operationalisieren. Dieses Kapitel, besonders der letzte Teil, ist wahrscheinlich das technischste in diesem Buch. Das darauf folgende, als Abschiedsbrief an die Weltbank geschrieben, ist weniger technisch und versucht, weite Bereiche der Politik in ein zusammenhängendes Programm zu integrieren, es zielt insbesondere auf den Zusammenhang zwischen nationaler (interner) und internationaler (externer) Politik ab, ein Thema, das im fünften Teil weiter untersucht wird.

Anmerkungen

1 Als Beispiel für eine Diskussion innerhalb der Weltbank, welche die traditionelle ökonomische Theorie in den Dienst nachhaltigen Wachstums stellt, siehe J. Kellenberg und H. Daly, „Counting User Cost in Evaluating Projects that Deplete Natural Capital: World Bank Best Practice and Beyond“, World Bank working paper (ENV Working Paper no. 66, April 1994).

2 Es gibt zwei Institutionen, die den Begriff „ökologische Ökonomie“ in ihrer Selbstbezeichnung enthalten: Deren Interessen und Mitglieder überlappen einander, unterscheiden sich aber auch in vielem, was einige Verwirrung über die Bedeutung des Begriffs „ökologische Ökonomie“ verursacht. Die Internationale Gesellschaft für ökologische Ökonomie (International Society for Ecological Economics, ISEE) wurde früher gegründet und ist der wirkliche Pionier. Sie hat im Abstand von jeweils zwei Jahren drei internationale Konferenzen abgehalten und von den ersten beiden Tagungsberichte veröffentlicht; auch der dritte Tagungsband wird in Kürze erscheinen. Sie zählt ungefähr 1500 Mitglieder auf der ganzen Welt und ist eine partizipative Organisation mit einer breiten Basis und all den Problemen, die daraus erwachsen. Ihr Wachstum ist sowohl der Bedeutung der Ideen und Themen, die sie angesprochen hat, als auch der besonderen Energie und Leitung ihres Präsidenten, Robert Costanza, zu verdanken. Ihre Haltung gegenüber der herkömmlichen Ökonomie war kritischer als die der anderen Organisation, dem Beijer Institut für ökologische Ökonomie. Letztere ist Teil der Königlich Schwedischen Akademie der Wissenschaften und wird von Karl-Goran Maler und Partha Dasgupta geleitet. Sie hat einen Verwaltungsrat, der zwar sehr qualifiziert ist, aber dennoch von der Sichtweise des Establishment bestimmt wird. Es ist eine elitäre, hierarchische Institution ohne partizipative Grundlage. Die Ausrichtung ihrer Leitung ist schwer von einer Umweltökonomie der üblichen neoklassischen Art zu unterscheiden. Jedoch fördert sie eine relativ offene Forschungstätigkeit, die sich auf Biodiversität, gemeinschaftliches Eigentum und komplexe Systeme konzentriert. Sie übernimmt auch andere nützliche Funktionen; so versucht sie zum Beispiel übereinstimmende Aussagen von Ökonomen und Ökologen in die Wege zu leiten, wie sie in der Einleitung dieses Buches besprochen wurden.

KAPITEL 4

OPERATIONALISIERUNG VON NACHHALTIGER ENTWICKLUNG DURCH INVESTITIONEN IN NATÜRLICHES KAPITAL

Die präanalytische Vision, auf der die Standardökonomie aufbaut, ist die eines isolierten Kreislaufs von Tauschwert zwischen Firmen und Haushalten. Nichts tritt aus der Umwelt in diesen Kreislauf ein und nichts fließt in sie hinaus. Von der physischen Umwelt wird vollständig abstrahiert (siehe Abbildung 2, Kapitel 2, Seite 72).

Im Unterschied dazu besteht die präanalytische Vision der ökologischen Ökonomie darin, daß die Wirtschaft in ihren physischen Dimensionen ein offenes Subsystem eines endlichen, nicht wachsenden und materiell geschlossenen Ökosystems ist (siehe Abbildung 3, Kapitel 2, Seite 75).

Das ökonomische Teilsystem ist im Verhältnis zu dem umfassenden Ökosystem derart angewachsen, daß das verbliebene natürliche Kapital im Verhältnis zu dem vom Menschen produzierten Kapital knapp geworden ist und dadurch das vorherige Knappheitsmuster umgedreht wurde. Dies lenkt unsere praktische Aufmerksamkeit auf drei makroökonomische Fragen, die bisher vernachlässigt wurden: Wie groß *ist* das ökonomische Teilsystem im Verhältnis zu dem Ökosystem, in dem es enthalten ist? Wie groß *kann* es werden, ohne das größere, tragende Ökosystem zu zerstören? Und wie groß *sollte* es sein, um größtmöglichen Lebensgenuß zu gewährleisten? Lebensgenuß kann auf anthropozentrische Weise (für menschliche Wesen, die nur den instrumentellen Wert anderer Arten anerkennt), oder auf eine biozentrische Weise (die sowohl den intrinsischen als auch den instrumentellen Wert aller Arten anerkennt) interpretiert werden.

Obwohl in der Standardökonomie von der Umwelt abstrahiert wurde, wurde das Konzept der Nachhaltigkeit anerkannt und in die Definition des Einkommens einbezogen: Einkommen ist „der maximale Betrag, den eine Gemeinschaft in einem bestimmten Zeitraum verbrauchen kann, ohne am Ende dieser Periode schlechter gestellt zu sein als am Anfang" (Hicks 1946). Nicht schlechter gestellt zu sein, bedeutet, dieselbe Kapazität zu haben, um im nächsten Jahr dasselbe Einkommen zu produzieren – d. h., *das Kapital unversehrt zu erhalten.*[1] Das Kriterium der Nachhaltigkeit ist demnach explizit in dieser Hicksschen Definition des Einkommens enthalten. Aber die Bedingung, das Kapital unversehrt zu erhalten, ist nur auf das von Menschen produzierte Kapital angewandt worden. In der Vergangenheit wurde vom natürlichen Kapital abstrahiert, weil dieses nicht knapp war. Die Hickssche Definition von Einkommen muß in Zukunft auf das gesamte knappe Kapital angewandt werden, das jetzt sowohl natürliches als auch von Menschen produziertes Kapital umfaßt.

VERSCHIEBUNG DER INVESTITIONEN IN RICHTUNG DES NATÜRLICHEN KAPITALS

Wir beginnen jetzt, uns von den Prinzipien zur Politik hin zu bewegen. Es gibt zwei Wege, um das Kapital unversehrt zu erhalten: (1) die *Summe* des von Menschen produzierten Kapitals und des natürlichen Kapitals kann konstant im Sinne eines aggregierten Wertes gehalten werden, oder (2) *jede einzelne* Komponente kann für sich unversehrt erhalten bleiben, wieder im Sinne eines aggregierten Wertes, aber in diesem Fall gibt es eine Aggregation nur innerhalb der zwei Kategorien und nicht zwischen ihnen. Der erste Weg ist dann sinnvoll, wenn man annimmt, daß natürliches Kapital und von Menschen produziertes Kapital austauschbar sind. Diese erste Ansicht besagt, daß es vollkommen akzeptabel ist, natürliches Kapital zu entnehmen, solange man durch Investition einen entsprechenden Wert an von Menschen produziertem Kapital erzeugt. Der zweite Weg ist sinnvoll, wenn man glaubt, daß natürliches und menschlich produziertes Kapital komplementär sind. Die beiden Bestandteile (Komplemente) müssen jeder für sich unversehrt erhalten werden (getrennt oder gemeinsam in gleichbleibenden Proportionen), weil die Produktivität des einen von der Verfügbarkeit des anderen abhängt. Der erste Fall wird *schwache Nachhaltigkeit* und der zweite *starke Nachhaltigkeit* genannt.

Das menschlich produzierte Kapital und das natürliche Kapital sind grundsätzlich komplementär und nur begrenzt austauschbar. Dementsprechend ist die starke Nachhaltigkeit das letztlich bedeutsame Konzept, obwohl auch schwache Nachhaltigkeit eine Verbesserung gegenüber der gängigen Praxis bedeuten würde. Da diese Behauptung sehr wahrscheinlich angefochten werden wird, ist es sinnvoll, sich die Zeit zu nehmen, um die drei dahinterliegenden Grundursachen zu betrachten.

Eine Form der Argumentation besteht darin, das Gegenteil anzunehmen und zu zeigen, daß es absurd ist. Wenn das von Menschen produzierte Kapital ein fast perfektes Substitut für natürliches Kapital wäre, dann wäre auch natürliches Kapital ein fast perfektes Substitut für das von Menschen produzierte Kapital. Aber wenn das so wäre, hätte es von vornherein gar keinen Grund gegeben, von Menschen produziertes Kapital anzuhäufen, da wir von der Natur mit einem fast perfekten Ersatz ausgestattet worden wären. Aber historisch gesehen haben wir menschlich produziertes Kapital angehäuft – genau deswegen, weil es eine Ergänzung zum natürlichen Kapital darstellt.

Von Menschen produziertes Kapital ist selbst eine physische Transformation der natürlichen Ressourcen, die vom natürlichen Kapital her kommen. Um mehr von dem angeblichen Substitut (von Menschen produziertes Kapital) zu produzieren, braucht man daher mehr von genau jener Sache, die ersetzt werden soll (natürliches Kapital) – die definitorische Bedingung von Komplementarität!

Von Menschen produziertes Kapital (zusammen mit der Arbeit) bewirkt die Transformation des Ressourcenflusses von Rohstoffinputs zu Güteroutputs. Der natürliche Ressourcenfluß und der natürliche Kapitalbestand, aus dem er hervorgeht, sind die *materielle Ursache* der Produktion; der Kapitalbestand, der die Rohstoffinputs in Güteroutputs umwandelt, ist die *Wirkursache* der Produktion. Man kann nicht die Wirkursache durch die natürliche Ursache ersetzen. Man kann nicht dasselbe Holzhaus mit nur der Hälfte des Bauholzes bauen, egal wie viele Sägen und Tischler man als Ersatz dafür einsetzt. Zugleich gilt: Um im selben Zeitraum mehr Holz in mehr Holzhäuser umzuwandeln, braucht man mehr Sägen und mehr Tischler. Klarerweise ist die grundlegende Beziehung zwischen von Menschen produziertem und natürlichem Kapital eine Komplementaritätsbeziehung (Ergänzbarkeit) – und nicht eine Substitutionsbeziehung (Ersetzbarkeit). Selbstverständlich könnte man Holz durch Ziegelsteine ersetzen, aber dabei handelt es sich um die Substitution eines Ressourceninputs durch einen anderen und nicht um ein Ersetzen von Ressourcen durch Kapital.[2] Beim Bau eines Ziegelhauses ist es auf analoge Weise unmöglich, Ziegelsteine durch Spachteln und Maurer zu ersetzen.

Die Komplementarität von durch Menschen produziertem und natürlichem Kapital wird auf einer konkreten Ebene des gesunden Menschenverstandes deutlich gemacht durch die Frage: Wozu taugt ein Sägewerk ohne Wald, ein Fischerboot ohne Fische, eine Raffinerie ohne Erdöl, eine bewässerte Landwirtschaft ohne Fluß? Wir haben schon seit langem die Komplementarität zwischen öffentlicher Infrastruktur und privatem Kapital erkannt: Wozu ist ein Auto oder ein Lastwagen gut – ohne Straße, auf der sie fahren können? Nach Lotka und Georgescu-Roegen können wir das Konzept des natürlichen Kapitals sogar noch erweitern, indem wir zwischen *endosomatischem* (innerhalb der Haut befindlichem) und *exosomatischem* (außerhalb der Haut befindlichem) natürlichen Kapital unterscheiden. Daraus folgt die Frage: Wozu ist das private, endosomatische Kapital unserer Lungen und unseres Atmungssystems gut, wenn wir nicht über das öffentliche, exosomatische Kapital der Pflanzen verfügen, die kurzfristig unser Kohlendioxid aufnehmen, und langfristig den enormen Vorrat der Atmosphäre an Sauerstoff auffüllen und dadurch die richtige Mischung an Gasen aufrechterhalten, das heißt: Jene Mischung, an die unser Atmungssystem angepaßt ist und zu der sie also komplementär ist.

Wenn natürliches und von Menschen produziertes Kapital eindeutig komplementär sind, wie konnte es passieren, daß die Ökonomen sie zum überwiegenden Teil als Substitute betrachtet haben? Erstens: Nicht alle Ökonomen vertreten diese Ansicht: Leontiefs „Input-Output-Ökonomie", die fixe Faktorenproportionen annimmt, behandelt alle Faktoren als komplementär. Zweitens: Die formalen, mathematischen Definitionen von Komplementarität (Ergänzbarkeit) und der Substitutionalität (Ersetzbarkeit) legen fest, daß im Fall von nur zwei Faktoren diese Faktoren Substitute sein müssen.[3] Da die meisten Lehrbücher auf zweidimensionalem Papier geschrieben werden, erhält dieser Fall die meiste Aufmerksamkeit. Drittens: Mathematische Bequemlichkeit dominiert weiterhin die Wirklichkeit, im allgemeinen Vertrauen auf Cobb-Douglas und andere Produktionsfunktionen mit konstanten Elastizitäten (CES = Constant Elasticity of Substitution), die eine fast unbegrenzte Ersetzbarkeit annehmen, insbesondere eine Ersetzbarkeit von Ressourcen durch Kapital. Einige Ökonomen haben dankenswerterweise begonnen, diese Ersetzbarkeit durch den Masseerhaltungssatz einzuschränken. Viertens: Die ausschließlich auf Grenzfallbetrachtung gerichete Aufmerksamkeit führt dazu, daß marginale Substitution die grundlegenden Komplementaritätsbeziehungen verdeckt. Private Ausgaben für eine zusätzliche Wartung der Autos könnten zum Beispiel die gekürzten öffentlichen Ausgaben für Straßen ersetzen. Diese marginale Form der Substitution sollte aber nicht die Tatsache verdecken, daß Privatautos und Straßen grundsätzlich komplementäre Formen von Kapital sind.[4] Fünftens: Es kann sehr wohl zu einer Substitution von Ressourcen durch Kapital in aggregierten Produktionsfunktionen kommen, hervorgerufen durch eine Änderung der Produktzusammensetzung von ressourcenintensiven zu kapitalintensiven Produkten. Dies ist jedoch ein Ergebnis sich verändernder Produktzusammensetzung und nicht einer Faktorsubstitution entlang einer gegebenen Isoquante. Auch könnte ein neues Produkt entwickelt werden, das dieselbe Leistung mit einem geringeren Ressourcenverbrauch erbringt – zum Beispiel Glühbirnen, die mehr Lichteinheiten pro Watt produzieren. Das ist technischer Fortschritt – eine qualitative Verbesserung des technischen Standards – nicht die Substitution einer Menge an Ressourcen durch eine Menge an Kapital bei der Produktion einer vorgegebenen Menge eines bestimmten Produktes.

Niemand bestreitet die Existenz des technischen Fortschrittes, aber solche Änderungen als eine Substitution von Ressourcen durch Kapital (oder von natürlichem durch von Menschen produziertes Kapital) zu bezeichnen, ist irreführend. Es scheint, daß manche Ökonomen alle Verbesserungen im Wissen, in der Technologie und im Management – kurz gesagt: alles, was die Effizienz, mit der Ressourcen verwendet werden, erhöht – als „Kapital" ansehen. Wenn dies Sprachgebrauch wäre, dann wären „Kapital" und Ressourcen definitionsgemäß Substitute, und zwar in dem Sinne, daß eine effizientere Verwendung der Ressource ein guter Ersatz für eine größere Menge der Ressource wäre. Aber Kapital formell als Effizienz zu definieren, würde der neoklassischen Theorie der Produktion spotten, in der Effizienz das Verhältnis von Output zu Input, Kapital aber die Menge des Inputs ist.

Wenn wir akzeptieren, daß natürliches und von Menschen produziertes Kapital eher Komplemente als Substitute sind, was folgt daraus? *Wenn die Faktoren komplementär sind, bedeutet das, daß der Faktor mit dem geringsten Angebot der beschränkende Faktor ist.* Wenn die Faktoren Substitute sind, kann keiner der beiden den anderen beschränken, da die Produktivität des einen nur in einem geringen Maße von der Verfügbarkeit des anderen abhängt. Der Begriff des beschränkenden Faktors (limiting factor) ist den Ökologen durch Liebigs Minimumgesetz vertraut. Der Gedanke, daß entweder das natürliche oder das vom Menschen produzierte Kapital ein beschränkender Faktor sein könne, wird nicht aufkommen, wenn beide Faktoren als Substitute gedacht werden. Sobald wir festgestellt haben, daß sie komplementär sind, müssen wir uns fragen: Welcher von den beiden ist der beschränkende Faktor, das heißt: Von welchem wird am wenigsten angeboten?

Aus diesem Satz ergibt sich folgende These: *Die Welt bewegt sich von einer Ära, in der das vom Menschen produzierte Kapital der beschränkende Faktor war, hin zu einer Ära, in der das verbliebene natürliche Kapital der beschränkende Faktor ist.* Die Fischproduktion wird derzeit durch die verbliebenen Fischbestände beschränkt, nicht durch die Anzahl der Fischerboote; die Holzproduktion wird durch die verbliebenen Wälder beschränkt, nicht durch die Sägewerke; die Tonnen gepumpten Rohöls werden durch die Erdölreserven (oder vielleicht genauer noch, durch die Kapazität der Atmosphäre, Kohlendioxid aufzunehmen) beschränkt, nicht durch die Förderkapazität; landwirtschaftliche Produktion wird oft durch die Verfügbarkeit von Wasser beschränkt, nicht durch Traktoren, Mähdrescher oder selbst Land. Wir sind von einer Welt, relativ voll an natürlichem Kapital und leer an durch Menschen produziertem Kapital (und mit wenig Bevölkerung) übergegangen zu einer Welt, relativ voll an letzterem und leer an ersterem (siehe Abbildung 3, Kapitel 2).

Die Ökonomische Logik verlangt, daß wir kurzfristig die Produktivität des beschränkenden Faktors maximieren und langfristig in die Erhöhung seines Angebots investieren. Wenn sich der beschränkende Faktor ändert, kann eine Verhaltensweise, die bisher ökonomisch war, unökonomisch werden. Die Logik der Ökonomie bleibt dieselbe, aber das Muster von Knappheit ändert sich weltweit mit dem Resultat, daß sich unser Verhalten ändern muß, wenn es ökonomisch bleiben soll. Statt die Erträge von und die Investitionen in von Menschen produziertes Kapital zu erhöhen (wie es in einer leeren Welt angemessen war), müssen wir jetzt die Erträge von und die Investitionen in natürliches Kapital erhöhen (wie es in einer Welt voll von durch Menschen produziertem Kapital angemessen ist). *Das ist keine „neue Ökonomie", sondern ein neues Verhalten, konsistent mit der „alten Ökonomie", aber in einer Welt mit einem neuen Muster von Knappheit.*

Da natürliches Kapital das von Menschen produzierte Kapital als beschränkenden Faktor ersetzt hat, sollten wir uns als Schlußfolgerung daraus einer Politik zuwenden, die dessen gegenwärtige Produktivität erhöht und sein zukünftiges Angebot steigert. Diese Schlußfolgerung ist keineswegs trivial oder irrelevant, denn sie bedeutet, daß die aktuelle Politik, die die Produktivität und die Akkumulation des von Menschen produzierten Kapitals erhöht, nicht länger „ökonomisch" ist, nicht einmal im ganz traditionellen Sinne. Hicks' Definition des Einkommens erfordert, daß das Kapital unversehrt erhalten wird. Wenn das natürliche Kapital der beschränkende Faktor ist, dann verlangt die richtige Messung des Einkommens, daß die Erhaltung des natürlichen Kapitals Vorrang hat.

Wie konnte sich jedoch das Muster von Knappheit so dramatisch ändern, ohne daß diese Veränderung von den Ökonomen bemerkt wurde? Mehrere Faktoren tragen zu dieser Entwicklung bei. Erstens ist exponentielles Wachstum trügerisch. Die halbvolle Flasche wird in derselben Zeit voll, in der ihr Inhalt von 1 Prozent auf 2 Prozent gestiegen ist. Zweitens haben die Ökonomen das von Menschen produzierte Kapital und das natürliche Kapital als Substitute betrachtet, obwohl sie grundsätzlich komplementär sind. Wenn Faktoren Substitute sind, dann beschränkt die Knappheit des einen nicht die Produktivität des anderen. Keiner der Faktoren kann einschränkend sein, wenn sie gute Substitute sind. Obwohl die Welt in ungefähr vierzig Jahren Verdoppelungszeit statt zu 40 Prozent zu 80 Prozent angefüllt sein wird (Vitousek et al. 1986)[5], setzen die Ökonomen auf das von Menschen produzierte Kapital, um die Bedingungen einer relativen Leere wiederherzustellen und das natürliche Kapital zu ersetzen. Wenn wir drittens unterbewußt realisieren, daß das Produktionswachstum nicht mehr fortgesetzt werden kann, dann liegt der einzige Weg zur Heilung der Armut darin, sich sowohl dem

Teilen als auch der Bevölkerungskontrolle zu stellen. Da dies von politischen „Realisten“ als unmöglich erachtet wird, folgt daraus klar, daß die Argumente, die zu dieser Schlußfolgerung führen, falsch sein müssen. Diese drei Vorurteile könnten uns davon abgehalten haben, das Offensichtliche zu sehen – nämlich, daß von Menschen produziertes und natürliches Kapital komplementär sind, und daß das natürliche Kapital der beschränkende Faktor geworden ist. Weit entfernt davon, natürliches Kapital ersetzen zu können, stellt ein Mehr an menschlich geschaffenem Kapital einen noch größeren komplementären Bedarf nach natürlichem Kapital dar und beutet es schneller aus. Und dadurch wirkt das natürliche Kapital in der Zukunft noch stärker beschränkend.

Ein ähnlicher Grund dafür, die neue, einschränkende Rolle des natürlichen Kapitals zu verneinen, liegt darin, daß die Erhöhung seines relativen Preises als Reaktion auf die neue Knappheit politisch unangenehm wäre. Der Preis, der für natürliches Kapital bezahlt wird, ist zugleich Einkommen für den Besitzer: den „Grundbesitzer“, der, wie Adam Smith sagte, es liebt, dort zu ernten, wo er nicht gesät hat. Ein höherer relativer Preis für Ressourcen impliziert eine Umverteilung von den Arbeitern und Kapitalisten zu den Landbesitzern. Auch wenn die Regierung die Rolle des Grundbesitzers übernimmt, wie auch tatsächlich geschehen, da sie der größte Besitzer von Ressourcen geworden ist, gibt es noch immer einen Konflikt zwischen der Regierung als Landbesitzer und Arbeit/Kapital als Nutzern von Ressourcen. Es gibt selbstverständlich einen noch vehementer ausgetragenen Konflikt zwischen Arbeit und Kapital in der Industriegesellschaft. Eines der Hauptprobleme der Regierung ist es, den industriellen Frieden zwischen Arbeit und Kapital zu erhalten. Dies ist in der Geschichte erreicht worden, indem man vom Landbesitzer genommen hat und Arbeit sowie Kapital gegeben hat. Niemand liebt einen „Grundbesitzer“, aber insofern die Regierung zum Landbesitzer geworden ist, geht ihre Strategie, industriellen Frieden durch eine Politik der billigen Ressourcen zu erkaufen, nicht mehr auf Kosten der ehemaligen Klasse der Landbesitzer. Stattdessen bedeutet diese Politik die Abdankung der Regierung in ihrer Rolle als Treuhänder sowohl für das öffentliche Interesse als auch für die Interessen zukünftiger Generationen.[6] Diese Rolle als Treuhänder ernster zu nehmen würde höhere Preise für Ressourcen bedeuten, und ein höheres Risiko in sich bergen, den Konflikt zwischen Arbeit und Kapital zu verschärfen. Der Umweltschutz befaßt sich normalerweise nicht mit diesen umfassenderen Problemen der politischen Ökonomie. Die Herausforderung für Umweltschützer im einundzwanzigsten Jahrhundert wird es sein, sich mit diesen grundsätzlichen Fragen auseinanderzusetzen.

WIE MAN IN NATÜRLICHES KAPITAL INVESTIERT

Auch wenn man durch die zuvor angeführten Argumente davon überzeugt worden ist, daß der Schwerpunkt der Investitionen sich vom durch Menschen produzierten Kapital in Richtung des natürlichen Kapitals verschieben sollte, bleibt immer noch ein Problem bestehen. Da natürliches Kapital definitionsgemäß nicht von Menschen produziert wird, ist nicht sofort ersichtlich, was es bedeutet, in dieses Kapital zu „investieren". Trotzdem kann man den Begriff „Investition" anwenden, weil dessen Konzept die klassische Vorstellung des „Wartens" oder des Zurückstellens von aktuellem Konsum als eine Möglichkeit sieht, in natürliches Kapital zu investieren. Bevor wir die Bedeutung der Investition in natürliches Kapital näher betrachten, wollen wir den Begriff des natürlichen Kapitals selbst untersuchen.

Natürliches Kapital ist der Bestand, der den Fluß von natürlichen Ressourcen ermöglicht: die Fischbestände im Ozean, die den Fluß gefangener Fische, die auf den Markt gebracht werden, in Gang halten; der Wald, der den Fluß an gefälltem Holz in Gang hält; die Erdölvorräte im Boden, deren Liquidation den Fluß geförderten Rohöls ermöglicht. Das natürliche Einkommen, das vom natürlichen Kapital erbracht wird, besteht sowohl aus natürlichen Leistungen als auch aus natürlichen Ressourcen. Natürliches Kapital ist in zwei Arten unterteilt, die bereits in den erwähnten Beispielen zum Ausdruck kamen: erneuerbares (Fisch, Bäume) und nicht erneuerbares (Erdöl). Von Menschen produziertes Kapital wird hier in Irving Fishers Sinn verwendet, es beinhaltet die Bestände sowohl an Produktions- als auch an Konsumgütern. Einige Schwierigkeiten sind mit diesen Definitionen verbunden. Erstens: Kapital wurde traditionell als „von Menschen produzierte Produktionsmittel" definiert, natürliches Kapital konnte und kann aber nicht vom Menschen produziert werden. Eine zweckmäßigere Definition von Kapital würde so lauten: „ein Bestand, der einen Fluß von nützlichen Gütern oder Leistungen in die Zukunft hinein erbringt." Natürliches Kapital paßt sehr gut in dieses Konzept, genauso wie dauerhafte Gebrauchsgüter. Selbstverständlich können erneuerbare Ressourcen auch bis zur Ausrottung ausgebeutet werden und dadurch zu nicht erneuerbaren Ressourcen werden – während nicht erneuerbare Ressourcen erneuert werden können, wenn wir bereit sind, unendlich lange zu warten. Abgesehen von diesen Einsprüchen sind die Begriffe gut abgegrenzt und in Verwendung (Costanza und Daly 1992).

Zugleich gibt es eine wichtige Kategorie, in der sich beide – natürliches und von Menschen produziertes Kapital – überschneiden: Forste, Fischzuchtteiche, Viehherden, die im Hinblick auf bestimmte Eigenschaften gezüchtet werden, usw. sind nicht eigentlich von Menschen produziert, aber wesentlich in ihrem natürlichen Zustand durch menschliche Tätigkeit verändert worden. Wir werden diese Form von Kapital „kultiviertes natürliches Kapital" nennen. Diese weite Kategorie umfaßt Landwirtschaft, Wasserwirtschaft und Forstwirtschaft. Auf welche Weise beeinflußt sie unsere Unterscheidung zwischen dem natürlichen und dem von Menschen produzierten Kapital sowie die Behauptung, daß sie komplementär sind? Man kann das kultivierte natürliche Kapital untersuchen, indem man es in seine einzelnen Komponenten, das von Menschen produzierte und das natürliche Kapital, zerlegt. Ein Forst zum Beispiel hat eine Komponente natürlichen Kapitals wie Sonnenschein, Regen und Nährstoffe im Boden, sowie eine Komponente des von Menschen produzierten Kapitals, die aus der Leistung bestimmter Behandlungsmethoden wie Pflanzen, Raumaufteilung, Pflücken und Krankheitskontrolle besteht. Im allgemeinen scheint es eine streng komplementäre Beziehung zwischen den natürlichen und den von Menschen produzierten Komponenten des kultivierten natürlichen Kapitals zu geben. Trotzdem kann das natürliche Kapital in manchen Funktionen durch das kultivierte natürliche Kapital ersetzt werden – in jenen, für die es kultiviert wurde, wie etwa ein Forst in der Holzproduktion, aber nicht im Zur-Verfügungstellen von Lebensraum für Wild oder im Gewährleisten der Artenvielfalt.[7]

Im Umgang mit erneuerbaren Ressourcen bedeutet die Investition des „Wartens" einfach die jährliche Entnahme zu beschränken. Die jährliche Entnahme dem jährlichen Wachstumszuwachs anzugleichen (nachhaltiger Ertrag), entspricht einer Erhaltungsinvestition – das heißt, man vermeidet es, den produktiven Bestand herunterzuwirtschaften, entsprechend der Hicksschen Bedingung, daß das Kapital unversehrt bleiben soll. Eine Nettoinvestition in erneuerbare Ressourcen verlangt zusätzliches Warten – wobei das Gesamte oder ein Teil des Wachstumszuwachses jährlich dem produktiven Bestand hinzugefügt werden kann, anstatt verbraucht zu werden. Solche Investitionen in natürliches Kapital – sowohl Erhaltungs- als auch Nettoinvestitionen – sind grundsätzlich passiv im Hinblick auf das natürliche Kapital, das einfach in Ruhe gelassen wird, um sich zu regenerieren. Investitionen in kultiviertes natürliches Kapital schließen auch das Warten ein, allerdings mit der Einschränkung, daß es nie ganz in Ruhe gelassen wird; auch während der Wartezeit werden Beaufsichtigung und Pflege benötigt.

Laut Definition muß die Investition in erneuerbares natürliches Kapital völlig passiv sein. Aber aktivere Investitionen sind beim kultivierten natürlichen Kapital möglich. Wie weit können wir mit dieser Art von Investition gehen? Können wir eine ganze Biosphäre kultivieren? Hat „Biosphäre II" in Arizona eine Chance zu funktionieren? Unabhängig vom unzweifelbaren experimentellen Wert einer solchen aktiven Investition in kultiviertes natürliches Kapital im kleinen Rahmen, bleibt die Frage, ob eine solche Investition in der Größenordnung des Ökosystems und der Biosphäre eine gute Perspektive für die Zukunft ist. Kann der ganze Ozean zum Fischzuchtteich werden? Auch wenn dies möglich wäre, würde es nicht trotzdem eine Komplementarität mit dem grundsätzlicheren natürlichen Kapital wie Sonnenlicht, Chlorophyll und Dekompositoren geben?

Niemand weiß, wie weit wir uns auf das kultivierte natürliche Kapital verlassen können. Jedoch sind wir derzeit so weit vom erforderlichen Verständnis der Ökosysteme entfernt, daß ihr Neuentwurf im größeren Ausmaß im besten Fall als quantitativ bedeutungslos und im schlimmsten Fall als qualitativ gefährlich ausgeschlossen werden sollte. Paul Ehrlich hat uns daran erinnert, daß die ökologische Ökonomie ein Fach mit zeitlicher Beschränkung ist. Wir haben keine Zeit, um zu lernen, wie man eine kultivierte „Biosphäre II" erzeugt. Wir müssen den Rest der „Biosphäre I" retten und ihm durch die passive Investition des Wartens ermöglichen, sich zu regenerieren. Der Begriff „Laissez-faire" bekommt dadurch einen neuen und tieferen Sinn für die ökologischen Ökonomen.

Nicht erneuerbares, natürliches Kapital kann weder aktiv noch passiv vermehrt werden. Es kann nur verringert werden. Wir können das nicht erneuerbare natürliche Kapital selbst nur aufbrauchen, auch wenn wir in die von Menschen produzierte Kapitalausstattung investieren, die dessen Extraktions- und „Verbrauchsrate" beschleunigt. Nicht erneuerbares natürliches Kapital entspricht eher einem Bestand an schon produzierten Gütern als einer produzierenden Maschine oder einer sich reproduzierenden Population. Für nicht erneuerbares natürliches Kapital stellt sich nicht die Frage, wie man investieren soll, sondern wie man am besten den Bestand abschöpfen soll und was man mit dem Nettoertrag machen soll. Derzeit betrachten wir diesen abgeschöpften Ertrag als Einkommen (eingerechnet sowohl im Brutto- als auch im Nettosozialprodukt). Diese Rechnung ist eindeutig falsch, da es sich um keine permanente oder nachhaltige Quelle für Konsum handelt.

Eine bessere Alternative wäre, alle oder einen Teil der Nettoerträge des Ausschöpfens von nicht erneuerbaren Ressourcen zu verwenden, um „Investitionen des Wartens" in erneuerbares, natürliches Kapital zu finanzieren. Dadurch kann man eine Verringerung des Abbaus von erneuerbaren Ressourcen ermöglichen, um erneuerbare Vorräte in einem größeren Ausmaß aufzubauen; diese Vorräte produzieren größere, nachhaltige Erträge, die ein tatsächliches Einkommen darstellen. Die Grundidee besteht darin, nicht erneuerbares natürliches Kapital, soweit es möglich ist, in ein erneuerbares Substitut umzuwandeln. Die allgemeine Regel wäre, die nicht erneuerbaren Ressourcen im selben Maße aufzubrauchen, wie sich die erneuerbaren Ressourcen entwickeln können. Dementsprechend müssen Projekte zur Förderung von nicht erneuerbaren Ressourcen in bestimmter Weise mit Projekten gekoppelt werden, die erneuerbare Substitute entwickeln. Nettoerträge aus der Förderung von nicht erneuerbaren Ressourcen werden zweigeteilt (in eine Einkommenskomponente und in eine Kapitalrücklage), so daß die Kapitalrücklage, wenn sie jedes Jahr in ein erneuerbares Substitut investiert wird, zu dem Zeitpunkt, wo die nicht erneuerbare Ressource ausgeschöpft ist, zu einer Bestandsgröße angewachsen sein wird, deren nachhaltiger Ertrag gleich der Einkommenskomponente ist, die während des gesamten Zeitraums verbraucht wurde. Die Kapitalrücklage wird um so größer sein, je niedriger die Wachstumsrate des erneuerbaren Substitutes, und je kürzer die Lebensdauer der nicht erneuerbaren Reserven ist (d. h. der Bestand an Reserven dividiert durch die jährliche Förderung). Die Logik und die Berechnungen wurden von El Serafy (1989) im Zusammenhang mit der Volkswirtschaftlichen Gesamtrechnung ausgearbeitet, aber sie sind mit derselben Bedeutung für die projektbezogene Kostenrechnung anwendbar. Die wahre Ertragsrate des Gesamtprojektes würde auf der Basis der Einkommenskomponente nur als Nettogewinn gerechnet. Dies unterscheidet sich von der üblichen Kosten-Nutzen-Bewertung von Projekten; denn hier kalkuliert man Nachhaltigkeit explizit durch die Verwendung des Einkommens (definitionsgemäß nachhaltig) und nicht des Cash-flow (Überschuß nach Abzug aller Kosten) und, indem man tatsächliche und nicht hypothetische Ersatzinvestition verlangt. Es wird *nicht* verlangt, daß das Projekt selber unsterblich sein sollte, auch nicht, daß die nicht erneuerbaren Ressourcen für immer im Boden bleiben sollten. Davon hätte niemand etwas (siehe Hartwick und Hageman 1993).

Schwierigkeiten in der Definition des Begriffs „Substitut" bleiben bestehen: ob sie eng oder weit sein soll. Eine Definition im weiten Sinne wäre vielleicht anfänglich naheliegend – zumindest sollte sie weit genug sein, um Verbesserungen in der Effizienz der Energie als erneuerbares Substitut für Erdölausschöpfung und Verbesserungen in der Wiederverwertung als erneuerbares Substitut für Kupferabbau einzubeziehen.

Im Falle der Ausschöpfung eines *erneuerbaren* Ressourcenbestands wird Kapitalkonsum als Abschreibung eines produktiven Vermögenswertes betrachtet (der geopferte Grundbestand, der einen permanenten Ertrag produzierte). Die Abschreibung muß vom Bruttoeinkommen abgezogen werden, um das Nettoeinkommen zu erhalten. Im Falle der nicht erneuerbaren Ressourcen wird die Verringerung des Bestands eher als Liquidation der existierenden Bestände angesehen, denn als Erschöpfung der Kapazität für

zukünftige Produktion, und sollte folglich überhaupt nicht Teil des Bruttoeinkommens sein, wie El Serafy richtig betont.
Eine Schwierigkeit in der Anwendung dieser Regel kann man sich gut vorstellen: Angenommen, Alkohol wäre das nächstbeste erneuerbare Substitut für Benzin. Würde jemand versuchen, die gesamte Kapitalkomponente der derzeitigen Nettoerträge aus Erdöl in natürliches Kapital oder kultiviertes, natürliches Kapital (Holz oder Zuckerrohralkohol) zu investieren, müßte der Preis von Alkohol enorm steigen, damit große Landflächen dem Nahrungsanbau entzogen und für Zuckerrohrbau verwendet werden können. (Dies ist ein Zeichen dafür, wie weit wir von Nachhaltigkeit entfernt sind.) Die Lösung wäre, den Preis der derzeitigen Erdölenergie den Kosten der Zuckerrohrenergie anzugleichen – das heißt, ihn mit den Kosten ihres langfristigen, erneuerbaren Substituts gleichzusetzen. Wenn dann sowohl der Preis von Erdöl als auch der von Alkoholenergie steigt, wird die Ausbeutung von Erdöl verlangsamt werden. Wird die Förderung verlangsamt, wird die „Lebenserwartung" der Erdölreserven steigen, und der Prozentsatz der Nettoerträge für Erdöl, der die Kapitalrücklage bildet, wird fallen. Bei einem höheren Preis wird der Anteil der Erdölerträge, der in Alkohol investiert werden muß, fallen. In der Folge wird der Schwierigkeitsgrad einer Investition der Kapitalkomponente von Erdöl in eine erneuerbare Ressource die tatsächliche Grenze für die Förderrate des Erdöls bestimmen. Diese Regel gilt auch dann, wenn Fusionsenergie statt Alkohol als langfristiges, permanentes Substitut verwendet wird.
Diese Regel entspricht der des Ökonomen John Ise (1925), der behauptete, daß der Preis für die nicht erneuerbaren Ressourcen den Kosten ihrer nächstbesten erneuerbaren Substitute angeglichen werden sollte. Im vorherigen Beispiel wurde Alkohol als das nächstbeste, erneuerbare Substitut betrachtet, aber andere Substitute könnten billiger sein (z. B. technische Verbesserungen in der Energieeffizienz), und sollten tatsächlich auch das nächstbeste Substitut sein, solange sie die billigere Alternative bleiben. Dieser letzte Punkt kann verallgemeinert werden: *Obwohl wir in nicht erneuerbare Ressourcen nicht investieren können, können wir deren Ausschöpfung so organisieren, daß wir die direkten, passiven Investitionen in erneuerbare Ressourcen erhöhen und die indirekten, aktiven Investitionen in Maßnahmen zur Erhöhung der Durchlaufproduktivität, die das „Warten" (die Verringerung des Durchlaufs) leichter machen.*
Jede Investition, die eine Verringerung des Durchlaufvolumens, das notwendig ist, um ein gegebenes Niveau an Wohlfahrt zu erhalten, ermöglicht, kann als indirekte Investition in natürliches Kapital angesehen werden. Es gibt zwei Klassen von Investitionen, die uns ermöglichen, den Bedarf an Durchlauf zu verringern. Die offensichtlichste ist die Investition in die Senkung des

Bevölkerungswachstums: zunächst durch Wachstumsstop, dann durch die allmähliche Verringerung der Bevölkerungszahl mittels einer Verringerung der Geburtenrate. Investitionen in die Frauenbildung und soziale Sicherungssysteme sowie in Verhütungsmittel und in Systeme für deren Verteilung bieten Investitionsmöglichkeiten dieser Klasse. Die zweite Klasse von Investitionen (hier liegt der Schwerpunkt der weiteren Erörterung) bildet die Erhöhung der Effizienz in der Verwendung des Durchlaufs. Dies bedeutet, allgemeiner ausgedrückt, die Effizienz zu erhöhen, mit der das Kapital, sowohl das natürliche als auch das von Menschen produzierte, für die Bereitstellung der Lebensgrundlage und für lebensfördernde Leistungen verwendet wird. Stellen wir uns die Welt vor, wie sie anfänglich nur aus natürlichem Kapital bestand – unsere ursprüngliche Mitgift. Wir wandeln einen Teil davon in von Menschen produziertes Kapital um, damit wir unsere Bedürfnisse besser erfüllen können. Das Ausmaß, bis zu dem wir diese Umwandlung weiterführen sollten, ist ökonomisch beschränkt. Die Effizienz, mit der wir die Welt nutzen, um unsere Bedürfnisse zu befriedigen, hängt von zweierlei ab: von der Menge an Leistungen, die wir pro Einheit des von Menschen produzierten Kapitals erhalten, und von der Menge an Leistungen, die wir aufgeben pro Einheit an natürlichem Kapital, das infolge seiner Umwandlung in von Menschen produziertes Kapital verlorengeht. Diese ökologisch-ökonomische Gesamteffizienz kann durch das folgende Verhältnis dargestellt werden:

$$\frac{\text{gewonnene Leistungen des von Menschen produzierten Kapitals (MPK)}}{\text{aufgegebene Leistungen des natürliches Kapitals (NK)}}$$

In einer leeren Welt (oder Gegend) gäbe es keinen nennenswerten Verlust von NK-Leistungen durch eine Erhöhung des MPK, also wäre der Nenner irrelevant. In einer vollen Welt wird aber jede Erhöhung von MPK eine erhebliche Verringerung von NK-Leistungen mit sich bringen.

Dieses Effizienzverhältnis kann in vier Bestandteile aufgefächert werden, und zwar mit Hilfe folgender Identitätsgleichung (Daly 1991):

$$\frac{\text{gewonnene MPK Leistungen}}{\text{aufgegebene NK Leistungen}} = \underbrace{\frac{\text{gewonnene MPK Leistungen}}{\text{Bestand an MPK}}}_{\text{(Verhältnis 1)}} \times \underbrace{\frac{\text{Bestand an MPK}}{\text{Durchlaufmenge}}}_{\text{(Verhältnis 2)}} \times \underbrace{\frac{\text{Durchlaufmenge}}{\text{Bestand an NK}}}_{\text{(Verhältnis 3)}} \times \underbrace{\frac{\text{Bestand an NK}}{\text{aufgegebene NK Leistungen}}}_{\text{(Verhältnis 4)}}$$

Jeder Ausdruck der Gleichung repräsentiert eine Dimension der Effizienz, die durch erhöhte Investitionen in Wissen oder Technik verbessert werden könnte. Verhältnis 1 repräsentiert die Leistungseffizienz; Verhältnis 2 die

Erhaltungseffizienz; Verhältnis 3 die Wachstumseffizienz und Verhältnis 4 die Effizienz des Ökosystems.

Verhältnis 1 ist die *Leistungseffizienz* des von Menschen produzierten Kapitalbestands. Sie hängt ab (1) von der Effizienz der technischen Konstruktion des Produktes selber, (2) von der ökonomischen Effizienz der Ressourcenallokation unter den verschiedenen Produktanwendungen gemäß den individuellen Präferenzen und der individuellen Zahlungsfähigkeit sowie (3) von der Verteilungseffizienz zwischen den Individuen. Die ersten zwei sind klar und gehen konform mit der Standardökonomie, aber die dritte erfordert eine Erklärung. Die Verteilung ist üblicherweise sorgfältig von der Effizienz getrennt, gemäß der Bedingung von Pareto, die verlangt, daß der Nutzen nicht zwischen den Individuen verglichen werden kann. In der Praxis vergleichen wir selbstverständlich den Nutzen zwischen Individuen, und es ist sinnvoll, davon auszugehen, daß der gesamte soziale Nutzen erhöht wird, wenn die Ressourcen von den Konsumenten mit niedrigem Grenznutzen (den Reichen) zu den Konsumenten mit hohem Grenznutzen (den Armen) umverteilt werden. Man kann den totalen Egalitarismus ablehnen, der dieser Vorstellung innewohnt, wenn man sie logisch zu Ende denkt, und gleichzeitig mit Joan Robinson übereinstimmen, daß man zu viel vom Nutzen der Waren verschwendet, indem man ihre zu ungleiche Verteilung zuläßt. Investitionen in die Verteilungseffizienz konnten in einer leeren Welt, die die günstigere Alternative des Wachstums hatte, zurecht als unsinnig verworfen werden. In einer vollen Welt ist das Wachstum begrenzt, und alle Verbesserungen müssen durch eine Verbesserung der Effizienz herbeigeführt werden, sodaß wir die Möglichkeit der Erhöhung von Effizienz durch Umverteilung nicht länger vernachlässigen können. Die Ökonomen haben diese Aspekte der Leistungseffizienz, besonders der Allokationseffizienz durch den Preismechanismus, genau analysiert. Weitere Verfeinerungen in einer Analyse von Verhältnis 1 wären wahrscheinlich weniger produktiv als die Analyse der anderen drei Verhältnisse, außer für die Möglichkeit der Umverteilung.

Verhältnis 2 spiegelt die *Erhaltungseffizienz* oder die Haltbarkeit des von Menschen produzierten Kapitalbestands wider. Während Verhältnis 1 die Leistungsintensität pro Zeiteinheit des von Menschen produzierten Kapitalbestands mißt, mißt Verhältnis 2 die Anzahl der Zeiteinheiten, über die hinweg der Kapitalbestand die Leistung erbringt. Verhältnis 2 ergibt die Haltbarkeit des Bestands oder die „Aufenthaltszeit" einer Einheit des Ressourcendurchlaufs als ein Teil des von Menschen produzierten Kapitalbestands. Eine langsamere Durchlaufrate bedeutet reduzierte Rohstoffförderung und Verschmutzung. Die Erhaltungseffizienz wird erhöht, indem man die Güter so produziert, daß sie haltbar, reparierbar und wiederverwertbar sind, oder

indem man Lebensstile entwirft, die bestimmte Güter von vornherein weniger notwendig machen.
Verhältnis 3 ergibt die *Wachstumseffizienz*, mit der das natürliche Kapital Zuwachs erbringt, der für die Abschöpfung als Durchlaufmenge zur Verfügung steht. Grundsätzlich wird er bestimmt von der intrinsischen biologischen Wachstumsrate des ausgebeuteten Bestands in dem ihn stützenden Ökosystem. Zum Beispiel wachsen Nadelbäume schneller als Mahagonibäume. Wenn also beide verwendet werden können, dann sind die Nadelbäume effizienter. Die Natur liefert uns eine Reihe von verschiedenen Arten, die in verschiedenen Geschwindigkeiten wachsen. In dem Ausmaß, in dem wir fähig sind, die Muster unserer Technologie, unseres Konsums so zu gestalten, daß wir von den schneller wachsenden Arten abhängig sind, werden diese Muster *ceteris paribus* effizienter sein.
Mit dem Aufkommen der Gentechnik wird es zunehmend Versuche geben, die Wachstumsraten der ausgebeuteten Arten zu beschleunigen (z. B. durch Manipulation des Wachstumshormons der Rinder).
Die „grüne Revolution“ beinhaltet den Versuch, die Wachstumsraten von Weizen und Reis zu erhöhen – oder mindestens den verzehrbaren Anteil dieser Pflanzen. Da eine Erhöhung der biologischen Wachstumsrate oft auf Kosten der Stabilität, der Elastizität und der Widerstandsfähigkeit gegen Krankheiten oder Schädlinge geht, könnten derartige Versuche, eine solche „Fruchtbarkeitsrate“ zu erhöhen, teurer kommen als ihr Wertzuwachs. Es ist sicherlich besser für uns, wenn wir versuchen, unsere eigene biologische Wachstumsrate zu senken, als wenn wir versuchen, die Wachstumsrate aller Arten, von denen wir abhängig sind, zu erhöhen. Trotzdem können wir bis zu einem gewissen Grad die Muster unseres Konsums so anpassen, daß wir, wo es möglich ist, mehr von Arten abhängen, die auf natürliche Weise schneller wachsen.
Bei der Nutzung eines nachhaltigen Ertrages wird Verhältnis 3 entsprechend der Größe des erhaltenen Bestands variieren, gemäß der bekannten umgekehrten U-förmigen Funktion. Für jede beliebige Kombination von Bestandsgröße und Ertrag würde das Verhältnis bei einer nachhaltigen Bewirtschaftung über die Zeit konstant bleiben. Der maximale nachhaltige Ertrag würde diese Dimension der Effizienz selbstverständlich langfristig maximieren (wenn die Erntekosten konstant sind).
Kurzfristig kann dieses Verhältnis durch die nicht nachhaltige Praxis des Überschreitens erneuerbarer Ausmaße bei der Ernte sehr stark in die Höhe getrieben werden. Dadurch werden permanente Bestände in eine einmalige Durchlaufmenge umgewandelt. Es gibt eine merkliche Tendenz, bei dieser Größe zu schummeln.

Verhältnis 4 mißt die Menge des natürlichen Kapitalbestands, der für die Durchlaufmenge (entweder als Quelle oder als Abfluß) ausgebeutet werden kann, pro Einheit von anderen, natürlichen Leistungen, die dafür geopfert werden. Wenn wir zum Beispiel einen Wald ausbeuten, um den maximalen nachhaltigen Holzertrag zu erreichen (oder die maximale Aufnahme an CO_2), dann werden wir bis zu einem gewissen Grad andere natürliche Leistungen des Waldes (zum Beispiel Lebensraum für Wild, Erosionsschutz und Wasserspeicherung) opfern. Wir möchten den Verlust von anderen Leistungen des Ökosystems pro Einheit des natürlichen Kapitals, das mit dem Ziel verwaltet wird, eine einzige Leistung – üblicherweise das Hervorbringen einer Durchlaufmenge an Rohmaterial – zu erbringen, möglichst gering halten. Verhältnis 4 kann man als *Leistungseffizienz des Ökosystems* bezeichnen, und es spiegelt die Verringerung des Verlustes von anderen Leistungen des Ökosystems wider, wenn ein Bestand oder das Ökosystem hauptsächlich für die Durchlaufmenge ausgebeutet wird.

Die Welt ist komplex, und keine einfache Gleichung kann alles erfassen. Aber diese vier Dimensionen für ökologisch-ökonomische Effizienz können für die ökologischen Ökonomen hilfreich sein, damit sie Möglichkeiten finden, indirekt in natürliches Kapital zu investieren. Da NK in MPK umgewandelt wird – während wir sowohl in unserer Vorstellung als auch in der Realität von einer „leeren" zu einer „vollen" Welt übergehen – wollen wir mit jedem Schritt die Leistung des MPK maximieren und den Verlust der Leistung des Ökosystems, der durch die Senkung des NK hervorgerufen wird, minimieren. Aber an einem gewissen Punkt, auch wenn sie effizient durchgeführt wird, wird diese Umwandlung von NK in MPK selber eine ökonomische Grenze erreichen, ein optimales Ausmaß des ökonomischen Teilsystems, über das hinaus jede weitere Ausdehnung die Kosten schneller erhöhen würde als den Nutzen. Das optimale Ausmaß wird durch das übliche Kriterium der Gleichsetzung von Grenzkosten und Grenznutzen definiert. Dieses Kriterium nimmt an, daß der Grenznutzen fällt und die Grenzkosten steigen, beide kontinuierlich. Es ist vernünftig anzunehmen, daß der Grenznutzen fällt, da die Menschen ausreichend rational handeln, um ihre dringendsten Bedürfnisse zuerst zu befriedigen. Aber die Annahme, daß Grenzkosten (geopferte Leistungen des Ökosystems) kontinuierlich steigen werden, ist problematisch. Da die menschliche Nische größer geworden ist, sind auch die Belastungen des Ökosystems angewachsen. Aber es wurde keine rationale Anordnung durch menschliche Intelligenz oder göttliche Vorsehung getroffen, die sichergestellt hätte, daß die weniger wichtigen Leistungen des Ökosystems immer als erste geopfert werden. Es scheint, daß wir manche lebenswichtigen Leistungen ziemlich früh opfern. Das ist eine ande-

re Art, zum Ausdruck zu bringen, daß Verhältnis 4, die ökologische Leistungseffizienz, ignoriert wurde. Wenn wir anfangen, dieser Dimension der Effizienz Aufmerksamkeit zu schenken, können wir vielleicht erwarten, daß die menschliche Vernunft die Opfer an Leistungen des Ökosystems in der Reihenfolge von den Geringsten zu den Schlimmsten ordnet, und dadurch die übliche Annahme der Ökonomen von allmählich steigenden Grenzkosten rechtfertigt. Das würde eine bessere Definition des optimalen Ausmaßes der menschlichen Nische ermöglichen.
Daß gegenwärtig eine vernünftige Reihung der Kosten des Ökosystems fehlt, resultiert sowohl aus der Nichterkennung des Problems als auch aus dem Unwissen bezüglich der Funktionsweise des Ökosystems. Vorsicht angesichts der großen Unsicherheiten bezüglich der Kosten des Ökosystems sollte uns zu einer sehr konservativen Einstellung gegenüber jedem weiteren Risiko einer Expansion führen. Aber sogar bei völliger Sicherheit und bei einer Reihung der Umweltkosten von den niedrigsten bis zu den höchsten existiert trotzdem ein optimales Ausmaß, über das hinaus Wachstum unökonomisch wird. Und natürlich ist dieser Begriff des optimalen Ausmaßes rein anthropozentrisch und erfaßt alle anderen Arten nur in ihrem instrumentellen Wert für die menschliche Wohlfahrt. Wenn wir auch den anderen empfindungsfähigen Wesen einen intrinsischen Wert zuschreiben, dann wäre das optimale Ausmaß der menschlichen Nische geringer als in dem Fall, wo nur das menschliche Empfindungsvermögen zählt. Investitionen in natürliches Kapital hätten dann den zusätzlichen Vorteil, daß sie die Leistungen für die Lebenserhaltung der nichtmenschlichen Arten erhöhen würden. Deren Lebensgenuß würde nicht mehr gleich null zählen, aber sicherlich auch nicht dem menschlichen Lebensgenuß gleichgesetzt werden. Anzuerkennen, daß der intrinsische Wert eines Spatzen größer als null ist, bedeutet nicht zu bestreiten, daß ein Mensch mehr wert ist als viele Spatzen. Aber nicht einmal die Theologie, und noch weniger die Ökonomie, kann sagen, wie viele Spatzen einen Menschen wert sind.

Anmerkungen

1 *Das Kapital unversehrt zu erhalten*, wenn die Technologie gleich bleibt, bedeutet dasselbe, wie *das physische Kapital unversehrt zu erhalten*. Wenn die Technologie die Produktivität des Kapitals erhöht, dann ist nicht mehr so klar, was es bedeutet, „das Kapital unversehrt zu erhalten". Die maximale Menge, die die Gemeinschaft auf nachhaltige Weise verbrauchen kann, ist gestiegen. Um diesen Zuwachs als Einkommen rechnen zu können, müssen wir weiterhin dasselbe physische Kapital unversehrt erhalten. Dies wäre das vernünftige Vorgehen. Wir könnten uns allerdings auch dafür entscheiden, das frühere, kleinere Einkommen beizubehalten und uns die Vorteile des technologischen Fortschritts in

Form einer einmaligen Erhöhung des Konsums (von Kapital) anzueignen, indem wir nur das Kapital erhalten, das notwendig ist, um den früheren Einkommensstrom zu produzieren. Im Kapital sind sowohl das natürliche als auch das von Menschen produzierte Kapital enthalten. Wir sollten den Fehler vermeiden, der in der Vergangenheit gemacht wurde und sogar noch heute oft gemacht wird, und nicht die Erträge aus der Erhöhung der Produktivität des von Menschen produzierten Kapitals verbrauchen, indem wir das natürliche Kapital aufbrauchen. Ich behaupte hier, daß die beiden Kapitalformen komplementär sind. Darüber hinaus bestand der Hauptgrund für den Produktivitätszuwachs des von Menschen produzierten Kapitals historisch gesehen darin, daß er wachsende Mengen von natürlichen Ressourcen miteinbezogen hat; dies führte schließlich zu einer Senkung der Produktivität der natürlichen Ressourcen (und des natürlichen Kapitals). Das Produktivitätswachstum des von Menschen produzierten Kapitals in der Vergangenheit ging zum Teil auf Kosten der Produktivität des natürlichen Kapitals, die durch seine übermäßige Nutzung verringert wurde – als ob es gratis wäre! Dementsprechend kann das Produktivitätswachstum des von Menschen produzierten Kapitals in der Vergangenheit nicht als Beweis für einen Produktivitätszuwachs des natürliches Kapitals oder als Grund für optimistische Erwartungen in dieser Richtung angesehen werden.

[2] Bezüglich des Beispiels mit dem Haus wird mir oft gesagt, daß Isolierung (Kapital) ein Substitut für Ressourcen (Energie für Raumheizung) sei. Wenn das Haus als Endprodukt angesehen wird, kann das Kapital (Produktionsmittel, Wirkursache) nicht als Teil (materielle Ursache) des Hauses – weder als Holz, noch als Ziegelstein oder Isoliermaterial enden. Das Isoliermaterial ist eine Ressource wie Holz oder Ziegel, nicht Kapital. Wenn als das Endprodukt nicht das Haus selber angesehen wird, sondern die Leistung des Hauses, Wärme zu bewahren, dann ist das ganze Haus und nicht nur das Isoliermaterial Kapital. In diesem Fall reduziert mehr oder besseres Kapital (ein gutisoliertes Haus) tatsächlich die verschwendete Energie. Die Effizienz zu erhöhen, mit der eine Ressource verwendet wird, ist sicher ein gutes Substitut für eine größere Menge von der Ressource. Aber diese Art von Verschwendung reduzierenden Effizienzmaßnahmen (Müllrecycling, das Zusammenkehren von Sägemehl, um es als Brennmaterial oder als Preßspanplatte zu verwenden, die Reduzierung des Wärmeverlusts in einem Haus) sind eher geringfügige, begrenzte Substitutionen.

[3] Die übliche Definition von Komplementarität verlangt, daß für einen vorgegebenen, konstanten Output eine Erhöhung im Preis des einen Faktors die Menge beider Faktoren reduzieren würde. Im Fall von 2 Faktoren bedeuten beide Faktoren gleichzeitig alle Faktoren, und es ist unmöglich, den Output konstant zu halten, während man die Eingabe aller Faktoren reduziert. Die Komplementarität kann man im Fall von 2 Faktoren wieder einführen, wenn man die Bedingung des konstanten Outputs wegläßt. Zum Beispiel könnten zwei Faktoren als komplementär betrachtet werden, wenn die Erhöhung des einen Faktors den Ausstoß nicht erhöht, aber eine Erhöhung des anderen Faktors ihn erhöht – und *vollkommen* komplementär sind sie, wenn die Erhöhung eines der beiden Faktoren alleine den Output nicht erhöhen würde, aber die Erhöhung beider Faktoren zugleich schon. Es genügt nicht, Komplementarität als „begrenzte Ersetzbarkeit" zu betrachten. Letzteres würde bedeuten, daß wir mit nur dem einen Faktor gut genug zurechtkommen würden und weniger gut mit nur dem anderen, aber daß wir nicht beide Faktoren brauchen. Komplementarität bedeutet, daß wir beide Faktoren brauchen, und daß derjenige, von dem weniger angeboten wird, der beschränkende Faktor ist.

[4] Im Notfall kann der rechte Handschuh den linken ersetzen, wenn man ihn umdreht. Socken können die Schuhe ersetzen, wenn man ein zusätzliches Paar trägt, um die dünner werdende Sohle zu ersetzen. Aber trotz dieser begrenzten Formen von Substitution sind Schuhe und Socken oder rechte und linke Handschuhe überwiegend komplementär. Dasselbe gilt grundsätzlich für natürliches und von Menschen produziertes Kapital. Ihre

Isoquanten sind L-förmig mit einem Winkel von 90 Grad. Lösche den Winkel und verbinde die zwei Beine des L mit einem kleinen Bogen von 90 Grad. Das scheint der Realität nahezukommen.

[5] Die Zahlen sind hauptsächlich Vermutungen, aber beruhen trotzdem auf einer empirischen Grundlage, nämlich auf der Schätzung, daß die Menschen derzeit 40 Prozent des Nettoprimärprodukts der Photosynthese für Ökosysteme auf dem Land beanspruchen. Anders ausgedrückt: 40 Prozent der Sonnenenergie, die potentiell von den Pflanzen aufgenommen werden könnte und für andere Lebewesen zur Verfügung stehen könnte, wird durch die menschliche Wirtschaft verwendet oder dient auf irgend eine Art und Weise menschlichen Zwecken. Dies scheint ein vernünftiger Index dafür zu sein, wie voll von Menschen und von deren Besitztümern die Welt ist.

[6] Peter G. Brown, *Restoring the Public Trust* (Boston: Beacon Press, 1994).

[7] Aus der bekannten biologischen Ertragskurve wird deutlich, daß eine nachhaltige Ernte von *H* entweder bei einem Bestand von *P1* oder von *P2* geerntet werden wird.

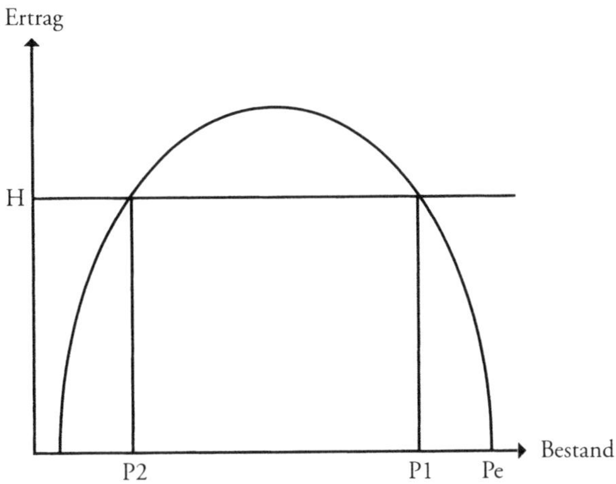

Im allgemeinen ist *P1* die Ausbeutung eines wilden Bestands in der Form von natürlichem Kapital. *P2* ist die Ausbeutung eines gezüchteten Bestands in Form von kultiviertem natürlichen Kapital. In *P1* haben wir einen großen Bestand, der viel ökologischen Raum einnimmt, der aber zusätzlich zum Ertrag von *H* auch andere natürliche Leistungen erbringt, und zugleich auch eine größere Biodiversität erhält. Die Kosten sind fast nur die Erntekosten des wilden Bestands. In *P2* haben wir einen viel kleineren Bestand, der denselben Ertrag *H* ergibt, viel weniger ökologischen Raum einnimmt, aber dafür viel größere Erhaltungs-, Züchtungs-, Ernährungs- und Begrenzungskosten hat, wenn wir von kultiviertem natürlichen Kapital ausgehen. Das Anziehende am kultivierten natürlichen Kapital ist es, *H* aus einem niedrigen *P2* zu erhalten und ökologischen Raum für andere ausgebeutete (oder wilde) Bestände zu schaffen. Aber die Verwaltungskosten sind hoch. Das Anziehende an *P1* und der ihm eigenen Art von natürlichem Kapital liegt darin, daß die Verwaltungsleistungen unentgeltlich sind und die Biodiversität von größeren Beständen ebenfalls größer ist.

KAPITEL 5

FÖRDERUNG EINER ÖKOLOGISCH NACHHALTIGEN ENTWICKLUNG: VIER ABSCHLIESSENDE VORSCHLÄGE FÜR DIE WELTBANK

Ich biete vier Vorschläge an, um das Ziel einer ökologisch nachhaltigen Entwicklung durch die Politik und die Aktivitäten der Weltbank besser erreichen zu können. Diese vier Vorschläge werden in einer aufsteigenden Reihenfolge bezüglich Allgemeinheit und Radikalität vorgestellt. Die ersten zwei sind relativ spezifisch und sollten, glaube ich, ziemlich unumstritten sein. Dem dritten wird von vielen widersprochen werden, und der vierte wird von den meisten Weltbankökonomen als unerhört angesehen werden. Trotzdem kann ich den vierten nicht auslassen, weil er für die ersten drei erforderlich ist; er sieht externe Politikmaßnahmen vor, die mit den in den ersten drei Vorschlägen enthaltenen internen Politikmaßnahmen zusammenhängen.

1. *Der Verbrauch von natürlichem Kapital soll nicht länger als Einkommen erfaßt werden.*

Einkommen ist definitionsgemäß die maximale Menge, die eine Gesellschaft innerhalb eines Jahres verbrauchen kann und dabei noch in der Lage ist, dieselbe Menge im darauffolgenden Jahr zu verbrauchen. Das heißt: Konsum innerhalb eines Jahr muß, wenn er als Einkommen bezeichnet wird, die Kapazität, dieselbe Menge im nächsten Jahr zu produzieren und zu verbrauchen, intakt halten. Dementsprechend ist Nachhaltigkeit bereits in der Definition von Einkommen enthalten. Aber die Produktionskapazität, die unverändert bleiben muß, ist herkömmlich nur als das vom Menschen produzierte Kapital betrachtet worden, ohne das natürliche Kapital zu berücksichtigen. Wir haben gewohnheitsgemäß das natürliche Kapital als ein freies Gut betrachtet. Dies mag in der vergangenen, „leeren" Welt gerechtfertigt gewesen sein, aber in der gegenwärtigen „vollen" Welt ist es antiökonomisch. Der Fehler, den Konsum von natürlichem Kapital implizit als Einkommen zu betrachten, ist in drei Bereichen üblich: im System der Volkswirtschaftlichen Gesamtrechnung der UN, in der Bewertung von Projekten, die das natürliche Kapital erschöpfen und in der internationalen Zahlungsbilanzrechnung. Im ersten Bereich – der Volkswirtschaftlichen Gesamtrechnung – ist der Fehler bereits erkannt worden, und es werden Bemühungen unternommen, ihn zu korrigieren. Tatsächlich hat die Weltbank eine Vorreiterrolle in dieser wichtigen Initiative gespielt, und ich hoffe, daß dies weiterhin zu einer „Ökologisierung des Bruttosozialprodukts“ führen wird.

Der zweite Problembereich – die Projektevaluierung – ist von der Standardökonomie wohl erkannt worden. Sie lehrte lange Zeit hindurch, man solle die „Nutzungskosten“ (Kosten der Abnutzung natürlichen Kapitals) als Teil der Opportunitätskosten von Projekten, die natürliches Kapital aufbrauchen, betrachten. Die *beste* Arbeitsweise der Bank zieht die Nutzungskosten in Betracht, die *durchschnittliche* aber nicht. Die nicht in Betracht gezogenen Nutzungskosten werden in überhöhten Nettoerträgen und einer überschätzten Ertragsrate für ausbeutende Projekte sichtbar. Dies beeinflußt die Zuteilung von Investitionen zugunsten jener Projekte, die das natürliche Kapital ausbeuten sowie zum Nachteil von nachhaltigeren Projekten. Diese Verzerrung zu korrigieren, ist der erste logische Schritt in Richtung einer Politik der nachhaltigen Entwicklung. Nutzungskosten müssen nicht nur für die Ausbeutung der nichterneuerbaren Ressourcen in Betracht gezogen werden, sondern auch für Projekte, die das erneuerbare natürliche Kapital aufbrauchen, indem sie es über einen nachhaltigen Ertrag hinaus ausbeuten. Die Funktion des natürlichen Kapitals als Auffangbecken (aufnehmende Leistung) kann ebenso wie seine Funktion als Quelle (regenerative Leistung) erschöpft werden, wenn sie über ihre nachhaltige Kapazität hinaus genutzt wird. Deshalb müssen den Projekten, die die Kapazität als Auffangbecken erschöpfen, also zum Beispiel die Fähigkeit der Atmosphäre, Kohlendioxid aufzunehmen, oder die Fähigkeit eines Flusses, Abfälle zu entsorgen, Nutzungskosten zugerechnet werden. Es ist zugegebenermaßen schwer, solche Nutzungskosten zu messen, wenn wir aber das Thema zu vermeiden versuchen, bedeutet das einfach, daß wir dem ausgebeuteten natürlichen Kapital den exakten, voreingestellten Wert Null zuweisen, und das ist häufig nicht der beste Schätzwert. Auch wenn Null die beste Schätzung wäre, sollte man auf diesen Wert nicht durch Voreinstellung kommen, sondern durch überlegte Berechnungen, die auf expliziten Annahmen bezüglich Backstop-Technologien, der Diskontsätze und der Lebensdauer der Reserven beruhen.[1]

Im dritten Bereich – der Zahlungsbilanzrechnung – wird der Export von ausgebeutetem natürlichen Kapital – sei es nun Erdöl oder Schnittholz jenseits des nachhaltigen Ertrags – zur Gänze in der Leistungsbilanz erfaßt und dementsprechend als Einkommen behandelt. Dies ist ein Buchungsfehler. Ein Teil dieser nicht nachhaltigen Exporte sollte als Verkauf eines Kapitalvermögens behandelt und in die Kapitalbilanz aufgenommen werden. Wenn dies ordentlich getan würde, würden manche Länder ihre scheinbaren Handelsbilanzüberschüsse plötzlich in jenes tatsächliche Defizit umgewandelt sehen, das durch den Abzug ihres Bestands an natürlichem Kapital und durch seinen Transfer ins Ausland finanziert wird. Die Neueinteilung von Transaktionen in einer Art und Weise, die die Handelsbilanz von einem Überschuß in ein Defizit umwandelt, würde eine ganz andere Serie von Empfehlungen und Aktionen seitens des Internationalen Währungsfonds mit sich bringen. Diese Reform der Zahlungsbilanzrechnung sollte der erste Schwerpunkt des Internationalen Währungsfonds in seinem neuen Interesse an nachhaltiger Entwicklung sein. Die Weltbank sollte den Managern und Mitarbeitern ihrer Schwesterninstitution wärmstens empfehlen, sich mit diesem Thema auseinanderzusetzen – sie werden nicht von selbst darauf stoßen.

2. *Arbeit und Einkommen sollen weniger, der Ressourcendurchlauf stärker besteuert werden.*
In der Vergangenheit war es üblich, daß die Regierungen den Ressourcendurchlauf subventionierten,[2] um das Wachstum zu stimulieren. Deshalb werden Energie, Wasser, Düngemittel und sogar die Abforstung heute noch häufig subventioniert. Es muß der Weltbank zugutegehalten werden, daß sie solche Subventionen im allgemeinen abgelehnt hat. Aber es ist notwendig, daß man, über die Beseitigung von ausdrücklichen finanziellen Subventionen hinaus, zur Beseitigung von impliziten Subventionen durch die Umwelt übergeht. Unter „impliziten Subventionen durch die Umwelt" verstehe ich externe Kosten für die Gemeinschaft, die nicht den Gütern zugerechnet werden, deren Produktion eben diese Kosten verursacht hat.
Die Ökonomen haben lange dafür plädiert, die externen Kosten zu internalisieren, indem man entweder Pigou-Steuern (Steuern, die, wenn man sie den privaten Grenzkosten hinzuzählt, diese den sozialen Grenzkosten angleichen) berechnet und einfordert oder durch die Neudefinition von Eigentumsrechten nach Coase (in der Weise, daß Ressourcen, die öffentliches Eigentum waren und nicht auf den Märkten bewertet wurden, zu Privateigentum werden, deren Wert von seinen neuen Besitzern geschützt wird). Diese Lösungen sind elegant in der Theorie, aber in der Praxis oft sehr schwer durchführbar. Ein gröberes, aber viel besser umsetzbares Instrument wäre es, die Grundlage unseres Steuersystems einfach von Arbeit und Einkommen auf die Durchlaufmenge zu verlagern. Wir müssen irgendwie die öffentlichen Einnahmen erheben, aber das gegenwärtige System ist höchst verzerrend, indem es angesichts hoher Arbeitslosigkeit in fast allen Ländern Arbeit und Einkommen besteuert und somit gerade das entmutigt, von dem wir mehr wollen. Das derzeit gegebene Signal an die Firmen ist, Arbeit abzubauen und diese so weit wie möglich durch Kapital und Ressourcendurchlauf zu ersetzen. Es wäre besser, bei der Durchlaufmenge zu sparen – auf-

grund der hohen externen Kosten der mit ihr verbundenen Ausbeutung und Verschmutzung. Zugleich wäre es besser, mehr Arbeit zu verwenden – wegen des hohen sozialen Nutzens, der mit der Senkung von Arbeitslosigkeit verbunden ist.

Die Verschiebung der Steuergrundlage hin zur Durchlaufmenge erhöht die Effizienz der Durchlaufmenge und internalisiert auf einfache Weise die Externalitäten der Ausbeutung und der Verschmutzung. Es stimmt zwar, daß die externen Kosten nicht präzise berechnet werden. Ebenso werden sie den Aktivitäten, die sie verursacht haben, nicht exakt zugewiesen, wie bei einer Pigou-Steuer, die die sozialen Grenzkosten und den Grenznutzen für jede Aktivität gleichsetzt. Aber diese Berechnungen und Zuweisungen sind so kompliziert und unsicher, daß ein Beharren darauf gleichbedeutend wäre mit einer Vollbeschäftigungsmaßnahme für die Ökonometriker und verlängerte Arbeitslosigkeit sowie eine Verschlechterung der Umweltsituation für alle anderen mit sich bringen würde.

Im politischen Bereich könnte diese Verschiebung der Steuergrundlage, die immer häufiger als „ökologische Steuerreform" bezeichnet wird, unter dem Banner der Einkommensneutralität segeln. Jedoch sollte die Struktur der Einkommenssteuer so beibehalten werden, daß die Progressivität in der allgemeinen Steuerstruktur erhalten bleibt, indem sehr hohe Einkommen besteuert und sehr niedrige subventioniert werden (negative Einkommenssteuer). Aber der Großteil der öffentlichen Einnahmen würde durch eine Besteuerung der Durchlaufmenge eingenommen werden, entweder am Rohstoffabbau- oder am Verschmutzungsende. Die Einkommenssteuer würde hauptsächlich der Umverteilung und weniger dem Ertrag dienen. Die Steuern auf die Durchlaufmenge würden sowohl dem Ertrag dienen als auch die Minimierung der Durchlaufmenge fördern. Manche Leute befürchten, daß unsere Steuergrundlage verschwinden würde, wenn die Durchlaufmenge minimiert wird. Aber die Durchlaufmenge kann nicht gegen null gehen, und wenn sie minimiert wird, werden die Steuern darauf dennoch Einnahmen erzielen, und Steuersätze können erhöht werden, um jeden Bedarf an Einnahmen zu befriedigen. Der Mehrwert kann durch Besteuerung zum Verschwinden gebracht werden, nicht die Durchlaufmenge! Zusätzlich ist es von der Zuteilung her effizient, etwas zu besteuern, dessen Nachfrage inelastisch geworden ist.

Die Verschiebung könnte Schritt für Schritt nach einem vorher angekündigten Schema durchgeführt werden, um Störungen zu minimieren.[3] Diese Verschiebung der Steuergrundlage sollte das Kernstück der Strukturanpassung sein, sie sollte aber im Norden begonnen werden. Denn in der Tat muß die nachhaltige Entwicklung zuerst im Norden erreicht werden. Es ist absurd, vom Süden irgendwelche Opfer für das Erreichen von Nachhaltigkeit zu erwarten, solange vergleichbare Maßnahmen nicht zunächst im Norden getroffen worden sind. Der größte Schwachpunkt in der Fähigkeit der Weltbank, eine ökologisch nachhaltige Entwicklung zu fördern, liegt in der Tatsache, daß sie nur im Süden Druck machen kann und nicht im Norden. Es muß ein Weg gefunden werden, auch den Norden unter Druck zu setzen. Die Weltbank muß als ehrlicher Vermittler auftreten und den Süden in seinen legitimen Erwartungen gegenüber dem Norden vertreten – nicht umgekehrt. Die nordischen Staaten und die Niederlande haben damit schon begonnen.

3. *Die Produktivität des natürlichen Kapitals soll kurzfristig maximiert werden, und langfristig soll in eine Erhöhung seines Angebots investiert werden.*
Die ökonomische Logik verlangt, daß wir uns dem beschränkenden Faktor der Produktion gegenüber auf die folgenden beiden Arten verhalten: 1. daß wir seine Produktivität erhöhen und 2. daß wir in seinen Zuwachs investieren. Diese zwei Prinzipien stehen außer Diskussion. Es herrscht nur Uneinigkeit darüber, ob das natürliche Kapital tatsächlich der beschränkende Faktor ist. Manche behaupten, daß das von Menschen produzierte und das natürliche Kapital so gute Substitute seien, daß die Idee eines beschränkenden Faktors, die voraussetzt, daß die Faktoren komplementär sind, irrelevant sei.[4] Es ist wahr, daß es ohne Komplementarität keinen beschränkenden Faktor gibt. Also heißt die entscheidende Frage: Sind das von Menschen produzierte und das natürliche Kapital grundsätzlich Komplemente oder Substitute? Hier können wir wieder für Vollbeschäftigung unter den Ökonometrikern sorgen, und ich würde mehr empirische Arbeit in dieser Richtung willkommen heißen, obwohl ich glaube, daß es für den gesunden Menschenverstand ausreichend klar ist: Natürliches und von Menschen produziertes Kapital sind grundsätzlich komplementär und nur im Grenzfall substituierbar.[5]
In der Vergangenheit war man der Meinung, daß das natürliche Kapital überreichlich vorhanden sei, und ordnete ihm keinen Preis zu, also spielte es keine Rolle, ob es als komplementär oder ersetzbar durch von Menschen produziertes Kapital betrachtet wurde. Jetzt erweist sich das verbliebene natürliche Kapital als knapp und komplementär, und deshalb als beschränkend. Zum Beispiel wird die Herstellung von Schnittholz nicht durch die Anzahl der Sägewerke, sondern durch die restlichen Wälder beschränkt. Die Förderung von Rohöl ist nicht durch die menschliche Förderkapazität, sondern durch die verbliebenen Bestände an Erdöl im Boden beschränkt. Das natürliche Kapital an Aufnahmefähigkeit der Atmosphäre für Kohlendioxid

ist wahrscheinlich ein noch beschränkenderer Faktor für das Ausmaß, in dem Benzin verbrannt werden kann, als die Erdölreserven im Boden.

Den Preis des natürlichen Kapitals, wie zuvor vorgeschlagen, durch die Besteuerung der Durchlaufmenge zu erhöhen, wird kurzfristig einen Anreiz liefern, die Produktivität des natürlichen Kapitals zu erhöhen. Ebenso werden auf lange Sicht Investitionen in das natürliche Kapital benötigt. Aber wie sollen wir in etwas investieren, daß wir per definitionem nicht produzieren können? Wenn wir es produzieren könnten, wäre es von Menschen produziertes Kapital! Für erneuerbare Ressourcen haben wir die Möglichkeit „brachliegender" Investitionen, oder, allgemeiner gesprochen, die Möglichkeit, im Sinne von Marshall zu „warten", indem wir den Wachstumsanteil dieses Jahres zum wachsenden Bestand des nächsten Jahres hinzufügen, anstatt ihn zu konsumieren.[6] Für nicht erneuerbare Ressourcen haben wir diese Möglichkeit nicht. Wir können sie nur aufbrauchen. Also stellt sich die Frage: Wie schnell sollen wir liquidieren, und wie viel von den Erträgen können wir als Einkommen betrachten, wenn wir den Rest in das beste verfügbare, erneuerbare Substitut investieren? Wieviel vom richtig berechneten Einkommen werden wir dann verbrauchen und wie viel investieren?

Ein erneuerbares Substitut für natürliches Kapital ist die Mischung von natürlichem und durch Menschen produziertem Kapital in Form von Pflanzungen, Fischzucht und ähnlichem, das wir als „kultiviertes natürliches Kapital" bezeichnen können. Aber sogar in dieser wichtigen Mischkategorie haben wir eine komplementäre Kombination von Komponenten natürlichen und durch Menschen produzierten Kapitals. In einem Forst wird zum Beispiel das von Menschen produzierte Kapital verwendet, um Bäume zu pflanzen, Schädlinge zu kontrollieren und um die richtige Fruchtfolge zu wählen, aber die komplementären Leistungen natürlichen Kapitals wie Regen, Sonnenlicht, Boden und so weiter bestehen noch immer und werden letztendlich noch immer zum beschränkenden Faktor. Zugleich erfordert kultiviertes natürliches Kapital üblicherweise im Vergleich zum eigentlichen natürlichen Kapital eine Verringerung der Biodiversität, die auch als Kostenpunkt gezählt werden muß.

Sowohl für die erneuerbaren als auch für die nicht erneuerbaren Ressourcen werden Investitionen benötigt, um die Produktivität der Durchlaufmenge zu steigern. Die Erhöhung der Ressourcenproduktivität ist tatsächlich ein guter Ersatz dafür, mehr von der Ressource zu finden. Es geht jedoch hauptsächlich darum, daß in den beschränkenden Faktor investiert werden sollte. Und in dem Ausmaß, in dem das natürliche Kapital das von Menschen produzierte Kapital als beschränkenden Faktor ersetzt hat, sollte sich auch der Investitionsschwerpunkt der Weltbank verlagern. Ich glaube nicht, daß dies schon passiert ist. Daß man, wie vorhin erwähnt, versäumt hat, Nutzungskosten für die Ausbeutung des natürlichen Kapitals zu verlangen, hat mit Sicherheit Investitionen in sich erneuernde Projekte abgehalten.

4. *Man soll von der Ideologie der globalen wirtschaftlichen Integration durch Freihandel, freie Mobilität des Kapitals und exportorientiertes Wachstum abgehen und sich in Richtung einer eher nationalen Orientierung bewegen, die in erster Linie die heimische Produktion für die inländischen Märkte entwickelt und erst dann zu internationalem Handel übergeht, wenn dieser deutlich effizienter ist.*
Derzeit wird globale Interdependenz als etwas fraglos Gutes gefeiert. Der Königsweg zu Entwicklung, Frieden und Harmonie wird in der unerbittlichen Eroberung jedes nationalen Marktes durch alle anderen Nationen betrachtet. Das Wort „Globalist" ist mit „political correctness" verbunden, während das Wort „Nationalist" abwertend gebraucht wird. Dies ist bereits so weit verbreitet, daß wir uns darauf besinnen müssen: Die Weltbank existiert, um den Interessen ihrer Mitglieder zu dienen, die *Nationalstaaten* sind, *nationale Gemeinschaften* – und nicht Individuen oder Aktiengesellschaften, nicht einmal nichtstaatliche Organisationen (NGOs). Sie hat keinen Freibrief, um der kosmopolitischen Vision der globalen Integration in der einen Welt ohne Grenzen zu dienen – d. h. die vielen, relativ unabhängigen Nationen, die mit dem internationalen Handel nur locker verbunden sind, in ein enges integriertes Netzwerk der Weltwirtschaft einzubinden, von dem die geschwächten Nationen sogar für die Sicherung ihrer Überlebensgrundlage abhängen.
Das Modell der internationalen Gemeinschaft, auf dem die Institutionen von Bretton Woods aufbauen, ist das einer „Gemeinschaft von Gemeinschaften", einer internationalen Föderation von *nationalen* Gemeinschaften, die bei der Lösung der globalen Probleme nach dem Prinzip der Subsidiarität zusammenarbeiten. Es handelt sich dabei nicht um das kosmopolitische Modell einer direkten Weltbürgerschaft in einer einzigen integrierten Weltgemeinschaft ohne Vermittlung von Nationalstaaten.
Die Wirtschaft zu globalisieren, indem man die nationalen ökonomischen Grenzen durch Freihandel, freie Mobilität des Kapitals und freie oder zumindest unkontrollierte Migration aufhebt, bedeutet, der Einheit der Gemeinschaft, die am besten in der Lage ist, eine Politik für das Allgemeinwohl durchzuführen, den Todesstoß zu versetzen. Dies beinhaltet nicht nur eine nationale Politik für die reinen Binnenangelegenheiten, sondern auch internationale Vereinbarungen, die notwendig sind, um mit jenen Umweltproblemen fertig zu werden, die eindeutig globaler Natur sind (CO_2, Ozon-

loch). Internationale Vereinbarungen setzen die Fähigkeit der nationalen Regierungen voraus, politische Maßnahmen zu ihrer Unterstützung durchzuführen. Wenn die Staaten keine Kontrolle über ihre eigenen Grenzen haben, wird es ihnen schwer fallen, die nationalen Gesetze durchzusetzen – einschließlich jener, die nötig sind, um die Erfüllung der internationalen Verträge, die sie unterschrieben haben, abzusichern.

Kosmopolitischer Globalismus schwächt die nationalen Grenzen und die Macht der nationalen und internationalen Gemeinschaften und steigert die relative Macht transnationaler Konzerne. Da es keine Weltregierung gibt, die das globale Kapital im globalen Interesse regulieren kann, und da es höchst zweifelhaft ist, ob eine Weltregierung wünschenswert oder möglich ist, wird es notwendig sein, das Kapital weniger zu globalisieren und mehr zu nationalisieren. Ich weiß, daß dies im Moment fast undenkbar ist, aber betrachten wir es als eine Vorhersage: In zehn Jahren werden die Schlagwörter und die heißen Themen „Renationalisierung des Kapitals" und „die Verwurzelung des Kapitals in der Gemeinschaft für die Entwicklung der nationalen und lokalen Ökonomien" sein, nicht das jetzt aktuelle Losungswort vom exportorientierten Wachstum, stimuliert durch alle möglichen Anpassungen, die notwendig sind, um die globale Konkurrenzfähigkeit zu erhöhen. „Globale Konkurrenzfähigkeit" (oft ein gedankenloser Slogan) spiegelt üblicherweise nicht so sehr eine reale Erhöhung der Ressourcenproduktivität wider, sondern eher einen standardsenkenden Wettbewerb, der zu einer Senkung der Löhne, einer Externalisierung der Umwelt- und Sozialkosten und zum Export des natürlichen Kapitals zu niedrigen Preisen führt, während man es als Einkommen bezeichnet.[7]

Die Weltbank sollte die Gelegenheit ihres fünfzigsten Geburtstages nützen, um über die in Vergessenheit geratenen Worte eines ihrer Gründer, John Maynard Keynes, nachzudenken:

„Ich würde eher mit denen sympathisieren, die die wirtschaftliche Verstrickung der Nationen verringern, als mit denen, die sie vermehren wollen. Ideen, Wissen, Kunst, Gastfreundschaft, Reisen – das sind die Dinge, die ihrem Wesen nach international sein sollten. Aber lassen wir die Güter ‚hausgemacht' sein, wann immer es vernünftig und bequem möglich ist; und vor allem: Lassen wir die Finanzierung in erster Linie national sein."[8]

Anmerkungen

[1] Siehe J. Kellenberg und H. Daly, „Counting User Cost in Evaluating Projects that Deplete Natural Capital: World Bank Best Practice and Beyond", World Bank working paper (ENV Working Paper no. 66, April 1994). Die Nutzungskosten (user cost) werden

berechnet als die geschätzten zusätzlichen Kosten pro Einheit der substituierenden Ressource (Backstop-Ressource), auf die Gegenwart abdiskontiert vom geschätzten künftigen Erschöpfungszeitpunkt der fraglichen Ressource.

[2] Der Begriff „Durchlaufmenge" („throughput") ist keine elegante, aber eine sehr nützliche Ableitung aus den Begriffen Input und Output. Die Materie/Energie, die in ein System eingeht und schließlich wieder herauskommt, ist das, was durchläuft – die „Durchlaufmenge", wie Ingenieure sie benannt haben. Ein Synonym aus der Biologie könnte „der metabolische Fluß" sein, durch den sich ein Organismus selbst erhält. Dieser physische Fluß verbindet die Wirtschaft mit der Umwelt an beiden Enden und ist selbstverständlich den physikalischen Gesetzen der Erhaltung und der Entropie unterworfen.

[3] Siehe Ernst von Weizsäcker, *Ecological Tax Reform* (London: Zed Books, 1992).

[4] Beides, Güter und Produktionsfaktoren, können entweder Komplemente oder Substitute sein. Bei den Konsumgütern sind z. B. Schuhe und Socken komplementär (sie werden zusammen verwendet); Schuhe und Stiefel sind Substitute (einer wird statt dem anderen verwendet). Beim Hausbau sind Ziegelsteine und Holz Substitute; Ziegelsteine und Maurer sind komplementär. Wenn die Faktoren gute Substitute sind, schränkt die Abwesenheit des einen die Nützlichkeit des anderen nicht ein. Für Komplemente gilt, daß die Abwesenheit des einen die Nützlichkeit des anderen sehr stark reduziert. Der komplementäre Faktor mit dem geringeren Angebot ist dann der *beschränkende Faktor.*

[5] Wir sollten im Auge behalten: Niemand bestreitet, daß manche Ressourcen durch andere ersetzt werden können, z. B. Ziegelsteine durch Holz. Aber Holz durch Kapitalbestand (Sägen und Hämmer) zu ersetzen, ist, wenn überhaupt, nur sehr eingeschränkt möglich. Kapital ist das Transformationsmittel, das den natürlichen Ressourcenfluß vom Rohstoff zum Endprodukt umwandelt. Die Ressourcen sind die *materielle Ursache* der Endprodukte; Kapital ist die *Wirkursache.* Eine materielle Ursache kann eine andere ersetzen (Ziegelsteine statt Holz); eine Wirkursache mag eine andere substituieren (z. B. elektrische Sägen statt Handsägen oder Kapital statt Arbeit); aber die Wirkursache und die materielle Ursache verhalten sich zueinander eher wie Komplemente als wie Substitute. Wenn das von Menschen produzierte Kapital mit dem Fluß der natürlichen Ressourcen komplementär ist, dann ist es auch mit dem natürlichen Kapitalbestand, der diesen Fluß erzeugt, komplementär.

[6] Entgangener Konsum ist das Wesen der Investition. Konsum wird verringert, indem man entweder den Pro-Kopf-Verbrauch oder die Bevölkerung verringert. Demnach schließen Investitionen in die Erneuerung des natürlichen Kapitals Investitionen in die Bevölkerungskontrolle sowie in technische und soziale Strukturen, die weniger Ressourcenverbrauch pro Kopf verlangen, mit ein.

[7] Siehe Herman E. Daly, „The Perils of Free Trade," *Scientific American*, November 1993.

[8] J. M. Keynes (1933), „National Self-Sufficiency". In: *The Collected Writings of John Maynard Keynes*, Band 21, hg. von Donald Moggeridge (London: Macmillan and Cambridge University Press).

Teil III

VOLKSWIRTSCHAFTLICHE GESAMTRECHNUNGEN UND NACHHALTIGE ENTWICKLUNG

EINLEITUNG

Wie bereits in der Einleitung zu Teil I erwähnt, ist es notwendig, genau zu wissen, was eigentlich beim „Wirtschaftswachstum" wächst, bevor wir darüber diskutieren können, ob es beschleunigt oder verlangsamt werden sollte. Dies lenkt unsere Aufmerksamkeit auf die Prinzipien und Vorgehensweisen, die unserem System der Volkswirtschaftlichen Gesamtrechnung, besser bekannt als Sozialproduktrechnung, zugrunde liegen. Kapitel 6 in diesem Abschnitt bringt ein vorsichtiges Argument für die Änderung unserer Volkswirtschaftlichen Gesamtrechnung, das für die Weltbank geschrieben wurde. Kapitel 7 macht einige weit radikalere Vorschläge, die sich auf die Ideen von Irving Fisher stützen.

In unserem Buch „For the Common Good"[1] haben John B. Cobb Jr. und ich, mit der großen Unterstützung von Clifford Cobb, einen Index der nachhaltigen ökonomischen Wohlfahrt („Index of Sustainable Economic Welfare" = ISEW) für die Vereinigten Staaten entwickelt. Wir sind vom persönlichen Konsum ausgegangen und haben eine Reihe von Anpassungen durchgeführt, um diese Zahl in einen besseren Index für die ökonomische Wohlfahrt umzuwandeln. Wir haben Anpassungen für Änderungen im Gleichheitsgrad der Einkommensverteilung, für den Abbau des natürlichen Kapitals, die Erhöhung der Auslandsverschuldung und vieles andere vorgenommen, um ein besseres Maß für ökonomische Wohlfahrt und ihre Nachhaltigkeit bieten zu können. Selbstverständlich mußten wir viele willkürliche Urteile treffen, die aber unserer Meinung nach nicht willkürlicher waren als die der üblichen Volkswirtschaftlichen Gesamtrechnung – eigentlich sogar weniger.

Zwischen 1950 und 1970 (grob gesprochen) wuchsen das Bruttosozialprodukt und der ISEW gemeinsam. Von den frühen siebziger Jahren an blieb der ISEW stehen – eigentlich fiel er Anfang der achtziger Jahre etwas –, während das Bruttosozialprodukt in dieser Zeit weiterhin stieg. Letztlich haben wir festgestellt: Empirische Beweise dafür, daß das Wachstum des Bruttosozialprodukts die ökonomische Wohlfahrt fördert, sind seit ungefähr 1970 praktisch nicht vorhanden. Diese Schlußfolgerung ist vorsichtig, weil wir die Kosten von schädlichen Produkten wie Tabak oder Alkohol nicht abgezogen haben und auch keine Anpassungen für den abnehmenden Grenznutzen des Einkommens bei einem Wachstum des aggregierten Einkommens vorgenommen haben. Wir machen uns keine Illusionen: Unser Index liefert kein genaues Maß für nachhaltige ökonomische Wohlfahrt, aber wir denken, daß er in dieser Hinsicht vertretbarer ist als das Bruttosozialprodukt. Nachdem in den letzten Jahrzehnten die allgemeine Wohlfahrt der Bevölkerung – nach unserer konservativen Messung – aufgehört hat, mit dem Bruttosozialprodukt zu wachsen, glauben wir, daß es unberechtigt ist, politische Maßnahmen weiterhin auf der Grundlage ihres Beitrags zum Wachstum des Bruttosozialprodukts zu rechtfertigen.[2]

Wir haben den ISEW nicht als das erstrebenswerte Ziel der Wirtschaftspolitik vorgeschlagen – er hat ebenfalls Mängel. Wenn das Bruttosozialprodukt eine Zigarette wäre, dann wäre der ISEW eine Zigarette mit einem Filter. Wenn man süchtig nach Zigaretten ist, ist es besser, welche mit Filter zu rauchen: Wenn man süchtig nach rechnerischen Meßinstrumenten für die Wohlfahrt ist, ist es besser den ISEW zu verwenden. Es ist Tatsache, daß wir danach süchtig sind, und diese Sucht verlangt nach Befriedigung. Aber wir sollten uns mit dieser Sucht nicht abfinden, sondern anfangen, darüber nachzudenken, wie wir sie durchbrechen können. Letztlich begleitet uns das Bruttosozialprodukt – eine Erfindung der dreißiger Jahre – über einen viel kürzeren Zeitraum als der Tabak. Daß die Leidenschaft für das Wachstum sich an einem derart willkürlichen Maß der Wohlfahrt festmacht, läßt mich manchmal denken, daß wir besser ganz ohne ein solches Maß auskommen würden. Die bloße Existenz eines rechnerischen Index für Wohlfahrt ist eine permanente Einladung zum Trugschluß der unangemessenen Konkretheit, eine Einladung, der unvermeidbar verzerrten Reflexion der Realität zu dienen, die von dem Index dargestellt wird, statt der Realität selbst zu dienen. Es gibt eine Grenze für das, was man mit Zahlen machen kann – genauso wie es eine Grenze für das gibt, was man ohne Zahlen machen kann. Es ist nicht leicht, das richtige Gleichgewicht zu finden.

Das Ziel der Kapitel in diesem Teil ist es, im Unterschied zum ISEW nicht die Wohlfahrt zu messen, sondern eine bessere Möglichkeit zu finden, um das Einkommen zu messen. Diese Aufgabe ist leichter, aber beide Versuche haben eine Anzahl von gemeinsamen Problemen. Kapitel 6 schlägt eine einfache Anpassung vor, um aus unserem Nettosozialprodukt ein besseres Meßinstrument für das wirkliche (Hicksche) Einkommen zu machen. Kapitel 7 beschreibt einen Weg, die Volkswirtschaftliche Gesamtrechnung als politischen Entscheidungsträger mit der nachhaltigen Entwicklung als Ziel zu verbinden. Es handelt sich um den Versuch, sich vorzustellen, wie die Volkswirtschaftliche Gesamtrechnung strukturiert werden könnte, so daß sie nicht nur den Nutzen des Wachstums, sondern auch dessen Kosten auf eine Art und Weise mißt, die den Vergleich der marginalen Erträge und Kosten ermöglicht und somit dazu beiträgt, das optimale Ausmaß der Wirtschaft zu finden.

Anmerkungen

[1] Hermann E. Daly und John B. Cobb, Jr., *For the Common Good* (Boston, Mass.: Beacon Press, 1989, 2. Auflage, 1994).

[2] Clifford W. Cobb und John B. Cobb, Jr. haben diese Arbeit weitergeführt. Siehe ihr Buch *The Green National Product* (Lanham, Md.: The University Press of America and The Human Economy Center, 1994). Cobb und Cobb haben den ursprünglichen (1989) ISEW vielen Experten zugeschickt, die wahrscheinlich kritisch dazu eingestellt sein würden (z. B. Carol Carson, Robert Eisner und E. J. Mishan). Diesen bedeutenden Kritikern wurde ein kleines Honorar und die Veröffentlichung ihrer Kritiken angeboten in Verbindung mit der Abmachung, daß Cobb und Cobb den ISEW mit Rücksicht auf diese Kritiken ändern würden bzw. erklären würden, warum sie es nicht tun. Das ist die Grundidee zu diesem Buch, und ich empfehle es sowohl wegen seines Inhalts wie auch als Beispiel für die Großzügigkeit und Fairness im Umgang mit den eigenen Kritikern. Es wurden viele gute Kritiken eingereicht, der Index wurde überarbeitet, aber das vorhin erwähnte Grundmuster ist geblieben. Eine Anwendung des ISEW für England mit ähnlichen Resultaten findet sich bei Tim Jackson und Nick Marks, *Measuring Sustainable Economic Welfare – A Pilot Index: 1950–1990* (Stockholm: Stockholm Environmental Institute, 1994), in Zusammenarbeit mit der „New Economics Foundation London, England" veröffentlicht. Für einen Überblick über die Beziehungen des ISEW zum Bruttosozialprodukt in den USA, in England, Deutschland, Österreich und den Niederlanden mit einem vorangehenden Beweis eines Grenzwertes, jenseits dessen das Wachstum des Bruttosozialprodukts nicht weiter zu einer Erhöhung des ISEW führt, siehe Manfred Max-Neef, „Economic Growth and the Quality of Life: A Threshold Hypothesis", *Ecological Economics* 15/2 (November 1995), 115–18.

KAPITEL 6

SCHRITTE IN RICHTUNG EINES MASSES FÜR EIN NACHHALTIGES, GESELLSCHAFTLICHES NETTOSOZIALPRODUKT

NACHHALTIGES EINKOMMEN

Das zentrale Kriterium für die Definition des Begriffs „Einkommen" ist von Sir John Hicks genau festgelegt worden:
„Das Ziel der Einkommensberechnungen in der Praxis ist es, den Menschen einen Anhaltspunkt über die Menge zu geben, die sie konsumieren können, ohne sich selbst dadurch in Armut zu führen. Wenn man diese Idee zu Ende verfolgt, scheint es, daß wir das Einkommen eines Menschen als den Maximalwert dessen definieren sollten, was er während einer Woche konsumieren kann; und dabei trotzdem erwarten kann, daß er am Ende der Woche noch genauso gut gestellt ist wie am Anfang. Wenn also jemand spart, plant er, in Zukunft besser gestellt zu sein; wenn er über seine Einkommensverhältnisse lebt, plant er, schlechter gestellt zu sein. Wenn wir im Gedächtnis behalten, daß es das praktische Ziel des Einkommens ist, als Leitfaden für eine vernünftige Verhaltensweise zu dienen, so ist es meiner Meinung nach ziemlich klar, daß dies die zentrale Bedeutung sein muß." (1946, Seite 172)
Dieselbe Grundidee des Einkommens gilt auch auf nationaler Ebene. Einkommen ist kein genaues, theoretisches Konzept, sondern eher ein praktischer Leitfaden für den maximalen Betrag, der von einer Nation verbraucht werden kann, ohne schließlich zu verarmen. Wir wissen, daß wir nicht das gesamte Bruttosozialprodukt verbrauchen können, ohne uns letztlich selbst in Armut zu bringen.
Wenn wir das gesamte Bruttosozialprodukt konsumierten, gäbe es keine Mittel mehr, mit denen wir die Maschinen, Gebäude, Wege usw. ersetzen könnten, die an Wert verlieren. Deshalb ziehen wir den Wertverlust ab und erhalten das Nettosozialprodukt (NSP), das üblicherweise als Einkommen im Hicksschen Sinne verstanden wird. Die zentrale, bestimmende Eigenschaft des Einkommens ist die *Nachhaltigkeit.* Der Begriff „nachhaltiges Einkommen" sollte deshalb als redundant betrachtet werden. Die Tatsache, daß er nicht als redundant angesehen wird, zeigt, wie weit wir uns von der zentralen Bedeutung des Einkommens entfernt haben, und ist daher ein Maß für die Notwendigkeit einer Korrektur.

Aber könnten wir selbst das Nettosozialprodukt Jahr für Jahr konsumieren, ohne dabei zu verarmen? Nein, wir könnten es nicht, denn zur Produktion des Nettosozialprodukts sind unterstützende Aktivitäten nötig, die nicht biophysisch nachhaltig sind, und die Messung des Nettosozialprodukts überschätzt das maximal für Konsum zur Verfügung stehende Nettoprodukt. Das Nettosozialprodukt zieht die Abnutzung des erneuerbaren natürlichen Kapitals (Wälder, Fischteiche) und die Ausbeutung des nicht erneuerbaren natürlichen Bestands (Erdöl, Gas) nicht in Betracht. Folglich verfehlt das Nettosozialprodukt immer deutlicher das Ziel, als Leitfaden für ein vernünftiges Verhalten der Nationen zu dienen.

Zwei Anpassungen des Nettosozialprodukts sind notwendig, damit es zu einer stärkeren Annäherung an das Hicksche Einkommenskonzept und ein besserer Leitfaden für ein vorsichtiges Verhalten wird. Eine Anpassung besteht einfach darin, das Abschreibungsprinzip zu erweitern, um den Verbrauch von natürlichen Kapitalbeständen, die für die Produktion gebraucht wurden, zu erfassen. Die andere besteht darin, defensive Ausgaben abzuziehen, die notwendig sind, um uns vor den unerwünschten Nebeneffekten unserer Gesamtproduktion und des Gesamtkonsums zu schützen. Defensive Ausgaben sind von ihrem Wesen her eher Vorleistungen, also eher Produktionskosten als Endprodukte, die für den Verbrauch zur Verfügung stehen. Nachdem wir diese Kosten dem Nettosozialprodukt zugeordnet haben (z. B. die Reinigung von ausgeflossenem Erdöl), muß als Korrektur ihre Größe geschätzt und dann vom Nettosozialprodukt abgezogen werden, um zu einer Schätzung des maximalen, nachhaltigen Verbrauchs oder des wirklichen Einkommens zu gelangen.

Definieren wir nun das korrigierte Einkommenskonzept, das „nachhaltige, gesellschaftliche Nettosozialprodukt“ (NGNSP), als Nettosozialprodukt (NSP) minus „Defensive Ausgaben (DA)“ sowie Abschreibung des natürlichen Kapitals (ANK). Also gilt:

$$NGNSP = NSP - DA - ANK.$$

Diese Definition zieht keine wie auch immer geartete Beeinträchtigung der heutigen Struktur des UN-Systems der Volkswirtschaftlichen Gesamtrechnungen („System of National Accounts = SNA) nach sich. Sie ergibt keinen Verlust an historischer Kontinuität oder Vergleichbarkeit. Zwei zusätzliche Konten werden eingeführt, nicht aus leichtsinnigen oder zeitgeistigen Motiven, sondern einfach nur, um eine stärkere Annäherung an die zentrale und genau festgelegte Bedeutung des Einkommens zu erhalten. Es wird hier nicht der Versuch unternommen, sich mit den umstrittenen Problemen der Volks-

wirtschaftlichen Gesamtrechnung zu beschäftigen, wie das Einbeziehen von Freizeit, negativem Arbeitsnutzen, Haushaltsproduktion und den Leistungen von langlebigen, dauerhaften Konsumgütern. Die Beziehung zwischen Einkommen und Wohlfahrt wird nicht angesprochen.
Nachdem das Nettosozialprodukt ein bekanntes Konzept ist, müssen wir lediglich die zwei neuen Konten besprechen: Defensive Ausgaben (DA) und Abschreibung des Naturkapitals (ANK). Dies sind auf keinen Fall neue Ideen, wurden aber bis jetzt noch nicht in ein erweitertes SNA miteinbezogen.

DEFENSIVE AUSGABEN

Die während der letzten fünfzig Jahre erfolgte Explosion der Bevölkerungszahl, der Erzeugnisse jeglicher Art und der Pflanzen- und Tierpopulationen, die für den menschlichen Gebrauch ausgebeutet werden, sollte eher als Implosion bezeichnet werden, weil sie in einer endlichen Umwelt stattgefunden hat. Der Begriff „Implosion" deutet eher auf eine Kompression als auf eine Expansion hin, auf einen Prozeß der Überfüllung, eine gegenseitige Störung, eine sich selbst aufhebende Kollision. Defensive Ausgaben spiegeln dieses immer stärker verbreitete Phänomen von sich wechselseitig störenden und sich gegenseitig aufhebenden Aktivitäten wider.
Die Kategorie der defensiven Ausgaben kann groß oder klein sein, je nachdem, wo die Grenzen gezogen werden. Christian Leipert vom Wissenschaftszentrum Berlin, Schwerpunkt Umwelt und Gesellschaft, hat fünf große Kategorien für Präventivausgaben vorgeschlagen (Leipert 1986).

1. Defensive Ausgaben, die durch eine zu große Ausbeutung der Umweltressourcen im Zuge des Wirtschaftswachstums verursacht werden, wie etwa die Kosten aller Tätigkeiten des Umweltschutzes und die Ausgaben für die Kompensation von Umweltschäden.
2. Defensive Ausgaben, die durch räumliche Konzentration, Zentralisierung der Produktion und die damit verbundene Urbanisierung verursacht werden, wie etwa steigende Pendlerkosten, Wohnungs- und Erholungskosten.
3. Defensive Ausgaben, die durch das erhöhte Risiko verursacht werden, das aus der Überentwicklung des Industriesystems entsteht, wie etwa erhöhte Kosten für den Schutz vor Kriminalität, Unfällen, Sabotage und technischem Versagen.
4. Defensive Ausgaben, die durch die negativen Nebeneffekte des Autoverkehrs verursacht werden, wie etwa Verkehrsunfälle mit den dazugehörigen Reparatur- und Arztkosten.
5. Defensive Ausgaben, die durch ungesunde Konsum- und Verhaltensmuster, durch schlechte Arbeits- und Wohnbedingungen verursacht werden,

wie etwa die Kosten, die durch Drogensucht, (sowohl aktives als auch passives) Rauchen und Alkohol entstehen.
Diese Kategorien sind weder allumfassend, noch schließen sie sich gegenseitig aus, sie sind natürlich in gewisser Weise willkürlich. Kategorie 1 würde nach unserer Einteilung besser zur ANK passen. Aber sie stellen einen Anfang dar; man beginnt solche Kosten abzuziehen, die keine Erhöhung des zum Konsum zur Verfügung stehenden Nettoeinkommens ohne letztendliche Verarmung darstellen.

ABSCHREIBUNG DES NATÜRLICHEN KAPITALS

Diese ist völlig analog zur Abschreibung des von Menschen produzierten Kapitals. Eigentlich hat Keynes den Begriff der Nutzungskosten für das von Menschen produzierte Kapital begründet, indem er ihn in Analogie zu dem viel selbstverständlicheren Fall der Verrechnung von Nutzungskosten für natürliche Ressourcen setzte. Die offensichtlichen Kategorien für das natürliche Kapital sind: geologisch (nicht erneuerbar) und biologisch (erneuerbar). Beide Kategorien sind selbstverständlich erschöpfbar. Die Ausbeutung des geologischen Kapitals ist für die industrielle und agroindustrielle Produktion notwendig. Neue geologische Entdeckungen machen den Prozeß der Ausbeutung nicht rückgängig, aber sie erweitern die Zeitspanne, in der die Ausbeutung fortgesetzt werden kann.
Die Ausbeutung des erneuerbaren natürlichen Kapitals ist in bestimmter Weise ein viel ernsteres Problem, weil der verringerte Bestand an Pflanzen- und Tierpopulationen zu einer Verringerung des nachhaltigen Flusses an Ressourceneingaben und Leistungen des Ökosystems führen wird. Nur durch eine zukünftige Investition (Reduktion des Verbrauchs) könnte der größere nachhaltige Fluß wiederhergestellt werden, doch sogar das ist oft nicht möglich. Auch in kommerziell ausgebeuteten Populationen, die das Niveau des maximalen nachhaltigen Ertrags überschritten haben und deshalb mit einem kleineren Bestand mehr Ertrag erzielen würden, ist der Konsum dieser Bestandsverringerung keine nachhaltige Einkommensquelle, sondern vielmehr Kapitalkonsum.
Geologische und ökologische Information über die Ressourcenerschöpfung liegt in physikalischen Einheiten vor und muß, bevor sie vom Nettosozialprodukt abgezogen werden kann, in bestimmter Weise bewertet und mit Preisen versehen werden. Dies wird ohne Zweifel einige willkürliche Konventionen mit sich bringen. Die Bewertung kann entweder auf dem Prinzip der Ersatzkosten oder der Zahlungsbereitschaft beruhen, je nachdem, welches kleiner ist, um vorsichtig angesetzt zu sein. Es ist keineswegs eindeutig,

daß hier eine größere Willkür walten sollte als jene, die in den üblichen Schätzungen für die Abschreibung des von Menschen produzierten Kapitals bereits vorherrscht. Dies gilt umso mehr, wenn man Veralterung oder „moralische“ Abnutzung ebenso wie die physische Abnutzung in Betracht zieht. Wie Hicks betont hat, ist das Einkommen kein genaues theoretisches Konzept, sondern eher ein praktischer Leitfaden für vernünftiges Verhalten. Sicherlich muß es eine vernünftige Anrechnung für die Ausbeutung des natürlichen Kapitals geben, gleichgültig wie ungenau diese ist, und für die Doppelverrechnung von defensiven Ausgaben (Vorleistungsausgaben) sind einige Berichtigungen notwendig, wenn der Einkommensbegriff ein Leitfaden für vernünftiges Verhalten der Nationen bleiben soll. Dies ist seine wichtigste Existenzberechtigung. Die beiden Anpassungen halten sich an die zentrale Grundidee des Einkommens und bewirken keine Störung des vorhandenen SNA. Die Notwendigkeit solcher Anpassungen hat bereits unabhängige Gelehrte dazu ermutigt, an der Messung der Präventivausgaben und der Abschreibung des natürlichen Kapitals zu arbeiten. Was noch fehlt, ist ein offizieller Status und eine formale Anerkennung für diese Anpassungen, die dazu dienen, den Einkommensbegriff als ein verläßliches Leitbild für vernünftiges Verhalten in einer Welt zu erhalten, die sich entscheidend verändert hat, seitdem die VGR zum ersten Mal institutionalisiert wurde.

KAPITEL 7

NACHHALTIGE ENTWICKLUNG UND VOLKSWIRTSCHAFTLICHE GESAMTRECHNUNG

Gängige Sichtweisen wirtschaftlicher Entwicklung sind mit einer Anomalie konfrontiert: Wirtschaftliche Entwicklung, wie sie zur Zeit verstanden und gemessen wird, ist weder auf lange Sicht nachhaltig noch kann sie so verallgemeinert werden, daß sie allen derzeit lebenden Menschen zugute kommt. Ich mache hier einen vorläufigen Vorschlag für Änderungen der Volkswirtschaftlichen Gesamtrechnung und der Bewertungsverfahren, die nötig sind, um diese fundamentale Anomalie in den auf dem Bruttosozialprodukt beruhenden Wachstums- und Entwicklungstheorien zu korrigieren.

DIE ANOMALIE: EINE UNMÖGLICHKEITSHYPOTHESE

In der Epoche des Merkantilismus drängten die Wirtschaftswissenschaftler die Nationalstaaten dazu, Reichtümer durch Überschüsse in der internationalen Handelsbilanz anzuhäufen. Die politischen Schlußfolgerungen der merkantilistischen Orthodoxie besagten, daß Staaten mit Goldminen viel Kapital und Arbeit in die Förderung von Metallen mit sehr geringem Gebrauchswert investieren sollten und daß alle Nationen – besonders jene ohne Minen – danach streben sollten, Produkte mit hohem Gebrauchswert gegen relativ wertloses, gelbes Metall zu tauschen, welches Reichtum und Macht eines Staates repräsentierte. Da im Handel Wettbewerb herrschte, mußten die Kosten gering gehalten werden, und da die Arbeit der größte Kostenfaktor war, mußten die Löhne niedrig sein. Um Löhne niedrig zu halten, braucht man ein Überangebot an Arbeitern, entweder durch Bevölkerungswachstum oder durch technologisch verursachte Arbeitslosigkeit. Damit ein Land reich sein konnte, mußte die Mehrheit seiner Bürger arm sein und mit der Produktion von etwas beschäftigt sein, das für sie als Individuen keinerlei Nutzen hatte, entweder direkt in den Minen oder indirekt im Handel. Darüber hinaus war die politische Empfehlung, nach einem Überschuß in der Handelsbilanz zu streben, ganz eindeutig nicht ein Ziel, das alle Länder erreichen könnten. Denn der Überschuß eines Landes ist gleichzeitig das Defizit des anderen Landes. Das politische Ziel eines Handelsbilanzüberschusses, selbst wenn es wirklich zum Nutzen des Landes mit Überschuß war, ist kein verallgemeinerbares Ziel und wird heute in den Lehrbüchern als klassisches Beispiel eines Trugschlusses der Verallgemeinerung angeführt.

Wir lächeln und schütteln den Kopf über die merkantilistischen Ansichten, die so voller Widersprüche und Unmöglichkeiten sind, die aus unserer Position des historischen Rückblicks heraus leicht zu erkennen sind. Es ist hingegen nicht so leicht, die Anomalien in unseren eigenen Entwicklungstheorien zu erkennen, aber ich möchte behaupten, daß einige existieren – daß also auch wir möglicherweise etwas vertreten, das unmöglich ist und das nur zu Konflikt und Enttäuschungen führen wird, analog der Aufforderung an alle Länder, Überschüsse in der Handelsbilanz zu erwirtschaften. Das Beispiel des Merkantilismus zeigt, daß ein solcher Irrtum nicht ohne historische Vorgänger ist. Die Maximierung des Bruttosozialprodukts mag vielleicht sinnvoller sein als die Maximierung des Goldvorrates, aber es verbleiben ernsthafte Anomalien. Ich beziehe mich hier nicht auf das Verteilungsproblem, das weithin wahrgenommen wird und zu dem viele brauchbare Arbeiten von Ökonomen beigesteuert wurden. Ich beziehe mich stattdessen auf die Tatsache, daß das Bruttosozialprodukt, gleichgültig wie es verteilt ist, eher einen Kostenindex darstellt als einen Nutzenindex – ein Ansatz, welcher später noch weiterentwickelt werden wird. Die erste Frage, die zu stellen ist, bezieht sich auf die Unmöglichkeit, „Entwicklung" im derzeit verwendeten Sinn (reales Bruttosozialprodukt pro Kopf und entsprechende Ressourcenströme ähnlich dem US-amerikanischen Niveau) so zu verallgemeinern, daß sie für alle Länder der Welt gilt.

Die meisten Grundgesetze der Wissenschaft sind Unmöglichkeitssätze: Es ist unmöglich, Materie/Energie zu schaffen oder zu zerstören; es ist unmöglich, schneller als mit Lichtgeschwindigkeit zu reisen; es ist unmöglich, ein Perpetuum mobile zu bauen usw. In der Gegenwart ist jedoch Unmöglichkeit kein populäres Konzept. Wenn wir aber bereits wissen, daß etwas unmöglich ist, so können wir eine unendliche Menge an Zeit und Geld sparen, indem wir nicht versuchen, genau das zu tun. Daher sollten Ökonomen an Unmöglichkeitssätzen sehr interessiert sein, und ich würde gerne einen vorschlagen: nämlich, daß ein Standard des Ressourcenverbrauchs im Stil der USA für eine Welt mit 4,8 Milliarden Menschen unmöglich ist und, selbst wenn er erreicht werden könnte, nur von kurzer Dauer wäre. Noch weniger möglich wäre dementsprechend der Traum von einem ständig wachsenden Niveau des Ressourcenverbrauchs für eine ständig wachsende Weltbevölkerung.

Diese Unmöglichkeitshypothese ist keine einfache logische Unmöglichkeit, wie die von der Unmöglichkeit eines gleichzeitigen Handelsbilanzüberschusses für alle Staaten. Sie weist eher auf eine faktische als eine logische Unmöglichkeit hin. Welche Beweise gibt es, die sie stützen? Es gibt alle möglichen

Studien – einschließlich Meadows et al. (1972), der UN-Studie von Leontief (1977), Lester Brown et al. (1971) und den *Bericht an den Präsidenten von Global 2000* (1980). Dieser Bericht brachte hauptsächlich die Erkenntnis, daß, „wenn die gegenwärtigen Trends anhalten, die Welt im Jahr 2000 überfüllter, verschmutzter, ökologisch weniger stabil und für Zerfall anfälliger sein wird, als die Welt in der wir heute leben. (…) Trotz des größeren materiellen Outputs wird die Weltbevölkerung in vieler Hinsicht ärmer sein, als sie es heute ist." In welchem Ausmaß werden diese Trends durch unsere Wachstums- und Entwicklungsziele, wie sie zur Zeit definiert sind, vorangetrieben? Können wir sagen, daß der Kostenfaktor „in vieler Hinsicht ärmer zu sein" größer oder kleiner ist als der Nutzen des größeren materiellen Outputs? Die zweite Frage führt uns zum Problem der Volkswirtschaftlichen Gesamtrechnung. Zunächst wollen wir uns auf die vordringliche Frage der Durchführbarkeit von Wirtschaftswachstum und Entwicklung konzentrieren, wenn das Konzept auf alle auf der Welt lebenden Menschen ausgedehnt wird.

Manchmal sind einfache Rechnungen auf der Rückseite eines Briefumschlags lehrreicher als umfangreiche Studien. Man bedenke, daß man ungefähr ein Drittel der jährlichen Weltförderung von nicht erneuerbaren Rohstoffen benötigt, um jene 6 Prozent (oder weniger) der Weltbevölkerung, die in den Vereinigten Staaten leben, auf einem Pro-Kopf-Niveau zu versorgen, von welchem man denkt, daß es auch der Rest der Welt anstreben sollte. Das bedeutet: Sogar wenn der Kapitalisierungs- und Technologisierungsgrad der USA sofort auf die gesamte Welt ausgedehnt werden könnte, würden die derzeitigen Rohstoffflüsse höchstens 18 Prozent der Weltbevölkerung auf dem Niveau des Rohstoffverbrauchs der USA versorgen, und für die restlichen 82 Prozent würde nichts mehr übrigbleiben. Ohne die Arbeitsleistung der unteren 82 Prozent wären die oberen 18 Prozent natürlich nicht so gut situiert, wie diese einfache Rechnung suggeriert.

Man könnte einwenden, daß die augenscheinlichste Lösung darin besteht, die weltweiten Rohstoffflüsse um den Faktor zu vergrößern, der nötig ist, um das Pro-Kopf-Niveau an Rohstoffverbrauch der USA zu verallgemeinern. Wie viel wäre das? Kehren wir zur Rechnung auf dem Briefumschlag zurück: M sei der benötigte Faktor und R die derzeitige jährliche Förderung von Rohstoffen weltweit. Damit der weltweite Pro-Kopf-Verbrauch an Rohstoffen jenem der USA gleicht, muß

$$\frac{M \bullet R}{4{,}8 \times 10^9} = \frac{R/3}{2{,}3 \times 10^8}$$

wobei $4{,}8 \times 10^9$ = Weltbevölkerung und $2{,}3 \times 10^8$ = Bevölkerung der USA. Daraus ergibt sich:

$M = 7$

Sprich: Die jährlichen Rohstoffflüsse müßten ungefähr mit dem Faktor sieben wachsen. Es ist interessant, daß diese Schätzung ziemlich genau im Spektrum der Forderung der Brundtland-Kommission nach einer fünf- bis zehnfachen Ausdehnung der Weltwirtschaft liegt. Die gegenwärtigen Verbrauchsraten von Material und Energie schädigen bereits ernsthaft die Fähigkeit unseres Globus zur Lebenserhaltung. Könnten wir uns wirklich eine siebenfache Steigerung leisten? Und wenn ja, für wie lange?

Aber sogar die siebenfache Steigerung ist eine enorme Untertreibung, weil wir den zusätzlichen, akkumulierten Kapitalbestand nicht berücksichtigt haben, der benötigt würde, um diesen größeren Jahresverbrauch zu verarbeiten und zu transformieren. Dieser Kapitalbestand müßte aus einem noch größeren Fluß von Rohstoffen in den ersten Jahren erwachsen. Harrison Brown (1970) schätzt, daß zur Versorgung der restlichen Welt mit der durchschnittlichen „üblichen Menge" an industriellen Metallen pro Kopf, welche derzeit in den Erzeugnissen der zehn reichsten Nationen enthalten sind, mehr als sechzig Jahresproduktionen dieser Metalle auf dem Stand von 1970 benötigt würden. Sogar wenn man im Rahmen einer Argumentation die sofortige Kapitalakkumulation aus dem Nichts annähme, würde das Problem noch untertrieben – aufgrund der steigenden Kosten, die sich aus der Ausbeutung der Minen und Quellen ergeben. Eine siebenfache Steigerung der verwendbaren Minerale netto benötigt eine weitaus größere Steigerung der Rohstoffförderung brutto, weil man bei der Ausbeutung immer unzugänglicherer Quellen immer mehr Energie und Material benötigt. Und es ist eher der Brutto- als der Nettoverbrauch, welcher die Umwelt beeinflußt. Die monetären Kosten und die Kosten für die Umwelt, die dieser Versuch, das Unmögliche zu tun, verursacht, sind zwar leichter aufzuzeigen, jedoch könnten die Kosten durch Instabilität und soziale Konflikte, die daraus resultieren, daß die unmöglichen Erwartungen nicht erfüllt werden können, noch eher zu politischer Zerrüttung führen.

Technologisch orientierte Optimisten begegnen dem obigen Argument, indem sie behaupten, daß durch Technologie die Ressourcenproduktivität grenzenlos erhöht werden kann und daher alle Nationen reicher werden können. Sogar wenn sie wahr wäre, würde eine solche Behauptung dem obigen Argument nichts entgegenstellen, welches sich auf den Ressourcenverbrauch pro Kopf bezog, nicht auf das Bruttosozialprodukt oder die Wohlfahrt pro Kopf. Sogar wenn die Technologie die Ressourcenproduktivität grenzenlos steigern könnte, sodaß derselbe physische Rohstofffluß einen immer größeren Fluß an Werten hervorbrächte, stünden wir immer noch vor dem Problem, den physischen Fluß innerhalb der ökologischen Grenzen zu halten. Wir könnten immer noch nicht die derzeitige Industriewirtschaft der USA auf die ganze Welt übertragen. Wir könnten vielleicht ein neues, bis jetzt unbekanntes System verallgemeinern, welches Rohstoffe viel effizienter verwendet; aber dies ist eher ein Zugeständnis an die Unmöglichkeitshypothese als eine Widerlegung derselben. Wenn der technologisch orientierte Optimist tatsächlich an die unbegrenzte Steigerung der Ressourcenproduktivität glaubt, dann wären Beschränkungen im Ausmaß und in der Verteilung des physischen Rohstoffflusses erwünscht, denn diese lenken die technologischen Bemühungen in Richtung einer höheren Ressourcenproduktivität (unbegrenzte Möglichkeit) und weg von einer gesteigertern Intensität des Ressourcenverbrauchs (strikt begrenzte Möglichkeit). In jedem Fall bleibt die Unmöglichkeitshypothese unberührt, denn selbst wenn „Entwicklung“ in einem bestimmten Sinn kontinuierlich anhält, können immer noch nicht alle derzeit unterentwickelten Länder das Stadium einer industrialisierten Phase mit hohem Ressourcenverbrauch durchlaufen, wie wir sie heute in den entwickelten Ländern haben. Daraus ergibt sich die wichtige Frage: Welches Niveau an Ressourcenverbrauch sollen die Entwicklungsländer anstreben?

Diese Überlegungen legen ein Konzept der „Überentwicklung“ als Gegenstück zur „Unterentwicklung“ nahe: Ein überentwickeltes Land könnte als eines definiert werden, dessen Ressourcenverbrauch pro Kopf derart hoch ist, daß er nicht unbegrenzt aufrecherhalten werden könnte, würde dieses Niveau auf alle Länder ausgedehnt werden. Dementsprechend wäre ein unterentwickeltes Land eines, dessen Ressourcenverbrauch pro Kopf unter jenem Niveau bleibt, auf dem er unbegrenzt aufrechterhalten werden könnte, würde die gesamte Welt auf diesem Level konsumieren. Man könnte „unbegrenzt“ durch eine beliebige Zeitspanne ersetzen, zum Beispiel durch einhundert oder fünfhundert Jahre, um einen höheren Grad an Bestimmtheit zu erreichen. Eine ernstliche Unzulänglichkeit dieser Definitionen besteht darin, daß sie in Pro-Kopf-Einheiten festgelegt sind und daher nicht die absolute Größe der Bevölkerung und ihre Verteilung zwischen den verschiedenen Ländern berücksichtigen. Das bedeutet beispielsweise, daß ein derzeit als unterentwickelt eingestuftes Land alleinig infolge des Bevölkerungswachstums in *anderen* Ländern in Zukunft als überentwickelt eingestuft werden könnte. Was auf „alle“ ausgedehnt werden kann, hängt davon ab, wie viele „alle“ sind! Das Bevölkerungswachstum muß in jedem Fall so schnell wie menschenmöglich gestoppt werden.

Einige Ökonomen haben begonnen, Zweifel bezüglich des traditionellen Begriffs von Wirtschaftsentwicklung zu äußern. Der Wirtschaftshistoriker Richard Wilkinson schreibt: „Vorhersagen darüber, wann die Rohstoffe erschöpft sein werden, auf welchen die moderne Industrietechnologie beruht, bewegen sich für gewöhnlich in demselben Zeitrahmen wie Vorhersa-

gen darüber, wann viele unterentwickelte Länder den Grad wirtschaftlicher Reife erreichen werden" (1973). Welch irritierendes Zusammentreffen!
John M. Culbertson (1971) drückte eine ähnliche Ansicht aus: „Hingegen die gegenwärtige Bevölkerung Indiens auf den Lebensstandard der amerikanischen Oberschicht zu heben, ist wegen der umweltzerstörenden Auswirkungen undenkbar."
Die übliche Einstellung ist jedoch diejenige, welche von Paul W. McCracken (1975), dem früheren wirtschaftlichen Berater des Präsidenten der Vereinigten Staaten, zum Ausdruck gebracht wird: „Jenes Handeln, das wir in der Weltwirtschaft am dringendsten brauchen, besteht darin, daß die stärkeren Volkswirtschaften bereit sind, höhere Lebensstandards zu akzeptieren. Ihre diesbezügliche Zurückhaltung scheint von calvinistischen Ausmaßen zu sein." Solange die enthaltsamen Reichen nicht das „Opfer" eines vermehrten Konsums bringen, können die Armen nicht ihre Rohstoffe verkaufen und sind daher nicht in der Lage, sich zu entwickeln. Das einzige Problem liegt im Mangel an gesamtwirtschaftlicher Nachfrage. Die keynesianische Ankurbelung der Wirtschaft ist das Paradigma, unter dem die Entwicklung der Welt betrachtet wird. McCracken und die vielen Ökonomen, für die er Sprecher ist, glauben offensichtlich nicht an irgendwelche „Unmöglichkeitshypothesen". Sogar viele Ökonomen der „Dritten Welt" teilen diese Ansicht, was nur erstaunlich klingt, solange man nicht bedenkt, daß diese Ökonomen ihre akademischen Grade an amerikanischen und britischen Universitäten erlangt haben, wo sie bei Leuten studierten, die wie McCracken denken. Die Situation in Westeuropa ist auch nicht wesentlich anders.
Diese Interessensübereinstimmung, wie sie von McCracken und anderen gesehen wird, ist möglicherweise eine kurzfristige Angelegenheit. Nimmt man eine längerfristige Perspektive ein, so wird denkbar, daß die Entwicklungsländer durch den Export ihrer Rohstoffe ihre Abhängigkeit von den entwickelten Ländern vergrößern werden. Die Entwicklungsländer bleiben dann von den entwickelten Ländern als ihren Exportmärkten abhängig. Da die reichsten und am leichtesten verfügbaren Rohstoffquellen zuerst abgebaut werden, stehen außerdem nur die weniger komprimierten und schwerer zugänglichen Rohstoffe für eine spätere Entwicklung zur Verfügung. Diese bedürfen kapitalintensiverer Technologien; für deren Import sind die Entwicklungsländer wiederum von den entwickelten Ländern abhängig. Um diesen Punkt noch klarer zu machen, wollen wir das Gedankenexperiment von Harrison Brown (1970) nachvollziehen. Man nehme an, der gesamte physische Kapitalbestand der USA wäre vernichtet, während alles andere (Wissen, natürliche Rohstoffe und so weiter) intakt geblieben wäre. Könnten wir das verlorene physische Kapital wiederherstellen, ausreichend viel Zeit

und Anstrengung vorausgesetzt? Die Antwort ist ein Nein: Denn diese Ausstattung wurde mit konzentrierten und leicht verfügbaren Rohstoffen aufgebaut, die nun erschöpft sind. Der Wiederaufbau könnte nicht mit dem Öl aus dem Osten von Texas beginnen, sondern müßte mit küstennahem Öl aus Alaska beginnen, das ohne zusätzliche natürliche Unterstützung durch das Eisenerz aus der Mesabi-Region abgebaut werden müßte. Länder der „Dritten Welt", die ihr wichtigstes geologisches Kapital im Austausch gegen Luxusgüter für ihre Elite exportieren, könnten in genau derselben Klemme landen. Gibt es in unseren Volkswirtschaftlichen Gesamtrechnungen irgendwelche Kategorien, die uns auf solche Fälle aufmerksam machen würden? Kuwait zum Beispiel hat ein sehr hohes Bruttosozialprodukt pro Kopf. Besteht dieses aus Einkommen oder Kapitalverbrauch? Der gesunde Menschenverstand sagt uns: aus Kapitalverbrauch, aber die Sozialproduktrechnung behandelt es einfach als laufendes Einkommen.

Es wurde genug gesagt, um die Bedeutung der Anomalien in der gängigen ökonomischen Entwicklungstheorie aufzuzeigen. Könnte es sein, daß wir wie die Merkantilisten etwas maximieren wollen, das es nicht verdient, maximiert zu werden? Das reale Bruttosozialprodukt hat unter Umständen keine engere Beziehung zur Wohlfahrt als Gold. Unsere Volkswirtschaftlichen Gesamtrechnungen sind jedoch mit dem Konzept „verheiratet", und unsere Investitionskriterien sind in der Regel darauf ausgerichtet, das Bruttosozialprodukt zu erhöhen. Entwicklung muß vielleicht in anderen Begriffen als denen des Bruttosozialprodukts neu gedacht werden, wenn die hier diskutierten Anomalien vermieden werden sollen. Es kann sein, daß unser Festhalten am Bruttosozialprodukt uns zu einem Entwicklungskonzept geführt hat, das unmöglich von allen Ländern generell erreicht werden kann. Wenn dem so ist, so wird es unerläßlich, Entwicklung in solcher Weise neu zu definieren, daß sie für alle erreichbar ist (oder zuzugeben, daß dies unmöglich ist, und die Konsequenzen zu akzeptieren). Eine Neuformulierung der Bedeutung von Entwicklung bedarf einer Neuformulierung der VGR in bezug darauf, wie Entwicklung definiert wird. Eine mögliche alternative Grundlage für Volkswirtschaftliche Gesamtrechnungen ist nachstehend skizziert.

KOSTEN, NUTZEN UND KAPITALBILANZEN: EINE ALTERNATIVE ZUM BRUTTOSOZIALPRODUKT

Es ist durchaus der Mühe wert, herauszufinden, ob unsere Schwierigkeiten mit dem Bruttosozialprodukt in der Entscheidung A. C. Pigous, nicht Irving Fishers Definition der „nationalen Dividende" zu folgen, ihren Ursprung haben. Pigou (1970) argumentierte folgendermaßen:

„Professor Fisher selbst steht auf dem Standpunkt, daß die nationale Dividende, oder das Einkommen, einzig aus *Leistungen* besteht, die die Endverbraucher entweder von ihrem materiellen oder ihrem menschlichen Umfeld beziehen. So ist also ein Klavier oder ein Mantel, der für mich in diesem Jahr gemacht wurde, nicht Teil des diesjährigen Einkommens, sondern zusätzliches Kapital. Nur die Leistungen, die ich während des Jahres durch diese Dinge erhalte, stellen Einkommen dar. (...) Diese Sicht der Dinge ist offensichtlich von einem mathematischen Standpunkt aus betrachtet sehr attraktiv."

Fishers Ansicht ist mathematisch gesehen attraktiv, weil sie nicht ungleiche Dinge addiert: Nur die Werte gegenwärtiger Leistungen (psychisches Einkommen) werden zusammengezählt. Wir vermischen nicht Einkommen mit Kapital; wir zählen nicht den Wert der Leistung selbst zum Wert des Gegenstandes, welcher die Leistung erbringt, hinzu. In seinem Begriff von Kapital schloß Fisher die materielle und menschliche Umwelt ein. Menschen erbringen Dienstleistungen für andere Menschen, wir zählen aber nur diese Leistungen; wir erfassen nicht den Kapitalwert des Menschen in dem Jahr, in dem er geboren wurde oder in dem er graduiert hat. Bezüglich der materiellen Umwelt hatte Fisher hauptsächlich Erzeugnisse im Sinn, nicht die natürliche, materielle Umwelt. Es wäre von der Konzeption her einfach, seine Sichtweise auch auf die Leistungen des natürlichen Ökosystems auszudehnen, obwohl die Probleme in der Bewertung beträchtlich wären. Aber in beiden Fällen sollten wir die Leistungen der materiellen Umwelt als vereinbar mit jenen aus der menschlichen Umwelt behandeln. Wir sollten immer nur Leistungen als Einkommen zählen und dasjenige, das die Leistung erbringt, als Kapital. Somit erkennen wir an, daß physisches Kapital ständig an Wert verliert (gemäß der Entropie) und daß seine fortwährende Erhaltung und Erneuerung einen Kostenfaktor darstellt. Die Kosten für die Erhaltung des Kapitals dürfen nicht als Teil der „nationalen Nettodividende" gezählt werden; und jede physische Produktion (außer Nettoinvestitionen) zählt zu diesen Kosten für die Erhaltung des Kapitals.

Die VGR entwickelte sich jedoch nicht den oben ausgeführten Grundsätzen gemäß. Pigou (1970) lehnte Fishers Ansatz ab, weil „seine große Abweichung vom gewöhnlichen Sprachgebrauch Nachteile beinhaltet, die den Gewinn an logischer Klarheit zu überwiegen scheinen". Obwohl Pigous Position zu seiner Zeit recht gut zu verteidigen war, behandelte die nachfolgende ökonomische Evolution seine Konzepte vielleicht weniger freundlich als jene von Fisher. Wenn Pigou vorhergesehen hätte, in welchem Ausmaß auf das Bruttosozialprodukt als *summum bonum* der Wirtschaftspolitik gebaut werden würde, hätte er sich vielleicht eher, wie Fisher, für die logische Klarheit entschieden. Hätte sich die VGR entsprechend Fishers Vorstellungen entwickelt, so wäre ihre Ausdehnung auf Leistungen der Umwelt sowie auf den Abbau ökologischen und geologischen Kapitals einfach und offensichtlich, abgesehen von den Bewertungsproblemen bei Leistungen, für die es keine Märkte gibt. Derzeit muß das Einbeziehen von ökologischen Leistungen und natürlichem Kapital ad hoc geschehen, und es könnte letztendlich nötig sein, Fishers Ansatz aufzugreifen.[1]

Wodurch ist der traditionelle Ansatz der Volkswirtschaftlichen Gesamtrechnung von Pigou and anderen so unzulänglich geworden? Zumindest zum Teil besteht die Antwort darin, daß sich die Welt seit 1920 verändert hat, und diese Veränderung war sowohl qualitativer als auch quantitativer Art. Sie veränderte sich in einer Weise, die von Fishers Ansatz hätte aufgenommen werden können, nicht jedoch von Pigous Ansatz. Ich denke hier an die qualitative Veränderung von einer relativ leeren Welt zu einer relativ vollen Welt, von einer Welt der „unausgelasteten Tragfähigkeit" zu einer Welt der „voll ausgelasteten Tragfähigkeit". Als die Welt leer war, konnte die Durchlaufmenge als ein Fluß von einer unendlichen Quelle zu einem unendlichen Abfluß gesehen werden und mußte nicht als Kostenfaktor betrachtet werden, weil es keine Knappheit gab. Die Tatsache, daß ein größerer Bestand auch eine größere Durchlaufmenge erforderte, bedeutete, daß die Durchlaufmenge ein Index für den Kapitalbestand war und daher indirekt auch ein Index für die Leistungen, die dieser Kapitalbestand erbrachte. Und die Durchlaufmenge hatte den unwiderstehlichen Vorteil, daß sie besser meßbar war als Leistungen. Aber in einer vollen, endlichen Welt, in der die Durchlaufmenge selbst ein Kostenfaktor ist, ist es nicht mehr legitim, sie den doppelten Dienst als Index für den Nutzen leisten zu lassen. Ein gewisses Maß an Logik zugunsten der Meßbarkeit und der Übereinstimmung mit dem gewöhnlichen Sprachgebrauch zu opfern, konnte vielleicht zu Pigous Zeiten, also bevor die Durchlaufmenge als Kostenfaktor so offensichtlich geworden war, noch gerechtfertigt sein. Jedoch in einer vollen Welt bedeutet die Durchlaufmenge Kosten, und übliche Konzepte der Volkswirtschaftlichen Gesamtrechnung, die von einer leeren Welt ausgehen, wie das Bruttosozialprodukt, sind unangebracht geworden.

Von 1949 an, als Kenneth Boulding noch ein sehr orthodoxer Ökonom war, argumentierte er (1969) im Sinne der Logik von Fishers Standpunkt:

„Ich behaupte, daß es der Kapitalbestand ist, aus welchem wir Befriedigung erhalten, nicht aus dem, was ihm hinzugefügt wird (Produktion) oder aus dem, was von ihm abgezogen wird (Konsum): Weiter behaupte ich, daß Konsum, weit davon entfernt etwas Erwünschtes zu sein, eine beklagenswerte Eigenschaft des Kapitalbestands ist, welche die gleichsam beklagenswerten

Aktivitäten der Produktion nötig macht; und daß es nicht Ziel der Wirtschaftspolitik sein sollte, Konsum oder Produktion zu maximieren, sondern eher sie zu minimieren, d. h. uns in die Lage zu versetzen, unseren Kapitalbestand mit so wenig Konsum oder Produktion als möglich zu erhalten."

Das Bruttosozialprodukt ist selbstverständlich eine Stromgröße, welche Produktion oder Konsum mißt. So gesehen stellt es großteils die Erhaltungskosten für den Kapitalbestand dar, ein Maß für die bedauerlicherweise notwendigen Aktivitäten des Abbaus, der Verschmutzung und der Arbeit, die nötig sind, um den Kapitalbestand aufrechtzuerhalten – trotz jener physischen Abnutzung, die aufgrund seiner Verwendung zur Bedürfnisbefriedigung unausweichlich stattfindet. Man erinnere sich, daß „Kapital" in der weiten Bedeutung, die ihm Fisher gab, verwendet wird; der Begriff umfaßt also Regenschirme, Schuhe, Bleistifte und so weiter. Bedürfnisse werden durch den bestehenden Kapitalbestand befriedigt, nicht durch die unvermeidbare, aber bedauerliche Eigenschaft des Kapitalbestands, abgenutzt oder aufgebraucht zu werden.

Dieser Sachverhalt kann durch einige genaue Begriffsbestimmungen verdeutlicht werden:

1. *Akkumulation* (oder „Kapital" im Sinne Fishers) ist der Gesamtbestand an Konsum- und Produktionsgütern sowie an Menschen. Die Akkumulation kann in zwei Formen auftreten: als *Anlage* oder als *Vorrat*. Ein *Vorrat* ist ein unstrukturierter Bestand von ähnlichen Dingen oder einer homogenen Substanz, welche stückchenweise aufgebraucht wird – das heißt, ein Teil wird vollständig aufgebraucht, bevor der Rest überhaupt betroffen ist (zum Beispiel Treibstoff). Eine *Anlage* ist ein strukturiertes, organisches Ganzes, in dem alle Teile zusammenarbeiten müssen, und welches sich als Ganzes abnutzt (zum Beispiel ein Auto). Vorräte werden „aufgebraucht", Anlagen werden „abgenutzt". Beide müssen ersetzt werden.

2. *Leistung* ist die Befriedigung, die erfahren wird, wenn Bedürfnisse befriedigt werden (psychisches Einkommen im Sinne Irving Fishers). Leistungen werden durch Akkumulationen erbracht (Vorräte und Anlagen). Quantität und Qualität der Vorräte und Anlagen bestimmen die Intensität der Leistung. Die Leistung wird über einen Zeitraum erbracht und scheint daher eine Stromgröße zu sein, kann jedoch nicht wie echte Stromgrößen akkumuliert werden.

3. *Die Durchlaufmenge* ist der entropische, physische Material- und Energiefluß aus natürlichen Quellen durch die menschliche Wirtschaft hindurch und zurück zu den Auffangbecken der Natur; es ist der Fluß, der zu Vorräten

und Anlagen akkumuliert wird und aus dem die Vorräte und Anlagen ersetzt und aufrechterhalten werden.

Die grundlegende Beziehung zwischen diesen drei fundamentalen Größen kann in einer Gleichung veranschaulicht werden. A bezeichnet die Akkumulation (Vorräte und Anlagen), L die Leistungen und D die Durchlaufmenge. Dann gilt:

$$\frac{L}{D} = \frac{L}{A} \times \frac{A}{D}$$

Die Leistung ist der Endnutzen. Die Durchlaufmenge sind die Endkosten. Akkumulation ist die Durchlaufmenge, „eingefroren" in strukturierte Formen und Bestände, in Gestalt und Ausmaß, wie sie für unsere Zwecke geeignet sind, und in einer zu deren Befriedigung benötigten Dauer. Schließlich wird diese gefrorene Durchlaufmenge durch die Entropie „geschmolzen" (entweder durch Abnutzung oder Verbrauch) und fließt als Abfall in die Umwelt zurück. Das Ersetzen der Vorräte und Anlagen bedarf der Akkumulation einer größeren Durchlaufmenge. Der Durchlaufstrom beginnt beim Abbau von Ressourcen der Umwelt mit geringer Entropie und endet bei der Verschmutzung der Umwelt durch Abfälle mit hoher Entropie: Tatsachen, die unterstreichen, daß die Durchlaufmenge einen Kostenfaktor darstellt. Die Akkumulation wird in der Gleichung gekürzt, genauso wie sie in Wirklichkeit abgenutzt wird. Trotzdem muß Akkumulation der zentrale Begriff bleiben, weil es die Akkumulation ist, die einerseits Nutzen erbringt und andererseits Kosten auferlegt. Für jedes vorgegebene Ausmaß an Akkumulation wollen wir klarerweise maximale Leistung und minimale Durchlaufmengen. Beziehungsweise möchten wir für ein vorgegebenes Ausmaß an ökologisch nachhaltiger Durchlaufmenge ein Maximum an Vorräten und ein Maximum an Leistungen pro Vorratseinheit.[2]

In welcher Beziehung zum Bruttosozialprodukt stehen diese Begriffe? Die Beziehung wird durch folgende Gleichung dargestellt:

Bruttosozialprodukt = Wert bestimmter Leistungen + Wert der Durchlaufmenge + Wert der Veränderung in den akkumulierten Vorräten und Anlagen

Das Bruttosozialprodukt zählt Teile von all diesen drei grundlegenden Größen zusammen. Das Bruttosozialprodukt berücksichtigt den Wert der Leistungen aller während des Berechnungszeitraums gepachteten Vermögensgegenstände, jedoch nicht den Wert der Leistungen von Vermögensgegenständen, die vom Eigentümer selbst genutzt werden, ausgenommen von den Eigentümern bewohnte Häuser, für die eine kalkulatorische Miete zugemessen und erfaßt wird. Zudem erfaßt es nicht die natürlichen Leistungen des Ökosystems. Der Wert der Durchlaufmenge spiegelt sich im Produktions-Konsum-Fluß wider – also im Wert der Produktion, die notwendig ist zur Erhaltung und zum Erneuern der Bevölkerung, der Vorräte und Anlagen einschließlich der Konsumgüter. Das letzte Glied der Gleichung, der Wert der Nettoveränderung akkumulierter Vorräte und Anlagen, stellt die Nettoinvestition dar. Diese beinhaltet jedoch nicht die Veränderungen der natürlichen Anlagen und Vorräte wie zum Beispiel den Abbau der geologischen Vorräte, oder Störungen von Umweltfunktionen oder den Abbau der ökologischen Anlagen anderer Arten, von denen wir abhängig sind. Der Abbau von Mineralen und die Abnutzung des ökologischen, lebenserhaltenden „Kapitals", das über Jahrtausende hinweg angesammelt worden ist, wird bei der Berechnung der Veränderungen von Vorräten und Anlagen nicht abgezogen,[3] ebensowenig wird der Verlust an derzeitigen Leistungen der Umweltfunktionen vom Wert der durch die produzierten Güter gegenwärtig erbrachten Leistungen abgezogen. Vielmehr fuhren die Anstrengungen, uns selbst vor den Auswirkungen der Verschmutzung zu schützen, zu neuer Nachfrage nach Gütern und Leistungen und infolgedessen zu einem Anstieg des Bruttosozialprodukts.

Wie viel Sinn ergibt das Bruttosozialprodukt noch, wenn man es auf diese grundlegenden Größen umlegt? Man bedenke, daß die Leistung Nutzen darstellt, die Durchlaufmenge Kosten und die Nettoakkumulation eine Veränderung in den Vorräten und Anlagen. Was für einen Sinn ergibt es, diese unvereinbaren Größen zu addieren? Wäre es nicht so, wie wenn der Buchhalter eines Händlers Einnahmen und Ausgaben und Lagerveränderungen zusammenzählte? Kann diese Vermengung von Zahlen irgendeinen analytischen Nutzen bringen? Sollte wirtschaftliche Entwicklung durch die Vergrößerung einer solch zweifelhaften Summe definiert sein, sogar wenn man sie im Hinblick auf Faktoren wie Inflation, Bevölkerungswachstum und schlechte Verteilung korrigiert?

Solche Fragen müssen selbstverständlich ein Hauptanliegen aller Entwicklungsökonomen sein. Die Wirtschaft verlangt einen *Vergleich* zwischen Kosten und Nutzen, *nicht deren Addition.* Die gesamte Stoßrichtung der Mikroökonomie geht dahin, Grenzkosten mit Grenznutzen zu vergleichen, um in der Lage zu sein, die jeweils untersuchte Aktivität auf ihr optimales Ausmaß zu beschränken. Aber die makroökonomische Aktivität des nationalen Wirtschaftswachstums wird nicht so angesehen, als ob es für sie ein optimales Ausmaß gäbe. Wenn quantitatives Wachstum des realen Bruttosozialprodukts als permanente Norm angesehen wird, die niemals aufhören sollte, dann ist es bequem, Kosten und Nutzen nicht zu vergleichen, denn sonst könnten irgendwann die Grenzkosten dem Grenznutzen entsprechen, womit die Bedingung für ein Optimum erfüllt wäre (und was der gewöhnlichen Tendenz entspricht). Eine Möglichkeit, Kosten und Nutzen nicht vergleichen zu müssen, besteht darin, sie zusammenzuzählen und die Summe so zu behandeln, als wäre sie das einzigartigste von allem Guten, etwas, wovon mehr zu haben in jedem Fall besser ist als weniger. Das Bruttosozialprodukt ist jedoch eine Vermischung von Kosten, Nutzen und Veränderungen der Akkumulation. Es ist kein besserer Leitfaden, um das optimale Niveau an ökonomischer Tätigkeit zu bestimmen, als der Goldvorrat.

Einige Ökonomen würden dem obigen Argument entgegenhalten, daß jede Buchung im Bruttosozialprodukt auf einer Transaktion beruht. Damit diese Transaktion stattfinden konnte, mußte jede beteiligte Seite zuerst zu der Einschätzung kommen, daß der Nutzen aus dem Geschäft für sie oder ihn größer als die damit verbundenen Kosten ist. Daher liegt jeder Erhöhung des Bruttosozialprodukts bereits ein Kosten-Nutzen-Vergleich auf der Mikroebene zugrunde und ein zusätzlicher Vergleich auf der Makroebene wäre bestenfalls redundant und würde schlimmstenfalls die individuelle Freiheit zerstören.

Der Vergleich auf der Makroebene ist jedoch aus zwei zusammenhängenden Gründen nicht redundant: Erstens machen Kosten und Nutzen für die einzelnen, die die Transaktion durchführen, nicht die gesamten Kosten und Nutzen aus. Private Kosten und Nutzen spiegeln nicht zur Gänze soziale Kosten und Nutzen wider. Externalitäten sind überall vorhanden und nehmen zu, wenn wir uns von einer relativ leeren Welt auf eine relativ volle Welt zubewegen. Zweitens begeht man einen Trugschluß der Verallgemeinerung, wenn man vom Teil auf das Ganze schließt. Rationalität auf der Mikroebene führt oft zu Irrationalität auf der Makroebene, wie durch das Sparsamkeitsparadoxon, die Tragödie des Gemeineigentums, das Gefangenendilemma, die Tyrannei der kleinen Entscheidungen und das Wettrüsten bewiesen wird. Es bedarf eines Kosten-Nutzen-Vergleichs auf der Makroebene. Außerdem wird dieser Standpunkt von den Standardökonomen akzeptiert, wenn sie dafür plädieren, makroökonomisches Wachstum über das individualistische, vom Markt bestimmte Niveau hinaus zu stimulieren. Eine öffentliche Politik zur Anregung von makroökonomischem Wachstum muß auf einem impliziten Vergleich zwischen Kosten und Nutzen auf der Makroebene beruhen sowie auf der Erkenntnis, daß der soziale Nutzen des Wachstums größer ist als die sozialen Kosten. Entscheidend ist dabei, ob diese Erkenntnis richtig oder falsch ist, nicht ob der Kosten-Nutzen-Vergleich auf der Makroebene legitim ist. Ein Ansatz mit drei Konten würde mehr an sachdienlicher Infor-

mation enthalten und die Genauigkeit unserer Wahrnehmung bezüglich der sozialen Kosten und Nutzen erhöhen.
Statt eines Kontos, des Bruttosozialprodukts, sollten wir drei Konten führen, eines für jede Grundgröße. Wir brauchen also folgendes:

1. Ein *Nutzenkonto*, das versuchen sollte, den Wert der Leistungen, die durch alle Akkumulationen erbracht werden, zu messen (nicht nur durch diejenigen, welche im Berechnungszeitraum angemietet wurden, und nicht nur durch jene, die von den Konsumenten in Anspruch genommen wurden, sondern auch jene, die in einer erfreulichen und der Selbstverwirklichung dienenden Produktion verwendet wurden).

2. Ein *Kostenkonto*, das den Wert des Abbaus, der Verschmutzung und des negativen Nutzens jener Arten von Arbeit mißt, die lästig sind (und von „Warten" im Sinne Alfred Marshalls). Mit getrennten Konten für Kosten und Nutzen könnten wir uns von Zeit zu Zeit fragen, ob der zusätzliche Nutzen weiterer Akkumulation die zusätzlichen Kosten wert war.

3. Ein *Kapitalkonto*, ein Bestandsverzeichnis der Akkumulation von Vorräten und Anlagen und ihrer Besitzverteilung. Im Kapitalkonto wären nicht nur produzierte Vorräte und Anlagen enthalten, sondern auch natürliches Kapital, wie zum Beispiel Minen, Bohrungen und die Infrastruktur des Ökosystems.

Im Moment erfassen wir den gegenwärtigen Konsum, welcher durch geologischen und ökologischen Kapitalabbau finanziert wird, in keiner Weise anders als den aktuellen Konsum, der durch nachhaltige Produktion finanziert wird. Kuwait zum Beispiel hat ein Bruttosozialprodukt pro Kopf von etwa 17.000 US-Dollar, von dem ein beträchtlicher Teil aus Abgaben besteht, die auf geologischem Kapitalabbau beruhen. Der Ansatz mit drei Konten würde diesen Kapitalabbau offensichtlich machen. Er würde die Frage nahelegen, in welchem Grad Öleinnahmen an kompensierende Kapitalinvestitionen gebunden werden sollten und in welchem Grad sie dazu verwendet werden sollten, den laufenden Verbrauch zu finanzieren.
Idealerweise könnte man argumentieren, daß die Akkumulation solange fortgesetzt werden sollte, bis der Grenznutzen der Leistungen, welche von den zusätzlichen Vorräten und Anlagen erbracht werden, gleich den Grenzkosten der zusätzlichen Durchlaufmenge ist, die benötigt wird, um die zusätzlichen Vorräte und Anlagen zu erhalten. Wenn einmal die optimale Akkumulation erreicht sein wird, sollte jedes weitere Wachstum aufhören –

zumindest solange, bis sich die zugrundeliegenden Bedingungen im Geschmack und in der Technologie geändert haben.
Solch eine Optimierung ist ein Idealfall. In Wirklichkeit werden wir unsere Zuflucht darin suchen, „zufriedenzustellen", statt zu optimieren; d. h. wir werden eher ein hinreichendes oder zufriedenstellendes Ausmaß von Akkumulation anstreben als das optimale Niveau. Mit jeder der drei Grundgrößen wäre ein eigenes Verhaltensmuster verbunden:

1. Die Akkumulation der Vorräte und Anlagen wäre *zufriedenstellend.*
2. Leistungen würden *maximiert* werden, ein ausreichendes Maß an Akkumulation vorausgesetzt.
3. Die Durchlaufmenge würde *minimiert* werden, ein ausreichendes Maß an Akkumulation vorausgesetzt.

Die Verhaltensmuster 1 und 3 stehen in direktem Konflikt mit dem gegenwärtigen Ziel der Maximierung des Bruttosozialprodukts. Tatsächlich stehen sowohl das Optimieren als auch das Zufriedenstellen mit der Förderung des Wachstums des Bruttosozialprodukts im Konflikt.
Das Problem des Optimierungsansatzes liegt nicht nur in der Notwendigkeit, genaue Maßeinheiten für Kosten und Nutzen weiterer Vorratsakkumulation zu finden, sondern auch in der Bedingung, daß die Grenzkosten- und Grenznutzenfunktionen ein „Standardverhalten" an den Tag legen müssen. Das heißt: Die Grenznutzenkurve sollte monoton fallend sein und die Grenzkostenkurve monoton steigend. Ersteres vorauszusetzen, ist nicht unlogisch, da vernünftige Menschen ihre dringendsten Bedürfnisse als erste befriedigen. Daher wäre jeder zusätzliche Vorrat oder jede zusätzliche Anlage normalerweise einem weniger dringenden Wunsch gewidmet. Die Grenzkostenkurve reflektiert jedoch den Abbau von geologischem Kapital und den Verlust gegenwärtiger Leistungsfunktionen der Umwelt. Es gibt keinen Grund anzunehmen, daß der Verlust der Umweltfunktionen unter dem Druck einer wachsenden Durchlaufmenge in einer geordneten Folge von den weniger wichtigen hin zu den wichtigeren Funktionen abläuft. Der klügste Weg mag es sein, zu versuchen, das Ausmaß an Akkumulation auf einem ökologisch nachhaltigen Niveau festzusetzen. Die Bevölkerung multipliziert mit dem Ressourcenverbrauch pro Kopf wäre der Tragfähigkeit gleichzusetzen oder vorsichtshalber niedriger anzusetzen. Die Kriterien zur Festlegung eines Niveaus der Akkumulation wären eine ausreichende Menge und Nachhaltigkeit. Effizienz würde dadurch erreicht werden, daß man die Leistungen, welche pro Einheit an akkumulierten Vorräten und Anlagen erbracht werden, maximiert und die Durchlaufmenge pro Einheit an Vorrat

oder Anlagen, die zum Erhalten und Ersetzen benötigt wird, minimiert. Ausgedrückt durch die obige Gleichung bedeutet die Maximierung von L/A, L zu maximieren, bei gegebenem A. Das Verhältnis L/A gibt die Intensität der Leistung wieder, die pro Zeiteinheit von den akkumulierten Vorräten und Anlagen erbracht werden. Diese Intensität hängt wiederum von der Zuweisung und Verteilung der gesamten Akkumulation auf die verschiedenen Verwendungsmöglichkeiten der Erzeugnisse und auf die verschiedenen Menschen ab. A/D zu maximieren, bedeutet eigentlich, D zu minimieren, bei gegebenem A. Das Verhältnis A/D spiegelt die Haltbarkeit der Vorräte und Anlagen wider, die Zahl der Zeiteinheiten, während derer sie Leistungen erbringen.

Mir scheint Irving Fishers Ansicht der Dinge in hohem Maße vernünftig, kohärent und logisch zu sein.[4] Sie hat den Vorteil, Kosten und Nutzen klar zu trennen und jedes der beiden umfassender zu messen. Der Nutzen beinhaltet nicht nur die Leistungen des gepachteten Vermögens, sondern auch die Leistungen des von Eigentümern selbstgenutzten Vermögens, die derzeit ausgelassen werden. Kosten beinhalten den Abbau des natürlichen Kapitals, den Verlust derzeitiger Leistungen der Umwelt, den negativen Nutzen der Arbeit – alles, was derzeit im Bruttosozialprodukt vernachlässigt oder, noch schlimmer, implizit als Nutzen betrachtet wird. Könnte das nicht ein vernünftigerer Zugang sein als die Maximierung des Bruttosozialprodukts, die beinahe gleichbedeutend ist mit der Maximierung der Durchlaufmenge und folglich die Kosten des Rohstoffabbaus und der Verschmutzung maximiert?

Sogar wenn man eingesteht, daß der Ansatz mit drei Konten dem Bruttosozialprodukt theoretisch bei weitem überlegen ist, bleibt zugegebenermaßen das enorme Problem bestehen, diese Konten operationalisierbar zu machen. Aber ist nicht sogar die ungenaueste Annäherung an das richtige Konzept immer noch besser als eine exakte Annäherung an ein unbedeutendes oder falsches Konzept? Man könnte tatsächlich vernünftig argumentieren, daß wir besser daran täten, das Bruttosozialprodukt als Kriterium aufzugeben – selbst wenn wir nichts besseres an seine Stelle zu setzen hätten.

G. K. Chesterton erzählt die Geschichte von dem englischen Pub, der vergiftetes Bier verkaufte. Die Leute fielen tot um. Einige wachsame Bürger ließen das Bier untersuchen, entdeckten, daß es vergiftet war, und reichten an den zuständigen Magistrat die Forderung ein, den Pub unverzüglich zu schließen. Der Magistrat erwiderte: „Das Haus, das ihr erwähnt, ist eines, in dem Leute systematisch durch Gift ermordet werden. Bevor ihr jedoch eine so drastische Maßnahme fordert, wie es abzureißen, oder auch nur es zu schließen, müßt ihr ein nicht gerade kleines Problem bedenken: Habt ihr genau darüber nachgedacht, welches Gebäude ihr an seiner Stelle errichten würdet, ob ein (...).“ Der Punkt ist natürlich, daß, wenn etwas für schlecht genug befunden wird, man es durch gar nichts ersetzen muß; man muß es nur entfernen und kann froh darüber sein, daß man es los ist. Zugegebenermaßen ist es eine Übertreibung zu behaupten, das Bruttosozialprodukt sei schlechter als gar nichts, aber ich vermute, daß die Welt auch ganz gut ohne es auskommen würde, so wie sie vor 1940 ohne Bruttosozialprodukt auskam. Wir müssen uns der Frage stellen, was wir stattdessen einrichten sollten, aber ohne daß operationale Schwierigkeiten in ein Argument dafür umgewandelt werden, beim „vergifteten Bier“ des Bruttosozialprodukts zu bleiben.

Anmerkungen

[1] Siehe Roefie Hueting (1980) bezüglich einer neueren Kritik am Bruttosozialprodukt. Hueting übernimmt nicht Fishers Konzept, bietet aber eine aufschlußreiche Kritik der Nachteile des Bruttosozialprodukts.

[2] In der Sprache der Kosten-Nutzen-Analyse bezeichnet *L* den Nutzen und *D* die Kosten. Daher ist *L/D* dasselbe wie das Nutzen-Kosten-Verhältnis (Preis-Leistungs-Verhältnis). Die Zielfunktion maximiert dann dieses Nutzen-Kosten-Verhältnis, eine ziemlich gewöhnliche, mechanische Wohlfahrtsfunktion, freilich nicht in denselben Einheiten ausgedrückt, wie wir sie hier verwenden.

[3] Es ist geradezu eine Ironie, daß Keynes, als er das Konzept der Nutzungskosten, angewandt auf von Menschen produziertes Kapital, einführte, sich auf den analogen Fall der Rohstoffe berief, wo „(...) die Notwendigkeit, Nutzungskosten einzuräumen, offensichtlich ist“ (Keynes 1936, S. 73). Wenn wir heutzutage versuchen, Nutzungskosten für die Rohmaterialien in die VGR einzuführen, berufen wir uns auf den analogen Fall des von Menschen produzierten Kapitals, bei dem das Einräumen von Nutzungskosten offensichtlich ist! Mein Dank für diese Beobachtung gilt Herrn Salah El Serafy.

[4] Mehr zur Bedeutung von Irving Fisher siehe Daly 1991.

Teil IV

BEVÖLKERUNG UND NACHHALTIGE ENTWICKLUNG

EINLEITUNG

Die zwangsläufige Notwendigkeit einer Bevölkerung im stationären Zustand war für viele seit langem offensichtlich. Was für die „Population" an Menschen gilt, muß auch für die „Population" an Autos, Gebäuden, Viehbeständen und jeder einzelnen Form physischen Reichtums, der von den Menschen akkumuliert wird, gelten. In einer leeren Welt verhält sich die Population der Menschen komplementär zu den verschiedenen anderen Populationen von Reichtum. In einer vollen Welt jedoch werden sie eher zu Substituten, weil sie um denselben Raum und dieselbe Durchlaufmenge von Ressourcen mit geringer Entropie zu ihrer Erhaltung konkurrieren. Der gesamte Ressourcenfluß (das Produkt aus Bevölkerung mal Rohstoffverbrauch pro Kopf) ist beschränkt. In einer Welt, die mit voll ausgelasteter Ressourcenkapazität arbeitet, bedeutet ein Mehr an einem Faktor (menschliche Bevölkerung) ein Weniger an dem anderen Faktor (Erzeugnissen).
Schon bevor man an diesem Punkt angelangt ist, bedeuten mehr Menschen mehr Konsum, weniger Investitionen und ein langsameres Wachstum. Sie erschweren dadurch den ärmeren Ländern die Erhöhung ihres Pro-Kopf-Vermögens. Als ich in den späten sechziger Jahren im Nordosten Brasiliens lebte, fiel mir außerdem besonders die Auswirkung der unterschiedlichen Fruchtbarkeit in den verschiedenen Klassen auf die Einkommensverteilung auf. Die Fruchtbarkeit der unteren Klasse war mehr als doppelt so groß wie die der oberen Klasse – ein Zustand, der heute noch in vielen Teilen der Welt vorherrscht. Die Wahrscheinlichkeit, daß die Löhne jemals steigen könnten, ist in Anbetracht eines praktisch unbeschränkten und sich rapide vergrößernden Angebots an Arbeit gleich null. Die Reichen kamen zu mehr Reichtum, während die Armen zu mehr Kindern kamen. Ein wirksames Monopol der oberen Klasse auf die Mittel zur Beschränkung der Fortpflanzung kam zum traditionellen Monopol auf den Besitz der Produktionsmittel

hinzu und erzeugte eine zusätzliche Dimension der Klassenherrschaft. Ich stellte zwei soziale Faktoren, die Armut erzeugen, fest: kein Eigentum an Produktionsmitteln (Marx) und kein Eigentum an Mitteln, die die Fortpflanzung beschränken (Malthus). Obwohl Malthusianer und Marxisten traditionellerweise Feinde sind, scheint mir, daß ihr jeweiliges Verständnis für die Gründe von Armut auf der Ebene der Logik übereinstimmt, wie uneinig sie auch immer auf psychologischer und ideologischer Ebene sein mögen. Ich schrieb über dieses Thema zwei Artikel.[1] Kapitel 9 ist eine Fortsetzung davon. Kapitel 8 über die Tragfähigkeit ging aus meiner Arbeit bei der Weltbank hervor, als Antwort auf die äußerst praxisorientierten, aber peinlichst vermiedenen Fragen bezüglich der Politik in Ecuador und Paraguay. Diese zwei Kapitel sind in der Form von Fallstudien abgefaßt und daher etwas empirischer als der Rest dieses Buches.

Offen gestanden ist es entmutigend, wenn man sieht, wie wenig weit die Bevölkerungsdiskussion in den letzten 30 Jahren vorangekommen ist. Die Chinesen haben endlich ernst gemacht, was Bevölkerungskontrolle angeht (zumindest für einige Zeit) – jedoch erst, nachdem sie auf weit über eine Milliarde Menschen angewachsen waren. Statt jedoch von anderen Ländern Beifall und Verständnis dafür zu ernten, daß sie sich dem Problem stellen, ernten sie überwiegend unmäßige Kritik für einige bekanntgewordene Menschenrechtsverletzungen im Zusammenhang mit der Bevölkerungskontrolle. Selbstverständlich sollten sie für jegliche Menschenrechtsverletzung kritisiert werden (von denen die meisten nicht im Zusammenhang mit der Fortpflanzung stehen), aber zu oft wird das Thema Menschenrechte dazu benützt, die Notwendigkeit der Bevölkerungskontrolle selbst zu umgehen. Offensichtlich gibt es kein Menschenrecht darauf, in ein Land hineingeboren zu werden, das nicht schon überbevölkert ist. Wäre ein solches Recht anerkannt, so würde es eine entsprechende Verantwortung implizieren, das Land nicht zu übervölkern. Übertriebene Sensibilität gegenüber Fortpflanzungsrechten scheint unsere Sensibilität gegenüber der Verantwortung für Fortpflanzung abgestumpft zu haben.

Die Bevölkerungen der Nationalstaaten wachsen ebenso durch Einwanderung wie durch Geburten. Manche Chinesen beanspruchen für sich einen Flüchtlingsstatus in den USA mit der Begründung, daß ihnen ein grundlegendes Menschenrecht, Freiheit der Fortpflanzung, in China verwehrt wurde. Nun wollen sie hier die Freiheit der Fortpflanzung ausüben. Und viele Liberale in den USA, ebenso wie Autoritäre des katholischen und protestantischen rechten Flügels sind sehr darauf aus, daß sie dies auch tun können!

Zur gleichen Zeit entwickeln sich sowohl die Festlegung der Einwanderungspolitik als auch die Durchsetzung bestehender Gesetze, um die illegale

Einwanderung zu stoppen, zu heißen politischen Themen, besonders in Kalifornien und Florida. Neuerliche Sozialkürzungen führten dazu, daß die armen Bürger dieses Landes immer weniger geneigt sind, diese Sozialleistungen mit illegalen Ausländern zu teilen, mit genau den Leuten, die sich um ihre Jobs bewerben und somit ihre Löhne drücken. Dies schuf ein verständliches Ressentiment gegenüber der mangelnden Durchsetzung unserer Einwanderungsgesetze durch die Regierung einerseits und eine bedauerliche Feindseligkeit gegenüber manchen Einwanderern andererseits.

Das Versagen der US-Bundesregierung, ihre eigenen Einwanderungsgesetze entsprechend durchzusetzen, wird mehr und mehr, richtigerweise, als eine implizite Niedriglohnpolitik gesehen, als ein Weg, die Macht der Gewerkschaften zu unterlaufen und die globale Wettbewerbsfähigkeit durch Herabsetzen des heimischen Lohnniveaus zu erhöhen. Es ist politisch schwierig, ganz offen eine Niedriglohnpolitik zu verteidigen. Es ist viel leichter, dasselbe Ergebnis indirekt zu erreichen, indem man die Augen vor illegaler Einwanderung verschließt (oder, wie im Fall Brasiliens, vor dem raschen natürlichen Wachstum der arbeitenden Klasse). Weitere Opfer auf dem Altar der globalen Wettbewerbsfähigkeit – zusätzlich zu niedrigeren Löhnen – sind Sozialversicherung, Standards der Arbeitsplatzsicherheit und Umweltschutznormen. Das Problem eines die Standards senkenden, globalen Wettbewerbs wird in Teil V diskutiert. Im Moment muß erst einmal die ursächliche Rolle festgehalten werden, welche sowohl die unterschiedliche Fruchtbarkeit als auch die Nettoeinwanderung als Unterstützung einer Strategie der impliziten Niedriglohnpolitik spielen.

Anmerkung

[1] Herman E. Daly, „The Population Question in Northeast Brazil: Its Economic and Ideological Dimensions.“, *Economic Development and Cultural Change* (University of Chicago), Juli 1970; „A Marxian-Malthusian View of Poverty and Development“, *Population Studies* (London School of Economics), März 1971.

KAPITEL 8

TRAGFÄHIGKEIT ALS EIN INSTRUMENT DER ENTWICKLUNGSPOLITIK: DER ECUADORIANISCHE AMAZONAS UND DER CHACO IN PARAGUAY

Die verbleibenden dünn besiedelten Teile der Welt (Polarregionen, Wüsten, tropische Regenwälder) wurden aus gutem Grund „für den Schluß aufgehoben". Sie sind schwierig zu bewohnen und haben eine niedrige durchschnittliche Tragfähigkeit für menschliche Aktivitäten. Nur spärliche Bevölkerungen konnten je nachhaltig von den Ökosystemen solcher Gebiete erhalten werden. Das Konzept der Tragfähigkeit ist ein unerläßliches Mittel, um eine vernünftige Nutzung dieser Gegenden zu planen, wie von Phillip M. Fearnside in seinem Buch „Human Carrying Capacity and the Brazilian Rainforest" (1986) und zuvor schon von G. Ledec, R. Goodland, J. Kirchner und J. Drake in ihrem Artikel „Carrying Capacity, Population Growth, and Sustainable Development" (1985) demonstriert wurde. Ich möchte hier diese beiden Arbeiten ergänzen, indem ich zeige, wie in zwei spezifischen Fällen selbst eine sehr einfache und grobe Einschätzung der Tragfähigkeit bedeutende Konsequenzen für die Politik haben kann.

Die Berechnung der Tragfähigkeit einer Region für den Menschen ist um einiges komplexer als für andere Arten. Andere Arten haben „Lebensstandards", die über die Zeit hinweg konstant bleiben (Tiere und Pflanzen kennen kein Wirtschaftswachstum, auch wenn der Konsum sich im Laufe ihres Lebenszyklus verändern mag). Weiterhin haben sie relativ einheitliche „Lebensstandards" (z. B. Niveaus ihres Rohstoffverbrauchs pro Kopf) innerhalb der gesamten Population zu einem gegebenen Zeitpunkt (keine Klassenunterschiede, mit einigen Ausnahmen wie „sozial" organisierte Insekten, deren Klassenstruktur eher genetisch als sozial bedingt ist). Auch die Technologien anderer Arten sind ziemlich konstant – genetisch bestimmte, endosomatische Technologien, die sich mit der Umwelt entwickelt haben und daher gut an sie angepaßt sind. Außerdem ist das Niveau an „internationalem Handel" oder Handel zwischen den Ökosystemen unter den Tieren ziemlich konstant und beschränkt. Diese vier Konstanten werden im Bereich des Menschen zu Variablen. Die Berechnung der menschlichen Tragfähigkeit bedarf daher einiger Annahmen über (1) die Lebensstandards, (2) das Ausmaß an Gleichheit in der Verteilung, (3) die Technologie und (4) das Ausmaß an Handel. Die Tragfähigkeit wird sich ändern, wenn diese vier Variablen verändert werden.

Das Konzept bleibt dennoch brauchbar, weil diese vier Variablen sich nicht unregelmäßig, unvorhersehbar oder jenseits aller Grenzen verändern. Es wirkt hier eine gewisse Trägheit, und es gibt äußerste Grenzen.
Man muß nicht und sollte auch nicht versuchen zu beweisen, daß der ecuadorianische Amazonas oder der Chaco in Paraguay nie mehr als *x* Menschen erhalten können. „Nie" ist eine lange Zeit. Für die Zwecke der Politik genügt es zu argumentieren, daß innerhalb der nächsten Generation (25 Jahre) Amazonien mit hoher Wahrscheinlichkeit nicht mehr als *x* Menschen auf dem durchschnittlichen ecuadorianischen Lebensstandard erhalten kann, wenn man von der in Ecuador bekannten und verfügbaren Technologie ausgeht, unter Annahme der ecuadorianischen Muster der Vermögensverteilung und unter der Voraussetzung, daß man für alle Importe in die Region mit laufenden Exporten aus der Region bezahlt. Eine ähnliche Aussage gilt für den Chaco in Paraguay.
Ist es möglich, eine größenordnungsmäßige „Briefumschlagsrechnung" für *x*, wie es im vorhergehenden Absatz definiert wurde, zu machen? Im folgenden behaupte ich, daß es in der Tat möglich ist und daß für die zwei in Betracht gezogenen Regionen aus einem einfachen Vergleich zwischen der Tragfähigkeit und der Bevölkerungsgröße, wie sie über den Zeitrahmen einer Generation hinweg vorgesehen ist, sehr wichtige Schlußfolgerungen für die Entwicklungspolitik gezogen werden können. Zuerst betrachten wir Ecuador, dann Paraguay.

DER ECUADORIANISCHE AMAZONAS

Eine einfache Annäherung an die äußerste Höchstgrenze für die Tragfähigkeit der Amazonasregion läßt sich erreichen, indem man für ganz Amazonien dieselbe Bevölkerungsdichte wie für Ecuador insgesamt annimmt. Amazonien umfaßt ungefähr 132.000 Quadratkilometer und Ecuador insgesamt hat eine Bevölkerungsdichte von 30 Personen pro Quadratkilometer. Das ergibt 3,960.000 oder ca. 4 Millionen Menschen als Schätzung (überhöhte Schätzung) für die im vorhergehenden Absatz definierte Menge.
Wieviele Menschen müßte der Amazonas in der nächsten Generation erhalten können? Bei der derzeitigen Wachstumsrate von 2,8 Prozent würde sich die ecuadorianische Bevölkerung in 25 Jahren (einer Generation) von 10 auf 20 Millionen verdoppeln. Die ländlichen Gebiete der *Sierra* und der *Costa* erleben bereits eine Nettoemigration aufgrund des demographischen Drucks, ökologischer Verschlechterung und wegen Dürrekatastrophen. Außer den Städten bleibt nur der Amazonas als Nettoeinwanderungsgebiet. Fünf Provinzen in der *Sierra* und in der *Costa* (Bolivar, Chimborazo, Loja, Manabi und

Carchi) waren tatsächlich zwischen 1972 und 1982 (Landázuri und Jijón 1988) von Bevölkerungsschwund betroffen. (Die Nettoauswanderung überwog den natürlichen Zuwachs.) Die zusätzlichen 10 Millionen an natürlichem Zuwachs allein stellen das Zweieinhalbfache der äußersten Höchstgrenze für die Tragfähigkeit Amazoniens dar! Sogar wenn man die nicht erneuerbaren Ölreserven als Teil der Tragfähigkeit Amazoniens hinzurechnet, würde dies am grundlegenden Dilemma nichts ändern, weil diese Reserven während der nächsten 25 Jahre gänzlich ausgeschöpft sein werden. Die erwiesenen Reserven werden in weniger als zehn Jahren erschöpft sein und die erwiesenen plus die vermuteten Reserven in weniger als 20 Jahren, wenn man die Förderrate von 1988 als jährliche Rate zugrundelegt (Weltbank 1988).

Angesichts eines solchen Bevölkerungszuwachses ist jede Politik zum Schutz des Amazonas durch Beschränkung der Kolonisierung zum Scheitern verurteilt. Wie kann irgendeine Regierung Millionen von Armen gegenübertreten und ihnen mitteilen, daß ihr Überleben weniger bedeutet als das Überleben von Bäumen und Vögeln sowie von unentdeckten Arten? Sogar wenn man glaubt, daß es ethisch wichtiger sei, Tragfähigkeit zu retten als individuelle Menschenleben, wäre es immer noch politisch undurchführbar, einem solchen Kolonisierungsdruck zu widerstehen. Und die Armen würden sehr wohl die Schlußfolgerung ziehen, daß, wenn Artenerhaltung wichtiger ist als ihr Leben, dann diese auch wichtiger ist als der Reichtum der Reichen. Die Forderung nach Umverteilung würde stärker werden. Die Reichen, die ihre eigenen Interessen sehr wohl kennen, würden ebenfalls darauf drängen, den Amazonas zu öffnen, um den Umverteilungsdruck zeitweilig zu verschieben. Mit 10 Millionen Menschen mehr gibt es keine Hoffnung, den Amazonas Ecuadors vor der Zerstörung zu retten oder Elend in großem Ausmaß zu vermeiden.

Dies ist das vorhersehbare Ergebnis, wenn gegenwärtige Trends über eine Generation hinweg in die Zukunft projiziert werden. Dieses Ergebnis wird weit vor Ende der normalen Lebenszeit des heute lebenden Durchschnittsecuadorianers eintreten. Durch welche Politik könnte eine solch ausweglose Situation vermieden werden?

Man betrachte den folgenden Entwurf eines alternativen Szenarios:

1. Eine ernsthafte und radikale Politik der Geburtenkontrolle, die mit Anreizen zur Familienplanung beginnt, aber schließlich zu wirklicher Bevölkerungskontrolle übergeht. Vielleicht wäre es möglich, den Zuwachs in den nächsten 25 Jahren von 10 auf 5 Millionen zu reduzieren und in der folgenden Generation auf null. Selbst mit großen Anstrengungen wird diese Reduzierung Zeit brauchen.
2. Um Zeit zu gewinnen, bis die Ziele der Bevölkerungskontrolle erreicht sind, und um den unvermeidbaren Zuwachs von mindestens 5 Millionen zu

absorbieren, muß eine Erhöhung der Tragfähigkeit mit den folgenden Mitteln angestrebt werden:

a. Landreform: Man verwende das beste Ackerland für den Nahrungsmittelanbau statt für Weidevieh. Die menschliche Tragfähigkeit kann erhöht werden, indem man sich auf eine niedrigere Stufe der Nahrungskette begibt und indem das beste Talland für die Landwirtschaft genutzt wird sowie die Hangflächen als Weideland – das Gegenteil der derzeitigen Struktur. Die Intensivierung der Landwirtschaft (Bewässerung) kann auch den Spielraum zur Erhöhung der Tragfähigkeit erweitern.

b. Umverteilung: Die Ressourcen sollen von Luxusgütern weg- und zum lebensnotwendigen Konsum hingelenkt werden. Hohe Luxussteuern, deren Erträge in die Produktion von Basisgütern investiert werden, wären ein Weg, um dies zu erreichen.

c. Erträge aus der Ölförderung und andere Überschüsse aus der Ausbeutung nicht erneuerbarer Ressourcen sollen in die Entwicklung erneuerbarer Ressourcen reinvestiert werden: Wiederaufforstung, Wiederurbarmachen von Land, Fischereien etc. Generell sollte man die Rate der Ausbeutung der nicht erneuerbaren Ressourcen jener der Schaffung erneuerbarer Substitute angleichen.

d. Jener Teil Amazoniens, der für nachhaltige Landwirtschaft geeignet ist, soll genutzt werden. Der Rest soll in seinem natürlichen Zustand erhalten werden, in dem nur nachhaltiges Jagen, Fischen, Sammeln, Ökotourismus und wissenschaftliche Forschung erlaubt sind.

Ein derart radikales Programm könnte nur von einer Nation ausgeführt werden, die ihre Alternativen klar als nationales Überleben versus rationaler Liquidation erkannt hätte. Das ist sicherlich nicht die Wahrnehmung der ecuadorianischen Regierung oder der Mehrheit ihrer Bürger. Sogar die führenden Umweltorganisationen in Ecuador, die sich der Erhaltung der Biodiversität im Amazonas widmen, haben es vermieden, irgendeinen ernsthaften Standpunkt in der Bevölkerungsfrage einzunehmen. In 25 Jahren wird Ecuador jedoch ein zweites Haiti sein, wenn man gegenwärtige Trends weiterlaufen läßt. Die ecuadorianische Regierung erkennt die Situation genausowenig wie die multilateralen Entwicklungsbanken. Ein Staat, dessen Umwelt sich im Prozeß der Liquidation befindet, wird nicht in der Lage sein, Kredite samt Zinsen zurückzuzahlen – er ist ganz einfach nicht *kreditwürdig*. Ecuador braucht eine Abschreibung vergangener Schulden und keine neuen Schulden, außer die neuen Schulden werden viel nachhaltiger und produktiver investiert als bisher. Eine Verringerung alter Schulden kann jedoch nicht erwartet werden, solange irgendein Teil der Erdöleinkommen in den Konsum fließt, anstatt für Investitionen in erneuerbare Alternativen verwendet

zu werden. Solange Ecuador seine Situation nicht so drastisch sieht, wie sie ist, und keine radikalen Maßnahmen von seiner Seite unternimmt, kann es keine radikalen Maßnahmen anderer zu seinen Gunsten erwarten, gleichgültig, wie sehr die Fakten auch die Notwendigkeit einer Abschreibung seiner internationalen Schulden rechtfertigen mögen. Dieselben schrecklichen Tatsachen rechtfertigen auch drastische Maßnahmen von seiten Ecuadors, um sein eigenes Überleben zu sichern. Doch solange ihm die ökonomischen Entwicklungs- und Finanzagenturen nicht die Dringlichkeit der Situation und klarere Visionen als derzeit vor Augen halten, wird Ecuador wahrscheinlich keine ernsthaften Maßnahmen ergreifen.
Vielleicht liegt ein Grund dafür, daß Ecuador seine Situation als nicht so drastisch einschätzt, darin, daß die Entwicklungsbanken darauf erpicht sind, ihm mehr Geld zu leihen. Daraus zieht Ecuador den logischen Schluß, daß die Situation nicht wirklich so schlimm sein könne, solange das Land in den Augen der Entwicklungsbanken kreditwürdig ist. Die Entwicklungsbanken wiederum denken, daß die Dinge nicht so schlecht stehen können, nachdem Ecuador bereit ist, verzinste Kredite aufzunehmen und sich selbst offensichtlich als kreditwürdig ansieht, ohne drastische politische Maßnahmen ergreifen zu müssen. Jede Seite tröstet sich mit dem Optimismus der anderen. Keine der beiden Seiten hat bis jetzt den Tatsachen ins Auge gesehen.
Um den Tatsachen nicht ins Auge sehen zu müssen, werden manchmal eine Reihe von denkhemmenden Mythen und Slogans beschworen. Daß der Amazonas eine unermeßliche Quelle an Reichtum und Fruchtbarkeit sei – eine späte Version eines El Dorados –, ist ein solcher Mythos. Das ist schlicht falsch. Ein anderer Mythos heißt: Die Rettung liegt in der Technologie. Aber welche speziellen Technologien (in den nächsten 25 Jahren) werden hier angepeilt? Kernenergie und die „grüne Revolution" haben sich als Enttäuschung erwiesen. Biotechnologie und untraditionelle „Exportbonanzas" sind die gegenwärtig verfochtenen technologischen Optionen. Jedoch welche spezifische Art der Biotechnologie könnte welche spezifische Art von Produkten in den nächsten 25 Jahren beisteuern? Und welche untraditionellen Exporte – außer Kokain – könnten in diesem Zeitraum eine Änderung herbeiführen? Schnittblumen und Kiwifrüchte, die in die USA eingeflogen werden, kratzen das Problem nicht einmal an.
Eine Politik der Geburtenregelung wird häufig zurückgewiesen aufgrund der Tatsache, daß Ecuador ein katholisches Land ist. Das gilt jedoch auch für Italien, und dieses Land hat eine niedrige Geburtenrate. Die katholische Kirche, obwohl sie natürlich ein Hindernis ist, drängt dennoch auf verantwortungsvolle Elternschaft und verleugnet nicht die Arithmetik. Einige Enthusiasten des demographischen Übergangs glauben, daß die Geburtenraten erst

dann sinken, wenn die Industrialisierung stattgefunden hat. Dem widerspricht jedoch die demographische Geschichte Frankreichs und anderer Länder. Gewisse Ökonomen (Julian Simon) glauben sogar, daß demographischer Druck eine positive Kraft in der Entwicklung darstellt und daß deshalb das Bevölkerungswachstum gefördert werden sollte. Solche Mythen finden einen aufnahmebereiten Markt unter Politikern, die nicht willens sind, sich mit dem Zwillingstabu von Bevölkerungskontrolle und Umverteilung des Einkommens auseinanderzusetzen. Wenn Ecuador diese Tabus nicht aufhebt, wird es kein lebensfähiges Land sein; es wird nicht kreditwürdig sein und die Darlehen der Entwicklungsbanken nicht zurückzahlen können. Sogar der Transfer, der durch unbezahlte Darlehen entsteht, wird wahrscheinlich mehr Schaden anrichten, als er Gutes tut, da er die Illusion ein wenig länger aufrechterhält.

Da Bevölkerungskontrolle die *Conditio sine qua non* (unerläßliche Voraussetzung) für nachhaltige Entwicklung ist, ist es für Ecuador wichtig, die derzeitigen Strukturen von Fruchtbarkeit zu untersuchen, um eine Vorstellung davon zu bekommen, wie groß der Spielraum fur eine freiwillige Reduzierung der Fruchtbarkeit ist. Der springende Punkt in dieser Struktur ist, daß die durchschnittliche Fruchtbarkeitsrate für Frauen ohne Ausbildung bei 6,4 Lebendgeburten liegt, während sie bei Frauen mit Universitätsausbildung bei 2,3 Lebendgeburten liegt. Mit anderen Worten: Die Fruchtbarkeit in der niedrigsten sozialen Klasse ist fast *dreimal* so hoch wie in der höchsten Klasse (CEPAR 1988). Der Klassenunterschied ist um vieles größer als der Unterschied zwischen Stadt und Land (4,1 Lebendgeburten für Frauen in der Stadt, 6,1 für Frauen am Land), obwohl auch dieser signifikant ist. Dieser Vergleich soll zeigen, daß Geburtenkontrolle bereits in den oberen und städtischen Klassen praktiziert wird. Was fehlt, ist eine Demokratisierung der Geburtenkontrolle sowohl bezüglich der Einstellung als auch bezüglich der Techniken. Die Demokratisierung der Einstellung bedarf auch einer tatsächlichen Demokratisierung der Möglichkeiten – besonders der Ausbildungs- und Arbeitsmöglichkeiten für Frauen, wie sie bei der Bevölkerungskonferenz in Kairo betont wurde.

Die relativ hohe Fortpflanzungsrate der unteren Klassen garantiert ein „unbeschränktes" Angebot an Arbeit zu niedrigen Löhnen, welches die Ungleichheit in der Einkommensverteilung fördert. Geburtenkontrolle ist weit davon entfernt, eine regressive Politik zu sein. Sie dient dazu, die Einstellung und die Praktiken der Oberschicht auf die unteren Klassen auszudehnen. Eine niedrigere Geburtenrate tendiert dazu, die Pro-Kopf-Einkommen einander auf zweierlei Weise anzugleichen: (1) Sie reduziert kurzfristig die Anzahl der Köpfe, auf die ein Lohn aufgeteilt werden muß, und (2) sie

ermöglicht langfristig einen Lohnanstieg, indem sie sich von einem unbegrenzten Angebot an Arbeitskräften wegentwickelt.
Nur 38 Prozent der Frauen mit zwei Kindern wünschten sich mehr Kinder; nur 20 Prozent der Frauen mit drei Kindern und nur 8,5 Prozent der Frauen mit vier Kindern wünschten sich mehr. Die durchschnittliche, gewünschte Kinderzahl liegt für alle Frauen bei 3 (CEPAR 1988, Seiten 74, 89). Die tatsächliche Fruchtbarkeit aller ecuadorianischen Frauen liegt jedoch im Durchschnitt bei 4,3. Ungefähr 35 Prozent aller Geburten in Ecuador innerhalb der letzten fünf Jahre waren entweder nicht gewollt oder nicht zu diesem Zeitpunkt gewollt (ibid., Seite 89).
Der erste Schritt zur Bevölkerungskontrolle ist eindeutig die freiwillige Beseitigung der ungewollten Fruchtbarkeit. Sie hätte nicht nur eine bedeutende demographische Wirkung, sondern würde auch den unteren Klassen eines der grundlegenden Menschenrechte garantieren – eines, das von den oberen Klassen bereits genossen wird. Geburtenkontrolle ist daher nicht politisch unrealistisch – trotz der dogmatischen Opposition von seiten der katholischen Rechten und der marxistischen Linken.

DER CHACO IN PARAGUAY

Paraguays größter Vorteil im Umweltbereich war seine geringe Bevölkerungszahl (ungefähr 3 Millionen 1982 und knapp 4 Millionen heute). Bei der derzeitigen jährlichen Rate des Bevölkerungswachstums von 2,5 Prozent (Verdoppelungszeitraum von 28 Jahren oder von etwas mehr als einer Generation) schwindet dieser Vorteil rasend schnell. Überdies wurde jener Vorteil im Umweltbereich in der Vergangenheit als ökonomischer Nachteil angesehen. Demographische Faktoren werden durch die Tatsache verschlimmert, daß alles der Besiedelung zugängliche, staatliche Land aufgeteilt worden ist. In Zukunft kann niemandem Land zur Verfügung gestellt werden, ohne es anderen wegzunehmen. Darüber hinaus wird die Zersplitterung des Landbesitzes in unwirtschaftliche Kleinstbesitze durch das Bevölkerungswachstum und durch die Praxis gleicher Erbteilung gefördert.
Um das Bevölkerungswachstum macht man sich wenig Sorgen. Traditionellerweise wollte man die Bevölkerungszahl vergrößern, indem man Siedler ins Land brachte, um es zu besiedeln. Nach dem verheerenden Krieg der Dreierallianz verblieben im Paraguay des Jahres 1875 nur ungefähr 220.000 Einwohner. Daher ist es verständlich, daß Ansichten, die eine hohe Geburtenzahl befürworten, noch immer vorherrschen. Die Frage, die sich der nächsten Generation stellt, ist jedoch: Wo werden die zusätzlichen 4 Millionen Paraguayer leben und arbeiten? Da 98 Prozent der Bevölkerung in der

östlichen Landeshälfte leben, wäre der westliche Teil (der Chaco) der logische Ort. Wie eben erwähnt, wird das Land im Osten knapp, und es gab bereits gewalttätige Landkonflikte. Eine FAO-Studie kam zu dem Schluß, daß „die Grenze landwirtschaftlicher Nutzung bereits die Schranken einer wünschenswerten Entwicklung im Großteil der Region überschritten hat" und daß eine anhaltende Expansion für das Ökosystem weitreichende Zerstörungen bewirken würde (PNUD 1979). 1979, als dieser Kommentar geschrieben wurde, hatte Paraguay 3 Millionen Einwohner. Jetzt hat es fast 4 Millionen, von denen alle – außer 2 Prozent – noch immer im Osten leben.

Es gibt keine offiziellen Schätzungen zur menschlichen Tragfähigkeit des Chaco – genausowenig wie für den Osten. Offizielle Regierungsvertreter sprechen von 5 Millionen oder 20 Millionen Menschen, die künftig im Chaco leben werden, und betonen zugleich, daß die landwirtschaftliche Zukunft des Landes im Chaco liegt. Sie haben nicht im Sinne einer Tragfähigkeit für die nächste Generation gedacht. Wie sieht also eine vernünftige Schätzung der Tragfähigkeit für die nächste Generation aus?

Ein oberer Schätzwert kann, wie im Fall Ecuadors, berechnet werden, wenn man annimmt, daß der Chaco genauso dicht besiedelt werden könnte wie der Osten. Die Bevölkerungsdichte des Ostens beträgt 18,6 Personen pro Quadratkilometer, und die Fläche des Chaco umfaßt 247.000 Quadratkilometer. Multipliziert ergibt das 4,594.000 Menschen. Die meisten stimmen darin überein, daß dies eine extrem überhöhte Schätzung für jede vorhersehbare Zukunft ist. Aber sie dient dazu, jegliches Gerede von mehr als 5 Millionen Menschen im Chaco auszuschließen, und das bedeutet einen Fortschritt gegenüber dem derzeitigen Stand der Diskussion.

Es ist jedoch möglich, unter Einbeziehung der tatsächlichen Erfahrungen von Siedlern im Chaco zu einer weit realistischeren Schätzung zu kommen. Dies wäre auch im Falle des ecuadorianischen Amazonas wünschenswert gewesen und hätte vermutlich zu einer weitaus niedrigeren Schätzung geführt, aber dort waren keine solchen Informationen zugänglich. Die Mennoniten haben die erfolgreichste Kolonie im Chaco errichtet. Wir können die Bevölkerungsdichte der Mennoniten auf den gesamten Chaco hochrechnen. 1987 lebten 6650 Mennoniten auf 420.000 Hektar, was einer Dichte von 0,0158 Personen pro Hektar entspricht. Multipliziert mit 100, der Zahl der Hektar in einem Quadratkilometer, ergibt das eine Dichte von 1,58 Personen pro Quadratkilometer. Diese Dichte mal der Gesamtfläche des Gebietes von 247.000 Quadratkilometern ergibt 390.260 oder rund 400.000 Personen, also nicht einmal eine halbe Million!

Es ist offensichtlich, daß diese zweite Schätzung – obwohl immer noch ungenau – realistischer ist. Die Mennoniten haben noch ungenutztes Land und schätzen, daß sie doppelt so viele Menschen als gegenwärtig ernähren könnten, wenn sie das gesamte, ihnen zur Verfügung stehende Land nutzen würden. Das werden sie in 35 Jahren auch tun müssen, wenn sie ihre 2 Prozent Wachstumsrate beibehalten. Also sollte unsere Schätzung vielleicht 800.000 betragen. Des weiteren ist der Lebensstandard der Mennoniten, obwohl kaum luxuriös, über dem paraguayischen Durchschnitt. Also könnten durch die Senkung des Konsumniveaus pro Kopf auf den nationalen Durchschnitt einige tausend Menschen mehr erhalten werden, obwohl dies dem grundlegenden Begriff von Entwicklung widerspricht.

Auf der anderen Seite gingen wir in unserer Rechnung implizit davon aus, daß die Mennoniten durchschnittlich gutes Land im Chaco besitzen, tatsächlich ist es jedoch überdurchschnittlich gut. Wir nahmen weiter an, daß andere Siedler in der nächsten Generation genauso erfolgreich wie die Mennoniten sein könnten. Dies ist aus mehreren Gründen zweifelhaft: Die Mennoniten brachten die bäuerlichen Traditionen Europas mit, die den paraguayischen *„colonos“* fehlen. Sie besitzen einen starken Gemeinschaftssinn mit gegenseitiger Hilfe und Unterstützung und bekamen zusätzliche Hilfe von außerhalb, von europäischen und amerikanischen Mennoniten. Außerdem benötigten sie mehr als zwei Generationen (60 Jahre) harter Arbeit und Opfer, um ihr jetziges Niveau zu erreichen. Wenn man all diese Faktoren berücksichtigt, kann sogar eine halbe Million eine zu hohe Schätzung sein, speziell, wenn die beste Nutzung des Chaco in der Viehwirtschaft statt im Ackerbau besteht, wie es den Anschein hat.

Da eher das Wasser als die Bodenqualität der beschränkende Faktor zu sein scheint, denkt man natürlich an große Bewässerungsprojekte als Mittel zur Ausdehnung der Tragfähigkeit. Die Mennoniten stehen der Bewässerung des Chaco jedoch extrem skeptisch gegenüber, weil sie davon überzeugt sind, daß es zu einer Versalzung des Bodens kommen würde (das derzeitige Salz würde näher an die Oberfläche gedrängt, in die Reichweite der Pflanzenwurzeln).

Die geringe Bevölkerungsdichte des Chaco macht ihn zum „logischen“ Ort, um die 4 Millionen neue Menschen unterzubringen. Im Osten würden sie die Landkonflikte verschärfen und eine Umverteilung nötig machen. Die Bühne ist bereitet für ein teures Siedlungsprogramm, wie wir es im brasilianischen Amazonas beobachten konnten. Die Wahrscheinlichkeit seines Scheiterns aufgrund ökologischer Bedingungen ist sehr hoch. Auf politischer Ebene wird die Besiedlung des Chaco vermutlich als Weg gesehen, um die bereits ernsten Landkonflikte im Osten zu entschärfen, um die Auseinandersetzung mit dem Problem der Bevölkerungskontrolle hinauszuzögern und um den Anschein von Fortschritt und Optimismus wenigstens vorläufig aufrechtzuerhalten. Außerdem bietet die Besiedlung des Chaco ein großes nationales Projekt, das öffentliche Unterstützung stimuliert. Gegen solche politische Vorteile wirken ernüchternde Berechnungen von Tragfähigkeit wahrscheinlich nicht sehr überzeugend. Die Elemente einer realistischen Politik für Paraguay sind nicht wesentlich anders als die, die ich für Ecuador aufgelistet habe.

SCHLUSSBEMERKUNGEN

In beiden Fällen diente die einfache Schätzung der Tragfähigkeit dazu, über den Ernst der Lage aufzuklären. Obwohl die Berechnungen einfach und grob sind, sind die Schlußfolgerungen daraus ziemlich widerstandsfähig, weil die bewußte Tendenz war, die Schätzungen für die Tragfähigkeit zu hoch anzusetzen. Verfeinerte ökonometrische Modelle würden für politische Zwecke dem bereits Offensichtlichen wenig hinzufügen. Es fehlt im ecuadorianischen Amazonas und im paraguayischen Chaco nicht an genauerer Information, sondern am politischen Willen, die ökologischen Gründe für die traditionell geringe Bevölkerungsdichte zu respektieren und den Bevölkerungszuwachs dementsprechend zu beschränken. Die Tatsache, daß die menschliche Tragfähigkeit nicht konstant ist, hebt in den zwei hier betrachteten Fällen in keiner Weise die ernstzunehmenden Widersprüche hinsichtlich der Zuwachsraten und Größenordnungen innerhalb der nächsten Generation auf. Genausowenig scheint die „Hong-Kong-Lösung“ eine realistische Alternative zu sein, also der Import von Lebensmitteln für eine dichte Bevölkerung, finanziert durch den Export von Fertigwaren und Finanzleistungen. Einerseits sind die Gebiete entlegen. Andererseits schließt sich die begrenzte Nische für Lebensmittelimporteure in der Weltwirtschaft sehr rasch.

Das Unmögliche zu versuchen, wird unbegrenzte Mengen an Ressourcen verschwenden und vielerlei Konflikte erzeugen. Die erste Regel der Entwicklungspolitik sollte daher sein: „Versuche nicht das Unmögliche.“ Der erste operationalisierbare Folgesatz dieser Regel lautet: „Respektiere die Tragfähigkeit.“ All das bedeutet natürlich in keiner Weise, daß Tragfähigkeit nur für die Entwicklungsländer von Bedeutung sei. Hätten die USA die Tragfähigkeit berücksichtigt, dann wären sie heute nicht so gefährlich abhängig vom Abbau der Ölreserven anderer Staaten. Wenn die USA nicht einmal eine vernünftige Treibstoffsteuer zur Beschränkung des nicht nachhaltigen Konsums erlassen können, ist es dann realistisch, von Ecuador und Paraguay zu erwarten, daß sie ihr Bevölkerungswachstum begrenzen? Beide Maßnahmen mögen auf kurze Sicht als politisch unrealistisch erscheinen, aber solche Maßnahmen zu unterlassen, ist langfristig gesehen biophysisch unrealistisch, selbst wenn „langfristig“ nur 25 Jahre bedeutet.

KAPITEL 9

MARX UND MALTHUS IM NORDOSTEN BRASILIENS: EINE BEMERKUNG ZUM GRÖSSTEN KLASSENUNTERSCHIED BEZÜGLICH FRUCHTBARKEITSRATE IN DER WELT UND ZU SEINER AKTUELLEN ENTWICKLUNG

In den frühen siebziger Jahren veröffentlichte ich mehrere Artikel, die sich mit der unterschiedlichen Fruchtbarkeitsrate und Einkommensverteilung pro Kopf im Nordosten Brasiliens beschäftigten.[1] Die zentrale These der Studie war: Obwohl das aggregierte Bruttosozialprodukt pro Kopf im Nordosten Brasiliens (der größten Armutsregion der westlichen Hemisphäre) in der letzten Dekade sehr rasch gestiegen ist, stellte dieses Wachstum eher ein „Anschwellen" dar als eine Entwicklung, denn das Pro-Kopf-Einkommen der ärmeren 80 Prozent der Bevölkerung blieb im besten Fall konstant, während das der reicheren 20 Prozent sehr schnell gestiegen ist. Eine besonders wichtige Ursache für diese Ungleichheit und für das Fehlen irgendeines Nettoeffekts des „Durchsickerns" („trickle-down effect") war das größere Bevölkerungswachstum der unteren Klassen, das auf eine viel höhere Fruchtbarkeitsrate zurückzuführen ist, die die höhere Sterblichkeitsrate der Armen mehr als ausgleicht. Dem marxistischen Begriff von Ausbeutung, der diese im Monopol der herrschenden Klasse auf die Produktionsmittel begründet sieht, ist ein malthusianisches oder „römisches" Verständnis von Ausbeutung hinzuzufügen, das ihre Ursache im Monopol der herrschenden Klassen auf die Mittel zur Beschränkung der Fortpflanzung sieht. Im antiken Rom (wie im Nordosten Brasiliens) war es die Rolle des Proletariats, ein reichliches Angebot an Arbeitern und Bediensteten für die Republik (d. h. für die Patrizier) hervorzubringen.

In den politischen Diskussionen der sechziger Jahre wurde das Bevölkerungsproblem üblicherweise übergangen, indem man darauf verwies, daß das gesamte Bruttosozialprodukt eine Wachstumsrate von über 6 Prozent aufwies, während die Bevölkerung mit nur ungefähr 3 Prozent wuchs. Das daraus folgende Wachstum des Bruttosozialprodukts pro Kopf von ungefähr 3 Prozent wurde als ausreichend angesehen. Wenn man dazu die Statistiken über die spärliche Bevölkerungsdichte pro Quadratkilometer in Amazonien hinzunahm, so glaubte man, das Bevölkerungsproblem könnte im günstigsten Fall als Übertreibung abgetan werden, oder im schlechtesten Fall als neomalthusianische Apologetik. Dieses Abtun war natürlich statistisch ge-

nauso unpassend wie das berühmte Rezept für „50-Prozent-Hasengulasch“ (ein Hase, ein Pferd). Wie man später sehen wird, herrscht dieser Irrtum in hohen Kreisen immer noch vor.
Für die späten sechziger Jahre schätzte ich die Gesamtfruchtbarkeit der ärmeren 80 bis 90 Prozent der Bevölkerung auf acht überlebende Kinder, die der reicheren 10 bis 20 Prozent auf vier überlebende Kinder. Dieser Klassenunterschied in der Nettofortpflanzungsrate um 100 Prozent beeinflußt stark die Einkommensverteilung pro Kopf. Die Auswirkungen können unter drei Punkten zusammengefaßt werden:

1. *Der Nennereffekt.* Ein gegebenes Familieneinkommen, das auf mehr Personen aufgeteilt wird, bedeutet ein niedrigeres Familieneinkommen pro Kopf. Da die Familien mit niedrigeren Einkommen ungefähr doppelt so viele Kinder haben als jene mit höheren Einkommen, sind die Auswirkungen der unterschiedlichen Fruchtbarkeit auf die Einkommensverteilung pro Kopf extrem groß und regressiv.

2. *Der Zähler- oder Lohneffekt.* Die rasche Fortpflanzung der unteren Klasse führt zu einem unbegrenzten Angebot an billiger Arbeit. Niedrigere Löhne (kleinerer Zähler für die unteren Klassen) bedeuten höhere Gewinne, mehr Reinvestitionen und schnelleres Wachstum des Gesamteinkommens (größerer Zähler für die oberen Klassen). Das Wachstum war allerdings nie schnell genug, um die Auswirkungen der unterschiedlichen Fortpflanzungsrate aufzuwiegen, und übte daher keinen Druck zur Steigerung der Löhne aus, der zum erwarteten „Durchsickern“ geführt hatte. Außerdem ermöglicht das Überangebot an billigen Arbeitskräften es den gut ausgebildeten Frauen der Oberschicht, Hauspersonal einzustellen und sich so für verhältnismäßig gut bezahlte Jobs freizumachen, was wiederum die Ungleichheit im Zähler (gesamtes Familieneinkommen) verstärkt. Die ärmeren Familien im Nordosten Brasiliens haben weniger Geldverdiener als reichere Familien, obwohl sie insgesamt mehr Familienmitglieder haben. 1970 hatten 61,5 Prozent der Familien mit einem Familieneinkommen pro Kopf, das weniger als die Hälfte des Mindestlohns betrug, nur einen einzigen Geldverdiener, während die entsprechende Zahl bei jenen Familien, deren Einkommen mehr als dem doppelten Mindestlohn entsprach, bei nur 54,5 Prozent lag.[2]

3. *Der Alters- oder Struktureffekt.* Schnelleres Bevölkerungswachtsum in den unteren Klassen führt zu einem jüngeren Durchschnittsalter als in den höheren Klassen und zu einem größeren Abhängigkeitsverhältnis. Das macht es für Mitglieder der unteren Klasse schwerer, Ersparnisse anzulegen, und führt

darüber hinaus tendenziell zum Ausschluß der Frauen aus dem Arbeitskräfteangebot. Das Gegenteil gilt für die oberen Klassen. Noch spekulativer könnte man davon ausgehen, daß das niedrigere Durchschnittsalter der Unterschicht die Dominanz der Oberschicht verstärkt, einfach deshalb, weil bis zu einem noch nicht erreichten Limit ältere Menschen durch ihr größeres Wissen und ihre Lebenserfahrung einen Vorsprung haben, der es ihnen ermöglicht, eine jüngere Gruppe politisch und ökonomisch zu dominieren. Für ganz Brasilien betrug im Jahr 1970 der Anteil der Bevölkerung unter 15 Jahren in der niedrigsten Einkommensklasse (weniger als der halbe Mindestlohn) 47,8 Prozent. Für die nächste Kategorie (zwischen 50 und 100 Prozent des Mindestlohns) betrug der Anteil 28,7 Prozent, während er sich für die höchste Kategorie (mehr als das zweifache des Mindestlohns) auf nur 21,1 Prozent belief.[3] Da wir es erwarten würden, daß Personen unter fünfzehn Jahren durchschnittlich ein geringeres Einkommen haben als jene über fünfzehn, leuchtet es ein, daß in einer Klasse, in der 48 Prozent ihrer Mitglieder unter fünfzehn Jahre alt sind, das Pro-Kopf-Einkommen – unter sonst gleichen Bedingungen – geringer ist als in einer Klasse mit 21 Prozent der Mitglieder unter fünfzehn Jahren. Nachdem unterschiedliche Fruchtbarkeitsraten direkt die Altersstruktur beinflussen, bestimmen sie indirekt auch die Einkommensverteilung pro Kopf in bedeutendem Maße.

Meine grundlegende Schlußfolgerung im Jahr 1970 war, daß ein Familienplanungsprogramm, das zur Demokratisierung der Geburtenkontrolle führen sollte, eine notwendige (aber offensichtlich nicht hinreichende) Bedingung für eine wirtschaftliche Entwicklung ist, die das Los der unteren 80 Prozent der Bevölkerung im Nordosten Brasiliens verbessert. Eine solche These fand damals keine offizielle Anerkennung und findet diese auch heute noch nicht, obwohl sie weithin diskutiert wird.[4] Der Widerstand gegen Familienplanung war in den sechziger Jahren sehr stark und kam vom konservativen Flügel der katholischen Kirche, von den Nationalisten, dem Militär, den Linken und von der Oligarchie. Bei einer solchen Allianz von Feinden war es nicht zu erwarten, daß Bevölkerungskontrolle in naher Zukunft zur offiziellen Politik werden würde, und sie wurde es auch nicht. Die gemeinsame Opposition der Linken und der Oligarchie gegen Bevölkerungskontrolle ist besonders interessant, da beide gegensätzliche Erwartungen bezüglich der politischen Folgen eines rapiden Bevölkerungswachstums der unteren Klassen haben. Die Linken denken (oder dachten?), daß es die Revolution vorantreiben würde, indem es den Druck durch zunehmendes Elend erhöht. Die Oligarchie glaubt hingegen offensichtlich, daß Bevölkerungswachstum zu mehr Stabilität führt, indem es jeden Überschuß oberhalb des Substistenzniveaus absorbiert, den das Proletariat zu seinen eigenen

Gunsten verwenden könnte. Die Nationalisten und das Militär wollen ein ausreichend großes Proletariat, das in der Armee dienen und den Amazonas kolonisieren kann, um ihn gegen fremdes Eindringen zu schützen. Die Linken wollen ein wachsendes Proletariat, um für die Revolution zu kämpfen. Die Oligarchie will ein wachsendes Proletariat, das in ihren Fabriken, Landwirtschaften und Haushalten billig arbeitet. Jeder hätte gerne jemanden, der statt seiner die Dreckarbeit erledigt, und je größer die ausgebeutete Bevölkerung, desto besser für diejenigen, die ihre Hände sauber halten wollen. Beide – sowohl die Linken als auch die Angehörigen der Oligarchie – glaubten anscheinend, daß „Füchse keine Geburtenkontrolle für Hasen vorschlagen sollten"!

Wie stehen die Dinge jetzt, ungefähr fünfzehn Jahre später? Welche neuen Informationen haben wir heute? Inwieweit unterstützen sie das Bild, welches ich 1970 in meinem Artikel gezeichnet habe und das oben zusammengefaßt ist? Inwieweit widersprechen sie ihm? Welche Änderungen gab es in der offiziellen Einstellung und Politik?

Zwei neue Informationsquellen sind von Bedeutung. Erstens: Die Volkszählung von 1970 erbringt neue Informationen über unterschiedliche Fruchtbarkeits- und Sterblichkeitsraten in den verschiedenen Einkommensklassen. Wie man weiter unten sehen kann, unterstützt diese Information in hohem Ausmaß die grundlegende These. Zweitens: In der PNAD-1977[5] findet man vergleichbare Informationen für dieses Jahr, welche auf einen signifikanten Rückgang der Fruchtbarkeit insgesamt hinweisen, bei gleichzeitiger Verringerung der extremen Klassenunterschiede. Die Informationen aus beiden Quellen wurden in einem gemeinsamen Projekt von UNICEF (United Nations International Children's Emergency Fund; Weltkinderhilfswerk der UNO) und IBGE (Instituto Brasileiro de Geografia e Estatística) aufgearbeitet, welches 1982 veröffentlicht wurde.[6] Tabelle 1 ist aus dieser Studie übernommen:

In Tabelle 1 fällt besonders der enorme Rückgang der Gesamtfruchtbarkeit[7] zwischen den angrenzenden Einkommenskategorien „weniger als 50 Prozent" und „50–100%" des Mindestlohns auf. Für den Nordosten (1970) ist dies ein Fall von 9,26 auf 2,38 – eine Verringerung von fast sieben Geburten zwischen der untersten Klasse (die 84,6 Prozent der weiblichen Bevölkerung zwischen 15 und 49 Jahren umfaßt) und der angrenzenden „unteren Mittelschicht" (die 5,6 Prozent der selben Bevölkerungsgruppe umfaßt). In den zwei höchsten Kategorien, die zusammen etwa 3 Prozent der Bevölkerung ausmachen, liegt die Gesamtfruchtbarkeit etwas höher, bei 2,83. Wenn man diese Zahl für einen Vergleich verwendet, ergibt sich ein Klassenunterschied von 6,43. Wir können mit einiger Sicherheit sagen, daß der Klassenunterschied in der Gesamtfruchtbarkeit zwischen 6,4 und 7,0 liegt.

Tabelle 1: *Gesamtfruchtbarkeit der 15- bis 49jährigen Frauen für Brasilien insgesamt, die Nordostregion und den Staat São Paulo, getrennt nach ländlichen und städtischen Haushalten, eingeteilt nach Familieneinkommen pro Kopf für die Jahre 1970 und 1977.*

	Gesamtfruchtbarkeit pro Frau im Alter zwischen 15 und 49									
	1970							1977		
Familien-einkommen pro Kopf (im Verhältnis zum Mindestlohn)	Brasilien			Nordostregion			Staat São Paulo	Brasilien	Nordost-Region	Staat São Paulo
	Gesamt	*Stadt*	*Land*	*Gesamt*	*Stadt*	*Land*	*Gesamt*	*Gesamt*	*Gesamt*	*Gesamt*
Gesamt*	6,35	5,06	8,31	8,36	7,00	9,44	4,38	4,35	6,22	2,87
weniger als 50%	8,19	7,60	8,74	9,26	8,62	9,67	7,08	7,13	7,73	6,31
50–100%	2,66	2,62	2,90	2,38	2,39	2,36	2,85	3,17	3,37	3,16
100–200%	2,22	2,25	2,10	2,83	2,79	3,59	2,17	2,27	2,43	2,10
über 200%	1,83	1,82	–	2,83	2,83	–	1,79	1,88	2,91	1,93

Anmerkung: Geschätzt nach Brassscher Methode auf Basis einer Stichprobe von 1 Prozent der Volkszählung von 1970 und der Daten aus der PNAD-1977.
*Frauen aus der Klasse ohne Einkommen sind hier enthalten.
Quelle: Perfil Estatístico de Crianças e Mães no Brasil (Rio de Janeiro, IBGE, 1982), Seite 38.

Meine Schätzung im Jahr 1970, die acht für die Oberschicht bzw. vier für die Unterschicht betrug, bezog sich auf überlebende Kinder, nicht auf Lebendgeburten. Berücksichtigt man die Raten der Kindersterblichkeit im Nordosten von ungefähr 15 bis 20 Prozent,[8] so stimmt eine Gesamtfruchtbarkeit von 9,26 ungefähr mit einem Durchschnitt von acht überlebenden Kindern überein. Die Schätzung scheint also, im nachhinein betrachtet, ziemlich genau gewesen zu sein. Ich überschätzte jedoch offensichtlich die Fruchtbarkeitsrate der Oberschicht. Sie lag augenscheinlich bei 2,38 statt bei vier. (Die Berücksichtigung der Kindersterblichkeit würde in der Oberschicht nur zu einer geringen Veränderung führen; sie würde jedoch die Zahl von 2,38 noch senken, was meine Schätzung von vier überlebenden Kinder noch ungenauer macht.) Meine implizite Schätzung des Klassenunterschiedes war daher ungefähr fünf (= 9 – 4), während der tatsächliche Unterschied augenscheinlich in der Nähe von sieben lag (= 9,26 – 2,38). Folglich habe ich in meinem Artikel von 1970 die Auswirkungen der unterschiedlichen Fruchtbarkeitsraten auf die Einkommensverteilung unterschätzt, weil ich den Unterschied selbst unterschätzt habe. Die neueren Daten verstärken die Hauptaussage meines Artikels für 1970. Allerdings weisen Merrick und Berquo in ihrer sehr sorgfältigen, kürzlich erschienenen Studie im Nordosten eine Gesamtfruchtbarkeit der Unterschicht von 8,55 und von 3,95 für die Oberschicht aus.[9] In diesen Zahlen, die aus einer Studie von Carvalho und Paiva zitiert werden, spiegelt sich eine andere statistische Definition der sozialen Klassen wider. Diese Definition beruht auf dem gesamten Haushaltseinkommen in absoluten Cruzeiros, nicht auf dem Familieneinkommen pro Kopf als Vielfachem eines Mindestlohns. Ein signifikanter Unterschied in den Fruchtbarkeitsraten ist in beiden Fällen ersichtlich, gleichgültig, welche genaue Definition von oberer bzw. unterer Klasse zugrundeliegt.

Es gibt natürlich Grenzen bei der Verwendung von entweder Gesamtfamilieneinkommen oder Familieneinkommen pro Kopf. Wood und Carvalho bemerken: „Größere Haushalte weisen eher größere Gesamteinkommen auf, wegen der größeren Zahl an Verdienern, jedoch kleinere Einkommen pro Haushaltsmitglied."[10] Klassifiziert man die Haushalte nach dem Pro-Kopf-Einkommen, so sind die Fruchtbarkeits- und Einkommensunterschiede größer, als wenn man sie nach dem Gesamteinkommen zusammenfaßt. Keine der Kategorien ist „verzerrt". Es sind einfach unterschiedliche Konzepte, jedes für sich verwendbar und sinnvoll, solange wir die Definitionen im Kopf behalten und es vermeiden, sie in Vergleichen durcheinanderzubringen.

Zwischen 1970 und 1977 gab es jedoch einen signifikanten Rückgang der Gesamtfruchtbarkeit für alle Klassen in allen Regionen des Landes. Im Nordosten fiel sie um ungefähr 2 (von 8,36 auf 6,22). Außerdem verringerte sich der Unterschied zwischen den Gruppen „weniger als 50%" des Mindestlohns und „50–100%" des Mindestlohns von ungefähr 7 auf ca. 4,4 (7,73 – 3,37). Teilweise ist diese Verringerung auf den überraschenden Anstieg der Fruchtbarkeitsrate in der Kategorie „50–100%" des Mindestlohns (von 2,38 auf 3,37) zurückzuführen, ein Anstieg von über 40 Prozent in sieben Jahren. Woher kommt eine so starke Bewegung gegen den Trend in dieser speziellen Klasse, welche zuvor diejenige mit der geringsten Fruchtbarkeitsrate war? Es gibt gute Gründe dafür, anzunehmen, daß sich hier eher eine statistische Neuklassifizierung widerspiegelt als eine wirkliche Verhaltensänderung. Nachdem die Inflationsbereinigung zwischen 1970 und 1977 hinter der Inflationsrate herhinkte, wurde die reale Kaufkraft des Mindestlohns untergraben und, obwohl einige Personen aus der untersten Kategorie nominell in die nächst höhere Einkommenskategorie kamen, gab es weder eine Veränderung ihrer Realeinkommen noch ihres Fortpflanzungsverhaltens. In der Folge erhöhten diese Personen die Fruchtbarkeitsrate der nominellen Einkommensklasse, in die sie aufgrund der Inflation wechselten. Offenbar war der reale Fruchtbarkeitsunterschied zwischen den Klassen 1977 größer als 4,4, obwohl er immer noch deutlich unter dem Unterschied von 7 aus dem Jahr 1970 blieb. Wahrscheinlich betrug er um die 5,4 – unter

der berechtigten Annahme, daß der gesamte Anstieg der Fruchtbarkeitsrate in der Kategorie „50 bis 100%“ des Mindestlohns nur scheinbar stattfand. Zwischen 1970 und 1977 verringerten sich die extremen Fruchtbarkeitsunterschiede zwischen den Klassen deutlich, was zu einer geringeren Auswirkung dieser Unterschiede auf die Einkommensverteilung pro Kopf, verglichen mit dem Jahr 1970 führte. Die Fruchtbarkeitsrate der Unterschicht betrug jedoch immer noch mehr als das doppelte von jener der Oberschicht, der Verteilungseffekt ist also immer noch signifikant. Da sich das Wachstum der Einkommen insgesamt deutlich verlangsamt hat, könnte der Druck der hohen Fruchtbarkeitsrate auf das Pro-Kopf-Einkommen in den unteren Klassen absolut gesehen nun sogar größer geworden sein.
Der Unterschied von fast 7, der 1970 festgestellt wurde, war vermutlich der größte Klassenunterschied bezüglich Fruchtbarkeit weltweit, und vielleicht der größte in der ganzen Geschichte. Ein oberflächlicher Überblick über die Literatur ergibt ein paar Maßstabsvergleiche, die zwar nicht beweisen, daß der Nordosten Brasiliens die höchsten Klassenunterschiede bezüglich Fruchtbarkeitsraten in der Welt hatte, die aber diese Vermutung dennoch sehr plausibel erscheinen lassen.

1. Stycos[11] definierte 1960 für Peru fünf sozioökonomische Klassen und fand zwischen der untersten und der obersten Klasse einen Unterschied in der Gesamtfruchtbarkeit von 3,8 (= 7,6 – 3,8) vor.
2. Zambrano Lupi[12] stellte für Mexiko City im Jahr 1970 eine Gesamtfruchtbarkeit der Mütter mit weniger als drei Jahren Schulbildung von 7,85 und für Mütter mit Universitätsausbildung eine von 4,53 fest, ein Unterschied von 3,32.
3. Pakrasi und Halder (1981)[13] fanden für Kalkutta eine Gesamtfruchtbarkeit der Klasse mit den niedrigsten monatlichen Ausgaben von 7,95 vor – gegenüber einer von 4,52 in der Klasse mit den höchsten monatlichen Ausgaben, was einen Klassenunterschied von 3,43 ergibt.
4. Petersen[14] berichtet für das Jahr 1910 von einem Unterschied der Gesamtfruchtbarkeit in den USA zwischen der Kategorie „Landarbeiter und Bauern“ (5,6) und der Kategorie „städtische höhere Berufsstände“ (1,8) von 3,8.
5. Für ganz Brasilien errechneten Wood und Carvalho[15], daß 1970 die Gesamtfruchtbarkeit der untersten von vier Klassen im Haushaltseinkommen 7,6 betrug, während jene der obersten Klasse 3,3 war, also ein Unterschied von 4,3.

In allen diesen Fällen beziehen sich die Vergleiche auf eine oberste Klasse und eine unterste Klasse. Dabei wird eine beträchtliche Mittelklasse ausgelassen, während im Nordosten Brasiliens keine Mittelklasse unbeachtet bleibt, da unsere unterste Kategorie alleine 80 Prozent der Bevölkerung ausmacht und wir sie mit der angrenzenden Klasse vergleichen. Trotz alledem bleiben die oben zitierten Unterschiede weit unter der Zahl von fast sieben für Nordostbrasilien im Jahr 1970 und auch deutlich unter der Zahl von 5,4 für 1977. Ich bezweifle, daß irgendeine andere Gesellschaft auf der Welt so große Unterschiede in den Fruchtbarkeitsraten zwischen Klassen mit vergleichbarem Umfang aufweist.

Außerdem handelt es sich nicht um einen Unterschied zwischen indigenen Völkern und Kolonisten oder zwischen religiösen bzw. sprachlichen Subkulturen. Der Fruchtbarkeitsunterschied im Nordosten Brasiliens ist einer zwischen ökonomischen Klassen. Beide Klassen sprechen dieselbe Sprache, gehören derselben Kirche an, kommen aus demselben Rassenhintergrund, sehen dieselben TV-*„novelas"*, besuchen dieselben *„futbol"*-Spiele und stimmen in denselben Wahlen ab (oder dürfen nicht abstimmen). Ein Klassenunterschied in der Gesamtfruchtbarkeit von fast sieben Kindern erscheint so extrem, daß er eigentlich viel Aufmerksamkeit erregt haben müßte. Das war nicht der Fall. Auch dem jetzigen Unterschied von ca. 5,4, der ebenfalls zu den höchsten der Welt zählen müßte, wird kaum Aufmerksamkeit geschenkt. Warum wurden diese auffälligen Tatsachen so wenig beachtet?

Es besteht natürlich die Möglichkeit, daß die Zahlen falsch sind. Die mehrheitliche (aber bei weitem nicht einhellige) Reaktion meiner Kollegen in den Wirtschaftswissenschaften der Landesuniversität von Ceará, als ich ihnen Tabelle 1 präsentierte, war von Unglauben geprägt. Sie behaupteten, daß die Fruchtbarkeitsunterschiede zu groß seien und zu plötzlich zwischen angrenzenden Klassen auftraten, die auf sozialer Ebene gar nicht so verschieden waren. Sie mögen recht haben. Andererseits ist die Quelle (IBGE) die bestmögliche, und es wurden zwei unabhängige Datensätze verwendet, welche beide dasselbe grundlegende Bild ergaben. Darüber hinaus sind die zwei angrenzenden Klassen, zwischen denen der große Unterschied auftrat, vielleicht weniger nahe, als es erscheint, weil die erste Kategorie („weniger als 50%" des Mindestlohns) nach unten hin offen ist und 1970 ungefähr 80 Prozent der Gesamtanzahl von Familien erfaßte sowie 92 Prozent der Gesamtzahl von Individuen.[16] Die Familieneinkommen pro Kopf der meisten Menschen dieser umfangreichen Kategorie betragen in Wirklichkeit weniger als ein Viertel des Mindestlohns. 67 Prozent der Familien und 76 Prozent der Individuen waren 1970 in der Kategorie „weniger als 25%" des Mindestlohns. Also wird der Mittelwert der nach unten offenen Kategorie „weniger als 50%" des Mindestlohns deutlich unter einem Viertel des Mindestlohns liegen. Der Mittelwert der nächsten Kategorie („50 bis 100%" des Mindestlohns) kann über den mittleren Punkt von 75 Prozent des Mindestlohns geschätzt werden. Aus diesem Blickwinkel betrachtet sehen wir, daß das mittlere Pro-Kopf-Einkommen der zweiten Kategorie *dreimal* so hoch ist wie jenes der ersten Kategorie, obwohl die beiden aneinandergrenzen.

Daß diese Tatsachen als erste Reaktion bei vielen *nordestinos* (Brasilianer aus dem Nordosten) Unglauben hervorrufen, kann eher als ein Indiz für die übliche Blindheit gegenüber der sozialen Wirklichkeit, die sie widerspiegeln, gesehen werden, denn als ein Grund, die Zahlen anzuzweifeln. Das war zumindest die Interpretation einiger der Personen am IBGE in Rio de Janeiro, welche die Studie verfaßt hatten, als sie über die unter meinen Kollegen in Ceará vorherrschende Ungläubigkeit unterrichtet wurden. Auf jeden Fall verdient es das Thema, sowohl von Glaubenden als auch von Zweifelnden intensiver studiert zu werden.

Eine umfassendere Fragestellung, die ebenfalls intensiverer Studien bedarf, wurde vor Jahren von João Lyra Madeira aufgeworfen.[17] Warum wurde das Thema Fruchtbarkeit in der brasilianischen Demographie und Wirtschaftswissenschaft mit einem faktischen Tabu belegt? Heutzutage ist das Wort „Tabu“ vielleicht übertrieben; es bleibt jedoch eine gewisse „Abneigung“ dagegen, Fruchtbarkeitsraten in ihrem sozioökonomischen Zusammenhang zu untersuchen. In der Regel verbirgt ein Tabu eine himmelschreiende Ungerechtigkeit, die nicht mehr offen verteidigt werden kann, die aber für die Interessen der herrschenden Klasse zu wichtig ist, um sie offen anzugehen. Ich erinnere mich dabei an die Rassentrennung im Süden der Vereinigten Staaten während meiner Kindheit. Für ein ganz gewöhnliches Kind war es offensichtlich, daß im großen und ganzen die Schwarzen die Schmutzarbeit machten und arm waren, während die Weißen die interessanteren Arbeiten machten und besser bezahlt wurden. Die Gesetze der Rassentrennung waren dazu da, den Status quo zu erhalten. Es wurde akzeptiert, diese Tatsache bewußt wahrzunehmen, solange man nicht darauf herumritt oder sie zu intensiv verfolgte. Nur sehr wenige Weiße im Süden der vierziger Jahre haßten die Schwarzen (oder die „Farbigen“, wie damals der höfliche Ausdruck lautete) tatsächlich. Tatsächlich mochten die meisten Weißen die Schwarzen, die sie persönlich kannten und die dort waren, „wo sie hingehörten“, so jedenfalls wollte es das Klischee. Ich vermute, daß die meisten Brasilianer der Oberschicht im Nordosten in ganz ähnlicher Weise eine aufrichtige Zuneigung für ihre Landsleute in den unteren Schichten hegen, die sie persönlich kennen und die dort sind, „wo sie hingehören“, d. h. die in den Fabriken, Landwirtschaften und Haushalten der Oberschicht arbeiten. Der Nordosten Brasiliens ist weit weniger rassistisch als die USA, die wirtschaftliche Klassentrennung ist jedoch stärker.

In einer Klassengesellschaft ist es nur natürlich, daß es in jeder Hinsicht Klassenunterschiede gibt, die Fruchtbarkeitsraten eingeschlossen. Die Tatsache, daß unterschiedliche Fruchtbarkeitsraten die zugrundeliegende Klassenstruktur der Gesellschaft *verstärken*, läßt eine gründliche Auseinandersetzung mit dem Thema unerwünscht werden. Für die Oligarchie ist das Thema unangenehm, weil es eine weitere Dimension der Ausbeutung zu Tage fördert. Man könnte daher glauben, daß die Marxisten diese Tatsachen gerne aufdecken würden. Sie sind jedoch nicht willens, einen anderen Grund für die Armut zuzulassen als das Monopol auf den Besitz an Produktionsmitteln. Neomalthusianische Politik erscheint den Marxisten besonders geschmacklos, weil sie die Möglichkeit einer Verbesserung durch individuelles Handeln anbietet, was die Klassensolidarität schwächt und einigen Wind aus den Segeln ihres Schlachtschiffes gegen alle Übel nämlich der proletarischen Revolution nimmt. Folglich wird dieses Thema vernachlässigt.

Aufgrund dieser Vernachlässigung warten die außergewöhnlich großen Unterschiede bezüglich Fruchtbarkeit im Nordosten Brasiliens immer noch auf eine entsprechende „Erklärung". Wie schon angedeutet, glaube ich, daß diese Erklärung grundlegend in der Klassennatur der Gesellschaft zu finden ist. Wie ich in meinen Studien 1970 und 1971 argumentierte,[18] ist es die buchstäbliche Rolle eines Proletariats, sich zu vermehren. Die wörtliche Bedeutung von „Proletariat" im antiken Rom war: „diejenigen mit vielen Kindern", die ärmste Klasse der Gesellschaft, deren Mitglieder von Steuern befreit waren und deren Leistung für die Republik im Zeugen von Kindern bestand. Diese wörtliche Bedeutung enthält implizit die Assoziation zwischen Armut und rascher Vermehrung, die im malthusianischen und neomalthusianischen Gedankengut explizit entwickelt wird. Zur Zeit von Marx hatte das Wort seine ursprüngliche lateinische Bedeutung bereits weitgehend verloren, und Marx trennte es von jeglicher verbliebenen etymologischen Verbindung mit Vermehrung, indem er das Wort neu definierte: Es bezeichnete nun Menschen ohne Eigentum an Produktionsmitteln, die ihre Arbeitskraft den Kapitalisten verkaufen müssen, damit sie überleben können. Marx' Definition beinhaltet auch eine Theorie der Armut – nämlich daß Armut eine Folge des Monopols einiger weniger am Besitz der Produktionsmittel ist und folglich viele ohne Besitz an Produktionsmitteln sind. Auf ideologischer Ebene, also in dem Sinn, daß sie einen einzigen Grund und ein alleiniges Heilmittel gegen die Armut bieten, sind die beiden Traditionen im Konflikt. Logisch gesehen stehen die marxistische und die malthusianische Theorie jedoch nicht im Konflikt. Es ist sehr wohl möglich, daß eine Klasse ein Monopol auf beides besitzt: auf die Produktionsmittel und auf die Mittel zur Beschränkung der Reproduktion. Marx selbst sagt, daß der alleinige Besitz von Land und Kapital noch nicht ausreicht, um jemanden zum Grundbesitzer oder zum Kapitalisten zu machen, wenn das erforderliche soziale Korrelat fehlt: der Proletarier, der keine andere Möglichkeit hat, als seine Arbeit an den Kapitalisten zu verkaufen.[19] Die rasche Reproduktion von „Korrelaten" unterstützt und verstärkt die ungleiche Verteilung des produktiven Vermögens, welche das Hauptmerkmal des sozialen Lebens im Nordosten Brasiliens ist.

Weitere demographische Belege für die Klassennatur der Gesellschaft und eine teilweise Erklärung für die extremen Fruchbarkeitsunterschiede ergeben die Statistiken über die Klassenunterschiede bezüglich der Sterblichkeitsraten in Tabelle 2.

Im gesamten Nordosten gab es im Jahre 1970 einen Unterschied in der Lebenserwartung bei der Geburt von 17,5 Jahren zwischen der untersten

Tabelle 2: *Lebenserwartung zum Zeitpunkt der Geburt auf Basis der Sterblichkeit von Kindern unter fünf Jahren, geordnet nach der Niederlassung des Haushaltes (regional, Land- oder Stadtbevölkerung) und nach dem Familieneinkommen pro Kopf, 1970 und 1977.*

ländlicher bzw. städtischer Haushalt und Familieneinkommen pro Kopf (im Verhältnis zum Mindestlohn)	Brasilien		Nordostregion		Staat São Paulo		Ballungszentrum São Paulo	
	1970	1977	1970	1977	1970	1977	1970	1977
Gesamt	53,27	58,20	44,64	49,77	59,08	64,81	59,51	63,51
weniger als 50%	52,53	55,43	44,66	48,63	57,77	62,89	58,25	59,91
50–100%	58,04	62,13	48,01	54,46	60,45	64,12	60,75	63,57
100–200%	64,36	65,83	58,70	60,28	67,54	67,99	66,29	67,57
über 200%	66,58	68,97	62,12	64,68	69,53	69,64	69,32	70,37
städtische Haushalte	53,89	–	42,66	–	59,87	–	–	–
weniger als 50%	52,46	–	62,48	–	58,46	–	–	–
50–100%	58,41	–	48,30	–	61,02	–	–	–
100–200%	64,58	–	58,23	–	67,64	–	–	–
über 200%	67,76	–	62,21	–	69,49	–	–	–
ländliche Haushalte	52,57	–	45,97	–	56,50	–	–	–
weniger als 50%	52,58	–	45,95	–	56,50	–	–	–
50–100%	57,53	–	50,23	–	–	–	–	–
100–200%	60,99	–	–	–	–	–	–	–
über 200%	–	–	–	–	–	–	–	–

Anmerkung: Geschätzt nach der Sullivan-Methode auf Basis einer einprozentigen Stichprobe der Volkszählung von 1970 und der Daten der PNAD-1977.
Quelle: Perfil Estatístico de Crianças e Mães no Brasil (Rio de Janeiro, IBGE, 1982), Seite 61.

Kategorie (weniger als 50% des Mindestlohns), die über 80 Prozent der Bevölkerung umfaßte, und der höchsten Kategorie (über 200% des Mindestlohns), die ungefähr 1 Prozent der Bevölkerung ausmachte. In den Stadtgebieten des Nordostens betrug der Unterschied beinahe 20 Jahre! Eine Spezies oder Klasse, die hohe Sterblichkeitsraten (geringe Lebenserwartung) aufweist, muß hohe Geburtenraten haben, um zu überleben. Obwohl signifikant, sind die Klassenunterschiede in den Sterblichkeitsraten weniger dramatisch als jene in den Fruchtbarkeitsraten. Das heißt: Die höheren Fruchtbarkeitsraten der unteren Klassen wiegen deren höhere Sterblichkeitsraten mehr als auf.

Bis zum Jahr 1977 verringerten sich die entsprechenden Klassenunterschiede bei der Lebenserwartung im Nordosten auf ungefähr 15 Jahre. Die größte Veränderung, fast 11 Jahre, gab es zwischen den Kategorien „50–100% des Mindestlohns" und „100–200% des Mindestlohns", wohingegen die größte Veränderung in den Fruchtbarkeitsraten im gleichen Zeitraum zwischen den zwei Kategorien „weniger als 50% des Mindestlohns" und „50 bis 100% des Mindestlohns" auftrat. Der Knick in der Geburtenrate tritt also vor dem in der Sterberate ein, wenn wir uns auf der Skala der Familieneinkommen pro Kopf aufwärts bewegen – eine Tatsache, welche die Hypothese schwächt, daß die Geburtenraten als verspätete Reaktion auf sinkende Sterberaten fallen. Zusammenfassend kann man sagen: Weder sind die Klassenunterschiede in den Sterblichkeitsraten so extrem wie diejenigen in den Fruchtbarkeitsraten, noch ist die Trennlinie so dramatisch, noch befindet sie sich zwischen denselben Einkommensklassen. Dennoch tragen die Unterschiede in den Sterblichkeitsraten wesentlich zum Gesamtbild der wahren Dimensionen einer Klassengesellschaft bei. Die demographischen Dimensionen der Klassengesellschaft im Nordosten Brasiliens können wie folgt zusammengefaßt werden:

1. 1970 gab es einen Klassenunterschied in der Gesamtfruchtbarkeit von fast 7 Geburten und einen Unterschied in der Lebenserwartung bei der Geburt von ca. 18 Jahren.

2. 1977 betrug der Klassenunterschied in der Gesamtfruchtbarkeit ungefähr 5,4 Geburten und der Unterschied in der Lebenserwartung bei der Geburt ca. 15 Jahre.

In diesen sieben Jahren gab es dramatische Verbesserungen, obwohl noch ein weiter Weg zu gehen ist. Die Veränderung in der Sterblichkeitsrate war ein Ziel der öffentlichen Politik. Die Veränderung in der Fruchtbarkeitsrate

wurde nicht direkt von der Politik angestrebt, sondern war die Folge anderer Faktoren. Welcher?
Man kann sich hier nicht auf die übliche These vom „demographischen Übergang" berufen, denn die wirtschaftlichen Bedingungen für die unteren 80 Prozent, innerhalb derer sich die Fruchtbarkeitsraten am stärksten reduziert haben, wurden nicht verbessert. Wie bereits festgestellt wurde, spielte sich außerdem der große Rückgang in den Fruchtbarkeitsraten in niedrigeren Einkommensklassen ab als der große Rückgang in den Sterberaten. Man könnte – wie es Merrick und Berquo für Brasilien insgesamt getan haben[20] – auch für den Nordosten annehmen, daß die Verschlechterung der Realeinkommen die unteren Schichten zu einer Verringerung ihrer Fruchtbarkeit motiviert haben, damit sie ihre steigenden Konsumbedürfnisse befriedigen konnten. Andererseits, und das ist vielleicht für den Nordosten von größerer Bedeutung, bringen sie vor, daß das größere Elend der Unterschicht die Fruchtbarkeit und den Fortpflanzungswillen gesenkt haben mögen. Der Rückgang der Fruchtbarkeitsrate war nicht die Folge einer Verbesserung der wirtschaftlichen Bedingungen für die Massen. Er schien eher das Ergebnis einer gewissen Demokratisierung der Geburtenkontrolle – sowohl hinsichtlich der Einstellung als auch hinsichtlich des Zugangs zu den Mitteln – gewesen zu sein. Diese beginnende Ausweitung der Lebensgewohnheiten der Oberschicht auf die Unterschicht war keineswegs ein Ziel der Regierungspolitik – ganz im Gegenteil! Sie schien eher eine Reaktion auf den latenten Wunsch des Proletariats nach Geburtenkontrolle zu sein, der realisierbar wurde, nachdem die Praxis eine gewisse Legitimierung erfahren hatte.
Diese zunehmende Legitimierung hatte verschiedene Ursachen. Erstens trug die Urbanisierung zur Verbreitung von Information bei. Zweitens legte der liberale Flügel der katholischen Kirche mehr Gewicht auf „verantwortliche Elternschaft" als auf die relative Akzeptanz verschiedener Methoden zur Geburtenkontrolle. Drittens verbreitete sich die Geburtenkontrolle, wie sie in der Oberschicht praktiziert wurde, auf natürliche Weise von den *donas de casa* („Herrinnen des Hauses") zu den *empregados* und von den Ärzten zu den Patienten, weil sich fürsorgliche, menschliche Beziehungen über Klassengrenzen hinweg entwickeln. Viertens sind nun Pille und Kondome überall erhältlich, Kondome sogar offen in den Supermärkten, was in den sechziger Jahren sicher nicht der Fall war. Fünftens hat eine allgemeine sexuelle Revolution stattgefunden. Sex wandelte sich von einem leicht tabuisierten Thema (die Brasilianer waren niemals Puritaner) zu einem Objekt intensiver kommerzieller Ausbeutung durch das Fernsehen (*novelas* und Werbung), das Kino (die inzwischen berühmten brasilianischen *pornochandadas*) und durch

Zeitschriften, die von sexy bis pornographisch reichen und an jedem Zeitschriftenstand verkauft werden. Es ist interessant, daß in den Dingen, die mit Sex zu tun hatten, die Zensur praktisch aufgegeben wurde, während zur selben Zeit die politische Zensur viel intensiver wurde. Manche behaupten, daß dies eine Strategie war, um die Illusion einer freien Presse zu erzeugen. Freie Pornographie als einfacher Ersatz für Redefreiheit. Ein unbeabsichtigter Nebeneffekt war vielleicht, daß die Verbreitung der Geburtenkontrolle beschleunigt wurde, indem man Sex in ein intensives kommerzielles Rampenlicht rückte und die offene Diskussion jedes mit Sex in Verbindung stehenden Themas legitimierte – einschließlich Geburtenkontrolle.[21]

De facto praktiziert die Regierung eine Einstellung des Laissez-faire. Private Initiativen zur Geburtenkontrolle werden toleriert, in ihrer offiziellen Einstellung befürwortet sie jedoch immer noch hohe Geburtenraten. Manche glauben, daß die Regierung gerne eine Kehrtwendung vollführen würde, wie dies in Mexiko der Fall war, daß sie aber nicht noch mehr Konfliktfelder mit der katholischen Kirche schaffen will, nachdem sie auf anderen Gebieten der Menschenrechte und der sozialen Gerechtigkeit ohnehin schon heftig von der Kirche kritisiert wird.

Im Gegensatz zur Feststellung, daß die Regierung eigentlich Geburtenkontrolle wünschen würde, jedoch durch den politischen Kontext daran gehindert wird, steht die Ansicht, daß die Regierung durch und durch pronatalistisch eingestellt sei und diese Einstellung nicht ändern werde. Geschichtlich betrachtet verfolgte Brasilien immer eine Politik der billigen Arbeitskräfte.[22] Im frühen 19. Jahrhundert stellte die Sklaverei eine Politik zur Bereitstellung billiger Arbeitskräfte aus Afrika für Zwangsarbeit dar. Als im späten 19. Jahrhundert die Sklaverei abgeschafft wurde, war die geförderte Einwanderung armer Südeuropäer eine Quelle billiger Arbeitskräfte bis weit in das 20. Jahrhundert hinein, bis zu der Zeit, als die natürliche Zuwachsrate der brasilianischen Arbeiterklasse selbst ausreichend war, um billige Arbeitskräfte zu garantieren. Der eigenartige Mangel an Enthusiasmus für eine Politik der Verbreitung von Geburtenkontrolle unter der Arbeiterklasse (die Oberschicht praktiziert bereits Geburtenkontrolle), den die brasilianische Regierung an den Tag legt, kann als Fortsetzung einer traditionellen Politik der billigen Arbeitskräfte angesehen werden, obschon eher auf passive als auf aktive Weise.

Diese Sichtweise findet Bestätigung in diversen offiziellen, öffentlichen Erklärungen. Eine Studiengruppe der „Escola Superior de Guerra" veröffentlichte 1982 ein kleines Buch mit dem Titel „Das Brasilianische Bevölkerungsproblem"[23], das die offizielle Sichtweise zum Ausdruck bringt; dargestellt in den folgenden Zitaten:

„Ein Land von kontinentalen Ausmaßen wie Brasilien mit hervorragenden

natürlichen Ressourcen, reichlichem Wohlstand und ohne Vorurteile in Sachen der Rasse, Hautfarbe oder Religion bedarf einer Bevölkerung, die ausreicht, um sein Territorium zu bewohnen und es gegen internationale Begierden zu verteidigen.
Die demographische Politik, welche antinatalistischen Kampagnen zugrundeliegt und von einigen als für unsere Entwicklung absolut notwendig angesehen wird, würde zu einer Stagnation oder einem Rückgang unseres Bevölkerungswachstums führen – und das bei uns, die wir bereits in so geringer Zahl in einem so großen Land mit unerschöpflichen Rohstoffen leben. Eine Politik zur Steigerung der Geburtenrate, die dadurch weitere wirtschaftliche Entwicklung garantiert, ermöglicht es uns, mehr brasilianische Arbeiter, Techniker und Wissenschaftler zu haben. Zusätzlich zur Produktion von Konsum- und Produktionsgütern in einem industrialisierten Brasilien werden unsere Techniker und Wissenschaftler in der Lage sein, unsere Schwerindustrie teilweise in eine Industrie umzuwandeln, die zur Erzeugung militärischer Güter fähig ist. (Seite 75)
Vom militärischen Standpunkt aus gesehen bedeutet Bevölkerung Macht, und in Brasilien ist das Bevölkerungswachstum – im Widerspruch zu malthusischen Kampagnen – historisch gesehen dem Land insofern dienlich gewesen, als wir ein schnelleres Wirtschaftswachstum aufweisen als Länder mit niedriger Geburtenrate wie zum Beispiel Argentinien, Chile und Uruguay.“ (Seite 72)
Die Autoren dieses Buches zitieren anerkennend Minister João Paulo dos Reis Velosos Aussage, daß „ein Land wie Brasilien nicht das Recht hat, Programme für Geburtenkontrolle zu entwickeln, weil unsere Bevölkerung mit 2,5 Prozent im Jahr wächst, während das Wirtschaftswachstum 9 Prozent beträgt.“ (Seite 76)
Man beachte, daß die letzte Aussage genau jenes bereits erwähnte „Hasengulasch“ ist, das ich in meinem Artikel von 1970 mühevoll zu widerlegen suchte. Diese Aussage zeigt, daß der „zweite Blick“ nicht überflüssig ist. Das Wirtschaftswachstum von 9 Prozent stellte sich selbstverständlich in jedem Fall als sehr kurzlebig heraus.
Zur Zusammenfassung führe ich hier die grundlegenden Schlußfolgerungen dieses „zweiten Blicks, 15 Jahre danach“ an:
1. Im Nordosten Brasiliens herrscht vermutlich der weltweit größte Klassenunterschied bezüglich Fruchtbarkeitsraten. Das Ausmaß dieses Klassenunterschiedes in den Fruchtbarkeitsraten wurde von mir in meiner Studie von 1970 unterschätzt. Daher haben die Argumente, welche auf diesem Unterschied beruhen, nun eine umso stärkere empirische Grundlage, als sie zu jener Zeit verfügbar war.

2. Zwischen 1970 und 1977 fielen die Fruchtbarkeitsraten in allen Klassen signifikant. Die Klassenunterschiede verringerten sich, blieben aber nach wie vor sehr hoch im Vergleich zu internationalen Standards. Die Auswirkungen unterschiedlicher Fruchtbarkeitsraten auf die Einkommensverteilung bleiben trotz wirklicher Fortschritte von großer Bedeutung.
3. Eine marxistisch-malthusianische Definition von sozialer Klasse – Kontrolle versus keine Kontrolle über Produktion und Reproduktion – trifft für den Nordosten zu und bietet eine Möglichkeit, die gültigen Erkenntnisse beider Traditionen zu vereinen. Dies ist deswegen wichtig, weil durch das Wiederaufleben der marxistischen Ökonomie an den brasilianischen Universitäten die malthusianischen Ansichten in Gefahr geraten, gemeinsam mit den spröden, analytischen Knochen der „wert-gedörrten", neoklassischen Modelle vergessen oder ausrangiert zu werden. Die Demokratisierung der Kontrolle über die Fortpflanzung hat nicht weniger (und nicht mehr) Bedeutung als die Demokratisierung des Landbesitzes im Nordosten Brasiliens. Jedermann spricht über die Landreform, aber wenige sprechen bislang über die Fortpflanzungsreform. Paradoxerweise schreitet die Reform der Fortpflanzung scheinbar schneller voran als die Landreform.

Anmerkungen

Ich möchte der Fulbright-Kommission für eine Dozentur danken, die es mir ermöglichte, 1983 drei Monate im Nordosten Brasiliens zu verbringen. Weiterhin bin ich meinen Kollegen an der „Universidade Federal do Ceará", der „Fundação Joaquim Nabuco" und dem „Instituto Brasilieiro de Geografia e Estatística" für Diskussionen und Anregungen zu Dank verpflichtet. Die Verantwortung für alle dargestellten Meinungen und Fehler verbleibt natürlich bei mir selbst.

[1] „The Population Question in North-East Brazil: Its Economic and Ideological Dimensions", *Economic Development and Cultural Change*, Juli 1970; „A Marxian-Malthusian View of Poverty and Development", *Population Studies*, Mai 1971.

[2] *Perfil Estatístico de Crianças e Mães no Brasil: Characteristicas Socio-demográficas, 1970–1977* (Rio de Janeiro, IBGE), 99. Die Studie wird in Zukunft als „*Perfil*" zitiert werden.

[3] *Perfil*, 89.

[4] Siehe den Kommentar von Yony Sampaio, mit meiner Entgegnung in *Economic Development and Cultural Change*, Januar 1976.

[5] PNAD ist eine Abkürzung für Pesquisas Nacionais por Amostra de Domicilio (staatliche Forschung auf der Grundlage von Haushaltsstichproben).

[6] Siehe Fußnote 3, oben.

[7] Mit Gesamtfruchtbarkeit ist die Anzahl der Lebendgeburten pro Frau gemeint, wenn sie bis zur Menopause lebt. Die Anzahl der Lebendgeburten unterliegt den altersspezifischen Fruchtbarkeitsraten, welche derzeit in der betreffenden Bevölkerung vorherrschen.

[8] 1970 betrug die Sterblichkeitsrate der Kinder unter zwei Jahren 192,3 pro tausend Kinder und 1977 154,7 pro tausend Kinder (*Perfil*, 55).

[9] Thomas W. Merrick und Elsa Berquo, *The Determinants of Brazil's Recent Rapid Decline in Fertility* (Washington, D. C.: National Academy Press, 1983), 24.
[10] Charles H. Wood und José Alberto Carvalho, „Population Growth and the Distribution of Household Income: The Case of Brazil", *The Sociological Quarterly* 23 (Winter 1982), 53.
[11] J. Mayone Stycos, „Social Class and Differential Fertility in Peru", *Proceedings of the International Population Conference, New York, 1961,* Band 2 (London, 1963), 123 38.
[12] Jorge H. Zambrano Lupi, „Fertility and Educational Status in Mexico City" (in Spanisch), *Demografía y Economía* 13 (4), Nr. 40 (1979), 442.
[13] Kanti Pakrasi und Ajit Halder, „Fertility in Contemporary Calcutta: A Biosocial Profile", *Genus* 37 (3–4) (Juli–Dezember 1981), 201–19.
[14] William Petersen, *Population* (New York: Macmillan Co, 1975), 527.
[15] Wood und Carvalho, „Population Growth", Anm. 11, siehe ihre Tabelle 1, 54.
[16] *Perfil,* 157.
[17] João Lyra Madeira, „Migrações Internas no Planejamento Economico". In: *Migrações Internas no Brasil,* hg. von Manoel A. Costa (Rio de Janeiro: Instituto de Planejamento Economico e Social, 1971), 42.
[18] Siehe Fußnote 1, oben.
[19] Siehe Karl Marx, *Das Kapital,* Kapitel 33: „The modern Theory of colonization", 379–83 der Great Books Ausgabe (University of Chicago, 1952).
[20] Merrick und Berquo, *Determinants,* 82f.
[21] Bezüglich einer interessanten Studie über sich verändernde sexuelle Einstellungen in den verschiedenen sozialen Klassen, siehe Rose Marie Muraro, *Sexualidade de Mulher Brasileira* (Petropolis, R. J., Brazil: Editora Vozes, 1983).
[22] Nathaniel H. Leff, *Underdevelopment and Development in Brazil,* 2 Bände (London: George Allen und Unwin, 1982). Siehe vor allem auch Kapitel 4, Band 1.
[23] *O Problema Demográfico Brasileiro* (Associação dos Diplomandos da Escola Superior da Guerra, Grupo 05, Belo Horizonte, MG, 1982). (Übersetzung durch den Autor)

Teil V

INTERNATIONALER HANDEL UND NACHHALTIGE ENTWICKLUNG

EINLEITUNG

Freihandel und komparativer Vorteil waren die beiden orthodoxen Doktrinen, die einst mein Denken am stärksten beeinflußten und von denen ich mich am schwersten trennen konnte. Daher überrascht es mich nicht, daß viele, sonst gleichgesinnte Leser, in der Frage des Freihandels anderer Meinung sind. Ich glaube jedoch, daß die Gründe, die mich dazu führten, diese Doktrinen neu zu überdenken, mit der Zeit auch andere davon überzeugen werden. Wir sind viel zu unkritisch gewesen in unserer Zelebrierung alles Globalen und Kosmopolitischen und in unserer daraus folgenden Verunglimpfung alles Nationalen und Lokalen.

Ich wurde von John Cobb, als wir 1987–1988 gemeinsam an unserem Buch „For the Common Good“ arbeiteten, aus meinem dogmatischen „Freihandelsschlummer“ geweckt. Nachdem ich zwanzig Jahre lang die Theorie der komparativen Vorteile für College-Studenten gelehrt hatte, waren meine Gedanken zum Thema Handel recht festgefügt. John jedoch zwang mich dazu, die gesamte Frage neu zu überdenken; ich tat das, indem ich bis Ricardo zurückging. Ich war geradezu gekränkt, als ich entdeckte, in welchem Ausmaß und mit welcher Gedankenlosigkeit ich und die Lehrbücher, die ich verwendet hatte, Ricardos sehr restriktive Annahme, daß sich das Kapital zwischen den Ländern nicht frei bewegen kann, ignoriert hatten. Läßt man diese Annahme weg, fällt das Prinzip des komparativen Vorteils in sich zusammen. In Kapitel 11 des Buches „For the Common Good“ legten wir unsere Argumente gegen Freihandel und zur Verteidigung der Gemeinschaft dar, in diesem Fall der nationalen Gemeinschaft. Ich gestehe, daß ich halb erwartet hatte, wir hätten einen schrecklichen Fehler gemacht und daß andere Ökonomen sich ein Vergnügen daraus machen würden, unsere Argumente zu zerstören. Aber in den sieben Jahren, die inzwischen verstrichen sind, ist nichts dergleichen geschehen.

Nach und nach fing ich an, kühner und deutlicher über das Thema zu sprechen. Während meiner Zeit bei der Weltbank verfaßten Robert Goodland und ich einen Artikel über „An Ecological-Economic Analysis of Deregulation of International Commerce under GATT."[1] („Eine ökologisch-ökonomische Analyse der Deregulierung des Internationalen Handels unter GATT") Obwohl dieser Artikel in der Bank nicht sehr geschätzt wurde (um es gelinde auszudrücken), kam es bemerkenswerterweise zu keiner begründeten Widerlegung unserer Argumente. Seither habe ich das Thema Freihandel mit Jagdish Bhagwati in *Scientific American* diskutiert[2] und mit Francis Cairncross an der Universität von Oxford. In beiden Fällen lernte ich, einige Dinge anders auszudrücken und bestimmte fragwürdige Formulierungen zu vermeiden. Aber die Erfahrung, die ich am deutlichsten machte, ist, daß die Verfechter des Freihandels keine wirklichen Antworten auf unsere grundlegenden Argumente fanden. Genauer gesagt, hatten unsere Gegner zwei Antworten, welche beide leicht widerlegt werden können: (1) Das Wirtschaftswachstum, das durch Freihandel bedingt wird, wird alle Probleme, die mit ihm verbunden sind, aufwiegen. (2) Ricardos Prinzip des komparativen Vorteils hat ein für allemal bewiesen, daß Freihandel für beide beteiligten Seiten von Vorteil ist. Das erste Kapitel in diesem Teil widerlegt diese Antworten.

Das zweite Kapitel betrachtet das Thema Freihandel im Zusammenhang mit der Anpassungspolitik, zu der die Länder der „Dritten Welt" vom Internationalen Währungsfonds (IWF) und von der Weltbank gedrängt werden, und zeigt, wie der Freihandel das Erreichen anderer Ziele im Anpassungsprogramm behindert. 1995 war der IWF Gastgeber einer Konferenz über „Makroökonomie und die Umwelt", nachdem er jahrelang daran festgehalten hatte, daß die beiden Dinge nichts miteinander zu tun hätten. Obwohl der IWF diese Verbindung immer noch ablehnte, wiesen andere Teilnehmer der Konferenz darauf hin, daß es vom IWF unaufrichtig sei, so zu tun, als gäbe es keinen Zusammenhang zwischen der Makroökonomie und der Umwelt, wenn doch die einzelnen Länder die Bedingungen seiner Anpassungsprogramme erfüllen, indem sie Wälder abholzen, Erdöl fördern, Minerale abbauen und die Ackerböden möglichst rasch auslaugen, um die Exporte zu erhöhen – und besonders, da Freihandel ein Hauptelement der makroökonomischen Anpassung ist.

Anmerkungen

[1] Herman Daly und Robert Goodland, „An Ecological-Economic Analysis of Deregulation of International Commerce under GATT", *Ecological Economics* 9, Nr. 1 (Februar 1994).
[2] *Scientific American* 269, Nr. 5 (November 1993), 50–57.

KAPITEL 10

FREIHANDEL UND GLOBALISIERUNG VERSUS UMWELT UND GEMEINSCHAFT

Rechtsanwälte sind die bevorzugte Zielscheibe von berufsspezifischen Witzen, knapp gefolgt von den Ökonomen. Ein beliebter Einzeiler ist der folgende Witz: „Wenn man alle Ökonomen der Länge nach aneinanderlegt, würden sie immer noch keine Lösung erreichen." Mein Problem mit meinen Kollegen sind jedoch nicht ihre häufigen Meinungsverschiedenheiten, sondern ihre nahezu einstimmige Unterstützung einer grundlegenden Politik, die uns noch in den Tod führen wird. In der akademischen Welt ertönt anstelle kritischer Diskussionen über lebenswichtige Themen nur einstimmiges Schnarchen träger Ökonomen in tiefem, dogmatischen Schlummer. Die Wirtschaftswissenschaftler stimmen in überwältigender Mehrheit darin überein, daß (1) Wirtschaftswachstum, gemessen als Bruttosozialprodukt, eine sehr gute Sache ist und (2) daß globale wirtschaftliche Integration mittels Freihandel unbestritten ist, weil sie zu mehr Wettbewerb, zu billigeren Produkten, zum Weltfrieden und besonders zum Wachstum des Bruttosozialprodukts beiträgt. Politische Praktiken, die auf diesen zwei konzeptionell makellosen und zusammenhängenden Grundsätzen der ökonomischen Orthodoxie beruhen, verringern die lebenserhaltende Fähigkeit der Erde und töten dabei im wahrsten Sinne des Wortes die Welt.

In diesem Kapitel werde ich zuerst in einer Zusammenfassung Argumente gegen die allgemeine Politik der globalen ökonomischen Integration mittels Freihandel und freier Mobilität des Kapitals vorbringen. Dann befasse ich mich mit den zwei gängigsten Einwänden zu diesem Thema, nämlich (1) daß das Wirtschaftswachstum, welches durch Freihandel hervorgerufen wird, einen so großen Nutzen darstellt, daß jegliche Kosten des Freihandels aufgewogen werden und (2) daß das Prinzip des komparativen Vorteils von David Ricardo den Freihandel und die Globalisierung im heutigen Sinn mit dem Segen der ökonomischen Theorie versehen hat. Ich habe in diesem Buch schon viele Argumente gegen den ersten Einwand vorgebracht, der jetzige Zusammenhang erfordert jedoch – noch bevor ich mich dem zweiten Einwand widme – eine Wiederholung und Erweiterung eines dieser Gegenargumente. Diese zwei häufigsten Einwände zu widerlegen, ist erstaunlich leicht – und macht sogar Spaß.

ARGUMENTE GEGEN GLOBALISIERUNG MITTELS FREIHANDEL

Transportkosten, Abhängigkeit und eingeschränkte Möglichkeiten der Berufswahl.

Damit Handel für beide Seiten gewinnbringend ist, dürfen die Gewinne aus internationalem Handel und Spezialisierung nicht durch die unmittelbaren Kosten aufgehoben werden: höhere Transportkosten, zunehmende Abhängigkeit von weit entfernten Anbietern und Märkten sowie verringerte Wahlmöglichkeiten für die Staatsbürger, ihren Unterhalt zu verdienen.

Transportkosten sind energieintensiv, und wenn – wie es heutzutage häufig der Fall ist – Energie subventioniert wird, so gilt dies auch für den Handel. Würde man Energiepreise verlangen, die deren volle Kosten beinhalten, so würden die ursprünglichen Gewinne aus dem Fernhandel, gleichgültig ob aus dem internationalen oder dem interregionalen, schrumpfen. Sie hätten dieselbe Auswirkung wie ein Zoll, der zugleich effizient ist und Schutz bietet.

Der Verlust von Unabhängigkeit, der aus der Spezialisierung erwächst, schwächt die Kontrolle einer Gemeinschaft über ihren Lebensunterhalt. Nach erfolgter Spezialisierung kann sich ein Land nicht mehr frei dazu entscheiden, *keinen* Handel zu betreiben, und wenn es nicht dafür sorgt, sich eine gewisse Autarkie in den Grunderzeugnissen zu bewahren, so kann es gegenüber harten Geschäftsverhandlungen verwundbar werden.

Die eingeschränkten Möglichkeiten in der Berufswahl für die Bevölkerung werden selten als Preis für die Wohlfahrt erwähnt, sie sind jedoch wichtig. Der Lebensgenuß der meisten Menschen hängt mindestens ebenso stark davon ab, auf welche Weise sie ihren Lebensunterhalt verdienen, wie davon, wofür sie ihren Verdienst ausgeben. Ein Land wie Uruguay zum Beispiel, das einen eindeutigen komparativen Vorteil in der Vieh- und Schafzucht hat, würde seinen Bürgern nur die Wahl zwischen den Berufen Kuhhirte und Schäfer lassen, wenn es sich streng an die Regeln der Spezialisierung und des Handels halten würde. Die Uruguayer empfanden jedoch, daß sie, um eine lebensfähige staatliche Gemeinschaft aufrechtzuerhalten, ihre eigenen rechtlichen, finanziellen und medizinischen Dienstleistungen, ein Versicherungswesen und Bildungssystem, sowie eine grundlegende Landwirtschaft und Industrie benötigen. Auch wenn solche Mannigfaltigkeit einen Verlust an Effizienz mit sich bringt, ist sie doch für Gemeinschaft und Nationalstaatlichkeit notwendig. Aus individueller Perspektive muß die erweiterte Möglichkeit zur Berufswahl als ein Gewinn an Wohlfahrt gesehen werden. Sogar das Leben der Kuhhirten und Schäfer wird dadurch bereichert, daß sie andere berufliche Möglichkeiten hätten und daß sie gelegentlich mit einem Landsmann Kontakt haben, der kein *vaquero* oder *pastor* ist. Die Uruguayer sehen ein eigenes Symphonieorchester als Bereicherung ihrer Gemeinschaft an, auch wenn es kostengünstiger wäre, bessere Symphoniekonzerte im Austausch gegen Wolle, Schaffleisch, Rindfleisch oder Leder zu importieren. Es gibt also eine Komponente von Gemeinschaft in der Wohlfahrt, welche dem eindimensionalen Argument, daß Freihandel zwangsläufig gut sei, wenn er nur die Verfügbarkeit von Gütern pro Kopf erhöhe, völlig fehlt.

Standardsenkender Wettbewerb der Kostenexternalisierung

Der verstärkte Wettbewerb, der durch den Freihandel hervorgerufen wird, führt tatsächlich zu billigeren Produkten.[1] Aber es gibt bekanntlich zwei Arten, ein Produkt zu verbilligen: Entweder man steigert die tatsächliche Effizienz oder man externalisiert einfach Kosten. Miteinander im Wettbewerb stehende Unternehmen haben immer einen Anreiz, Kosten zu externalisieren – in dem Maße, in dem sie damit davonkommen. Innerhalb der Staaten gibt es Gesetze und Institutionen, die viele Arten der Kostenexternalisierung verhindern. Auf internationaler Ebene gibt es nur wenige solche Gesetze, und inländische Gesetze sowie deren Geltungsbereich sind von Staat zu Staat sehr unterschiedlich. Da niedrigere Standards auch geringere Kosten und niedrigere Preise bedeuten, führt internationaler Wettbewerb zu einer Senkung der Standards (sprich: Kostenexternalisierung) und zerstört so das Gemeinschaftsleben, das auf diesen höheren Standards aufgebaut ist. So wird z. B. eine Gesellschaft, deren Standards ein Verbot von Kinderarbeit beinhalten, mit einer Gesellschaft, die Kinderarbeit akzeptiert, keinen freien Handel treiben können, außer sie senkt ihren Standard bezüglich Kinderarbeit oder sie akzeptiert, daß ihre Betriebe, die mit ausländischer Kinderarbeit konkurrieren müssen, Bankrott machen. Jede dieser Alternativen bedeutet eine schwerwiegende Zerrüttung des gesellschaftlichen Lebens.

Das Ausmaß der internalisierten Kosten innerhalb von Staaten ist enorm: Arbeitsplatzsicherheit, Mindestlöhne, Sozialpläne, soziale Sicherheit, Arbeitszeitbestimmungen, Abschaffung der Kinderarbeit, Krankenversicherung, Kontrolle der Umweltverschmutzung, Haftung bei Unfällen usw. Diese sozialen und umweltschützenden Maßnahmen verursachen allesamt Kosten und können bei einem standardsenkenden Wettbewerb, wie er durch den freien Handel mit Ländern, die niedrigere Standards aufweisen, verursacht wird, nicht aufrechterhalten werden. Die Folge davon ist, daß ein größerer Teil der Weltproduktion in jene Länder mit den niedrigsten Standards abwandert. Jene Länder, die am wenigsten ihre Kosten erfassen und internalisieren, werden also einen wachsenden Anteil des globalen Outputs produzieren – wohl kaum ein Schritt in Richtung globaler Effizienz! Die wichtigste Regel im Streben nach Effizienz lautet: Alle Kosten sind zu erfassen.[2]

Wir brauchen also Ausgleichszölle, um die Unterschiede in der Internalisierung der externen Kosten zwischen den Ländern auszugleichen. Von den Verfechtern des Freihandels wird diese Maßnahme als „Protektionismus“ verspottet. Protektionismus bedeutete ursprünglich den Schutz einer ineffizienten heimischen Industrie vor dem Wettbewerb mit effizienteren ausländischen Firmen. Der Ausgleichszoll schützt jedoch im Gegenteil eine effiziente nationale Politik der Kosteninternalisierung vor dem standardsenkenden Wettbewerb mit Ländern, die – aus welchen Gründen auch immer – nicht alle Umwelt- und Sozialkosten einberechnen. Eine ineffiziente Industrie zu schützen, ist eine Sache; etwas ganz anderes bedeutet es aber, eine effiziente nationale Politik der Kosteninternalisierung zu schützen! Ich befürworte letzteres, nicht ersteres.[3]

Die Begründung für Ausgleichszölle liegt nicht darin, die moralischen Standards und Werte des einen Landes einem anderen Land aufzwingen zu wollen. Sie liegt eher darin, den eigenen Standards treu zu bleiben, indem man nicht zuläßt, daß sie von einem standardsenkenden Wettbewerb untergraben werden. Um einen Extremfall heranzuziehen: Sogar der GATT-Vertrag (General Agreement on Tariffs and Trade) gesteht ein, daß es zuviel verlangt wäre, die Arbeiterklasse eines Landes in freien Wettbewerb mit der Gefängnisarbeit in einem anderen Land treten zu lassen. Was aber ist mit Kinderarbeit? Oder mit einem Arbeitstag von 16 Stunden? Mit unversicherten Risikoarbeiten? Was ist mit Arbeit zum Subsistenzlohn in überbevölkerten Ländern? Was mit billigen Gütern, die durch die nicht berechnete Ausbeutung natürlichen Kapitals subventioniert werden?

Staatliche Grenzen, die für Güter und Kapital sowie zunehmend auch für den Faktor Arbeit durchlässig werden, bringen einen Verlust der staatlichen Kontrolle über das eigene Wirtschaftsleben mit sich. Die Staaten hören auf, lebensfähige Gemeinschaften zu sein. Die globale Gemeinschaft, ein mutmaßliches Ziel des Freihandels, ist ein leeres Schlagwort. Sie sollte auf jeden Fall durch den internationalen Zusammenschluß lebensfähiger, nationaler Gemeinschaften herbeigeführt werden, nicht durch das Ausweichen auf ein kosmopolitisches Vakuum, das in einer Welt ohne Grenzen übrig bliebe und das rasch durch transnationale Konzerne gefüllt werden würde. Staaten, die durch die wirtschaftliche Auslöschung ihrer Grenzen geschwächt sind, befinden sich in einer schlechten Position, um ihre eigene Politik zu machen – einschließlich jener politischen Schritte, zu denen sie sich verpflichtet haben, um von ihnen unterzeichnete, internationale Umweltverträge zu erfüllen. Solche Verträge stellen einen Schritt in Richtung einer wirklichen globalen

Gemeinschaft dar. Sie werden jedoch inhaltsleer, sobald die Staaten ihre Fähigkeit, sie zu erfüllen, in der Praxis aufgeben, indem sie die Auslöschung ihrer Grenzen im Namen des Freihandels zulassen.

Transnationale Konzerne haben sich den staatlichen Verpflichtungen der Gemeinschaft entzogen, indem sie international wurden. Und da es bis jetzt keine internationale Gemeinschaft gibt, sind sie gemeinschaftlichen Verpflichtungen insgesamt entkommen. Globalisierung dient nicht der Weltgemeinschaft, sie ist Individualismus, großgeschrieben. Wir können transnationales Kapital entweder frei von jeglichen gemeinschaftlichen Beschränkungen belassen oder eine internationale Regierung zu seiner Kontrolle schaffen oder es renationalisieren und unter die Kontrolle der staatlichen Gemeinschaft zurückführen. Ich bevorzuge die letzte Möglichkeit. Ich weiß, daß sie heutzutage schwer vorstellbar ist, das gilt jedoch auch für die anderen beiden Möglichkeiten. Vielleicht fällt einem diese Vorstellung nach einem internationalen Börsenkrach leichter.

Wenn die nationalen Grenzen für den freien Fluß von Gütern und Kapital – und zunehmend auch von Arbeit – durchlässig sind, so wird es *einen* globalen Arbeitsmarkt geben, *einen* Kapitalmarkt, *einen* Markt für alle Güter und Dienstleistungen sowie zwangsläufig *einen* Weltmarktpreis für jede Ware. Ein einzelnes Land kann nicht mehr länger eine eigene Lohnpolitik verfolgen, eine andere Zinspolitik, seine eigene Preispolitik auf Vollkostenbasis oder selbst seine eigene Politik zur Bevölkerungskontrolle – außer es kann den Rest der Welt davon überzeugen, dieselbe Politik zu verfolgen. Statt Hunderten von selbständigen, staatlichen Laboratorien, die verschiedene Politikformen ausprobieren, von denen einige funktionieren mögen und andere nicht, werden wir nur mehr ein großes, globales Experiment haben, das in Anbetracht der Realität eines standardsenkenden Wettbewerbs fast schon im Ansatz zum Scheitern verurteilt ist.

Man führe sich zwei Beispiele vor Augen, die beide aufzeigen, wie Freihandel die Lösung nationaler Probleme erschwert. Erstens: Das Problem, US-Bürger aus der Sozialhilfe zu holen und ihnen Jobs zu verschaffen, durch die sie ihren Lebensunterhalt verdienen können, wird unlösbar, wenn wir darauf bestehen, daß sie unmittelbar mit den armen Massen in anderen Teilen der Welt konkurrieren müssen. Von benachteiligten Mitbürgern zu erwarten, daß sie von der Sozialhilfe weg sofort in einen Wettbewerb mit all den billigen und fähigen Arbeitern einer überbevölkerten Welt treten, kommt einer Verleugnung der Gemeinschaft mit ihnen gleich.

Zweitens: Das Problem der Umstellung unserer militärischen Produktionskapazität für friedliche Zwecke wird ebenfalls ausgesprochen erschwert, wenn die neu geschaffenen zivilen Unternehmen unmittelbar mit der harten internationalen Konkurrenz konfrontiert werden. Unser militärischer Sektor ist genauso ineffizient wie jede zentralverwaltete sozialistische Wirtschaft. Er braucht Konkurrenz, aber die Konkurrenz muß langsam eingeführt werden. Für unsere Gemeinschaft ist es besser, Arbeiter und Unternehmen zu beschäftigen, die zwar – an globalen Standards gemessen – noch nicht konkurrenzfähig sind, jedoch bereits einen positiven Beitrag für unseren Staat leisten, als „globale Effizienz" zu verlangen auf Kosten von Arbeitslosigkeit und die dazugehörigen sozialen Kosten – Kriminalität, Drogenabhängigkeit und unverantwortete Elternschaft – in Kauf zu nehmen.

Das natürliche Kapital als beschränkender Faktor.
Wie bereits in Teil II besprochen wurde, sind viele Staaten bereits auf eine Größe angewachsen, bei welcher der beschränkende Faktor für ihr zukünftiges Wachstum nicht mehr im von Menschen produzierten Kapital liegt, sondern im verbliebenen natürlichen Kapital. Um noch einmal das beste Beispiel zu zitieren: Der Fischfang wird durch das natürliche Kapital der verbliebenen Fischbestände beschränkt und nicht durch das von Menschen produzierte Kapital der Fischerboote, von denen viele brachliegen. Die Länder, für die das natürliche Kapital bereits zum beschränkenden Faktor wurde, versuchen daher, sich dasjenige natürliche Kapital anzueignen, das im Bereich des „internationalen Gemeineigentums" noch verblieben ist. Außerdem versuchen sie, mit denjenigen Entwicklungsländern Handel zu treiben, die noch willens und fähig sind, natürliches Kapital anzubieten. Durch den Handel wird es einigen Ländern ermöglicht, daß sie oberhalb der Grenze ihrer geographischen Tragfähigkeit leben, indem sie Kapazitäten – natürliches Kapital – aus anderen Ländern einführen. Diese Tendenz einzelner Länder führt dazu, daß die Weltwirtschaft über ihr im Verhältnis zum umgebenden Ökosystem optimales Ausmaß hinauswächst. Da die Einführung des Handels zwischen den Ländern ursprünglich die umweltbedingten Beschränkungen im Vergleich zum Zustand ökonomischer Unabhängigkeit oder Autarkie gelockert hat, wurde die Illusion erzeugt, daß fortwährender Handel weiterhin diese Beschränkungen lockern wird. Aber die Vorteile im Übergang von gar keinem Handel auf ein geringes Handelsniveau können nicht bis zu der Behauptung verallgemeinert werden: Mehr Handel ist immer besser als weniger. Und selbstverständlich können nicht alle Länder Nettoimporteure von natürlichem Kapital sein!
Freihandel führt auch zu einer größeren räumlichen Trennung der Produktionsnutzen von den Umweltkosten, die durch die Vergrößerung der Durchlaufmenge verursacht werden. Dadurch wird es schwieriger, beide zu vergleichen, und in der Folge leichter, das optimale Ausmaß zu überschreiten, das

durch ihre Gleichsetzung im Grenzwert bestimmt wird. Als Folge der durch den Handel bedingten höheren Integration erfahren die einzelnen Länder darüber hinaus sich verschärfende Beschränkungen durch die Umwelt eher im globalen Rahmen und gleichzeitig, statt im nationalen Rahmen und aufeinanderfolgend, wie es bei weniger Handel und geringerer Integration der Fall wäre. Daher bieten sich auch weniger Möglichkeiten, in kleinerem Ausmaß zu experimentieren und von den früheren Erfahrungen anderer Länder mit dem Kontrollieren der Durchlaufmenge zu lernen.

Insgesamt wird der Freihandel, indem er das Angebot an Ressourcen und Absorptionskapazitäten gleichzeitig überall für jede Nachfrage erhältlich macht, zu einer Erhöhung der Durchlaufmenge führen und – in Verbindung damit – zu einer Erhöhung im Grad der Umweltverschmutzung. Er wird in großem Ausmaß zu einer Verringerung der Kontrolle beitragen, welche die Menschen in den lokalen Gemeinschaften über ihre regionale Umwelt und ihren Lebensunterhalt haben. Die Tendenz des Freihandels zur Erhöhung der Durchlaufmenge wird in den neoklassischen Wachstumstheorien als Tugend gewertet. In den Theorien einer nachhaltigen oder stationären Wirtschaft wird jedoch jede Tendenz des Handels, die das Wachstum über das optimale Ausmaß hinausführt, als antiökonomisch wahrgenommen.

Intraindustrieller Handel und geistige Eigentumsrechte.

Ungefähr die Hälfte des Welthandels ist intraindustrieller Handel; das heißt, es wird gleichzeitig eine grundlegend gleiche Ware ein- und ausgeführt. Die Vereinigten Staaten importieren zum Beispiel dänische Butterkekse und die Dänen importieren US-amerikanische Butterkekse. Irgendwo auf oder über dem Nordatlantik begegnen sich die Butterkekse. Die Gewinne aus dem Handel mit solch ähnlichen Produkten können sicherlich nicht hoch sein. Aber, unabhängig von ihrer Größe, könnten diese Gewinne nicht effizienter erzielt werden, indem man einfach die Rezepte austauscht?

Sollte nicht generell der freie internationale Fluß von Informationen dem Güter- oder Kapitalfluß vorgezogen werden? Wenn man Information verkauft oder weggibt, gibt man sie nicht auf (anders als bei Gütern); man besitzt sie immer noch. Man gibt das Monopol auf, das der Information ihren Tauschwert verlieh. Man behält aber immer noch den vollen Gebrauchswert. Man kann argumentieren, daß der Preis für eine Information, sobald sie existiert, null sein sollte, um eine effiziente Zuteilung zu ermöglichen. Jedoch sind die Produktionskosten für neues Wissen normalerweise nicht null, und deswegen belohnen wir dessen Erfinder mit einem zeitweiligen Monopol. Aber gäbe es nicht vielleicht eine bessere Möglichkeit, die Schöpfer neuen Wissens zu belohnen? Preise? Subventionen? Hohe Gehälter? Eine Möglichkeit, die nicht erforderlich macht, daß das Wissen künstlich knapp gehalten wird?

Wissen ist in jedem Fall so weitgehend ein soziales Produkt, daß es ziemlich willkürlich und ungerecht ist, zwar für die geringsten Anwendungen von Grundlagenwissen Eigentumsrechte zu vergeben, jedoch nicht für die Entdeckung von Grundlagenwissen selbst. Teilen die Gentechniker, erpicht darauf, neue Organismen zu patentieren, ihre Gewinne mit Watson und Crick? Oder mit den Lehrern, die sie die Doppelhelix lehrten? Oder mit den Erben von Gregor Mendel?

Der frühe Schweizer Ökonom Sismondi merkte an, daß Erfindungen, die aus dem Wunsch hervorgehen, der Menschheit zu dienen, mit geringerer Wahrscheinlichkeit sozial schädlich sind als Erfindungen, die durch den Wunsch nach persönlicher Bereicherung motiviert sind. Vielleicht hatte er recht. Vielleicht ist die Qualität des Anreizes wichtiger als seine Quantität. Vielleicht hatte Thomas Jefferson mit seiner Feststellung, die in der McKeldin-Bibliothek der Universität von Maryland in Stein gemeißelt wurde, recht: „Das Gebiet des Wissens ist das gemeinsame Eigentum der Menschheit."

Die Verfechter des Freihandels betonen jedoch, wie wichtig es sei, geistige Eigentumsrechte zu stärken und Wissen immer weniger ein „gemeinsames Eigentum der Menschheit" sein zu lassen. Sie argumentieren folgendermaßen: Wenn neues Wissen nicht teuer gehalten wird, so wird es nicht genügend Anreize geben, mehr Wissen zu produzieren. Obwohl ich diesem Argument einiges an Bedeutung beimesse, so bin ich doch eher geneigt, der Hypothese zuzustimmen, daß der Nutzen der raschen Ausbreitung des Wissens, das wir derzeit besitzen, die Kosten des daraus folgenden Risikos einer Verlangsamung der Entstehung neuen Wissens überwiegt. In Übereinstimmung mit Schumpeter könnte man argumentieren, daß neues Wissen aufgrund seiner Neuheit ein natürliches, aber zeitlich begrenztes Monopol bildet. Der Verlust an Neuheit – als Folge des Mitteilens von Wissen – bietet einen Anreiz, immer wieder neues Wissen zu entdecken. Der Gebrauchswert neuen Wissens wird den Produktionsfaktoren, die es umsetzen, zugeschrieben, während der Tauschwert des Wissens durch den Wettbewerb auf null zurückgeht. Wissen und Information sollten am freiesten von allen zwischen den nationalen Grenzen fließen, besonders vom Norden in den Süden. Genau diese Freiheit jedoch wollen die Verfechter des Freihandels am wenigsten.[4]

WIDERLEGUNG ZWEIER HÄUFIGER EINWÄNDE

Wenden wir uns nun den beiden gängigsten Einwänden gegen die Kritik am Freihandel zu. Der erste besagt, daß „Wachstum kompensieren wird". Manche Globalisten geben zu, daß die eben angeführten Probleme tatsächlich existieren, führen jedoch an, daß alle Kosten – wie hoch sie auch sein mögen – durch den Gewinn an Wohlfahrt aus dem Wirtschaftswachstum, das Freihandel und globale Integration mit sich bringen, mehr als aufgewogen werden. Es mag zwar stimmen, daß der Freihandel das Wirtschaftswachstum verstärkt. Das zweite Glied in der Argumentationskette, daß Wachstum die Wohlfahrt erhöht, entbehrt jedoch im Fall der Vereinigten Staaten seit 1947 jeder empirischen Grundlage.

Es ist sehr wahrscheinlich, daß wir in ein Zeitalter eingetreten sind, in dem die durch das Wachstum verursachten Umwelt- und Sozialkosten schneller steigen als der Produktionsnutzen. Ein Wachstum, das die Kosten mehr erhöht als den Nutzen, ist antiökonomisches Wachstum und sollte auch als solches bezeichnet werden.

Obwohl die Ökonomen das Bruttosozialprodukt nicht als direkten Maßstab für die Wohlfahrt konstruiert haben, so nimmt man doch an, daß die Wohlfahrt in einer starken Wechselbeziehung zum Bruttosozialprodukt steht. Man schließt daraus, daß der freie Handel, wenn er das Wachstum des Bruttosozialprodukts fördert, auch eine Erhöhung der Wohlfahrt mit sich bringt. Doch der Zusammenhang zwischen Bruttosozialprodukt und Wohlfahrt ist sehr fragwürdig geworden und damit auch das Argument für unbeschränkten Handel und eigentlich für alle anderen wachstumsfördernden Politikformen.

Beweise für die Zweifel an der Wechselbeziehung zwischen BSP und Wohlfahrt in den USA stammen aus zwei Quellen:

Erstens: Nordhaus und Tobin (1972) fragten sich, ob Wachstum als Maßstab für Wohlfahrt obsolet geworden ist und daher auch als geeignetes leitendes Ziel der Politik.[5] Um diese Frage beantworten zu können, entwickelten sie einen direkten Wohlfahrtsindex mit der Bezeichnung: „Measured Economic Welfare“ (= MEW, gemessene wirtschaftliche Wohlfahrt) und testeten seine Wechselbeziehung mit dem Bruttosozialprodukt im Zeitraum von 1929 bis 1965. Sie fanden heraus, daß das Bruttosozialprodukt und die MEW über die gesamte Periode hinweg tatsächlich positiv korreliert waren. Eine Erhöhung des Bruttosozialprodukts um sechs Einheiten wurde im Durchschnitt von einer Erhöhung der MEW um vier Einheiten begleitet. Die Ökonomen stießen einen Seufzer der Erleichterung aus, vergaßen die MEW und konzentrierten sich auf das Bruttosozialprodukt.

Ungefähr zwanzig Jahre später nahmen John Cobb, Clifford Cobb und ich (1989) das Thema wieder auf und begannen unseren „Index of Sustainable Economic Welfare“ (= ISEW, Index einer nachhaltigen wirtschaftlichen Wohlfahrt) zu entwickeln mittels eines Rückblicks auf den Index von Nordhaus und Tobin (MEW). Wir entdeckten, daß die Wechselbeziehung zwischen Bruttosozialprodukt und MEW beträchtlich *fällt*, sobald man nur die zweite Hälfte ihrer Zeitreihe betrachtet (also die 18 Jahre von 1947 bis 1965). In dieser jüngsten Periode – die sicherlich für Projektionen in die Zukunft die wichtigere ist – brachte eine Erhöhung des Bruttosozialprodukts um sechs Einheiten im Durchschnitt nur eine Erhöhung um eine Einheit in der MEW mit sich. Das legt den Schluß nahe, daß das Wachstum des Bruttosozialprodukts in diesem geschichtlichen Abschnitt der USA einen ziemlich ineffizienten Weg zur Erhöhung der wirtschaftlichen Wohlfahrt darstellt – auf jeden Fall einen weniger effizienten Weg als in der Vergangenheit.

Der ISEW wurde als Ersatz für die MEW entwickelt, weil diese keinerlei Möglichkeit zur Einbeziehung von Umweltkosten enthielt, Änderungen in der Verteilung nicht berücksichtigte und Freizeit enthielt, welche erstens die MEW dominierte und zweitens viele willkürliche Bewertungsentscheidungen verursachte. Der ISEW stand – wie die MEW – bis zu einem gewissen Punkt mit dem Bruttosozialprodukt in Wechselbeziehung, jedoch weniger stark. Nach diesem Zeitpunkt wurde die Korrelation leicht negativ.[6]

Maßstäbe für die Wohlfahrt sind schwierig zu konstruieren und unterliegen vielen willkürlichen Urteilen, daher sollten zu stark verallgemeinernde Schlußfolgerungen vermieden werden. Es scheint jedoch fair zu behaupten, daß die empirische Grundlage dafür, daß das Wachstum des Bruttosozialprodukts die Wohlfahrt erhöht hat, für die Vereinigten Staaten seit 1947 *sehr* schwach ist. Folglich wäre auch der Einfluß des Freihandels auf die Wohlfahrt, den er durch seinen Beitrag zum Wachstum des Bruttosozialprodukts ausübt, sehr schwach. Mit anderen Worten: Bei näherer Betrachtung stellt sich heraus, daß der große Nutzen, für den wir nationale Gemeinschaft und industriellen Frieden opfern sollen, gar nicht existiert.

Der zweite große Einwand gegen die Kritik am Freihandel besagt, daß „komparative Vorteile die globale Integration unterstützen". Ich bin Ökonom; ich bewundere und verehre David Ricardo wirklich als den großen Meister des klassischen Freihandels und als den, der das Prinzip des komparativen Vorteils formuliert hat. Ich behaupte jedoch, daß Ricardo – würde er heute leben – eine Politik des freien Handels und der globalen Integration, wie sie heute verstanden werden, *nicht* unterstützen würde.

Ricardo zeigte auf, wie Freihandel für Länder zum beiderseitigen Vorteil sein könnte, selbst wenn große einseitige Unterschiede in den Herstellungskosten für die selben Güter zwischen Ländern vorliegen. Man betrachte sein Beispiel von England und Portugal im 18. Jahrhundert. In Portugal war die Produktion sowohl von Wein als auch Tuch, absolut gesehen, billiger als in England. Die englische Tuchindustrie war jedoch – im Verhältnis zur englischen

Weinindustrie – deutlich effizienter. Der Nachteil Englands gegenüber Portugal in der Tuchproduktion war demnach geringer als sein Nachteil in der Weinproduktion. England besaß also einen komparativen Vorteil in der Tucherzeugung, Portugal einen komparativen Vorteil in der Weinherstellung. Ricardo bewies, daß jedes Land besser gestellt sein würde, wenn es sich auf das Produkt spezialisiert, in welchem es einen komparativen Vorteil hat, und wenn es damit Handel treibt – unabhängig vom absoluten Vorteil. Freier Handel zwischen den Ländern und Wettbewerb innerhalb jedes Landes würden zu diesem für beide Seiten vorteilhaften Ergebnis führen. Die Ökonomen bedachten Ricardo seit 1817 mit stehenden Ovationen für diesen Beweis und dies zu Recht.[7] Die modernen Ökonomen scheinen jedoch in ihrem Enthusiasmus über die Schlußfolgerung eine der Voraussetzungen vergessen zu haben. Ricardo verwandte große Sorgfalt darauf, sein Argument des komparativen Vorteils für den Freihandel auf der expliziten Voraussetzung aufzubauen, daß das Kapital innerhalb der staatlichen Gemeinschaften blieb, also unbeweglich war. Kapital wie Arbeit blieben zu Hause, nur die Güter wurden international gehandelt. Genau diese Tatsache, daß das Kapital in diesem Modell die staatlichen Grenzen nicht überschreiten konnte, führte geradewegs dazu, daß der absolute Vorteil durch den komparativen Vorteil ersetzt wurde. Das Kapital folgt dem absoluten Vorteil, soweit es innerhalb der staatlichen Grenzen dazu in der Lage ist. Nachdem es aber aufgrund der vorhergehenden Annahme dem absoluten Vorteil nicht über die Staatsgrenzen hinweg folgen kann, nimmt es Zuflucht zur nächstbesten Strategie und teilt sich innerhalb des Staatsgebietes neu zu – nach dem Prinzip des komparativen Vorteils.[8]

In Portugal wird sowohl Wein als auch Tuch absolut billiger produziert als in England. Also würde das Kapital liebend gern England verlassen und dem absoluten Vorteil nach Portugal folgen, wo es Wein und Tuch billiger herstellen könnte. Aufgrund der für das 18. Jahrhundert sehr vernünftigen Annahme der Immobilität kann es das jedoch nicht tun. Die nächstbeste Alternative besteht in einer heimischen Spezialisierung auf die Herstellung von englischem Tuch, das im Tausch gegen portugiesischen Wein gehandelt wird.

Wie auch immer die Dinge zu Zeiten Ricardos lagen, in unserer Zeit ist schwerlich etwas vorstellbar, das den Tatsachen mehr widerspricht als die Annahme international unbeweglichen Kapitals. Kapital ist heutzutage bei weitem beweglicher als Güter. Transnationale Konzerne auf der Suche nach billigen Arbeitskräften und Rohstoffen können ohne Schwierigkeiten Fabriken in Mexiko (oder Portugal) aufbauen und aus dem absoluten Vorteil der billigen Produktion Kapital schlagen. Sie werden von jenen Ländern, die sie gerade verlassen haben, absolut nicht bestraft, indem diese ihnen den Zugang zu ihren Märkten verweigern. In der heutigen Welt, die durch Transportmöglichkeiten, Kommunikation, Technologien und Finanzinstitutionen des 20. Jahrhunderts vernetzt ist, fließt das Kapital rasch in die Länder mit einem absoluten Vorteil.

Das Argument für Globalisierung, das auf dem komparativen Vorteil beruht, wird also durch eine falsche Prämisse in Verlegenheit gebracht. Wenn man von einer falschen Voraussetzung ausgeht, hätte man eine größere Chance, zu einer richtigen Lösung zu gelangen, wenn man gleichzeitig eine fehlerhafte Logik anwenden würde! Aber Ricardos Logik ist nicht fehlerhaft. Daraus schließe ich, daß er nicht für Freihandel argumentieren würde – zumindest nicht aufgrund des komparativen Vorteils; dieser Schluß würde eine zu sehr den Tatsachen widersprechende Annahme voraussetzen. Im Gegensatz zu manchen heutigen Ökonomen und Politikern hätte Ricardo *niemals* behauptet, daß – nur weil der komparative Vorteil beweist, daß ein freier Güterverkehr Nutzen bringt – man das Argument einfach ausdehnen könne, um zu beweisen, daß freier Kapitalverkehr sogar noch größeren Nutzen bringt! Sich auf ein Prinzip zu berufen, das auf der Prämisse beruht, daß Kapital *unbeweglich* ist, um ein Argument für die *Mobilität* von Kapital zu stützen, ist zu unlogisch, um in Worte gefaßt zu werden. Wie sagt man etwas, das zu unlogisch ist, um in Worten ausgedrückt werden zu können? Gewöhnlich, indem man es in den Annahmen einer ganzen Reihe von einschüchternden, aber nur halbgaren mathematischen Ausdrücken vergräbt.[9]

Klassische versus neoklassische Sichtweisen des Freihandels.
Unabhängig davon, was Ricardo sagen würde, wenn er heute leben würde, könnten einige moderne, neoklassische Ökonomen noch immer für den Freihandel argumentieren wollen, auf der Basis des absoluten, statt des komparativen Vorteils. Sie könnten noch immer zeigen, daß das gesamte Weltprodukt als Folge von Spezialisierung und Handel gemäß dem absoluten Vorteil steigen würde. Sie könnten jedoch nicht zeigen, daß dadurch *jede* Nation zwangsläufig besser gestellt werden würde. Das ist der wunde Punkt. Da die klassischen Ökonomen Nationalisten waren, hatten sie ganz einfach kein Interesse an einer globalen Integration um ihrer selbst willen oder an einem Handel, der ihren eigenen Staaten keinen Nutzen brachte. Ich halte ihre Position für weise. In dem Maße, in dem globale Integration stattfindet, verliert die bloße Idee von „jeder Nation" ihre wirtschaftliche Bedeutung. Die Neoklassiker stört das jedoch nicht, weil sie Individualisten sind und keine Nationalisten. In den klassischen Modellen blieb das Kapital deshalb im Land, weil es der staatlichen Gemeinschaft angehörte. Mit Ricardos Worten:

„Indessen zeigt die Erfahrung, daß die eingebildete oder tatsächliche Unsicherheit des Kapitals, wenn es nicht unter der unmittelbaren Aufsicht seines Eigentümers steht, zusammen mit der natürlichen Abneigung, die jeder Mensch hat, das Land seiner Geburt und seiner Beziehungen zu verlassen, um sich mit all seinen eingewurzelten Gewohnheiten einer fremden Regierung und neuen Gesetzen anzuvertrauen, die Auswanderung des Kapitals hemmen. Diese Gefühle, deren Schwinden ich nur bedauern würde, bestimmen die meisten Menschen von Vermögen, sich lieber mit einer niedrigen Profitrate in ihrer Heimat zu begnügen, als nach einer vorteilhafteren Verwendung ihres Vermögens bei fremden Nationen zu suchen."[10]

Für Ricardo hält die Bindung des Kapitalisten an seine nationale Gemeinschaft das Kapital im Land. Adam Smith hatte dieselbe Ansicht, und interessanterweise findet sich die berühmte Passage der „unsichtbaren Hand" im Zusammenhang seiner Erläuterung der internationalen Immobilität des Kapitals:

„Wenn er [der Kapitalist] es vorzieht, die nationale Wirtschaft anstatt die ausländische zu unterstützen, denkt er eigentlich nur an die eigene Sicherheit und wenn er dadurch die Erwerbstätigkeit so fördert, daß ihr Ertrag den höchsten Wert erzielen kann, strebt er lediglich nach eigenem Gewinn. Und er wird in diesem wie auch in vielen anderen Fällen von einer unsichtbaren Hand geleitet, um einen Zweck zu fördern, den zu erfüllen er in keiner Weise beabsichtigt hat."[11]

Natürlich handelt Smiths Kapitalist in seinem eigenen Interesse, fühlt sich jedoch – wie Ricardos Kapitalist – innerhalb seines Geburtslandes und seiner Verwandtschaft sicher, im Ausland aber unsicher. Die eigentliche Identität des Kapitalisten wird im Hinblick auf seine Beziehungen innerhalb der Gemeinschaft definiert. Wenn sich das Selbst auf interne Beziehungen innerhalb der Gemeinschaft gründet, so ist es nicht verwunderlich, daß es beim Verfolgen des Eigeninteresses die Wohlfahrt der Gemeinschaft fördert. Man beachte, daß Smith es für erwiesen ansieht, daß es im Interesse der Gemeinschaft ist, das Kapital im Lande zu halten. Sein Problem besteht lediglich darin zu erklären, warum dies auch im Eigeninteresse des Kapitalisten liegt. Der Grund liegt darin, daß das „Selbst", für das sich der Kapitalist so wesentlich interessiert, hauptsächlich durch seine Beziehungen innerhalb der Gemeinschaft begründet wird (im amerikanischen Original ein Wortspiel: „Selbst" = „*self*"; „Eigeninteresse" = „*self* interest").[12]

Ricardo betonte, wie leid es ihm täte, diese Gemeinschaftsgefühle geschwächt zu sehen. Aber natürlich wurden sie in der Tat stark geschwächt, zu einem nicht unwesentlichen Teil durch die globalistische Ideologie, welche ironischerweise durch eine Fehlinterpretation von Ricardos eigener Theorie des komparativen Vorteils gerechtfertigt wird.

In der klassischen Vision des Freihandels im 19. Jahrhundert, der Ricardo anhing, umfaßte die staatliche Gemeinschaft sowohl das nationale Kapital als auch die nationale Arbeit, und die beiden Klassen arbeiteten gemeinsam, wenn auch mit Konflikten, um nationale Güter zu produzieren, die dann auf den internationalen Märkten mit den Gütern anderer Staaten, die von anderen, nationalen „Arbeitsgemeinschaften" zwischen Kapital und Arbeit produziert wurden, in Wettbewerb traten.

Heutzutage, in der global integrierten Perspektive des Freihandels im 20. Jahrhundert, ist es nicht mehr sinnvoll, sich nationale „Arbeitsgemeinschaften" zwischen Kapital und Arbeit vorzustellen; beide Faktoren werden nun global. Vormals nationale Kapitalisten in den USA kommunizieren heute mit ihren ehemaligen inländischen Arbeitern über Mobiltelefon im Stil der folgenden Unterhaltung:

„Sorry, alter Gewerkschafts-Joe Six-Pack, aber wir leben in einer globalen Wirtschaft. Ich kann im Ausland die Arbeitskraft zu einem Zehntel des Lohnes ankaufen, den Deine Gewerkschaft verlangt, und das mit niedrigeren Umwelt- und Sozialsteuern. Dabei kann ich mein Produkt immer noch in diesem oder in jedem anderen Markt verkaufen. Deine Abfindung kommt mit der Post. Alles Gute noch... Was meinst Du mit ‚nationalen gemeinschaftlichen Verpflichtungen'? Ich habe Dir doch gerade gesagt, daß wir in einer globalen Wirtschaft leben und diesen ganzen nationalistischen Kram, der zwei Weltkriege verursacht hat, abgeschafft haben. Man braucht Faktormobilität für eine maximale Effizienz, und ohne maximale Effizienz werden wir draußen, im globalen Wettbewerb, verlieren... Ja, natürlich Joe, es wird schon eine Tendenz zum weltweiten Lohnausgleich geben, aber die Profite werden sich auch ausgleichen... Ja, ja, natürlich werden die Löhne nach unten angeglichen und die Gewinne nach oben. Was würdest Du von einer weltweiten Wirtschaft, die Angebot und Nachfrage weltweit repräsentiert, sonst erwarten? Möchtest Du nicht, daß die chinesischen und mexikanischen Arbeiter genauso reich werden wie Du selbst? Du bist doch kein Rassist, oder Joe? Außerdem haben die Ökonomen bewiesen, daß der Freihandel für alle Vorteile bringt. Also sei dankbar... Jetzt, wo Du Zeit hast, Joe, melde Dich doch an für ‚Ökonomie 101' bei Deiner Volkshochschule im Ort. Da lernst Du etwas über komparativen Vorteil. Das wird Dir helfen, Dich besser zu fühlen."

In diesem Stadium des Dialogs bleibt nicht mehr viel Gemeinschaft übrig. Wir stehen hier vor der Aufhebung einer grundlegenden sozialen Übereinkunft zwischen Kapital und Arbeit darüber, wie der Wert, den sie gemeinsam den Rohstoffen hinzufügen, aufgeteilt werden sollte. Dieses Übereinkommen wurde nicht durch die ökonomische Theorie getroffen, sondern durch nationale Debatten, Wahlen, Streiks, Aussperrungen, Gerichtsentscheide und gewalttätige Konflikte über Generationen hinweg. Eine Übereinkunft, auf der die staatliche Gemeinschaft und der industrielle Friede beruhen, wird im Interesse der globalen Integration verworfen. Das ist ein sehr armseliger Handel, auch wenn man ihn „freien" Handel nennt.

Globalisierung und Einwanderung.
Die Entzweiung der staatlichen Gemeinschaft wird nun in den USA noch weiter vorangetrieben, weil hier illegale Einwanderung sowie die weltweit großzügigste, gesetzliche Einwanderungs- und Flüchtlingspolitik den Effekt haben, daß sie arme, ausländische Arbeiter auf heimische Arbeitsplätze bringen, zusätzlich zu der Konsequenz des Freihandels, daß heimische Arbeitsplätze durch Kapitalmigration in Länder mit einer armen Arbeiterschaft exportiert werden.[13] Bürger der Arbeiterklasse, die sich inzwischen daran gewöhnen mußten zuzusehen, wie ihre Reallöhne durch den Wettbewerb nach unten gedrückt werden,[14] müssen sich auch noch daran gewöhnen zuzusehen, wie ihre Steuern angehoben werden, um für die legalen und illegalen Einwanderer Leistungen der öffentlichen Wohlfahrt bereitzustellen sowie um Kreditgarantien zu gewähren zum Schutz von Fremdwährungen und zum Schutz jener Wall-Street-Beteiligungen, die Investitionen in diesen Währungen getätigt haben.[15] Die Bürger der unteren Klassen sehen ihre Chancen auf einen Arbeitsplatz dahinschwinden, denn die illegalen Einwanderer sind eine harte Konkurrenz. Unsere Regierung, jederzeit empfänglich für die Interessen der Arbeitgeberklasse, hat wenig unternommen, um die Grenzen zu kontrollieren. Sie behauptete sogar, daß illegale Einwanderer einen öffentlichen Nutzen darstellten, weil sie mehr Steuern einzahlen, als sie in Form von öffentlichen Gütern und Sozialleistungen wieder herausbekommen. Diese Behauptung ist sehr zweifelhaft, sie geht aber in jedem Fall am eigentlichen Problem vorbei, denn ohne illegale Einwanderung stünde der Arbeitsplatz oder die Beschäftigungsmöglichkeit, die vom Einwanderer besetzt wird, vermutlich einem Bürger zur Verfügung, der vorher von der öffentlichen Wohlfahrt lebte und der nun – zusätzlich dazu, daß er Steuern bezahlen könnte – auch das Arbeitslosengeld nicht mehr benötigen würde.[16] Die Logik des freien Handels wird, da sie nun einmal irrtümlich auf die freie Mobilität des Kapitals ausgedehnt wurde, konsequenterweise auch auf die freie Mobilität der Arbeit ausgedehnt; das bedeutet: freie Einwanderung. Wenn wir tatsächlich in einer globalen Wirtschaft leben, warum auch nicht? Wenn weder das Kapital noch die Regierungen, die ihm dienen, den Bürgern gegenüber in größerem Ausmaß verpflichtet sind als Ausländern gegenüber, dann sollte die Migration selbstverständlich völlig frei sein. Die freie Bewe-

gung der Güter, des Kapitals und der Arbeit ist die logische Folge der globalen wirtschaftlichen Integration. Es ist ganz sicher *nicht* das, was Ricardo und Smith im Sinn hatten, wenn sie von freiem Handel sprachen, aber es ist das implizite oder explizite Programm der heutigen Globalisten und Verfechter des Freihandels. Dieses Programm dient nicht der nationalen Gemeinschaft, es zerstört sie. Aber es schafft auch keine internationale Gemeinschaft.

Ein ehemaliger Landwirtschaftsbeauftragter für Texas, Jim Hightower, machte folgenden Vorschlag: „Behalten wir doch unsere Fabriken und Arbeitsplätze hier, und verlegen wir unsere Geschäftszentralen nach Mexiko, Korea oder an jeden beliebigen Ort, wo wir kostengünstige Geschäftsführer bekommen können.“ Wir könnten auch die freie Einwanderung billiger Arbeitskräfte nur gemeinsam mit billigen Geschäftsführern erlauben. Daß diese Politik realisiert wird, ist nicht sehr wahrscheinlich. Viel wahrscheinlicher ist es, daß wir mitansehen müssen, wie die Arbeiterklasse in diesem Land weiter „abgeschrieben“ wird, wie Menschen mit geringer Ausbildung und Menschen vom Land durch die bürokratische und die universitäre Elite immer offener verachtet werden und wie die zuerst Genannten sich immer mehr der einen Sache verschreiben, die die Elite zumindest vage in Sorge versetzt: ihrem wachsenden Arsenal an Waffen.

Über ein politisches Interesse an billigen Arbeitskräften in diesem Land zu sprechen, wird als unhöflich angesehen. Ebenfalls gilt es als unhöflich, wenn man darüber redet, daß die Klasse der Arbeitgeber den Freihandel und die nicht durchgesetzten Einwanderungsgesetze als Instrumente benutzt, um die Löhne niedrig zu halten und die Profite zu erhöhen. Liberale Intellektuelle, von denen man sich erhoffen könnte, sie würden diese Mystifikation durchschauen, sind stattdessen für freien Handel und eine Erleichterung der Einwanderung eingetreten. Sie sahen darin eine Möglichkeit, auf Kosten anderer großzügig zu sein und sich selbst wieder einmal zu beweisen, daß sie keine Rassisten oder gar Nationalisten seien. Und die Ökonomen versichern ihnen, daß das Wirtschaftswachstum im Laufe der Zeit alle besser stellen werde. Alle zeitweiligen Kosten, die unsere Arbeiterklasse zu tragen hat, sind also nur ein geringer Preis, den „wir“ für die befriedigende Illusion bezahlen müssen, daß wir hungernden Menschen in Übersee helfen.

SCHLUSSFOLGERUNGEN

Freihandel, Spezialisierung und globale Integration bedeuten, daß die Staaten sich nicht länger frei dazu entscheiden können, *keinen* Handel zu betreiben. Es bedarf jedoch der Freiheit, nicht zu handeln, wenn der Handel wei-

terhin beiden Seiten Nutzen bringen soll. Die heimische Produktion für den inländischen Markt sollte der Hund sein und der internationale Handel sein Schwanz. Aber die Befürworter der globalen Integration und des Freihandels möchten die Hundeschwänze so eng aneinanderbinden, daß der internationale Knoten mit den nationalen Hunden wedelt. Die Globalisten stellen sich das als ein harmonisch choreographiertes Hundeballett vor. Eher wird das Ganze in einen multilateralen Hundekampf münden, begleitet von ernstzunehmenden Klassenkonflikten innerhalb der Staaten.
Die Länder mit hohem Konsum – gleichgültig ob der hohe Konsum durch große Bevölkerungszahlen oder einen hohen Pro-Kopf-Verbrauch verursacht ist – werden in einer endlichen und zunehmend integrierten Welt einander immer mehr an die Gurgel gehen. Um Krieg zu vermeiden, müssen die Staaten weniger verbrauchen und autarker werden. Die Verfechter des Freihandels behaupten jedoch, daß wir weniger autark werden und uns in größerem Maß global integrieren müssen – als ein Teil des Strebens nach immer mehr Konsum, das sich rücksichtslos über alles hinwegsetzt. Der schlechteste Rat, den ich mir vorstellen kann.

Anmerkungen

[1] *Definition von Freihandel:* Deregulierung des Austauschs und der Transfers zwischen Personen und Körperschaften über staatliche Grenzen hinweg. Das Gegenteil des Freihandels ist nicht Autarkie, sondern kontrollierter Handel, also die Regulierung des Austauschs zwischen Mitgliedern der Gemeinschaft und Außenstehenden durch die staatliche Gemeinschaft. Der Zweck dieser Regulierungsmaßnahmen ist der Schutz der Interessen der staatlichen Gemeinschaft.

[2] Einige Ökonomen behaupten, daß alle Kosten internalisiert seien. Was vielleicht wie unerfaßte Kosten aussieht, stelle Werte dar, für die die Zahlungsbereitschaft sehr niedrig ist. Wenn Land X keine Kontrollen für Umweltverschmutzung einführt, ist es einfach nicht bereit, den Preis für sauberes Wasser oder saubere Luft zu bezahlen. Die Zahlungsbereitschaft seiner Einwohner kann niedrig sein, weil ihr Wunsch nach dem entsprechenden Wert niedrig ist oder weil sie ein niedriges Einkommen haben. Unterschiede in der Zahlungsbereitschaft, aus welchen Gründen auch immer, werden als legitime Ursache für Wettbewerbsvorteile angesehen, Unterschiede im Ausmaß der Kosteninternalisierung hingegen nicht. Zwei Argumente sollen als Erwiderung darauf vorgebracht werden. Erstens: Es bestehen tatsächliche große Unterschiede im Ausmaß der Kosteninternalisierung, unabhängig von Unterschieden in der Zahlungsbereitschaft. Zweitens: Sogar wenn man das Problem auf die Frage der Zahlungsbereitschaft reduziert, ist sehr wohl folgendes möglich: Die Zahlungsbereitschaft des einen Landes weist gegenüber der eines anderen Landes so große Differenzen auf, daß diese einen guten Grund dafür liefert, den Handel mit diesem Land zu beschränken. Wenn Land X eine sehr niedrige Zahlungsbereitschaft hat, um Kinderarbeit im Umfang von 16 Stunden pro Tag zu vermeiden, so legt diese Tatsache dem Land Y keinerlei Verpflichtung auf, seine eigenen Bürger ähnlichen Bedingungen zu unterwerfen. Y muß nicht einmal die Folgen akzeptieren, die eine solche geringe Zahlungsbereitschaft aufgrund freien Handels auf seine eigene Beschäftigungsstruktur

und sein gesellschaftliches Leben hätte. Es ist nicht das entscheidende Kriterium für Land Y, daß die globalen Ressourcen durch freien Handel effizienter zugeteilt würden, wenn sie aufgrund von Preisen bewertet wären, die die geringe Zahlungsbereitschaft in Land X widerspiegeln.

[3] Siehe Tim Lang und Colin Hines, *The New Protectionism: Protecting the Future against Free Trade* (London: Earthscan, 1993).

[4] In diesem Zusammenhang kann ich nicht widerstehen, mein liebstes Zitat von John Maynard Keynes zu bringen: „Ich würde eher mit denen sympathisieren, die die wirtschaftliche Verstrickung der Nationen verringern, als mit denen, die sie vermehren wollen. Ideen, Wissen, Kunst, Gastfreundschaft, Reisen – das sind die Dinge, die ihrem Wesen nach international sein sollten. Aber lassen wir die Güter ‚hausgemacht' sein, wann immer es vernünftig und bequem möglich ist; und vor allem: Lassen wir die Finanzierung in erster Linie national sein." (J. M. Keynes [1933], „National Self-Sufficiency". In: *The Collected Writings of John Maynard Keynes*, Bd. 21, hg. von Donald Moggeridge [London: Macmillan and Cambridge Unversity Press]).

[5] „Is Growth Obsolete?" In: *Economic Growth*, National Bureau of Economic Research, general Series, Nr. 96 E (New York: Columbia University Press, 1972).

[6] Weder die MEW noch der ISEW berücksichtigten die Auswirkung, die das Wachstum des Bruttosozialprodukts eines einzelnen Landes auf die *globale* Umwelt hat und daher auf die Wohlfahrt in anderen geographischen Größenordnungen als der einer Nation. Sie enthielten auch keine Abzüge für schädliche Produkte wie zum Beispiel Tabak oder Alkohol. Es wurden auch keine Berichtigungen für den abnehmenden Grenznutzen des aggregierten Einkommens vorgenommen. Solche Überlegungen würden die Wechselbeziehung zwischen Bruttosozialprodukt und Wohlfahrt weiter schwächen. Außerdem führt die Tatsache, daß privater Konsum die Hauptkomponente von beiden, Bruttosozialprodukt und ISEW (wie auch der MEW), ausmacht, zu einer starken Neigung zur Autokorrelation. Dies macht das beobachtete Fehlen einer Korrelation noch dramatischer.

[7] Der komparative Vorteil wurde das „tiefgehendste und schönste Ergebnis in der gesamten Wirtschaftswissenschaft" genannt. Siehe Ronald Findlay, „Comparative Advantage". In: John Eatwell et al., Hg. (The New Palgrave: A Dictionary of Economics), *The World of Economics* (New York: W. W. Norton, 1991), 99.

[8] Der absolute Vorteil ist die Richtschnur für die Maximierung des Kapitalertrages, wenn das Kapital beweglich ist. Der komparative Vorteil ist die Richtschnur für die Maximierung des Kapitalertrages unter der Bedingung, daß das Kapital im Land bleibt. Diese Tatsache behält ihre Gültigkeit trotz einer verbesserten Definition der Kosten, die sich von Ricardos Arbeitskosten zum modernen Konzept der Opportunitätskosten entwickelt hat. Die Schwierigkeit der Grundannahme von der Unbeweglichkeit des Kapitals bleibt bestehen. Die Opportunitätskosten sind das richtige Konzept. Aber die Menge der Alternativen, für welche die Opportunitätskosten (die nächstbeste Möglichkeit) definiert sind, ist im Falle beweglichen Kapitals die ganze Welt und im Falle unbeweglichen Kapitals der Staat. Wenn die Menge der Alternativen für das Kapital die ganze Welt ist, dann regiert der absolute Vorteil, wenn diese der Staat ist, so regieren komparative Vorteile.

[9] Jagdish Bhagwati und T. N. Srinivasan bestätigen in dem Entwurf ihres Artikels „Trade and Environment: Does Environmental Diversity Detract from the Case for Free Trade?" vom Juli 1993 die Ansicht, daß Freihandel trotz verschiedener Umweltfragen die optimale Politik bleibt. Ihre Schlußfolgerung resultiert jedoch aus einem, wie sie selbst sagen „ziemlich allgemeinen Modell (...) jedoch einem Modell, in dem die Rohstoffe, wie das Kapital, Ländergrenzen nicht überschreiten." (S. 11) Wenn das Kapital zwischen den Staaten unbeweglich ist, so gilt natürlich immer noch das Argument des komparativen Vorteils. In der Welt von heute ist jedoch das Kapital höchst beweglich. Die Autoren befürworten auch nicht eine Beschränkung des Kapitalverkehrs, um die Welt der Voraus-

setzung für ihr Argument anzupassen – ganz im Gegenteil! Ihr Wille, konkrete politische Schlußfolgerungen aus einem derart unüberlegten, abstrakten Modell abzuleiten, ist ein klassisches Beispiel für das, was A. N. Whitehead als den „Trugschluß der unangemessenen Konkretheit" bezeichnet. Zumindest haben sie ihre Grundannahme ehrlich offengelegt, wenn sie auch deren entscheidende Bedeutung für das Argument nicht unterstrichen haben.

[10] David Ricardo, *Grundsätze der politischen Ökonomie und der Besteuerung* (Frankfurt a. Main: Gustav Fischer Verlag 1972), 113.

[11] Adam Smith (1776), *Der Wohlstand der Nationen* (4. Auflage, München: Deutscher Taschenbuch Verlag, 1988), 371.

[12] Sir James Goldsmith lieferte in *The Trap* (New York: Carroll und Graff, 1993) zwingende Argumente gegen Freihandel im modernen Sinne – sprich: freien Güter-, Kapital- und Personenverkehr. Sir James scheint dafür zu plädieren, Arbeit und Güter im Land zu behalten und gleichzeitig das Kapital zwischen den Staaten frei fließen zu lassen. Das wäre meines Erachtens gegenüber dem gegenwärtigen System eine große Verbesserung. Ich würde jedoch, glaube ich, immer noch Ricardos ursprüngliche Lösung bevorzugen, die darin besteht, Güter frei fließen zu lassen und das Kapital im Land zu behalten. Dies deswegen, weil die Kontrolle über die Produktion gewöhnlich beim Kapital liegt, und im Interesse der Gemeinschaft sollte diese Kontrolle möglichst am Ort behalten werden.

[13] W. J. Baumol, *Environmental Protection, International Spillovers, and Trade* (Stockholm: Almqvist und Wicksell, 1971). Ökonomen weisen solche Lohneffekte gerne als „rein pekuniäre Externalitäten" zurück, die weniger Aufmerksamkeit verdienen als „technologische Externalitäten". Letztere beziehen sich auf Kosten oder Nutzen, welche auf Dritte verlagert werden in einer Weise, die vom Preissystem nicht erfaßt wird. Erstere beziehen sich auf Effekte gegenüber Dritten, die durch das Preissystem wirken. Da eine Preissenkung für Arbeit durch freie Migration für das bereits bestehende Arbeitskräftepotential Kosten darstellt, für die Arbeitgeber und die ausländischen Arbeiter hingegen Nutzen bringt – beides wird durch den Lohnsatz vermittelt – gilt sie als pekuniäre Externalität und wird in der ökonomischen Theorie nicht weiter beachtet, sie ist „nur eine Frage der Verteilung".

[14] Die Kategorie der „nicht aufsichtsführenden Angestellten" umfaßt in den USA 80 Prozent der Arbeitskräfte. Zwischen 1973 und 1990 fielen ihre Reallöhne um 17 Prozent. Die Arbeitsproduktivität fiel in diesem Zeitraum nicht, sie setzte in Wirklichkeit ihren Aufwärtstrend fort, wenn auch mit verringerter Geschwindigkeit. Der Preis der erzeugten Güter fiel jedoch als Folge einer Öffnung der US-Wirtschaft. Nach 1972 stieg der Anteil des Handels am Bruttosozialprodukt auf einen Wert oberhalb seines historischen Niveaus von ca. 13 Prozent und erreichte 25 Prozent in den achtziger Jahren. Trotz dieser Tatsachen erzählt man uns immer noch, daß Freihandel für alle Vorteile bringt, weil er die Verbraucherpreise senkt. Das ist sicherlich richtig, nur ließ er die Löhne von 80 Prozent der Arbeitskräfte schneller sinken als die Preise, sodaß ihre *Reallöhne* um 17 Prozent gefallen sind. Ohne Zweifel haben die restlichen 20 Prozent der Bevölkerung davon sehr profitiert. Eine reine Verteilungsfrage, wie uns die Ökonomen sagen. Aber es gibt keine Aussicht auf eine entscheidende, neuerliche Umverteilung. Selbst wenn es eine gäbe, so ist kaum zu glauben, daß die Gewinne der oberen 20 Prozent ausreichend wären, um die Verluste der unteren 80 Prozent wettzumachen. Siehe Ravi Batra, *The Myth of Free Trade* (New York: Scribners, 1993).

[15] In den Vereinigten Staaten gewannen die Vertreter des Freihandels den Kampf um die NAFTA („North American Free Trade Agreement" = Freihandelsabkommen zwischen den USA, Kanada und Mexiko). Den US-Bürgern wurde versichert, daß die Nation mehr Arbeitsplätze gewinnen als verlieren würde, weil wir mehr nach Mexiko exportierten als wir von den Mexikanern importierten. Es ist jedoch genau das Zahlungsdefizit in der

mexikanischen Leistungsbilanz, das den Abfluß der Währungsreserven verursachte, eine Abwanderung sowohl des ausländischen als auch des heimischen Kapitals, welches das mexikanische Defizit finanzierte, herbeiführte und eine vierzigprozentige Abwertung des Peso gegenüber dem Dollar zum Ergebnis hatte. Nun erzählt man den US-Bürgern, daß sie Garantien für ungefähr 20 Milliarden Dollar mexikanischer Staatsschuld geben sollen. Dabei spielt es keine Rolle, daß die 20 Milliarden aus einem Fonds kommen, mit dem eigentlich der Dollar stabilisiert werden sollte, nicht der Peso. Weiter sollte es keine Rolle spielen, daß die Garantie dafür verwendet wird, die schlechten Investitionen vieler an der Wall Street zu schützen, die die NAFTA so enthusiastisch unterstützt haben und sehr hohe Gewinne machten. Und außerdem macht es ja nichts aus, daß die Abwertung zu einem Handelsbilanzüberschuß für Mexiko geführt hat und sich das Argument vom Nettogewinn an Arbeitsplätzen, das dazu benutzt wurde, um die NAFTA überhaupt schmackhaft zu machen, in sein Gegenteil verkehrt hat. Die Bedrohung durch weitere illegale Einwanderung aus Mexiko, die zuvor dafür verwendet wurde, die NAFTA durchzubringen, wird nun wieder bemüht (von den Befürwortern der globalen Integration!) um für die Kreditgarantien zu argumentieren.

[16] Humanitär gesinnte Verteidiger der armen Illegalen behaupten oft, daß die Einwanderer ohnehin nur schlechte Arbeitsplätze bekommen, die Amerikaner gar nicht annehmen würden und daß sie daher keinen Schaden anrichten. Ich wünschte, es wäre so einfach. Aber die Ursache dafür, daß kein Amerikaner so einen Job annehmen würde, liegt darin, daß die Konkurrenz durch die Illegalen Löhne und Arbeitsbedingungen auf ein Niveau gedrückt hat, das unterhalb der akzeptablen Mindeststandards liegt. Viele Amerikaner haben sich mit solch schlechten Jobs ihr Studium verdient, weil ihnen diese Jobs genug Geld einbrachten. Inzwischen ist das nicht mehr möglich, und die Studenten müssen Kredite aufnehmen. Andererseits wird behauptet, daß die Arbeitslosen in den USA für die von unserer Wirtschaft neu geschaffenen Arbeitsplätze nicht qualifiziert genug seien und daher qualifizierte Einwanderer gebraucht würden. Wenn jedoch diese qualifizierten Einwanderer nicht zur Verfügung stünden, so würden wir mehr in die Ausbildung und Qualifizierung unserer eigenen Arbeitslosen investieren.

KAPITEL 11

VON DER ANPASSUNG HIN ZU NACHHALTIGER ENTWICKLUNG: DAS HINDERNIS DES FREIHANDELS

Wenn jemand in den frühen oder mittleren achtziger Jahren das erste Mal mit der Literatur zum Thema Entwicklung in Berührung kam, begegnete er dem Wort „Anpassung" mit einer Häufigkeit, die um einiges über seinem durchschnittlichen Gebrauch in der englischsprachigen Prosa lag. Auf syntaktischer Ebene schreit das Wort geradezu nach zwei Präpositionen mit zwei Objekten: Anpassung *von* was *an* was? Diese Präpositionen werden üblicherweise zugunsten einer Sparsamkeit des sprachlichen Ausdrucks weggelassen – manchmal auch zugunsten einer Sparsamkeit des Denkens. Ernstzunehmende Autoren stellen sich aber für gewöhnlich die Anpassung der tatsächlichen Wirtschaft eines Landes an das theoretische Modell einer effizienten Wirtschaft vor, wie sie vom Mainstream der neoklassischen Wirtschaftswissenschaft entwickelt wurde. Im Wesentlichen umfaßt diese Anpassung drei konkrete politische Praktiken:

1. Die Anpassung der Preise, damit sie zu einem besseren Maßstab für die vollen sozialen Grenzopportunitätskosten werden (indem soziale und Umweltkosten in die Preise einbezogen werden). Häufig ist dafür die unpopuläre Abschaffung von Subventionen und die Einführung neuer Steuern nötig.
2. Die Anpassung der makroökonomischen Bedingungen, um monetäre Stabilität zu erreichen – somit können die wahren Preise in zuverlässigen, monetären Einheiten angegeben werden, welche über die Zeit hinweg ihren Wert behalten. Das bedeutet: Kontrolle der Inflation durch das Beseitigen von Haushaltsdefiziten und durch die Beschränkung der Geldmenge. Sowohl Inflation als auch Preise, wenn sie nicht die vollen sozialen Grenzopportunitätskosten messen, bewirken „Verzerrungen", das heißt Situationen, in denen der private Gewinn der öffentlichen Wohlfahrt entgegenarbeitet. Das Ziel der „Anpassung" ist es dann, diese „Verzerrungen" zu beseitigen.
3. Die Anpassung der nationalen Märkte an die Weltmärkte und der nationalen Preise an die Weltpreise, um das Land in das Welthandelssystem zu integrieren, mit dem Ziel, die Produktivität durch Spezialisierung entsprechend den komparativen Vorteilen zu erhöhen, und in den Genuß der zusätzlichen Vorteile der Spezialisierung zu kommen, die durch die Ausdeh-

nung der Marktgröße über die nationalen Grenzen hinaus möglich wird. Zölle und Handelsquoten sowie alle anderen Einschränkungen des internationalen Handels werden als „Verzerrungen" gesehen.

Es gibt vielleicht auch noch andere Anpassungskriterien, diese drei scheinen jedoch die meisten Fälle von sogenannten „Anpassungskrediten" abzudecken, die ausnahmslos dem Zweck dienen, eine Änderung der Politik zu finanzieren. Die Ziele dieser politischen Änderungen sind es, die Preise wirtschaftlich zu gestalten, mit den makroökonomischen Problemen von Schulden und Defiziten fertigzuwerden und den internationalen Handel zu liberalisieren. Warum ein Land es für nötig oder wünschenswert halten sollte, verzinstes Geld auszuleihen, um eine vernünftigere nationale Politik durchzuführen, ist nicht immer offensichtlich. Manche sehen Anpassungskredite als Bestechung an, jedoch für einen guten Zweck. In jedem Fall glaubt man, daß die Änderung der Politik, wie jede andere Investition, der nationalen Wohlfahrt mehr Nutzen bringt, als die Zinszahlungen sie kosten.

WAS DAS NEOKLASSISCHE MODELL WEGLÄSST

Die ersten beiden Ziele der Anpassung sind von großem Wert und sollten, mit den unten besprochenen Modifikationen, als Schlüsselelemente einer nachhaltigen Entwicklungspolitik beibehalten werden. Das dritte (Freihandel) ist deswegen höchst problematisch, weil es teilweise die beiden ersten untergräbt; außerdem bringt es andere ernsthafte Probleme mit sich. Dies herauszuarbeiten, ist die Hauptaufgabe des folgenden Textes. Die Probleme mit der Anpassung und die daraus folgende Notwendigkeit zur nachhaltigen Entwicklung als leitendem Paradigma überzugehen, erwachsen aus den Unzulänglichkeiten des Objekts der impliziten Präposition „an" – sprich: des gängigen Modells, an das die faktische Wirtschaft angepaßt werden sollte. Bei der Anpassung wird genau dasselbe weggelassen wie im neoklassischen Modell: jede ernsthafte Berücksichtigung von Verteilungsfragen und jegliche Anerkennung der biophysischen Beschränkungen des Wirtschaftswachstums, sei es von seiten der endlichen Quellen an Rohmaterial und Energie oder von seiten der endlichen Lagerstätten für den Abfall an Materie und Energie. Die neoklassische Sichtweise läßt Externalitäten zu, diese hält man jedoch für korrigierbar durch Substitution oder Technologie, und daher stellen sie keine Beschränkung für das Wachstum des wirtschaftlichen Subsystems dar.

Anders ausgedrückt, wir müssen drei ökonomische Probleme berücksichtigen: Allokation, Verteilung und Ausmaß. *Allokation* meint die Zuteilung der Ressourcen auf die verschiedenen Produktverwendungen – Nahrung,

Fahrräder, Autos, medizinische Versorgung. Eine Allokation ist dann effizient, wenn sie der effektiven Nachfrage entspricht, also den relativen Präferenzen der Bürger, gewichtet nach ihrem relativen Einkommen, beide werden als gegeben angenommen. Eine ineffiziente Allokation verwendet Ressourcen, um eine Reihe von Dingen zu produzieren, die niemand kauft, und sie versäumt es, andere Güter zu produzieren, die die Menschen kaufen würden, wenn sie sie nur vorfänden. Eine ineffiziente Allokation kann also durch die Knappheit an Produkten, nach denen Nachfrage besteht, und durch den Überschuß an solchen, nach denen es keine Nachfrage gibt, charakterisiert werden. *Verteilung* bezieht sich auf die Zuteilung der produzierten Güter (und der in ihnen enthaltenen Ressourcen) auf verschiedene Menschen (im Gegensatz zur Zuteilung auf verschiedene Waren, wie vorher). Verteilung ist gerecht oder ungerecht, Allokation effizient oder ineffizient. Es gibt eine effiziente Allokation bei jeder Form von Einkommensverteilung. *Ausmaß* bezieht sich auf die physische *Größe* der Wirtschaft im Verhältnis zum Ökosystem. Das Ausmaß wird gemessen in Bevölkerung mal Ressourcenverbrauch pro Kopf, anders ausgedrückt: als der gesamte Ressourcenverbrauch, das Volumen der Durchlaufmenge an Materie/Energie (metabolischer Fluß), durch den das Ökosystem das wirtschaftliche Subsystem erhält. Das Ausmaß kann nachhaltig oder nicht nachhaltig sein. Eine effiziente Allokation bedeutet nicht unbedingt eine gerechte Verteilung. Weder eine effiziente Allokation noch eine gerechte Verteilung – noch beide gemeinsam – bringen automatisch ein nachhaltiges Ausmaß mit sich. Es handelt sich um drei ganz verschiedene Konzepte, obwohl sie untereinander in Beziehung stehen.

Anpassung wurde überwiegend im Zusammenhang mit Allokation gesehen – Anpassung an eine Wirtschaft mit effizienter Allokation. Verteilung wurde nicht völlig ignoriert, aber sie nahm nur einen weit abgeschlagenen zweiten Platz in der Anpassungspolitik ein. Ausmaß lag völlig außerhalb des Blickfeldes der Anpassung. Der gesunde Menschenverstand zwingt manche Ökonomen dazu, zumindest die Wichtigkeit der Begrenzung von Bevölkerungszahlen anzuerkennen (ein das Ausmaß bestimmender Faktor). Aber innerhalb des gängigen Modells verhalten sich die Ökonomen dem Bevölkerungsproblem gegenüber wie Agnostiker, weil es außerhalb der Domäne von Zuteilungseffizienz fällt. Auf alle Fälle sind weder Bevölkerungskontrolle noch Landreform, noch irgendeine andere Art der Vermögens- oder Einkommensverteilung übliche Ziele von Anpassungskrediten.

Der Übergang zur Vision von einer nachhaltigen Entwicklung wird Ausmaß und Verteilung, gemeinsam mit dem Allokationsproblem, ins Zentrum der Aufmerksamkeit rücken. Die ersten zwei Punkte der Anpassung (die Berichtigung der relativen Preise und die Inflationskontrolle) sind Schlüssel zur Lösung des Allokationsproblems und bleiben wesentlich für die Vision von einer nachhaltigen Entwicklung. Wie bereits erwähnt, muß der dritte Punkt – der freie Handel – als Politik für nachhaltige Entwicklung zurückgewiesen werden. Es ist an der Zeit, die Gründe dafür, und die intensiven Kontroversen rund um dieses Thema zu betrachten.

WARUM FREIHANDEL MIT NACHHALTIGER ENTWICKLUNG IM KONFLIKT STEHT

Internationaler Freihandel steht in scharfem Konflikt mit folgenden nationalen Politikmaßnahmen (1) Berichtigung der Preise, (2) Schritte in Richtung einer gerechteren Verteilung, (3) Gemeinschaftspflege, (4) Kontrolle der Makroökonomie und (5) Halten des Ausmaßes innerhalb der ökologischen Grenzen.

Jeder einzelne Konflikt wird nun besprochen.

1. Nehmen wir an: Ein Staat folgt den Diktaten der Anpassung und internalisiert in hohem Ausmaß soziale Kosten und Umweltkosten. Tritt er dann mit einem Land in freie Handelsbeziehungen, das seine Produzenten nicht dazu zwingt, diese Kosten zu internalisieren, so werden die Firmen in jenem Land zu niedrigeren Preisen anbieten und die konkurrierenden Firmen des betreffenden Staates aus dem Geschäft verdrängen. Wenn aber die Handel treibenden Körperschaften Staaten sind, anstatt einzelne Firmen, die über die Staatsgrenzen hinaus handeln, dann könnte derjenige Staat, der seine Kosten internalisiert, sein Handelsvolumen und die Zusammensetzung seines Handels derart beschränken, daß seine heimische Produktion nicht ruiniert wird. So kann er sogar von der Möglichkeit profitieren, Güter zu Preisen, die unterhalb der vollen Kosten liegen, zu erwerben. Das Land, das seine Güter zu Preisen unterhalb der vollen Kosten verkauft, schadet nur sich selbst, solange die anderen Länder ihren Handel mit diesem Land auf ein Volumen reduzieren, das nicht ihre eigenen Produzenten ruiniert. Das wäre selbstverständlich kein freier Handel. Es besteht ganz eindeutig ein Konflikt zwischen dem Freihandel und einer nationalen Politik, die externe Kosten internalisiert. Externe Kosten sind heutzutage so wichtig, daß das Ziel der Internalisierung den Vorrang erhalten sollte. In diesem Fall kann man ein überzeugendes Argument für Zölle anführen: Sie dienen nicht dem Schutz einer ineffizienten Industrie, sondern dem Schutz einer effizienten nationalen Politik, die externe Kosten in die Preise einbezieht.

Wenn sich natürlich alle Handel treibenden Nationen auf gemeinsame Regeln für die Definition, die Bewertung und die Internalisierung von externen Kosten einigen könnten, so würde dieser Einwand verschwinden und man könnte die gängigen Argumente für den Freihandel in dem neuen Kontext wieder hervorholen. Wie wahrscheinlich ist aber solch eine Einigung? Sogar die kleine Gruppe technischer Experten in der VGR kann sich nicht darauf einigen, wie man Umweltkosten im System der VGR mißt, ganz abgesehen von irgendwelchen Regeln für die Internalisierung dieser Kosten in den Preisen auf Firmenebene. Politiker sind wahrscheinlich auch nicht besser. Manche Ökonomen werden sich gegen eine einheitliche Kosteninternalisierung aussprechen, weil die Vorlieben für die Leistungen der Umwelt und für deren Annehmlichkeiten in verschiedenen Ländern unterschiedlich sind und weil sich diese Unterschiede als legitime Gründe für profitablen Handel in den Preisen wiederspiegeln sollen. Eine Übereinkunft über einheitliche Prinzipien und das richtige Ausmaß an Abweichung von der Einheitlichkeit in der Praxis wird sicher nicht leicht zu finden sein. Nehmen wir trotzdem an, daß diese Schwierigkeit überwunden wurde und daß alle Länder externe Kosten aufgrund derselben Regeln im jeweils richtigen Ausmaß gemäß den verschiedenen Vorlieben und Einkommensstufen internalisieren. Dann ergeben sich zwei weitere Probleme durch Kapitalmobilität und Lohnunterschiede.

2. Die Lohnniveaus unterscheiden sich zwischen den Ländern beträchtlich und werden hauptsächlich durch das Arbeitsangebot bestimmt, das seinerseits von der Größe der Bevölkerung und von der Wachstumsrate abhängt. Überbevölkerte Länder sind von Natur aus Niedriglohnländer und bleiben es auch, wenn das Bevölkerungswachstum groß ist. Dies ist vor allem auch deshalb so, weil die demographische Zuwachsrate der Unterschicht (Arbeit) häufig doppelt so hoch (oder mehr als doppelt so hoch) ist wie die der Oberschicht (Kapital). Bei den meisten gehandelten Gütern stellt die Arbeit immer noch den höchsten Kostenanteil dar und ist daher ein Hauptbestimmungsfaktor für den Preis. Billige Arbeit bedeutet niedrige Preise und einen Wettbewerbsvorteil im Handel. (Die theoretische Möglichkeit, daß das Beziehen niedriger Löhne eine Vorliebe für Armut widerspiegelt und daher eine legitime Berechtigung für Kostenunterschiede ist, wird hier nicht ernst genommen.) Die Anpassungsökonomen kümmern sich aber nicht darum, denn die Ökonomen haben ja gezeigt, daß Freihandel dank des komparativen Vorteils für beide Seiten vorteilhaft sein kann.

Die Lehre vom komparativen Vorteil ist völlig richtig unter der Vorraussetzung, daß die Annahmen stimmen, auf denen sie beruht. Leider aber besagt eine dieser Annahmen, daß das Kapital international unbeweglich ist. Die Theorie funktioniert folgendermaßen: Wenn die relativ ineffizienten Tätigkeiten im internationalen Wettbewerb an Boden verlieren und Arbeitsplätze vernichtet werden, so expandieren zur gleichen Zeit die verhältnismäßig effizienten Tätigkeiten (jene mit dem komparativen Vorteil) und absorbieren sowohl die Arbeit als auch das Kapital, das von den Tätigkeiten mit einem komparativen Nachteil abgezogen wurde. Kapital und Arbeit werden innerhalb des Landes neu zugeteilt und spezialisieren sich gemäß dem komparativen Vorteil des Landes. Wenn jedoch Kapital und Güter international beweglich sind, dann wird das Kapital dem absoluten Vorteil in ein Billiglohnland folgen, anstatt innerhalb seines Heimatlandes entsprechend dem komparativen Vorteil neu zugeteilt zu werden. Es wird dem höchsten absoluten Profit folgen, und der wird in der Regel durch den niedrigsten absoluten Lohn bestimmt.

Natürlich gibt es auch andere Anreize als absolute Profite, die Kapital anziehen, und zwar für gewöhnlich in genau dieselben Billiglohnländer: zum Beispiel geringe Sozialversicherungsbeiträge oder eine geringe Internalisierung von Umweltkosten. Wir haben aber angenommen, daß alle Länder die Kosten im selben Ausmaß internalisiert haben, damit wir uns auf die Lohnfrage konzentrieren konnten. Sobald das Kapital beweglich ist, wird die gesamte Lehre vom komparativen Vorteil mit all ihren tröstlichen Beweisführungen bedeutungslos. Die Folgen der Kapitalmobilität wären ähnlich den Folgen internationaler Arbeitsmobilität – nämlich eine starke Tendenz zum weltweiten Lohnausgleich. Angesichts der bestehenden Überbevölkerung und des hohen demographischen Wachstums der „Dritten Welt" liegt es auf der Hand, daß der Ausgleich nach unten hin erfolgen wird, wie es im letzten Jahrzehnt in den USA tatsächlich der Fall war. Selbstverständlich werden auch die Kapitalerträge durch Freihandel und Kapitalmobilität ausgeglichen, aber das Niveau, auf dem der Ausgleich stattfinden wird, wird in diesem Fall höher sein als bisher. Das US-Kapital wird zunächst vom billigen Arbeitskräfteangebot im Ausland, gefolgt von billigen inländischen Arbeitskräften zumindest solange profitieren, bis es durch ungenügende Nachfrage gebremst wird, die durch einen Mangel an Kaufkraft unter den Arbeitern aufgrund der niedrigen Löhne ausgelöst worden ist. Dies kann jedoch durch eine effiziente Reallokation verhindert werden, die den neuen Mustern der effektiven Nachfrage – hervorgerufen durch eine größere Einkommenskonzentration – folgt. Es werden mehr Luxusgüter erzeugt und weniger Güter auf dem Niveau des Grundlohns. Effizienz wird erreicht und Verteilungsgerechtigkeit geopfert.

Die gängige neoklassische Sicht von Anpassung meint, daß die Löhne letztendlich dank des enormen Produktionszuwachses, der durch den Freihandel ermöglicht wird, weltweit auf einem höheren Niveau ausgeglichen würden. Dieser Produktionszuwachs wird erwartungsgemäß den automatischen demographischen Übergang zu niedrigeren Geburtenraten auslösen. Dies ist eine Lehre, die insofern als Teil des Anpassungspaketes angesehen werden kann, als sie dem Bevölkerungsproblem zumindest eine gewisse Aufmerksamkeit schenkt. Solche Überlegungen können nur von Leuten angestellt werden, die das Problem des Ausmaßes ignorieren, wie es die Neoklassiker natürlich traditionell tun. Denn es ist ökologisch unmöglich, daß alle 5,4 Milliarden Menschen, die derzeit auf der Erde leben, Ressourcen und Aufnahmekapazitäten im selben Pro-Kopf-Ausmaß verbrauchen wie die Amerikaner oder Europäer. Noch viel weniger möglich ist es, dieses Niveau des Verbrauchs auf zukünftige Generationen auszuweiten. Entwicklung, wie sie derzeit verstanden wird, also nach dem Modell der USA, ist nur für eine Minderheit der Weltbevölkerung über wenige Generationen hinweg möglich – mit anderen Worten: Sie ist weder gerecht noch nachhaltig. Das Ziel nachhaltiger Entwicklung ist es, durch Veränderungen der Allokation, der Verteilung und des Ausmaßes die Welt einem Zustand anzunähern, in dem „Entwicklung" – was auch immer damit konkret gemeint sein soll – für alle Menschen in allen Generationen möglich wird. Das ist sicher nicht durch eine besser abgestimmte Anpassung an das gängige Wachstumsmodell zu erreichen, das selber in erster Linie die gegenwärtige Sackgasse erst hervorgerufen hat.

Wenn sich natürlich alle Länder dazu entschließen sollten, ihr Bevölkerungswachstum zu kontrollieren und Maßnahmen zur Umverteilung sowie zur Beschränkung des Ausmaßes durchzuführen, sodaß die Löhne weltweit auf einem annehmbar hohen Niveau ausgeglichen werden könnten, dann würde das Problem verschwinden und die üblichen Argumente für den Freihandel könnten in dem neuen Zusammenhang wiederum angeführt werden. Obwohl die Wahrscheinlichkeit, daß dieser neue Zusammenhang Realität wird, unendlich klein zu sein scheint, könnten wir als Argument *a fortiori* eines der Hauptprobleme des Freihandels, das immer noch wirksam bliebe, beachten.

3. Sogar bei einheitlich hohen Löhnen, die durch universale Kontrolle des Bevölkerungswachstums und durch Umverteilung ermöglicht würden, und bei einheitlicher Internalisierung externer Kosten verstärken Freihandel und freie Beweglichkeit des Kapitals immer noch die Trennung von Eigentum und Kontrolle und die verstärkte Mobilität von Arbeitskräften, die beide für die Gemeinschaft so schädlich sind. Das wirtschaftliche Leben der Gemeinschaft kann nicht nur von deinen Mitbürgern gestört werden, die – obwohl sie vielleicht in einem anderen Teil deines Landes leben – immerhin noch schwache gemeinschaftliche Bande mit dir knüpfen, sondern auch von jemandem, der auf der anderen Seite der Erde lebt und mit dem dich keine

gemeinsame Sprache, Geschichte, Kultur oder Gesetzgebung verbindet. Diese Ausländer können die besten Menschen sein, darum geht es hier nicht. Es geht darum, daß sie von dem Gemeinschaftsleben, das durch ihre Entscheidungen wesentlich beeinflußt wird, sehr weit entfernt sind. Dein Leben und deine Gemeinschaft können von Entscheidungen und Ereignissen gestört werden, über die du selbst keine Kontrolle hast, die du mit keinem Wahlrecht, keiner Stimme beeinflussen kannst.

Spezialisierung und Integration einer lokalen Gemeinschaft in die Weltwirtschaft bieten in der Tat eine rasche Lösung für das Problem der Arbeitslosigkeit vor Ort und man muß eingestehen, daß es sicherlich zu einer Verarmung führen kann, wenn man die Autarkie der Gemeinschaft ins Extrem treibt. Aber kurze Versorgungswege und relativ ortsgebundene Kontrolle über den Lebensunterhalt der Gemeinschaft sind einleuchtende Vorsichtsmaßnahmen, die, wenn sie wirksam sein sollen, eine gewisse Beschränkung des freien Handels erfordern. Liberale Ökonomen sehen den *Homo oeconomicus* als selbständiges Individuum an, das unendlich mobil ist und sich überall in gleichem Maße zu Hause fühlt. Wirkliche Menschen leben aber in Gemeinschaften und in Gemeinschaften von Gemeinschaften. Ihre sehr individuellen Identitäten werden durch ihre Beziehungen in der Gemeinschaft gebildet. Es ist schon schlimm genug, die Gemeinschaft als ständig verfügbare Anhäufung von Individuen in zeitweiliger Nachbarschaft anzusehen, die nur solange besteht, wie sie den Interessen des mobilen Kapitals dient, wenn das Kapital im Land bleibt. Wenn sich aber das Kapital international bewegt, wird es noch viel schlimmer.

Wenn also die Klasse der Kapitalisten in den USA der Arbeiterklasse im Klartext sagt: „Sorry, aber ihr müßt gegen die Armen der Welt um die Stellen und Löhne konkurrieren. Nur weil wir beide Bürger des gleichen Landes sind, entsteht daraus noch keine Verpflichtung für uns“, dann bleibt zugegebenermaßen von einer Gemeinschaft nicht mehr viel übrig. Es ist dann auch nicht schwer zu verstehen, daß einem Arbeiter aus den USA die Nationalität seines Arbeitgebers gleichgültig ist. Wenn es in der Tat so ist, daß die lokale Gemeinschaft durch eine ausländische Firma mehr respektiert wird als durch ihren verdrängten amerikanischen Konkurrenten, so ist es denkbar, daß die Gemeinschaftsinteressen in manchen, speziellen Fällen durch ausländischen Besitz merklich gefördert werden könnten. Das kann aber nicht als Normalfall angesehen werden und dient nur dazu, aufzuzeigen, daß das Ausmaß an pathologischer Vernachlässigung der Gemeinschaft in unserem eigenen Land von anderen Ländern bis jetzt noch nicht erreicht worden ist. Auf alle Fälle ist das weitere Untergraben der lokalen und nationalen Gemeinschaften (die tatsächlich existieren) im Namen einer kosmopolitischen Weltgemeinschaft (die nicht existiert) ein armseliger Handel, auch wenn er Freihandel genannt wird. Der wahre Weg zu einer internationalen Gemeinschaft besteht im Zusammenschluß der Gemeinschaften – und der Gemeinschaften von Gemeinschaften –, nicht in der Zerstörung der lokalen und nationalen Gemeinschaften im Dienst einer einzigen kosmopolitischen Welt von ungebundenen Geldmanagern, die keine Gemeinschaft bilden, sondern höchstens eine interdependente, wechselseitig verwundbare, instabile Koalition von kurzfristigen Interessen.

4. Freihandel und freie Beweglichkeit des Kapitals behindern die makroökonomische Stabilität, indem sie große internationale Zahlungsungleichgewichte und Kapitaltransfers zulassen, die Schulden nach sich ziehen, die in vielen Fällen nicht mehr rückzahlbar sind und in anderen einfach übertrieben hoch. Die Anstrengungen, die unternommen werden, um diese Schulden zu bedienen, können zu nicht nachhaltigen Ausbeutungsraten von Rohstoffen für den Export führen. Die Schuldnerländer sind erpicht darauf, neue Schulden zu machen, damit sie die Fremdwährungen erhalten, die zur Rückzahlung der alten Schulden benötigt werden. Deshalb besteht auch kein Anreiz, streng auf die Produktivität des Projekts zu schauen, für das der neue Kredit aufgenommen wurde. Bemühungen, Kredite zurückzuzahlen und gleichzeitig die heimischen Verpflichtungen zu erfüllen, führen zu staatlichen Budgetdefiziten und zu einem Ankurbeln der Notenpresse mit anschließender Inflation. Inflation, zusammen mit der Notwendigkeit, zu exportieren, um Kredite zurückzuzahlen, führen ihrerseits zur Abwertung der Währung, was wiederum die ausländische Währungsspekulation, die Kapitalflucht und schnelle Bewegungen von Geld fördert sowie die makroökonomische Stabilität stört, die eigentlich durch die Anpassung gefördet werden sollte.

Bisher kann man zusammenfassen: Freihandel sündigt gegen die allokative Effizienz, indem er die Internalisierung externer Kosten für die Staaten erschwert. Er sündigt gegen die Verteilungsgerechtigkeit, indem er die Unterschiede zwischen Arbeit und Kapital in den Ländern mit hohem Lohnniveau vergrößert. Er sündigt gegen die Gemeinschaft, indem er mehr Mobilität verlangt und indem er die Trennung von Eigentum und Kontrolle verstärkt. Und er sündigt gegen die makroökonomische Stabilität. Schließlich sündigt er auf sehr subtile Art gegen das Kriterium des nachhaltigen Ausmaßes.

5. Wie bereits erwähnt, beruht ein Teil des Freihandelsdogmas im Anpassungsdenken auf der Annahme, daß die ganze Welt und alle zukünftigen Generationen Ressourcen in einem Ausmaß verbrauchen können, das dem heutigen Niveau in den Ländern mit hohem Lohnniveau entspricht, ohne

dadurch einen ökologischen Kollaps herbeizuführen. Auf diese Weise sündigt der Freihandel gegen das nachhaltige Ausmaß. In ihren physischen Dimensionen ist die Wirtschaft jedoch in Wirklichkeit ein offenes Teilsystem eines materiell abgeschlossenen, nicht wachsenden und endlichen Ökosystems mit einer beschränkten Durchlaufmenge an Sonnenenergie. Das richtige Ausmaß des ökonomischen Subsystems im Verhältnis zum endlichen Gesamtsystem ist eine äußerst wichtige Frage. Der Freihandel hat die Grenzen des Ausmaßes auf folgende Weise verschleiert:

Nachhaltige Entwicklung bedeutet, innerhalb der Beschränkungen, die uns durch die Aufnahme- und Regenerationskapazität der Umwelt auferlegt werden, zu leben. Diese Beschränkungen sind sowohl globaler (Treibhauseffekt, Ozonschicht) als auch lokaler Natur (Bodenerosion, Abholzung). Der Handel zwischen Staaten oder Regionen eröffnet einen Weg, um lokale Beschränkungen zu lockern, indem man Umweltleistungen (einschließlich der Aufnahme von Abfällen) importiert. Innerhalb gewisser Grenzen kann das sehr wohl vernünftig und gerechtfertigt sein. Wenn es jedoch im Namen des Freihandels bis zum Äußersten getrieben wird, so wirkt es zerstörerisch. Im äußersten Fall führt uns dieser Weg in eine Situation, in der jedes Land versucht, über seinen eigenen Aufnahme- und Regenerationskapazitäten zu leben, indem es diese Kapazitäten aus anderen Ländern importiert. Selbstverständlich bezahlen die Länder für diese Kapazitäten, und es ist alles in Ordnung, solange andere Länder die dazu komplementäre Entscheidung treffen – nämlich, ihr Ausmaß auf einem Niveau deutlich unterhalb ihrer nationalen Tragfähigkeit zu halten, um einen Teil ihrer Leistungen zu exportieren. Anders ausgedrückt: Der Handel als scheinbarer Ausweg einiger Länder aus den Beschränkungen des Ausmaßes hängt vom Willen und von der Fähigkeit anderer Länder ab, gerade jene Disziplin in der Beschränkung ihres Ausmaßes auf sich zu nehmen, die das importierende Land zu vermeiden sucht.

Welche Staaten haben tatsächlich diese komplementäre Wahl getroffen? Inzwischen bemühen sich alle Länder, in ihrem Ausmaß zu wachsen, und es ist einzig und allein die Tatsache, daß einige ihre Grenzen bis jetzt noch nicht erreicht haben, welche es anderen Ländern erlaubt, Tragfähigkeit zu importieren. Der Freihandel räumt keine Beschränkungen der Tragfähigkeit aus dem Weg. Er garantiert lediglich, daß die Staaten diese Grenze mehr oder weniger gleichzeitig erreichen. Er wandelt unterschiedliche, lokale Beschränkungen in eine gesamte, globale Beschränkung um. Er wandelt eine Menge an Problemen, von denen einige zu lösen sind, in ein einziges, unlösbares Problem um. Beweise dafür, daß dieses Problem nicht verstanden wird, liefern die zahlreichen Gelegenheiten, bei denen jemand, der es wirklich besser wissen sollte, die Niederlande oder Hongkong als nachahmenswerte Beispiele anführt und als Beweise dafür, daß alle Länder ebenso dicht besiedelt werden könnten wie diese zwei. Wie es für alle Länder möglich sein sollte, Nettoexporteure von Gütern und Nettoimporteure von Tragfähigkeit zu sein, wird nicht erklärt.

Der Drang, über die Grenzen der Tragfähigkeit hinauszuwachsen, hat natürlich auch andere und tiefere Wurzeln als das Freihandelsdogma. Das Problem liegt jedoch darin, daß der Freihandel es sehr schwer macht, diese zugrundeliegenden Wurzeln auf nationaler Ebene zu behandeln, welche die einzige Ebene ist, auf der eine effektive soziale Kontrolle über die Wirtschaft existiert. Der Anpassungstheoretiker wird dem entgegenhalten, daß Freihandel nur eine natürliche Ausdehnung der Preisanpassung über die staatlichen Grenzen hinweg ist und daß die wahren Preise *globale* Knappheiten und Präferenzen widerspiegeln müssen. Wenn aber die Einheit für die Gemeinschaft der Staat ist – jene Einheit, innerhalb derer Institutionen und Traditionen kollektiven Verhaltens, Verantwortlichkeit und gegenseitiger Hilfe existieren, jene Einheit, innerhalb derer die Regierung versucht, eine Politik zum Wohl ihrer Bürger auszuführen –, dann sollten die wahren Preise *nicht* die Präferenzen und Knappheiten anderer Staaten widerspiegeln. Die wahren Preise *sollten* zwischen den staatlichen Gemeinschaften differieren. Denn diese Unterschiede stellten, historisch gesehen, den einzigen Grund für den internationalen Güterhandel dar.

ENTWICKLUNG, NICHT WACHSTUM

Zusammenfassend gesagt: Es wurde argumentiert, daß die ersten beiden Anpassungsziele (korrekte Preise und Stabilität des Preisniveaus) für die Ära der nachhaltigen Entwicklung notwendig sind. Es wurde gezeigt, daß das dritte Element der Anpassung, Freihandel, deswegen aufgegeben werden muß, weil es im Konflikt steht mit (a) den ersten beiden Anpassungszielen, die beibehalten wurden, (b) mit anderen Zielen, die von den Anpassungskonzepten heruntergespielt wurden (gerechte Verteilung), aber für nachhaltige Entwicklung entscheidend sind und (c) mit dem Ziel, das von den Anpassungskonzepten völlig ignoriert wurde, aber das Hauptziel nachhaltiger Entwicklung ist: ein Ausmaß des wirtschaftlichen Teilsystems beizubehalten, das innerhalb der Tragfähigkeit des Ökosystems liegt. Es bleibt nun noch, die positive Vision von nachhaltiger Entwicklung etwas genauer auszuführen.

Wie bereits angedeutet, besteht die grundlegende Vision, auf der nachhaltige Entwicklung beruht, im Bild einer Wirtschaft, die ein physisches Teilsystem des Ökosystems ist. Ein Teilsystem kann nicht über das Ausmaß des Gesamtsystems, dessen Teil es ist, hinauswachsen. Wenn das Gesamtsystem Leistungen erbringt, die das Teilsystem für sich selbst nicht erbringen kann, so muß das Teilsystem es vermeiden, auf das Muttersystem in einem Ausmaß und auf eine Weise einzuwirken, die dessen Fähigkeit zum Erbringen dieser Leistungen beeinträchtigt. Das Ausmaß der Wirtschaft muß innerhalb der Kapazität des Ökosystems bleiben, auf nachhaltige Weise Leistungen wie Photosysnthese, Befruchtung, Reinigung von Luft und Wasser, Erhaltung des Klimas, Filterung von übermäßig hoher UV-Strahlung, Recycling von Abfällen etc. zu erbringen. Anpassung im Dienste des Wachstums hat uns auf ein Niveau jenseits von Nachhaltigkeit gebracht.

Um das gegenwärtige Ausmaß an Bevölkerung und den Pro-Kopf-Konsum aufrechtzuerhalten, verbrauchen wir natürliches Kapital und rechnen es als Einkommen. Der Versuch, die Armut durch zusätzliches Wachstum der Durchlaufmengen zu beseitigen, führt sich selbst ad absurdum, sobald wir den Punkt erreicht haben, an dem das Wachstum des Ausmaßes die Kosten durch Umweltzerstörung schneller steigen läßt als den Nutzen durch Produktion. Jenseits dieses Punktes, den wir mit aller Wahrscheinlichkeit bereits überschritten haben, macht uns zusätzliches Wachstum ärmer, nicht reicher. Die Alternative besteht darin, das Wachstum des Ausmaßes zu stoppen und zu versuchen, die Armut durch Umverteilung und qualitative Verbesserungen bei der Effizienz der Ressourcenverwendung zu beseitigen, statt durch eine weitere quantitative Erhöhung der Ressourcendurchlaufmenge. Eine Politik zur Beschränkung der Durchlaufmenge leitet automatisch Energien in die Erhöhung der Effizienz, mit der sie genutzt wird, um. Wenn die Technologie mit Leichtigkeit und in hohem Ausmaß zur Effizienzsteigerung beitragen kann, so wird der Übergang relativ schmerzlos sein. Wenn nicht, wird es schwieriger. Auf alle Fälle ist er notwendig. Die grundsätzliche Politik bleibt dieselbe, gleichgültig ob man nun ein Optimist oder ein Pessimist ist im Hinblick auf die Möglichkeiten der Technologie.

Bei ihren Bemühungen, dieser Realität nicht ins Auge zu sehen, brachten diejenigen, die mit dem Anpassungsparadigma verheiratet sind, eine neue Form der Anpassung hervor, in widersprüchlicher Weise nachhaltiges *Wachstum* genannt.

Durch die Verwendung des Ausdrucks „nachhaltiges Wachstum" als Synonym für nachhaltige *Entwicklung* wird viel Verwirrung gestiftet. Aus Respekt vor dem Wörterbuch müßten wir das Wort „Wachstum" für quantitative Steigerungen im physischen Ausmaß durch Angleichung und Zuwachs von Materialien reservieren. „Entwicklung" bezieht sich auf qualitative Veranderungen, auf die Realisierung von Potentialen und den Übergang in einen ausgefüllteren oder besseren Zustand. Dies sind zwei verschiedene – manchmal verknüpfte, manchmal nicht verknüpfte – Prozesse. Ein Kind zum Beispiel wächst und entwickelt sich gleichzeitig; ein Schneeball oder ein Krebsleiden wächst, ohne sich zu entwickeln; der Planet Erde entwickelt sich, ohne zu wachsen. Ökonomien wachsen und entwickeln sich häufig gleichzeitig, sie können aber auch jedes von beiden getrennt tun. Die Wirtschaft ist jedoch Teilsystem eines endlichen und nicht wachsenden Ökosystems, und ihr Wachstum führt dazu, daß sie einen immer größer werdenden Teil des Gesamtsystems in sich aufnimmt. Deswegen muß sich ihr Verhalten immer mehr dem des Gesamtsystems annähern, sprich: einer Entwicklung ohne Wachstum. Es ist genau diese Erkenntnis, daß Wachstum im Ausmaß letztlich unmöglich wird, und bereits jetzt mehr kostet, als es wert ist, welche die Dringlichkeit des Konzepts der nachhaltigen Entwicklung ausmacht. Nachhaltige Entwicklung ist eine Entwicklung ohne Wachstum im Ausmaß der Wirtschaft über einen bestimmten Punkt hinaus, der innerhalb der biosphärischen Tragfähigkeit liegt.

Viele glauben, daß das gegenwärtige Ausmaß der Wirtschaft über dem Niveau einer langfristigen Tragfähigkeit liegt und daß nachhaltiges Wachstum in seiner Eingangsphase eine Periode mit negativem Wachstum erfordert. Sogar wenn man in Bezug auf die technologischen Möglichkeiten optimistisch ist und daran glaubt, daß die Weiterentwicklung in der Produktivität der Ressourcendurchlaufmenge schneller zunehmen kann als das Volumen der Durchlaufmenge abzunehmen hat, so ist das immer noch eine sehr radikale Ansicht. Der Ausdruck „nachhaltiges Wachstum" zielt darauf ab, diesen radikalen Übergang zu verleugnen und zu suggerieren, daß Wachstum immer noch das Ziel Nummer eins ist und daß es nur ein wenig umweltfreundlicher sein sollte. Nachhaltiges *Wachstum* ist lediglich eine weitere Anpassung an die gängige Sichtweise. Nachhaltige *Entwicklung* stellt eine Alternative zur gebräuchlichen Wachstumsideologie dar und ist mit ihr unvereinbar.

Nachhaltige Entwicklung – Entwicklung ohne Wachstum – bedeutet nicht das Ende der Ökonomie. Wenn, dann bedeutet es, daß die Ökonomie noch wichtiger wird. Aber es handelt sich dabei um eine subtile und komplexe Ökonomie der Erhaltung, der qualitativen Verbesserung, des Teilens, der Genügsamkeit und der Anpassung an natürliche Grenzen. Es ist eine Ökonomie des „Besser" und nicht des „Größer".

Teil VI

ZWEI PIONIERE DER NACHHALTIGEN ENTWICKLUNG IN DEN WIRTSCHAFTS-WISSENSCHAFTEN

EINLEITUNG

Dieser Abschnitt stellt einen Tempowechsel dar, einen Wechsel hin zur literarischen Form der intellektuellen Biographie. Er enthält eine Einführung in die Ideen zweier Denker, deren enorme und frühe Beiträge zu einer Wirtschaftswissenschaft der Nachhaltigkeit nicht genügend anerkannt worden sind. Oft ist es interessanter und informativer, etwas über Ideen im Zusammenhang mit den realen Menschen, die diese Ideen ausgearbeitet und verfochten haben, zu lesen, als nur diese Ideen alleine, abstrahiert von ihren menschlichen Ursprüngen, zu studieren. Eine faszinierende Erörterung anderer früher Pioniere findet man bei Juan Martinez-Alier: „Ecological Economics“ (1987).[1]

Frederick Soddy ist aus zwei Gründen besonders bedeutend. Erstens erkannte er bereits in den zwanziger Jahren dieses Jahrhunderts die entscheidende Wichtigkeit der thermodynamischen Gesetze für die Wirtschaftswissenschaft, ein Thema, das Nicholas Georgescu-Roegen fünfzig Jahre später weit tiefgehender und detaillierter ausgearbeitet hat. Zweitens: Soddy argumentierte, daß uns das Geld dazu verleitet, Schulden (das Symbol) mit Wohlstand (der symbolisierten Wirklichkeit) zu verwechseln und daß es uns vergessen läßt, daß das Symbol endlos wachsen kann, die Wirklichkeit jedoch nicht. Wenn jemand denkt, diese spezielle Form der Illusion sei unwahrscheinlich, sollte er nur die Zeitungen lesen, um sich vom Gegenteil zu überzeugen. Neulich gab es ein Schneeballsystem à la Ponzi unter dem Namen „New Era Foundation“, das von Philadelphia aus betrieben wurde, und einige der reichsten und finanziell scharfsinnigsten Menschen im Land geschädigt hat. „Wie konnten diese erfahrenen Menschen solch einem Unsinn Glauben schenken?“ war meine erste Reaktion. Nach einiger Überlegung mußte ich mich jedoch fragen: „War das Verhalten dieser Menschen nicht vielleicht nur im Einklang mit dem kanonischen Glauben an Wachstum?" Sie waren es ziemlich gewöhnt, daß sich ihr Geld alle sieben Jahre verdoppelte. Immerhin stellt das eine Wachstumsrate von nur 10 Prozent pro Jahr dar. Wenn Ihnen nun jemand verspricht, ihr Geld in sechs Monaten zu verdoppeln, statt in sieben Jahren, welchen Grund gäbe es, ihn von vornherein aus dem Büro zu werfen? Wenn das Geld bereits schnell wachsen kann, warum sollte es dann nicht noch schneller wachsen können? Da wir über Geld, außer kurz im ersten Kapitel, in diesem Buch sonst nicht gesprochen haben, ist die Auseinandersetzung mit Soddy und seinen Ideen auch aus diesem Grund angebracht.[2]

Wir haben Nicholas Georgescu-Roegen in diesem Buch sehr oft zitiert (erinnern Sie sich an die „Entropiesanduhr" aus der Einleitung zu Teil I). Er starb im Jahr 1994. Ich füge auch meinen Nachruf auf ihn hier ein, weil er in einfacher Weise den allgemeinen Charakter seiner wissenschaftlichen Beiträge erklärt und auch deren Bedeutung für die Nachhaltigkeitsdebatte. Der Zusammenhang seiner Beiträge geht aus den verstreuten, wenn auch häufigen Verweisen auf ihn in diesem Buch nicht offensichtlich hervor. Das Leben von Georgescu-Roegen illustriert zugleich die extremen Schwierigkeiten, denen sich selbst ein exzellenter Wirtschaftswissenschaftler gegenübersieht, wenn er die Wirtschaftswissenschaft dazu bringen will, neue Ideen ernst zu nehmen, welche die gewohnten Voraussetzungen grundsätzlich in Frage stellen.

Anmerkungen

[1] Juan Martinez-Alier, gemeinsam mit Klaus Schlüpmann, *Ecological Economics: Energy, Environment, and Society* (Oxford, England: Basil Blackwell, 1987).

[2] Mehr zum Thema Geld und zu Soddy im Nachwort von Herman E. Daly und John B. Cobb, Jr., *For the Common Good* (2. Auflage, Boston: Beacon Press, 1994).

KAPITEL 12

DAS ÖKONOMISCHE DENKEN VON FREDERICK SODDY*

„Fast immer waren die Menschen, die die fundamentale Erfindung eines neuen Paradigmas vollbringen, entweder sehr jung oder ganz neu auf dem Gebiet, dessen Paradigma sie ändern."

– Thomas S. Kuhn
„The Structure of Scientific Revolutions"

Frederick Soddy (1877–1956) ist am besten als Pionier in der Chemie bekannt, der gemeinsam mit Rutherford an der Erforschung des radioaktiven Zerfalls arbeitete, die Existenz von Isotopen vorhersagte und deren Namen prägte und der einen der bedeutendsten Beiträge zur modernen Kernstrukturtheorie leistete. Für diese außerordentlichen Leistungen wurde er im Jahre 1910 zum Mitglied der „Royal Society" ernannt und im Jahre 1921 bekam er den Nobelpreis zuerkannt. Er war Mitglied der schwedischen, italienischen und russischen Akademie der Wissenschaften. Während seiner Karriere war er an den Universitäten McGill, Glasgow, Aberdeen und ab 1919 in Oxford tätig (Fleck 1957).

Obwohl er enthusiastisch an den wissenschaftlichen Fortschritt glaubte und an die Möglichkeit, eine Gesellschaft zu errichten, in welcher die Früchte wissenschaftlicher Erkenntnis allen zugänglich wären, war sich Soddy genauestens bewußt, daß die Geschichte die Ansicht untermauert, die Wissenschaft sei genausosehr ein Fluch wie ein Segen für die Menschheit. Darüber hinaus konnte er auch nicht die bequeme Ansicht akzeptieren, daß die Wissenschaftler keine Verantwortung für die Verwendung der Ergebnisse ihrer Arbeit zu tragen hätten. Obwohl andere (Bankiers und Ökonomen) seiner Meinung nach viel größere Schuld am Mißbrauch von Wissen trugen, konnten sich die Wissenschaftler nicht für unschuldig erklären. Das tatsächliche Problem dieser Welt war eine fehlerhafte Wirtschaftswissenschaft, nicht eine fehlerhafte Chemie, und für die zweite Hälfte seines fast achtzig Jahre dauernden Lebens ersetzte die Wirtschaftswissenschaft die Chemie als Zentrum seines intellektuellen Lebens.

Soddy hat früher als die meisten anderen die theoretische Möglichkeit der Kernenergie erkannt. Weil seine eigene Arbeit zur Entdeckung dieses gewaltigen Energiepotentials beigetragen hatte, war es für ihn ganz natürlich zu

fragen, wie eine Welt aussähe, in der die Kernenergie der Menschheit zur Verfügung stünde. Seine Antwort (aus dem Jahre 1926) war eindeutig:
„Würde sie morgen entdeckt werden, so gäbe es keine Nation, die sich nicht mit Leib und Seele in die Arbeit stürzen würde, um diese Energie für den Krieg einsatzfähig zu machen, genau wie derzeit mit den neu entwickelten chemischen Waffen der Giftgas-Kriegsführung verfahren wird (...). Falls [die Atomenergie] unter den vorhandenen wirtschaftlichen Bedingungen entdeckt werden würde, würde das die *reductio ad absurdum* der wissenschaftlichen Zivilisation bedeuten, eine rasche Vernichtung statt eines nicht besonders zögerlichen Zusammenbruchs." (Soddy 1926, Seite 28)
Für Soddy lag das Problem darin, die wirtschaftlichen Bedingungen so zu ändern, daß die Welt für die Nutzung der Atomenergie sowie anderer Ergebnisse der Wissenschaft sicher ist: Im ökonomischen Denken und in den Institutionen mußte etwas prinzipiell falsch laufen, daß aus dem Geschenk der wissenschaftlichen Erkenntnis eine Bedrohung werden konnte. So wurde Soddy zum radikalen Kritiker der Wirtschaftswissenschaft.
Es ist interessant, daß Soddys Bedenken bezüglich des destruktiven Potentials der Atomenergie zu seiner Zeit als extrem angesehen wurden. Ein anderer Nobelpreisträger, Robert A. Millikan, bemerkte:
„Seit Herr Soddy den Kobold der gefährlichen Mengen von verfügbarer subatomarer Energie zum Leben erweckte, brachte [die Wissenschaft] handfeste Beweise dafür ans Licht, daß dieser besondere Kobold – wie die meisten der Schimären, die auf den Geist der Unwissenheit einstürzen – nur ein Mythos war (...) Die neuen Beweise, die aus jüngerer wissenschaftlicher Arbeit resultieren, besagen, daß es höchst unwahrscheinlich ist, daß der Mensch irgendeine nennenswerte Menge der vorhandenen subatomaren Energie anzapfen könnte." (Millikan 1930, Seite 121)
Es hat sich natürlich gezeigt, daß Millikan Unrecht hatte. Den prinzipiellen Glauben aber, den er verteidigte, halten immer noch viele aufrecht. Den Glauben nämlich, daß „wir ruhig schlafen können, denn der Schöpfer hat seinem Werk einige narrensichere Elemente eingesetzt, und der Mensch besitzt keine Macht, um diesem Werk einen titanischen physischen Schaden zuzufügen" (ibid.). R. L. Sinsheimer stellte kürzlich fest: „Wissenschaftliches Bemühen beruht auf dem Glauben, daß unser wissenschaftliches Suchen und unsere technologischen Unternehmungen kein Schlüsselelement der uns schützenden Umwelt verdrängen und dadurch den Zusammenbruch unserer ökologischen Nische herbeiführen werden" (Sinsheimer 1978, Seite 24). Es ist inzwischen offensichtlich, daß das einzige schützende Element, das der Schöpfer seinem Werk einsetzte, die menschliche Fähigkeit zu moralisch begründeter Einsicht und Zurückhaltung ist, ein Element, das weit

davon entfernt ist, narrensicher zu sein. Mit dem Vorteil, die Debatte im nachhinein beurteilen zu können, wissen wir heute, daß Soddy der wahre Prophet war, und daß das wissenschaftliche Establishment, durch Millikan vertreten, im Dunklen tappte.[1] Soddy glaubte nicht an geschickt in die Schöpfung eingebaute „narrensichere Elemente", vielmehr war er davon überzeugt, daß das wirtschaftliche System eingebaute Elemente beinhalte, die die Zerstörung der Schöpfung garantieren würden, sobald die Wissenschaft dem Menschen die Macht dazu gäbe. Daher lag das Hauptproblem für ihn darin, die Irrtümer in unserem wirtschaftlichen Denken und in unseren wirtschaftlichen Institutionen zu finden und zu beheben, eine Aufgabe, die Soddy sowohl mit moralischem Eifer als auch mit der systematischen Logik eines erfahrenen Wissenschaftlers anging.

Vielleicht liegt die verblüffendste Eigenschaft von Soddy als Wirtschaftswissenschaftler darin, daß er seine Nachforschungen mit einem Verstand anging, der höchst intelligent und gleichzeitig völlig frei von den vorgefaßten Paradigmen der orthodoxen Wirtschaftswissenschaftler war, die Soddy unverhohlen verachtete. Diese Verachtung beruhte auf Gegenseitigkeit. Mit der bedeutsamen Ausnahme von Frank Knight, die später besprochen werden wird, ignorierten die Wirtschaftswissenschaftler Soddys Arbeit. Im Gegensatz zum amerikanischen Astronomen Simon Newcomb, der gleichfalls von der Naturwissenschaft zur Wirtschaftswissenschaft kam, kam Soddy als Kritiker, nicht als Student, und er blieb immer ein Außenseiter. Newcomb mochte die Wirtschaftswissenschaft und glaubte nicht, daß sein Amerika in der Zeit vor dem Ersten Weltkrieg durch eine zunehmend machtvolle aber irregeführte Anwendung der Wissenschaft in tödliche Gefahr kommen könnte. Er schrieb ein ziemlich orthodoxes Buch: „Principles of Political Economy" (1885), das bewies, daß er seine Hausaufgaben in der Ökonomie gemacht hatte, und damit das Recht erworben hatte, zu versuchen, die Wirtschaftswissenschaft etwas wissenschaftlicher zu gestalten. Soddy dagegen betrachtete die Wirtschaftswissenschaft als eine Pseudowissenschaft, die man von Grund auf völlig neu aufbauen mußte. Seine Inspirationen erhielt er von John Ruskin, nicht von Ricardo, Mill oder Marshall.

Es konnte nicht überraschen, daß Soddy infolge seiner Vorgehensweise als komischer Kauz abgeschrieben wurde und immer noch als solcher abgeschrieben wird. Tatsächlich war es so, daß Soddys Wirtschaftswissenschaft alle, bis auf Soddy selbst, irritierte. 1926 schrieb die *Times Literary Supplement* (26. August, Seite 565) in einer Kritik seiner bedeutendsten ökonomischen Arbeit „Wealth, Virtual Wealth, and Debt", daß es traurig sei zu sehen, wie ein respektierter Chemiker seinen Ruf ruiniert, indem er über ein Gebiet schreibt, auf dem er sich ganz und gar nicht auskennt. Dieses Urteil hat sich auch 30 Jahre und mehrere Bücher später nicht geändert. Ein Nachruf in der Zeitschrift *Science* aus dem Jahr 1956 lamentierte: „Einige (...) kannten ihn (...) nur als den komischen Kauz auf dem Gebiet der Geldpolitik (...). Seine fanatische Hingabe an Schemata dieser Art, von den orthodoxen Wirtschaftswissenschaftlern verspottet, (...) war für viele überraschend, die ihn als einen Pionier der Chemie kannten (...)" (Russell, Seite 1069). Diese Geringschätzung von Soddys Beitrag zur Wirtschaftswissenschaft ist bedauerlich. Denn obwohl es zugegebenermaßen nicht sehr überzeugend war, wie häufig Soddy den Krieg und andere Übel auf die Reservehaltung des Bankensystems zurückführte, hat er uns immer noch sehr viel zu sagen. Im Grunde genommen hat er die jüngeren Beiträge von Nicholas Georgescu-Roegen (1971) vorweggenommen, indem er die Wirtschaftswissenschaft teilweise auf die Grundlage der Thermodynamik stellte, der Physik der Nützlichkeit.

Die Tatsache, daß Soddy von den Wirtschaftswissenschaftlern mehr lernen hätte können, als es tatsächlich der Fall war, bedeutet nicht, daß die Wirtschaftswissenschaftler nichts von Soddy lernen könnten. Der hier gewählte Ansatz betrachtet Soddy als eine Art intelligentes Wesen vom Mars, das die wirtschaftswissenschaftlichen Probleme in einem ganz anderen Licht sah, und versucht, ihn in einfühlender Weise zu verstehen und der modernen Wirtschaftswissenschaft näher zu bringen. Im folgenden versuche ich, Soddys Kritik der Wirtschaftswissenschaft zusammenzufassen und zu erläutern.

DIE VERNACHLÄSSIGTE PHYSISCHE GRUNDLAGE DER WIRTSCHAFTSWISSENSCHAFT

Soddys grundlegende philosophische Methode könnte man als Materialismus ohne Reduktionismus bezeichnen. Wir müssen den grundlegenden Dualismus zwischen dem Materiellen und dem Spirituellen erkennen und den „monistischen Obsessionen" widerstehen (Soddy 1922, Seite 6). Die Wirtschaftswissenschaft ist im mittleren Bereich zwischen der Materie und dem Geist, zwischen dem Elektron und der Seele angesiedelt:

„Die Möglichkeiten weiteren Wissens dehnen sich in alle Richtungen *ad infinitum* aus, aber die Bewegung verläuft in jeder Richtung diametral zu den Problemen des Lebens – also von diesen weg und nicht zu ihnen hin. Die Wirtschaftswissenschaft liegt in diesem Mittelfeld, weder von der ultimativen Philosophie des Elektrons noch der Seele berührt, vielmehr mit der *Interaktion* beschäftigt, mit der zwischen den zwei Randwelten der Physik und des Geistes gelegenen Welt des Lebens in ihren gewöhnlichsten, alltäglichen Aspekten: auf der einen Seite Materie und Energie, die den Gesetzen

der mathematischen Wahrscheinlichkeit oder des Zufalls, wie er sich in einem leblosen Universum zeigt, gehorchen und Lenkung, Ausrichtung und willentliche Beeinflussung dieser blinden Kräfte und Prozesse zu vorbestimmten Zwecken auf der anderen Seite." (ibid.)
Soddy lehnt den Monismus des „Ultramaterialismus" ab:
„Ich kann mir ebensowenig vorstellen, daß ein lebloser Mechanismus, der den Wahrscheinlichkeitsgesetzen folgt, durch irgendeine fortlaufende Folge sukzessiver Schnitte die Fähigkeiten der Wahl und Fortpflanzung entwickelt, wie ich mir vorstellen kann, daß irgendein Zuwachs in der Komplexität einer Maschine zur Erzeugung eines ‚Maschinenführers' und zur Fähigkeit, sich selbst zu reproduzieren, führen kann. Man soll mir nur sagen, daß dies eine ‚pontifikale' Ausdrucksweise für eine persönliche Meinung ist. Aber zum Unglück für dieses Argument ist der leblose Mechanismus zufällig mein spezielles Studienobjekt, eher noch als das eines Biologen. Es ist eine unveränderliche Eigenschaft aller seichten und anmaßenden Philosophien, die Erklärung unlösbarer Probleme in anderen Fächern zu suchen, als in jenen, wo sich der Forscher aus erster Hand auskennt." (ibid., Seite 7)
Eine geeignete Form des Materialismus muß aber einen der Grundpfeiler der Wirtschaftswissenschaft bilden. „Ohne Phosphor kein Denken" (Soddy 1949, Seite 129) ist tatsächlich ein Axiom, das alle Philosophen und Ethiker unbedingt memorieren sollten. Die mechanistische Wissenschaft kann der Wirtschaftswissenschaft folgendes beibringen:
„Das Leben leitet seine ganze physische Energie oder Kraft nicht von etwas her, das in der lebenden Materie selbst enthalten ist, und noch weniger aus einer externen Gottheit, sondern ausschließlich aus der leblosen Welt. In allen Bedürfnissen seines physischen Fortbestands hängt das Leben in erster Linie von den Prinzipien der Dampfmaschine ab. Die Prinzipien und die Ethik der menschlichen Gesetze und Übereinkünfte dürfen nicht gegen jene der Thermodynamik verstoßen." (Soddy 1922, Seite 9)
Der letzte Satz ist besonders wichtig, denn er beinhaltet die Grundlage für einen großen Teil von Soddys Kritik an einer Sichtweise, die Wirtschaft als Perpetuum mobile betrachtet. Für den Menschen – genau wie für andere, mit Wärme betriebene Maschinen – sind die physischen Probleme des Lebens Energieprobleme. Vor dem 19. Jahrhundert lebte der Mensch vom Energieertrag (vom Sonnenlicht, das von den Pflanzen, den „ursprünglichen Kapitalisten", aufgenommen wird). Der heutige Mensch vervielfacht diesen Energieertrag, indem er Energiekapital (Kohle, „das gespeicherte Sonnenlicht der Sommer im Paleozän") verbraucht. Obwohl der Mensch brennstoffbetriebene Maschinen verwenden kann, um seine Arbeit zu erleichtern, kann er sein inneres Feuer nur mit weiterem Sonnenlicht versorgen oder,

besser gesagt, mit der Energie des weiteren Sonnenlichts, das durch die hilfreichen Dienste der Pflanzen transformiert wird.
Das Leben hängt also von einem kontinuierlichen Energiestrom ab, und darum müssen die Voraussetzungen, die das Leben ermöglichen, eher etwas von einem Fluß als etwas von einem Bestand an sich haben. Dieser Fluß kann für eine zukünftige Verwendung nur begrenzt aufbewahrt werden. Ein wesentlicher Teil der lebensnotwendigen Erfordernisse muß uns als laufender Fluß oder als „Ertrag" zukommen, der im physikalischen Sinn niemals in einen Bestand umgewandelt und für eine spätere Nutzung unbegrenzt aufbewahrt werden kann. Dieser Ertrag erneuert sich täglich wie das Manna, das Gott den Hebräern in die Wüste gesandt hatte, muß in Mengen, die für den Tag ausreichen (nicht zu viel und nicht zu wenig), gesammelt werden und bringt Würmer hervor und verfault, wenn mehr als das für den täglichen Gebrauch Notwendige angehäuft wird (Ex. 16,17–20). In jenem Ausmaß, in dem wir sie vor der Zerstörung durch Entropie bewahren können, sind uns die Vermögensbestände Hilfe und zusätzliche Unterstützung, damit wir unsere Fähigkeit, das Energieeinkommen anzuzapfen, verbessern können. Das Einkommen selbst kann aber nicht wesentlich erhöht werden, und – bis auf eine begrenzte Menge – kann es auch nicht gespeichert werden. Allein den von uns angehäuften Bestand an physischem Vermögen gegen die Zerstörungskräfte der Entropie zu erhalten, bedarf der erneuernden Kraft des „Einkommensflusses" mit geringer Entropie. Es ist wahr, daß die Natur Energie in Form von Kohle gespeichert hat, aber über geologische Zeiträume hinweg, und wir sind lediglich dazu in der Lage, diese abzubauen. Außerdem betrachtete Soddy die „flamboyante Periode" des Kohleverbrauchs als eine „höchst vorübergehende Phase", in deren Folge die Beschränkungen – auferlegt durch die Tatsache, daß man vom Energieertrag leben muß – noch deutlicher und spürbarer werden.
Für Soddy stellte sich folgende grundlegende wirtschaftswissenschaftliche Frage: „Wovon lebt der Mensch?" und die Antwort darauf lautete: „vom Sonnenlicht." Die Gesetze, denen der vom Sonnenlicht lebende Mensch gehorchen muß, gleichgültig ob es sich um das gegenwärtige oder das des Paleozän handelt, sind das Erste und das Zweite thermodynamische Gesetz. Diese Gesetze sind kurz gesagt der „Beitrag der Physik zur Staatsverwaltung". Vermögen sind für Soddy „die Formen von Materie und Energie, die dem Menschen nützlich sind" (Soddy 1943, Seite 6). Dieses Vermögen hat sowohl eine physische Dimension, die Materie oder die Energie, die sich den Gesetzen des leblosen Mechanismus unterwirft, als auch eine teleologische Dimension der Nützlichkeit, die sich den Zielen des Geistes und des Willens unterwirft. Soddys Konzept des Vermögens spiegelt seinen fundamentalen

Dualismus wider sowie seinen Glauben, daß sich die mittlere Welt des Lebens und des Reichtums mit der Interaktion beider Randwelten der Physik und des Geistes in ihren gewöhnlichsten und alltäglichen Aspekten beschäftigt. Und obwohl sich Soddy der physischen Dimension zuwandte, um die Folgen ihrer Vernachlässigung zu korrigieren, sollte uns das nicht zu der falschen Annahme verleiten, daß er eine monistische, physikalische Vermögenstheorie vorschlug, eine Fehlinterpretation, die, wie wir später sehen werden, Frank Knight entwickelte.

DIE GROSSE VERWECHSLUNG: VERMÖGEN VERSUS SCHULDEN

Der grundlegende Irrtum der Wirtschaftswissenschaft ist die Verwechslung von Vermögen, einer Menge mit einer nicht reduzierbaren physischen Dimension, mit Schulden, einer rein mathematischen oder imaginären Menge. Die positive physische Menge, zwei Schweine, stellt Vermögen dar, man kann sie sehen und berühren. Aber Schulden, also minus zwei Schweine, ist eine imaginäre Menge ohne physische Dimension:

„Die Schulden sind den Gesetzen der Mathematik unterworfen statt den Gesetzen der Physik. Im Gegensatz zum Vermögen, das den Gesetzen der Thermodynamik unterworfen ist, verfaulen die Schulden nicht mit der Zeit, und sie werden auch im Verlauf des Lebens nicht verbraucht. Im Gegenteil, sie wachsen mit so und so viel Prozent pro Jahr, gemäß den bekannten mathematischen Gesetzen der Verzinsung und der Zinseszinsen. (...) Aus hinreichenden Gründen ist der Prozeß der Zinseszinsen physisch nicht möglich, obwohl der Prozeß abnehmender Verminderung im physischen Bereich üblich ist. Ersterer strebt mit der Zeit immer schneller gegen unendlich, das – genau wie minus eins – keine physikalische, sondern eine rein mathematische Größe ist: Zweiterer jedoch strebt immer langsamer gegen null, das die untere Grenze für physische Mengen darstellt, wie wir gesehen haben." (Soddy 1926, Seite 70)

Die vorherrschende Leidenschaft unserer Zeit ist es, Vermögen in Schulden umzuwandeln, um daraus ein permanentes, zukünftiges Einkommen zu beziehen – also: vergängliches Vermögen in bleibende Schulden zu verwandeln, Schulden, die nicht verrotten, die man kostenlos aufbewahren kann und die beständige Zinsen bringen (Soddy 1933, Seite 25). Kein Mensch könnte die physischen Mengen anhäufen, die notwendig sind, um sich im Alter zu versorgen, denn – genau wie das Manna – würden diese Mengen verfaulen. Darum muß man diesen nicht lagerbaren Überschuß gegen zukünftiges Einkommen verpfänden, indem man andere konsumieren läßt und seinen heutigen Überschuß in das Recht investiert, sich am künftigen, höheren Einkommen zu beteiligen. Das Einkommen ist „ein Fluß von vergänglichem und verbrauchbarem Vermögen, das ständig zu Abfall wird, ob es nun von den Menschen oder von Würmern und Ratten verbraucht wird" (Soddy 1924, Seite 24). Da aber das zukünftige, jährliche Einkommen begrenzt ist, existiert eine entsprechende Grenze für das Ausmaß, in dem gegenwärtige Überschüsse gegen beständige, zukünftige Einkommensströme eingetauscht werden können. Soddy betont, daß die heutige Akkumulation von Überschuß niemals zu künftigem Einkommen in irgendeinem physischen Sinn umgewandelt wird, sondern lediglich durch soziale Übereinkünfte dagegen eingetauscht werden kann. Obwohl den Kreditgeber der Gedanke trösten mag, daß sein Vermögen immer noch irgendwo in Form von „Kapital" existiert, wurde es in Wirklichkeit vom Kreditnehmer verbraucht, entweder durch Konsum oder durch Investition, und – genau wie Lebensmittel oder Treibstoff – kann es später nicht wieder verwendet werden. Stattdessen ist das Vermögen zu Schulden geworden, zu einem Anspruch auf zukünftiges Einkommen, das durch zukünftiges Sonnenlicht produziert wird. „Kapital", sagt Soddy, „ist nichts anderes als ein noch nicht erzeugtes Einkommen, dividiert durch die Zinsrate und multipliziert mit 100". (Soddy 1922, Seite 27)

Obwohl Schulden dem Gesetz der Zinseszinsen entsprechen können, kann das reale Energieeinkommen aus dem zukünftigen Sonnenlicht, das reale, zukünftige Einkommen, gegen das die Schulden verpfändet wurden, nicht lange mit Zinseszinsen anwachsen. Bei der Umwandlung in Schulden legt aber das reale Vermögen „seine vergängliche Form ab und nimmt eine unvergängliche an" (Soddy 1933, Seite 28). Dabei sieht es so aus, als ob es einen Weg gäbe, „die Natur auszutricksen" (Seite 24) und das Zweite Gesetz der Thermodynamik zu umgehen, das Gesetz des Zufalls, der Verwüstung, des Rostes und der Verrottung. Die Idee, daß die Menschen von den Zinsen ihrer gegenseitigen Verschuldung leben könnten (Soddy 1926, Seite 89) ist nur eine weitere Variation des Schemas vom Perpetuum mobile – ein allgemeiner Irrglaube im großen Stil.

Soddy scheint zu sagen, daß das, was für die Allgemeinheit offensichtlich unmöglich ist – nämlich, daß jeder vom Zinseinkommen lebt – auch für den einzelnen aus Gründen der Fairneß verboten sein sollte. Wenn es nicht verboten ist, oder zumindest irgendwie beschränkt, dann werden ab einer bestimmten Zeit die zunehmenden Pfandrechte der Schuldner auf das begrenzte Einkommen größer sein als die Bereitschaft oder die Fähigkeit jener, die zukünftig dieses Einkommen produzieren, die Schulden zurückzuzahlen. Das muß zu einem Konflikt führen in Form einer Nichtanerkennung der Schulden. Die Schulden wachsen mit Zinseszinsen und stoßen dabei als rein mathematische Größe auf keine Grenzen, die dieses Wachstum bremsen. Das Vermögen wächst für eine Weile mit Zinseszinsen, sein Wachstum stößt aber wegen seiner physischen Dimension früher oder später auf Grenzen. Schulden können ewig bestehen bleiben, das Vermögen jedoch nicht, denn seine physische Dimension ist den destruktiven Kräften der Entropie unterworfen. Und weil Vermögen nicht kontinuierlich mit der gleichen Geschwindigkeit wie die Schulden wachsen kann, muß an einem gewissen Punkt das Verhältnis eins zu eins zwischen den beiden zusammenbrechen. Es muß also zur Nichtanerkennung oder Annullierung der Schulden kommen. Die positive Rückkoppelung der Zinseszinsen muß durch entgegenwirkende Kräfte der Nichtanerkennung, z. B. in Form von Inflation, Bankrott oder Beschlagnahmungssteuern, ausgeglichen werden; alle diese Kräfte fordern Gewalt heraus. Konventionelles Denken beurteilt diese Prozesse als pathologisch, die Zinseszinsen werden aber als etwas „Normales" akzeptiert. Die Logik erfordert allerdings, daß wir entweder die Zinseszinsen in irgendeiner Weise begrenzen oder daß wir einen oder mehrere der dagegenwirkenden Mechanismen der Schuldverleugnung als normal und notwendig akzeptieren.[2] Soddy beschreibt dies folgendermaßen: „Man kann eine absurde menschliche Konvention, wie z. B den automatischen Schuldenzuwachs (in der Form von Zinseszinsen), nicht ständig gegen das Naturgesetz der automatischen Verringerung von Vermögen (durch Entropie) ausspielen." (Soddy 1922, Seite 30)

Soddy meint, daß die Trugvorstellung vom Perpetuum mobile eines Lebens auf der Grundlage von Schulden in folgender Weise entstanden sei:

„Weil früher der Besitz von Land – das mit Hilfe des Sonnenlichts, das auf das Land fällt, einen Vermögensertrag liefert – einen Anteil an der Ernte ohne Arbeit oder Leistung nämlich in Form einer Rente garantierte, wodurch sich eine kultivierte und privilegierte Klasse etablieren konnte, scheint das [jetzige, Anm. d. Übers.] Zeitalter die widersinnige Idee entwickelt zu haben, daß das Geld, für das man Land kaufen kann, selbst die gleiche, Einkommen erzeugende Kraft haben muß." (Soddy 1926, Seite 106)

Wenn Schulden und Geld die Maßeinheiten sind, mittels derer wir Produktion und Verteilung des physischen Vermögens errechnen und nachvollziehen, dann können die Maßeinheiten und die von ihnen gemessene Realität sicherlich nicht verschiedenen Gesetzen folgen. Soddys „Feuerprobe besteht darin, daß man keine Geldbuchhaltung erlauben sollte, die nicht ebensogut mit physischen Zählern durchgeführt werden könnte" (Soddy 1943, Seite 24). Wenn das Vermögen nicht allzu lange durch Zinseszinsen wachsen kann, sollte dies auch für die Schulden unmöglich sein. Wenn Vermögen nicht *ex nihilo* (aus dem Nichts) erschaffen werden kann, wie können wir dann zulassen, daß Geld (Schulden) *ex nihilo* (aus dem Nichts) erschaffen werden kann (und genau so einfach auch vernichtet)? Schlimmer noch: Wie können wir die Tatsache tolerieren, daß Geld aus dem Nichts erschaffen und dann mit Zinseszinsen verliehen wird, wenn wir es gleichzeitig als Maßeinheit für das Vermögen verwenden, das keinen von diesen „Zaubertricks" beherrscht? Diese Frage führt uns zum Geld, dem Thema, mit dem sich Soddy hauptsächlich beschäftigt hat.

DIE SCHWÄCHE DES GELDES

Der größte Fehler des Wirtschaftssystems war in Soddys Augen die Praxis der Reservehaltung des Bankensystems. Diese ermöglichte es dem privatem Bankensystem, Geld zu erzeugen und sich dabei das anzueignen, was er das „virtuelle Vermögen der Gesellschaft" nannte; dieses Vermögen wird dann gegen Zinsen verliehen. Das Konzept des „virtuellen Vermögens" spielt eine Schlüsselrolle in Soddys Analyse. Im Prinzip ist es der Gesamtwert des realen Vermögens, auf dessen Besitz die Mitglieder der Gesellschaft freiwillig verzichten, damit sie anstelle dieses Vermögens Geld halten können. Um sich die Unannehmlichkeiten des direkten Tauschhandels zu ersparen, muß jeder Geld halten, das für reales Vermögen eingetauscht werden könnte, aber nicht eingetauscht wird. Mit Soddys Worten ausgedrückt, „diese Gesamtsumme der austauschbaren Güter und Dienstleistungen, auf die eine Gesellschaft unaufhörlich und ständig verzichtet" (obwohl die *einzelnen* Geldbesitzer sie jederzeit von anderen Menschen verlangen und bekommen können), nennt der Autor das „virtuelle Vermögen der Gesellschaft" (Soddy 1934, Seite 36). Sollte jeder versuchen, seinen Geldbesitz in reale Vermögensbestände umzutauschen, so wäre dies nicht möglich, denn alle realen Vermögensbestände sind bereits im Besitz von jemand anderem und am Ende muß irgendjemand das Geld halten. Deshalb existiert das virtuelle Vermögen nicht wirklich in Form von aktuellem Vermögen über den Wert der realen Vermögensbestände hinaus, und darum wird es auch als „virtuell" bezeichnet. Dennoch verhalten sich die Leute so, als ob das virtuelle Vermögen real wäre, denn auf der Ebene der Individuen ist Geld leicht gegen physische Vermögensbestände einzutauschen. Das Phänomen des virtuellen Vermögens tritt in einer Geldwirtschaft zwangsläufig auf, außer das Geld wäre selbst eine Ware, die zu ihrem eigenen Warenwert zirkuliert.

Der Wert jeder Geldeinheit oder der Kehrwert des „Preisindex" ist einfach das virtuelle Vermögen, dividiert durch den gesamten Geldbesitz der Menschen. Soddy liefert folgende Zusammenfassung der Art und Bedeutung virtuellen Vermögens:

„Geld ist jetzt eine Form der Staatsschuld, vom einzelnen besessen und von der Gemeinschaft geschuldet, gegen die man im Bedarfsfall Vermögen eintauschen kann, indem man sie einem anderen Individuum überträgt. Sein Wert oder seine Kaufkraft wird nicht direkt von einer positiven oder bestehenden Vermögensmenge bestimmt, sondern von einer negativen Vermögensmenge oder einem Defizit an Vermögen, auf dessen Besitz und Genuß von den Geldbesitzern freiwillig verzichtet wird, ohne dafür Zinsen zu erhalten, um ihre persönlichen Geschäfte, Haushaltsangelegenheiten und ihr Wohlergehen zu ermöglichen. Die Summe dieses Defizits nennt man das virtuelle Vermögen der Gemeinschaft, und es mißt den Wert des gesamten Geldes im Besitz der Gemeinschaft, die durch die Notwendigkeit, ihre Erzeugnisse zu tauschen, gezwungen ist, sich so zu verhalten, als ob sie diese Menge an Vermögen mehr besäße, als sie es tatsächlich tut. Das virtuelle Vermögen einer Gemeinschaft ist keine physische Menge, sondern eine imaginäre, negative Vermögensmenge. Es unterliegt nicht den Gesetzen der Erhaltung, sondern ist rein psychologischen Ursprungs.“ (Soddy 1926, Seite 295)

Das virtuelle Vermögen ändert sich in Abhängigkeit von der Größe der Bevölkerung und des Nationaleinkommens sowie von den Geschäfts- und Zahlungsgewohnheiten der Gesellschaft. Nur wenn das virtuelle Vermögen konstant bleibt, können wir den Wert einer Geldeinheit mit dem Verhältnis des virtuellen Vermögens zur Gesamtmenge des Geldes gleichsetzen. Soddy glaubte, daß das virtuelle Vermögen, obwohl es nicht konstant ist, weit weniger schwankt als das Geldangebot.

Wer profitiert vom virtuellen Vermögen? In gewissem Sinne die ganze Gesellschaft, denn es ist der Preis für die Vermeidung des direkten Tauschs oder, besser gesagt, der Preis dafür, daß wir die Verschwendung durch eine reine Güterwährung vermeiden können, die kostbare Ressourcen (Gold) ausbeuten muß, um eine Funktion zu erfüllen, die Papier oder abstrakte Verrechnungseinheiten genau so gut erfüllen könnten. In einem anderen Sinn stellt das virtuelle Vermögen so etwas wie einen Prägegewinn dar, den Unterschied zwischen dem Geldwert und dem Güterwert (Produktionskosten) der Scheidemünze. Mit der Einführung von Giralgeld wird der Güterwert der Scheidemünze gleich null, und der Prägegewinn oder das virtuelle Vermögen ist gleich dem gesamten Geldwert des emittierten Geldes oder, besser gesagt, das Äquivalent des entgangenen Nutzens. Die Analogie zum Prägegewinn legt eine weitere Antwort auf die Frage nahe, wer aus dem virtuellen Vermögen profitiert. Der Emittent von Papiergeld, der es als erster unter die Leute bringt, erhält den Prägegewinn. Das alte Vorrecht der Krone eignete sich nicht der moderne Staat als legitimer Erbe der Krone an, sondern das private Bankensystem, welches „den Zweck des Geldes von dem eines Tauschmittels zu dem von Zinsen tragenden Schulden verkommen ließ“ (Soddy 1926, Seite 296). Darüber hinaus hängt die Existenz eines Großteils unseres Geldes davon ab, daß diese Schulden nie getilgt werden. Die bloße Existenz des Geldes wird so zu einer Quelle privaten Einkommens, und das gesamte Geldangebot wird zu einer „Ziehharmonika“, die sich ausdehnt, um einen Boom zu unterstützen, und sich bei Schuldrückzahlung sowie Zahlungsverzug zusammenzieht und dadurch eine Wirtschaftskrise verstärkt.

Soddys Konzept des virtuellen Vermögens steht in einem interessanten Zusammenhang mit der modernen Debatte darüber, ob Papiergeld Teil des Nettovermögens der Gesellschaft ist. Pesek und Saving (1967) behaupten, daß es so sei, während andere – z. B. James Tobin (1965) – gerade das Gegenteil behaupten. Soddy steht auf dem Standpunkt, daß Papiergeld virtuelles Vermögen ist. Die Menschen halten freiwillig Geld, statt den entsprechenden Wert in realen Vermögensbeständen zu halten, um der enormen Unbequemlichkeit des direkten Tauschhandels zu entgehen. Das virtuelle Vermögen stellt die Nutzungskosten der Geldhaltung dar. Die Tatsache, daß der Nutzen die Kosten überwiegt, führt nicht zum Verschwinden der Kosten und verwandelt das Geld nicht in Vermögen. Die gesellschaftliche Institution des Geldes können wir als eine Form kollektiven Erbguts ansehen, ähnlich einem effizienten Gesetz oder einer fortschrittlichen Technologie. Aber das Gut, aus dem das Geld hervorgeht, muß selbst kein produktives Vermögen sein, und ist es im Fall des Papiergeldes auch nicht. In der Tat liegt der Hauptvorteil des Papiergeldes darin, daß es Ressourcen, die sonst als Geld gebunden wären, freistellt und somit mehr an realen Vermögensbeständen mit diesen Ressourcen erzeugt werden können. Wir rechnen diese zusätzlichen realen Vermögensbestände, die durch Papiergeld ermöglicht werden, zum Gesamtvermögen der Gesellschaft, nicht aber die Papierzettel selbst. Soddys Begriff des „virtuellen Vermögens“ hat in der Tat große Ähnlichkeit mit dem, was James Tobin das „fiduciary issue“ (das Problem der Ungedecktheit) nennt:

„Das Vermögen einer Gemeinschaft besteht also aus zwei Komponenten: aus den realen Gütern, akkumuliert durch Realinvestitionen in der Vergangenheit, und aus den ungedeckten oder Papier‚gütern‘, die von der Regierung aus der hohlen Hand erzeugt werden. Das Vermögen eines solchen Staates, ausgenommen sein Humankapital, besteht ‚in Wirklichkeit‘ selbstverständlich nur aus dem greifbaren Kapital. Aus der individuellen Perspektive der Einwohner dieses Staates übersteigt aber das Vermögen den Bestand an greifbarem Kapital genau um jene Menge, die wir ‚fiduciary issue‘ nennen können. Das ist eine Illusion, aber nur einer der vielen Trugschlüsse der Verallgemeinerung, die jeder Wirtschaft oder Gesellschaft zugrundeliegen. Diese

Illusion kann man unvermindert beibehalten, solange die Gesellschaft nicht tatsächlich versucht, all ihr Papiervermögen in Güter umzutauschen." (Tobin 1965, Seite 676)

In Soddys Augen vergeben Banken keine Darlehen, denn Darlehen setzen voraus, daß der Verleiher etwas abgibt, das der Entleiher bekommt. Wenn aber eine Bank Geld verleiht, so gibt sie nichts auf, sie schafft die Einlagen aus dem Nichts, bis die vom Mindestreservesatz vorgeschriebene Grenze erreicht ist.[3] Der eigentliche „Verleiher" ist die Gemeinschaft als ganze, deren Geldbestand mit dem Zufluß von neuem Geld an Kaufkraft verliert. Wir wissen, daß das neue Geld ausgegeben werden wird und die Nachfrage erhöhen wird, denn der Kreditnehmer, der das Geld bekommt, würde keine Zinsen zahlen, nur um seine unproduktiven Bilanzen zu erhöhen. Die Preise werden nach oben gedrückt, weil die Geldschaffung *ex nihilo* (Nachfrage) viel schneller zunehmen kann als die Erschaffung *ex materia* des neuen physischen Vermögens (des Angebotes). Aber die direktere Begründung ist einfach: Ein relativ konstantes virtuelles Vermögen, geteilt durch eine größere Zahl an Pfund Sterling, bedeutet, daß jedes Pfund weniger wert ist. Geld sollte nicht als Bedingung seiner Existenz Zinsen erbringen, sondern nur dann, wenn es von jemandem verliehen wird, der es wirklich an den Kreditnehmer abgibt. Die Banken sind wie Fälscher, die gefälschtes Geld verleihen, ihr eigenes falsches Geld als Rückzahlung akzeptieren und es vernichten, dabei aber die Zinsen als reales Geld, das nicht vernichtet wird, vom Rest der Gemeinschaft bekommen. Die Banken erzeugen und vernichten Geld ohne die „Gesetze, die seine Menge mit dem Nationaleinkommen in Beziehung bringen", zu verstehen (Soddy 1926, Seite 296). Indem das Bankensystem den Wert des Geldes durch Gelderzeugung und -vernichtung ständig ändert, macht es aus dem Pfund Sterling einen Gummimaßstab und macht sich letztendlich über alle physikalischen Maßstäbe lustig, weil die Maßeinheiten „Meter pro Pfund" oder „Liter pro Pfund" zu variablen Größen werden, obwohl Meter und Liter fixe Größen sind.

Auf den ersten Blick könnte es merkwürdig aussehen, daß jemand, der die Ökonomie mit den Konzepten der Physik analysiert, sich so stark auf das Geld konzentriert und nicht auf die realen Ressourcen, auf Materie, Energie und dergleichen. Aber es ist genau die Tatsache, daß das Geld den Gesetzen der Erhaltung und der Entropie zu entschlüpfen scheint, welche Soddy zu dem Schluß brachte, daß die Schwäche des Systems in den „Zaubertricks" der modernen Bankiers liegen muß, denen „es erlaubt wurde, sich als Besitzer des virtuellen Vermögens anzusehen, das die Gesellschaft *nicht* besitzt, und dieses virtuelle Vermögen als verzinste Darlehen zu verleihen, als ob es wirklich existierte und als ob sie seine Besitzer wären. Das Vermögen, das auf diese Weise von mittellosen Kreditnehmern erworben wird, wird von den Gläubigern nicht aufgegeben. Sie erhalten zwar den Zinsertrag, aber geben nichts auf. Es wird von der ganzen Gemeinschaft aufgegeben, welche durch die allgemeine Verringerung der Kaufkraft des Geldes einen Verlust erleidet.“ (Soddy 1926, Seite 296)

Ein weiterer Widerspruch ergibt sich daraus, daß die Staatsschulden von den Besitzern der Schuldverschreibungen, die sich bei den Banken verschulden, als Nebenbürgschaft verwendet werden. Die Banken schaffen für den verschuldeten Schuldverschreibungsbesitzer ein Guthaben (neues Geld), für das sie Zinsen verlangen. Die Bevölkerung muß Steuern zahlen, damit die Regierung dem Schuldverschreibungsbesitzer Zinsen auf seine Schuldverschreibungen zahlen kann. Dieser gibt die Zinsen im Endeffekt an die Bank weiter. Soddys Schlußfolgerung daraus ist, daß „die Steuern somit der Bank für etwas bezahlt werden, das die Steuern hätten verhindern sollen, nämlich die Erhöhung der Geldmenge. Der Staat hätte sonst keinen Grund gehabt, sich verzinstes Geld zu leihen, wenn er nicht die Erhöhung der Geldmenge hätte verhindern wollen“ (Soddy 1926, Seiten 195, 298). Soddy betrachtet dies als die endgültige *reductio ad absurdum* des Geldwesens.

REFORMMASSNAHMEN

Soddy schlug drei grundlegende Reformschritte vor, um die Ehrlichkeit und Genauigkeit des Wirtschaftssystems wiederherzustellen: die Forderung nach einer hundertprozentigen Kapitaldeckung durch die Banken, eine Politik der Geldwertstabilität und international frei schwankende Devisenkurse.

Die Forderung nach einer hundertprozentigen Kapitaldeckung würde die Banken daran hindern, Geld zu erschaffen, und diese grundlegende Funktion würde – zusammen mit dem Anrecht auf die Prägegewinne, mit dem Besitzrecht auf das virtuelle Vermögen – an den Staat zurückgehen, der somit wieder einziger Geldemittent wäre. Die Banken müßten dann von den Einnahmen für ihre legitimen Dienstleistungen leben, d. h. solche, die keine Gelderzeugung voraussetzen.

Welches Prinzip sollte der Staat bei der Geldemission verfolgen? Geld sollte je nach Bedarf geschaffen oder vernichtet werden, damit die Kaufkraft des Geldes konstant bleibt. Ein Preisindex wird von einem staatlichen statistischen Amt konstruiert. Wenn dieser Preisindex eine fallende Tendenz aufweist, wird der Staat eigene Aktivitäten finanzieren, indem er Geld druckt. Eine andere Möglichkeit wäre es, die Steuern zu senken oder das neugeschaffene Geld zum Tilgen der zinstragenden Staatsschuld zu benutzen. Mit anderen Worten, die Deflation würde durch eine Art geldschaffendes Staatsdefizit korrigiert werden. Wenn der Preisindex steigt, müßte die Regierung die Steuern erhöhen (oder zinstragende Staatsschulden ausgeben) und dürfte diesen Ertrag nicht ausgeben. Die Inflation würde durch einen staatlichen Überschuß, der Geld vernichtet, korrigiert werden. Soddy stellt einen Vergleich zwischen dem Preisindex und dem Regler einer Dampfmaschine an. Beide bilden einen Mechanismus der stabilisierenden Rückkoppelung. Das vorhergehende System litt an einer destabilisierenden Rückkoppelung, weil das Geldangebot während eines Booms expandierte und während einer Rezession schrumpfte, was die ursprüngliche Tendenz des Systems jeweils noch verstärkte.

Eine ausgeglichene Zahlungsbilanz gegenüber dem Rest der Welt würde durch frei schwankende Devisenkurse erzielt werden; dadurch erreicht man eine Art von Kaufkraftparität zwischen den Währungen. Die internationalen Goldbewegungen und der daraus resultierende Inflations- und Deflationsdruck auf die Wirtschaft der einzelnen Staaten wären damit beseitigt, dies erleichtert die Aufgabe, die interne Kaufkraft der Währung konstant zu halten. Außerdem wären Schutzzölle und andere Beschränkungen des Freihandels, die zur Korrektur des gestörten Gleichgewichts in der internationalen Zahlungsbilanz entworfen wurden, dadurch überflüssig. Denn diese sind, Soddys Meinung nach, zugleich auch die Hauptgründe für internationale Konflikte.

Soddys Vorschläge haben nichts mit den Vorschlägen von Silvio Gesell, Major Douglas oder anderen bekannten „Käuzen" der Geldpolitik gemeinsam. Soddy respektierte diese Männer, weil sie wichtige Fragen aufwarfen. Seine Schlußfolgerung war aber, daß sie sich in ihren Reformvorschlägen genauso der Verwendung von „Zaubertricks" schuldig machten wie die orthodoxen Monetaristen. Von der Verfechtung „merkwürdiger Geldsysteme" weit entfernt betrachtete Soddy die existierenden Regeln solider Finanzierung als ausgeklügelte Mystifizierungen, die die auffallendsten „merkwürdigen Geldpraktiken", die im Interesse der Bankiers und ihrer Klasse, aber zum Schaden der Gesellschaft durchgeführt werden, verschleiern sollten. Diese sozial unehrlichen, aber völlig legalen Praktiken sowie der Versuch, Vermögen international in Schulden zu verwandeln und von den Zinsen, die man von anderen Ländern erhält, zu leben, und das Ende der „flamboyanten Periode" des Verbrauchs von Energiekapital, von der „der Imperialismus sein letztes Überlebensangebot erfährt" (Soddy 1922, Seite 12), führen unerbittlich zu internationalen Konflikten und zum kriegerischen Mißbrauch von Geschenken der Wissenschaft.

Die Reform des ökonomischen Verstandes und des Wirtschaftssystems im Licht der physischen und moralischen Grundprinzipien ist die *Conditio sine qua non* (unerläßliche Voraussetzung) einer Zivilisation, die in der Lage ist,

Wissen eher im Dienste des Guten als des Bösen zu benutzen. „Machen wir uns nicht länger vor, daß sich die Wirtschaftswissenschaft nicht mit Moral beschäftigen sollte“ (Soddy 1934, Seite 214). Als Mindestmaß an Moralität muß die Wirtschaftswissenschaft sicherlich auf einem System bestehen, in welchem den Tauschbeziehungen ehrliche Gewichte und Maßstäbe zugrundeliegen. Das gegenwärtige Geldwesen mit seinen Kaufkraftschwankungen untergräbt ehrliche Maßstäbe und liefert eine falsche Berechnung der physischen Realität, die der Produktion und Wohlstandsverteilung zugrundeliegt.

DIE BEDEUTUNG VON SODDYS WIRTSCHAFTSWISSENSCHAFTLICHEM DENKEN FÜR DIE GEGENWART

Soddys Beharren darauf, daß das Erste und Zweite Gesetz der Thermodynamik als Ausgangspunkt der Wirtschaftswissenschaft (Soddy 1934, Seiten 4f.) zu gelten haben, ist eine grundlegende Einsicht, deren Bedeutung mit der Erkenntnis wächst, daß weder die Quellen für Ressourceninputs mit geringer Entropie noch die Deponien für Abfalloutputs mit hoher Entropie unendlich sind. Die vielleicht wichtigste wirtschaftswissenschaftliche Abhandlung der letzten fünfzig Jahre ist Nicholas Georgescu-Roegens Buch „The Entropy Law and The Economic Process“ (1971), welches anschaulich darlegt, daß der Wirtschaftsprozeß in seinen physischen Koordinaten den Gesetzen der Entropie unterworfen ist; daß Vermögen ein offenes System ist, eine Struktur, die inmitten einer Durchlaufmenge aufrechterhalten wird. Dieser Durchlauf beginnt beim Abbau von Materie/Energie mit geringer Entropie und endet damit, daß eine gleich große Menge an verschmutzender Materie/Energie von hoher Entropie an die Umwelt zurückgegeben wird. Es ist eine fatale Schwäche der mechanistischen Erkenntnistheorie in der herkömmlichen Ökonomie, nicht erkannt zu haben, daß im Gegensatz zur Reversibilität von mechanischen Phänomenen entropische Phänomene durch Irreversibilität gekennzeichnet sind und daß eine entscheidende Asymmetrie zwischen den beiden Quellen mit geringer Entropie besteht. Der letzte Punkt bezieht sich auf die Tatsache, daß die Sonnenenergie mit niedriger Entropie (Einkommen im Sinn von Soddy) im Gesamtausmaß fast unendlich, aber die Menge, die zur Erde fließt, strikt beschränkt ist. Die niedrige Entropie auf der Erde (konzentrierte Minerale in der festen Erdkruste) hingegen ist in ihrer Gesamtmenge strikt beschränkt, aber wir können ihre Verbrauchsrate frei wählen. Die wirtschaftliche Entwicklung seit der industriellen Revolution geht in die Richtung, daß wir uns immer weniger auf den im Übermaß vorhandenen Energiefluß der Sonne verlassen und immer mehr vom verhältnismäßig knappen Ressourcenbestand auf der Erde abhängig werden. Diese Entwicklung wurde von Soddy „flamboyante Periode" genannt, der nur eine kurze Lebensdauer bestimmt ist.

Offensichtlich kannte Georgescu-Roegen Soddys Arbeiten zu diesen Themen nicht, weil er Soddy nie zitiert. Dabei ist niemand so gewissenhaft, ehrlich und sorgfältig im Zitieren fremder Arbeiten wie Georgescu-Roegen. Ich hebe diese Tatsache nur hervor, um zu unterstreichen, wie unbekannt Soddy als Wirtschaftswissenschaftler ist. Ähnliches gilt für Kenneth Boulding, der ebenfalls die Wirtschaftswissenschaft mit der Thermodynamik in Verbindung brachte, ohne Soddy zu erwähnen, sowie für den Autor dieses Buches.[4] Diese Unterlassung ist verständlich, denn schließlich war Soddy Chemiker, nicht Wirtschaftswissenschaftler, und seine ökonomischen Publikationen trugen alle Titel, die lediglich den monetären Charakter seiner Arbeit andeuten oder sind so uninformativ wie *Cartesian Economics.* Nur dessen Untertitel *The Bearing of Physical Science upon State Stewardship* gibt einen Hinweis auf die Art seines wichtigsten und originellsten Beitrags zur Wirtschaftswissenschaft. Dennoch bleibt die Tatsache bestehen, daß Soddy die grundlegende Erkenntnis von Georgescu-Roegen und Boulding – nämlich der Verbindung von Ökonomie und Thermodynamik – vorweggenommen hat, und er verdient Anerkennung als Pionier einer Denkweise, die meiner Meinung nach eines Tages vorherrschend sein wird.

Soddy war auch einer der ersten, der die moralische Verantwortung der Wissenschaft anerkannte und der früher als andere feststellte, daß neues Wissen, auch wenn es nicht auf Dauer „verboten" werden kann, unter bestehenden sozialen und moralischen Bedingungen „unangebracht" sein kann; unter Umständen in einem Ausmaß „unangebracht", das für die Gesellschaft, die dieses Wissen ermöglichte, tödlich sein kann. (Sinsheimer 1978, Seite 24)

Waren Soddys Bemühungen erfolgreich, die Schwächen des Wirtschaftssystems aufzudecken, die die Früchte der Wissenschaft korrumpieren und zum Krieg führen? Würden eine hundertprozentige Kapitaldeckung, Geldwertstabilität und flexible Devisenkurse die Welt zur Anwendung atomarer Energie befähigen? Stimmt es, daß „ein kleiner technischer Punkt im Bankensystem" darüber entscheidet, ob die Wissenschaft die Menschheit befreit oder zerstört, wie Soddy behauptete (Soddy 1924, Seite iv)? Vernünftigerweise kann man das bezweifeln. Es sieht tatsächlich so aus, als ob hier Soddy selbst „eine Lösung für unlösbare Probleme auf einem anderen Gebiet suchte als in dem Fach, in dem sich der Philosoph unmittelbar auskennt" – um seine eigene Stichelei gegen die mechanistischen Biologen zu zitieren. Nur weil Soddy die Wirksamkeit der von ihm vorgeschlagenen Reformen übertrieb, heißt das nicht, daß seine Analyse bedeutungslos ist. Weder seine konkreten Vorschläge noch die zugrundeliegende Argumentation kann man ohne weiteres als die Gedanken eines Außenseiters oder eines „monetären Kauzes“ abtun, der sich in der Wirtschaftswissenschaft einfach nicht auskennt.[5] Flexible Devisenkurse gibt es inzwischen, und Soddy verfocht ihre Vorzüge schon zu Zeiten, als die meisten Wirtschaftswissenschaftler noch auf den Goldstandard eingeschworen waren. Eine neue Demut, hervorgerufen durch die theoretische Anomalie eines gleichzeitigen Auftretens von Inflation und Arbeitslosigkeit, und die offenbar gewordene Unfähigkeit der orthodoxen „monetären Käuze“, die anhaltende Inflation zu bewältigen, könnte begreiflicherweise dazu führen, einen konstanten Preisindex und eine hundertprozentige Kapitaldeckung neu zu überdenken. Natürlich hatten manche dieser wirtschaftspolitischen Maßnahmen neben Soddy auch andere Fürsprecher, teilweise mit so respektvollen akademischen Namen wie Henry Simons und Irving Fisher (siehe Simons 1948, und Fisher 1935).

Interessanterweise zitiert Irving Fisher in seinen Arbeiten über „100%-money“ (hundertprozentige Kapitaldeckung) nirgends Soddy. In seinem Aufsatz aus dem Jahr 1943 verweist Soddy jedoch auf Fisher: „Einige Jahre spater, nach der Großen Depression in den Vereinigten Staaten, propagierte ein amerikanischer Wirtschaftswissenschaftler, Professor Irving Fisher von der Yale-Universität, einen Plan, der in seiner ursprünglichen Form praktisch identisch war [mit Soddys Plan eines Bankwesens „Pfund für Pfund“], und den er ‚100%money‘ nannte“ (Soddy 1943, Seite 11). Soddys Plan wurde 1926 veröffentlicht, jener von Fisher 1935. Soddy sieht in der großen Ähnlichkeit der Pläne eine interessante und bestärkende Übereinstimmung, er deutet in keiner Weise an, daß Fisher von ihm abgeschrieben hätte oder auch nur von ihm beeinflußt gewesen sei.

Obwohl Soddy einen großen Enthusiasmus für Wissenschaft und Technologie an den Tag legte, konnte er die landläufige Begeisterung für unbegrenztes Wachstum nicht teilen. Selbst wenn ständiges Wirtschaftswachstum möglich wäre, wäre es ab einem gewissen Punkt sinnlos. Diesbezüglich zitiert Soddy John Ruskin, den er als großen Wirtschaftswissenschaftler bewunderte: „Ein Kapital, das nichts als Kapital produziert, ist wie eine Wurzel, aus der nur Wurzeln wachsen; wie eine Zwiebel, die eine Zwiebel hervorbringt, doch niemals eine Tulpe; Saat, die nur Saat erbringt, niemals Brot. Die politische Ökonomie Europas widmete sich bisher nur der Multiplikation (…) von Zwiebeln. Sie hat niemals so etwas wie eine Tulpe gesehen oder erdacht“ (Soddy 1933, Seite v). Soddy meinte, daß „das wirtschaftliche Auskommen zu finden, eine wesentliche Grundlage für jede Art von nationaler Größe und nationalem Fortschritt“ ist (ibid., Seite 12). Aber das Auskommen zu finden, bedeutet ausschließlich, „genug“ zu haben, und jedes Wachstum über dieses „genug“ hinaus ist „Saat, die nur Saat erbringt, niemals Brot“. Soddy definiert dieses

Auskommen nicht, es ist aber klar, daß jede Definition die Grenzen des Energieertrags durch die Sonne – wie er von den Pflanzen aufgenommen wird – respektieren muß, ebenso wie die durch die Entropie gesetzten Grenzen der Möglichkeit, Vermögen für zukünftige Generationen aufzubewahren. Gleichermaßen müssen die teleologischen Beschränkungen anerkannt werden, die durch einen bestimmten (d. h. begrenzten) Zweck auferlegt sind, von dem die Materie/Energie mit geringer Entropie ihren Wert ableitet und so zum Vermögen wird. Nicht jede Materie/Energie kann zu Vermögen werden; nur die Materie/Energie mit geringerer Entropie hat das physikalische Potential, Nutzen zu erbringen – Information und Zweck in sich aufzunehmen. Nachdem das Gesetz der Entropie letztlich besagt, daß das Potential aufgebraucht wird, muß die Knappheit langfristig zunehmen. Soddy kümmerte aber nicht die Knappheit als Folgeerscheinung der Entropie, weil er überzeugt war, daß die Wissenschaft in der Lage sei, diese zunehmende Knappheit auch für längere Zeit mehr als aufzuwiegen. Der eigentlich knappe Faktor war nach Ansicht von Soddy nicht die geringe Entropie, sondern unsere Fähigkeit zu vermeiden, daß die auf Wissenschaft begründete Zivilisation mit der zunehmenden Macht, die uns die Wissenschaft zur Verfügung stellt, in die Luft gejagt wird. Wir stellen diese Macht beharrlich in den Dienst jenes unmöglichen Ziels, die reale Welt der Materie/Energie den rein mathematischen Gesetzen der Zinseszinsen anzupassen. Das führt zu Schuldannullierung, Konflikten und Krieg. Der beste Beweis dafür ist – jeder orthodoxen Wachstumsökonomie zum Trotz – die Tatsache, daß die Erde nicht wächst, schon gar nicht in einem Tempo, das dem Zinsfuß entspricht. Der Versuch, eine absurde menschliche Konvention gegen ein Naturgesetz auszuspielen, ist nicht nur albern, sondern höchst gefährlich.

Die Absurdität unbegrenzten Wachstums stellt die am sorgfältigsten ignorierte Anomalie im Paradigma der modernen Wirtschaftswissenschaft dar. Soddy schreibt:

„Wenn Christus, dessen Ansichten über die Torheit, Schätze auf der Erde anzuhäufen, wohlbekannt sind, ein Pfund zu diesen Zinsen angelegt hätte, wäre es heute eine Oktillion (eine Million zur achten Potenz) wert, und eine Freihandelspolitik würde wohl kaum ausreichen, um diese Summe zur Verfügung zu stellen, nicht einmal wenn man das ganze Universum kolonisieren würde (...). Diese Form von Absurdität ist es, die die Gesellschaft auf den Kopf stellt, die Gutes in Böses umwandelt und die orthodoxe Wirtschaftswissenschaft zum Gespött der Wissenschaft macht. Wenn deren Folgen nicht die gewohnte Atmosphäre unseres täglichen Lebens ausmachen würden, so würden wir sie als etwas betrachten, das sogar jenseits der erlaubten Grenzen für die extravaganteste Komödie liegt." (Soddy 1924, Seite 17)

Der Ökonom A. G. Silverman, ein zeitgenössischer Kritiker Soddys, war zwar anderer Meinung, aber er war zumindest ehrlich genug, sich dieser Frage zu stellen und eine Antwort zu versuchen:
„Um die geschilderte Theorie zu kritisieren, könnte man sich fragen: Wie können die Empfänger der Zinsen, wenn sie von diesem Einkommen leben, einen Vorteil aus dem Gesetz der Zinseszinsen ziehen? Und wenn sie dieses ‚unverdiente' Einkommen wieder investieren, warum kann dann das Gesetz der Zinseszinsen nicht auch in ungefähr gleicher Weise für das physische Kapital gelten wie für die Schulden?" (Silverman 1927, Seite 277)
Die erste Frage ist vernünftig, aber irrelevant, weil Soddy niemals behauptet hatte, daß man sich das Gesetz der Zinseszinsen zunutze machen könne, ohne dabei nicht zumindest einen Teil des Zinseinkommens wieder investiert zu haben. Der zweite Teil der Frage deckt jedoch auf, daß der Fragesteller keinen Begriff vom Unterschied zwischen physischen und ausschließlich mathematischen Mengen hatte und muß Soddy zur Verzweiflung gebracht haben ob der Unmöglichkeit, je mit Ökonomen zu kommunizieren. Vielleicht meinte Professor Silverman mit „ungefähr" „für eine begrenzte Zeit". Dann müssen wir uns aber fragen, was nach dem Ende dieser begrenzten Zeit passiert, und wie lange sie dauern wird.
Vielleicht die positivste Kritik, die Soddy von einem Ökonomen bekam, stammt von niemand anderem als Frank Knight, der mit dem Geständnis begann:
„Zur Überraschung für den Rezensenten war dieses Buch [„Wealth, Virtual Wealth, and Debt"] die Zeit und Mühe einer sorgfältigen Lektüre wert. Überraschend war es deshalb, weil im allgemeinen ein Naturwissenschaftler, der sich die Zeit nimmt, auf Besuch zu kommen und die Theorie der Wirtschaftswissenschaften in Ordnung zu bringen, sich sogar noch dümmer anstellt als ein akademischer Ökonom. Und in diesem Fall war es besonders überraschend, weil Soddys Abhandlung ‚Cartesian Economics', die wir vor einigen Jahren gelesen haben, keinen neuen Präzedenzfall in dieser Hinsicht versprach." (Knight 1927, Seite 732)
Knight ging sogar soweit und bezeichnete das Buch als „brillant geschrieben, anregend und stimulierend". Ich wünschte, ich wäre in der Lage, mich auf die Autorität von Frank Knight zu berufen, um meine eigene positive Bewertung von Soddys Ökonomie zu bekräftigen, aber unglücklicherweise steht unsere jeweilige spezifische Wertschätzung für Soddy im Widerspruch zueinander. Knight betrachtet Soddys praktische Thesen bezüglich des Geldes als „höchst bedeutend und theoretisch korrekt" (Knight 1927, Seite 732). Diesem Urteil möchte ich nicht prinzipiell widersprechen, finde es aber etwas zu freundlich, weil Soddy sicherlich die Bedeutung seiner praktischen Thesen

übertrieb, wie richtig sie auch sein mögen. Der physischen Basis der Ökonomie und ihrem Verhältnis zur Thermodynamik gegenüber nimmt Knight hingegen eine sehr negative Stellung ein: „Seine Bemühungen, den Begriff eines physischen Vermögens zu erarbeiten, das gewissen Erhaltungsprinzipien unterworfen ist und im Zusammenhang mit physischer Energie interpretiert werden kann, müssen schlichtweg abgelehnt werden." (ibid.)
Knights Gründe für diese Ablehnung sind unklar:
„Die Größe von Vermögen und Produktionskapazität (...) ändert sich absolut gesehen, sobald der Mensch seine (oder ihre!) Meinung ändert; und die Masse-Energie-Beziehungen solcher Meinungsänderungen sind in diesem Zusammenhang ebenso unwichtig wie schleierhaft – wenn ihre ganze Existenz überhaupt mehr ist als eine metaphysische Schlußfolgerung, die auf der monistischen Befangenheit des wissenschaftlichen Intellektes beruht." (Knight 1927, Seite 732)
Was immer das auch heißen mag. Es ist schon sehr seltsam, daß jemand, der „Cartesian Economics" gelesen hat (man erinnere sich an die ersten zwei Zitate im Unterkapitel „Die große Verwechslung", siehe Seite 235), Soddy auch nur indirekt der „monistischen Befangenheit" beschuldigen kann. Außerdem hatte Soddy keine Theorie für die Erhaltung der *Wert*dimension von Vermögen (die sich mit dem mentalen Standpunkt ändert) aufgestellt. Er bestand nur darauf, daß die physische Dimension des Vermögens den Gesetzen der Thermodynamik unterworfen ist, unbeeinflußt von Meinungsänderungen oder finanziellen Konventionen, und daß dieses Faktum keineswegs trivial sei. Wenn die Tatsache, daß sich die Größe von Vermögen und Produktionsfähigkeit immer dann absolut ändert, wenn ein Mensch seine Meinung ändert, schon die ganze Wahrheit wäre, wie leicht wäre es dann, alle vermögend zu machen! Alles, was wir zu tun hätten, um unser Vermögen zu verdoppeln, wäre, unsere Meinung zu ändern! Das Vermögen könnte dann genauso schnell wachsen wie die Schulden, weil es von seiner physischen Dimension befreit wäre. Es wäre unfair, Knight eines solch einfältigen Glaubens an die Macht des Geistes zu beschuldigen, aber ich empfinde es als genauso unfair von Knight, Soddy eines einfältigen physischen Reduktionismus zu bezichtigen. Es ist wahr, daß Soddy die physische Seite des Vermögens betonte, um deren Vernachlässigung durch die Ökonomen zu korrigieren. Und dieses Verfahren war sicherlich berechtigt, wenn wir Knights Einstellung als repräsentativ betrachten.
Angesichts der Tatsache, daß Soddys Kritik des Geldes sich direkt von seinen vorhergehenden physischen Analysen ableiten läßt, ist es merkwürdig, daß Knight diese Analysen so kategorisch ablehnte, während er die Kritik des Geldes so enthusiastisch befürwortete. Es ist natürlich denkbar, daß man aus

falschen physischen Gründen zu den richtigen monetären Schlußfolgerungen kommt. Knight bekräftigt auf folgende Weise Soddys Ansichten über das Geld: „An und für sich ist es für eine Gesellschaft absurd und monströs, dem kommerziellen Bankensystem ‚Zinsen' dafür zu zahlen, daß sie den Tauschmittelbestand um ein Vielfaches multiplizieren, (a) wenn eine öffentliche Institution dies zu vernachlässigbaren Kosten tun könnte, (b) wenn es sinnlos ist, dies überhaupt zu tun, weil der einzige Effekt eine Preisniveausteigerung ist, und (c) erhebliche Übel dadurch verursacht werden, im besonderen die beängstigende Instabilität des ganzen Wirtschaftssystems." (ibid.)
Knight verdient Anerkennung dafür, daß er der einzige angesehene Wirtschaftswissenschaftler war, der Soddy ernstgenommen hat, obwohl er meiner Ansicht nach den wichtigsten Beitrag von Soddys Arbeiten nicht erkannte. Andererseits hat auch sonst niemand seine Bedeutung erkannt, bis heute, wo im Lichte von sowohl Georgescu-Roegens meisterlicher Wiedervereinigung der Ökonomie mit ihrer physischen Basis als auch der derzeitigen Erkenntnis der kritischen Bedeutung der Energie nun die Bedeutung der frühen Beiträge von Soddy für jedermann offensichtlich wird. In vielerlei Hinsicht war Soddy seiner Zeit um fünfzig Jahre voraus.

Anmerkungen

* Nachdruck aus *History of Political Economy* 12, 4 (1980), Duke University Press.

[1] Um Millikan gegenüber fair zu sein, sollten wir anmerken, daß er am Ende seiner energischen Verteidigung der Wissenschaft seinen Optimismus mit folgender Warnung mäßigte: „Mich stören nicht die Expansion von Wissen oder das Anhäufen von Macht im allgemeinen, aber mich beunruhigt, wenn dies mit einem Verfall der moralischen Werte einhergeht. Wenn diese beiden zusammen auftreten, ob sie in irgendeiner Beziehung zueinander stehen oder nicht, so ist das ein wirklicher Grund zur Besorgnis." (Millikan 1930, S. 129)

[2] Dies wurde eindringlich vom Biologen Garret Hardin festgehalten. Siehe Garret Hardin und Carl Bajema, *Biology: Its Principles and Implications* (3. Auflage, San Francisco: 1978), 257.

[3] Wenn eine Bank an die Person A einen Kredit vergibt, verzichtet sie auf die Möglichkeit, dasselbe Darlehen an die Person B zu geben. In diesem Sinne gibt es also Opportunitätskosten bei der Zuteilung des virtuellen Vermögens an die Kreditnehmer, aber es entstehen keine Opportunitätskosten für die Bank, wenn sie das virtuelle Vermögen zunächst einmal erwirbt.

[4] Boulding vertraute mir an, daß er Soddy als Naturwissenschaftler sehr gut kannte, weil er seine Chemievorlesungen in Oxford durchschlafen hatte. Er wußte aber nichts über seine ökonomischen Arbeiten. Bezüglich des Schlafens in seinen Chemievorlesungen bemerkte selbst der Verfasser eines Nachrufs auf Soddy, daß es unsinnig wäre, so zu tun, als ob Soddy ein erfolgreicher Dozent gewesen wäre.

[5] Ein solches Urteil findet sich in A. G. Silverman (1927).

KAPITEL 13

ÜBER DEN BEITRAG VON NICHOLAS GEORGESCU-ROEGEN ZUR WIRTSCHAFTSWISSENSCHAFT: EIN NACHRUF

Nicholas Georgescu-Roegen starb am 30. Oktober 1994 in seinem Haus in Nashville, Tennessee. Er wurde 1906 in Constanza, Rumänien geboren, wo er in den schweren Jahren des Ersten Weltkriegs aufwuchs. Seine hervorragenden Leistungen in den besten Schulen Rumäniens brachten ihm ein Stipendium an der Sorbonne in Paris ein, wo er seinen Doktortitel in mathematischer Statistik mit der höchsten Auszeichnung zuerkannt bekam. Sein Stipendium wurde nach dem Doktorat für ein Studium mit Karl Pearson in London um zwei Jahre verlängert. 1934 kam er in die Vereinigten Staaten als Gastmitglied des Rockefeller College in Harvard. Unter dem Einfluß von Joseph Schumpeter wurde er dort zum Wirtschaftswissenschaftler. Zwei Jahre später kehrte er in seine Heimat zurück, wo er sowohl in akademischen als auch in Regierungsfunktionen tätig war. Neben anderen Funktionen hatte er auch den Posten des Generalsekretärs des Rumänischen Waffenstillstandskomitees in den Jahren 1944–1945 inne. Dieser Posten verpflichtete ihn, die Interessen Rumäniens gegen die eigenmächtigen Verletzungen des Waffenstillstandsabkommens von seiten der zivilen und militärischen Vertreter der Sowjetunion zu verteidigen – allerdings ohne Erfolg. Er war Präsident der Rumänischen Gesellschaft für die Freundschaft mit den USA und Mitglied des Nationalkomitees der Bauernpartei. Dies waren für das kommunistische Regime mehr als ausreichende Gründe, um ihn zu verfolgen. Anfang 1948 flüchtete er unter großem Risiko, zusammen mit seiner Frau Otilia, auf einem ausländischen Frachter versteckt. So gelang es ihm, 1948 nach Harvard zurückzukehren. 1949 nahm er eine Stelle an der Universität in Vanderbilt an, wo er 27 Jahre lang blieb. Dort genoß ich, gemeinsam mit vielen anderen, das große Privileg, sein Student zu sein.

Die Beiträge von Georgescu-Roegen zur Wirtschaftswissenschaft sind immens und vielfältig, können aber in zwei Kategorien eingeteilt werden, die auf den Philosophen Thomas Kuhn zurückgehen: die normale Wissenschaft und die revolutionäre Wissenschaft. Seine Beiträge zur normalen Wissenschaft beinhalten grundlegende Arbeiten auf dem Gebiet der Nutzen- und Konsumtheorie, Messbarkeit, Erwartungswerte, Produktionstheorie, „Input-Output-Analyse“ und wirtschaftliche Entwicklung. Er war wahrhaft ein Pionier auf dem Gebiet der mathematischen Ökonomie, und daher könnte es irreführend sein, diesen Teil seiner Beiträge als „normale" Wissenschaft zu klassifizieren. Zu seiner Zeit waren sie ziemlich revolutionär und erscheinen heute einzig und allein deswegen „normal" zu sein, weil die Revolution erfolgreich war und zur neuen Norm wurde. Was ich hier aber als seinen Beitrag zur revolutionären Wissenschaft bezeichnen möchte, nämlich seine in dem Buch „The Entropy Law and the Economic Process" zusammengefaßten Arbeiten, war bis jetzt noch nicht siegreich und ist in dem Sinne revolutionär, daß ihm von seiten des herrschenden Paradigmas immer noch Widerstand entgegengebracht wird, eben jenes Paradigmas, dem Georgescu selber dazu verhalf, sich zu etablieren.

Andere von seinen Studenten würden an meiner Stelle hauptsächlich über seine frühen Beiträge zum heutigen Standard in der Wirtschaftswissenschaft schreiben. Das wäre sicherlich angemessen. Ich habe mich jedoch dazu entschieden, über seine revolutionären Beiträge zu schreiben, weil ich sie für weitaus wichtiger halte. Und zweifelsohne sind sie von größerer Bedeutung für die ökologische Ökonomie. Ich gebe zu, daß ich bestürzt bin und es bedauerlich finde, daß man 22 Jahre nach der Veröffentlichung des Buches „The Entropy Law and the Economic Process"[1] und 28 Jahre nach der Veröffentlichung seines einleitenden Essays zu „Analytical Economics"[2] immer noch keine Spuren eines Einflusses in den Standardlehrbüchern findet. In anderen Bereichen fehlte es nicht an Anerkennung für die Bedeutung dieser neuen Ideen. Die Verfasser von Artikeln in wissenschaftlichen, technischen und philosophischen Zeitschriften brachten deutlich ihre Verwunderung darüber zum Ausdruck, warum die Ökonomen den späteren Arbeiten Georgescus nicht mehr Aufmerksamkeit schenkten. Der fehlende Einfluß könnte als Beweis dafür gelten, daß seine Argumente der Kritik anderer Ökonomen nicht standhielten. Doch das ist offensichtlich nicht der Fall. Seiner Herausforderung wurde nicht mit begründeten Gegenargumenten begegnet, sondern eher mit Schweigen oder höchstens mit der lahmen Bemerkung, daß seine neueren Arbeiten „nicht wirklich zur Wirtschaftswissenschaft" gehörten. Man sagt, daß der beste Maßstab für den Einfluß eines Wissenschaftlers die Zahl der Jahre sei, über die hinweg er den Fortschritt in seiner eigenen Disziplin aufhalten kann. Im Sinne dieses Maßstabs haben wir zu viele „einflußreiche" Ökonomen, die Lehrbücher schreiben und Zeitschriften herausgeben!

Die Situation ist aber komplizierter, denn Georgescus neuere Beiträge werden in einem bestimmten Sinne von den Ökonomen wahrgenommen, jedoch ohne wirklich ernstgenommen zu werden.[3] Immerhin schrieb Stefano Zamagni ein ganzes Buch über Georgescus Beiträge zur Konsumtheorie und im Jahre 1976 wurde ihm zu Ehren eine Festschrift mit Beiträgen von führenden Ökonomen veröffentlicht, darunter vier Nobelpreisträger, herausgegeben von seinen Kollegen und früheren Studenten Anthony Tang, Fred Westfield und James Worley.[4] Darüber hinaus war Georgescu auch Ehrenmitglied der „American Economic Association" und Paul Samuelson nannte ihn 1965 in seinem Vorwort zu „Analytical Economics" „den Gelehrten unter den Gelehrten, den Ökonomen unter den Ökonomen" („a scholar's scholar, an economist's economist"). Dabei bezog sich Samuelson nicht nur auf Georgescus Arbeiten in der normalen Wissenschaft, die in „Analytical Economics" neu herausgegeben worden waren, sondern auch auf den langen einleitenden Essay, der erstmals seiner revolutionären Position Ausdruck verlieh, wie sie später in „The Entropy Law and the Economic Process" klar ausformuliert wurde. Samuelson schrieb weiter: „Ich wette, daß kein gut informierter Ökonom gleichgültig bleibt, wenn er über diesen Essay nachdenkt." Aber genau das blieben die meisten Ökonomen! Tatsächlich müssen wir 28 Jahre später sogar in Samuelsons einflußreichem Lehrbuch mühsam nach den Spuren jener Ideen suchen, die in diesem Essay enthalten sind.

Ein Text für Anfänger behandelt natürlich keine Themen für Fortgeschrittene, und in einem solchen Text erwartet man sicherlich nicht die Erwähnung von Georgescus höchst technischen Beiträgen zur Standardökonomie. Aber seine revolutionären Erkenntnisse hinsichtlich Ökonomie und Entropie sind wirklich elementar, gerade deshalb, weil sie so grundlegend sind. Sie erfordern auch nichts als eine nicht-technische Einführung in das Gesetz der Entropie. Diese fundamentalen Erkenntnisse könnten bestimmt in ein Grundlehrbuch eingebaut werden. Der Haken an der Sache ist, daß sie, einmal einbezogen, so viele Schlußfolgerungen nach sich ziehen, die – vom üblichen Standpunkt aus gesehen – so umstürzend sind, daß eine umfangreiche Überarbeitung des ganzen Buches unvermeidbar wäre.

Man stelle sich vor: Jemand versucht, ein Grundlehrbuch so umzuschreiben, daß der Paradigmenwechsel, den „The Entropy Law and the Economic Process" mit sich bringt, darin enthalten ist. Was müßte er tun? Wie sehr würde sich der neue Text vom alten unterscheiden? Das ist die große Frage, der ich mich stellen möchte. Es ist sinnvoll, eine Antwort darauf zu versuchen, denn so wird man gezwungen, Georgescu-Roegens Erkenntnisse so einfach wie möglich zu erklären und ihre weitreichenden Auswirkungen auf die verschiedensten Zweige der Ökonomie aufzuspüren.

Als erstes müßte das Diagramm des Kreislaufs geändert werden, das eine präanalytische Vision zum Ausdruck bringt, in der der Wirtschaftsprozeß ein isolierter Kreislauf ist, der von den Firmen zu den Haushalten und wieder zurück führt, ohne Einlaß oder Ausgang. Dieses Diagramm ist brauchbar für die Analyse des Tausches, aber als Rahmen für die Untersuchung von Produktion und Konsum versagt es vollkommen. Erhaltung und Ergänzung scheinen gemäß dieser Darstellung intern abgewickelt zu werden, ohne jeden Zusammenhang mit der Umwelt. Es ist genauso, als ob ein Biologielehrbuch vorschlagen würde, bei einem Tier nur sein Kreislaufsystem zu studieren, ohne jemals den Verdauungstrakt zu erwähnen! Ein Tier mit einem in sich geschlossenen Kreislaufsystem ohne Verdauungstrakt wäre ein Perpetuum mobile. Im Gegensatz zu diesem erfundenen „Kreislauftier“ besitzen wirkliche Tiere einen Verdauungstrakt, der sie an beiden Enden mit ihrer Umwelt verbindet. Sie nehmen ständig Materie/Energie mit geringer Entropie auf und geben Materie/Energie mit hohem Entropiegehalt an die Umwelt ab. Ein Organismus kann nicht seine eigenen Abfälle wiederverwerten. Die Biologielehrbücher lassen den Verdauungstrakt selbstverständlich nicht weg. Gewöhnlich besprechen sie ihn, bevor sie sich dem Kreislaufsystem widmen, wahrscheinlich weil er im evolutionären Prozeß früher aufgetaucht ist.

In der Wirtschaftwissenschaft hingegen gibt es nur das Kreislaufsystem. Dies gilt gleichermaßen für die marxistische wie fur die neoklassische Ökonomie. Welches wirtschaftswissenschaftliche Konzept stellt eine Verbindung zwischen Wirtschaft und Umwelt her? Der Blutkreislauf entspricht dem Geldkreislauf wie der Verdauungstrakt dem … *(was?)*. Es ist keine übertriebene Vereinfachung, wenn man behauptet, daß Georgescu diese Lücke mit dem analogen Konzept füllte: Er entspricht dem Einwegstrom, der mit den Ressourcen anfängt und bei den Abfällen endet. Diesem Konzept gab er den Namen „Entropiefluß“. Andere, wie zum Beispiel Kenneth Boulding, nannten es „Durchlaufmenge“. Es ist ein einfaches und naheliegendes Konzept, das jeder verstehen kann und das jedermann als Beschreibung der realen Welt erkennt. Anfangs dachte man, daß die Knappheit nicht darin enthalten sei, deshalb wurde es von den Ökonomen aus der präanalytischen Vision ihres Fachgebiets ausgeschlossen.

Unser neu überarbeitetes Lehrbuch muß also mit einer anderen präanalytischen Vision beginnen: mit einem Diagramm, das die entropische Durchlaufmenge in breiten, durchgezogenen Linien als Einwegstrom abbildet, die von den Ressourcen der Umwelt durch die Firmen und Haushalte hindurch zu den Deponien der Umwelt zurück verläuft. Der Kreislauf ist eine dünne, gestrichelte Schleife, die von den Firmen zu den Haushalten und wieder zurück führt. Die entropische Durchlaufmenge an Materie/Energie ist grundlegender als der Kreislauf von Tauschwerten. Es ist unvorstellbar, daß eine Wirtschaft ohne den Entropiefluß existieren könnte. Hingegen ist es leicht, sich eine Wirtschaft ohne Kreislauf vorzustellen – z. B. eine Wirtschaft mit autarken Bauern, die keinen Tauschhandel betreiben.

Es wäre sicher eine einfache Sache, unsere grundlegende präanalytische Vision des Wirtschaftsprozesses auf diese Weise zu korrigieren. Wie aber bereits angedeutet, ist das Konzept der entropischen Durchlaufmenge ein Trojanisches Pferd. Sobald es in die Lehrbücher Eingang findet, greift seine versteckte Armee von Schlußfolgerungen fast jedes Kapitel des Buches an.
Werfen wir zuerst einen Blick auf die allgemeinen erkenntnistheoretischen Schlußfolgerungen, und widmen wir uns danach einigen spezifischen Konsequenzen.
Die gängige Wirtschaftswissenschaft ist mechanistisch. Sie ist, mit Jevons Worten, „die Mechanik des Nutzens und des Eigeninteresses". Die Mechanik studiert reversible und qualitätslose Phänomene. Der Tauschkreislauf ist qualitätslos und reversibel, daher paßt er zur mechanistischen Sichtweise. Der Entropiefluß hingegen ist irreversibel und qualitativ. Entropie mißt den qualitativen Unterschied zwischen nutzbaren Ressourcen und unnützem Abfall. Diese qualitative Veränderung ist irreversibel. Darum können mechanistische Modelle mit der grundlegendsten Tatsache des wirtschaftlichen Lebens nichts anfangen. Noch dazu veranlaßt die Existenz des Entropieflusses, der zur Aufrechterhaltung des Wirtschaftsprozesses notwendig ist, unweigerlich eine qualitative Veränderung eben jener Umwelt, von der er abhängt. Denn das, was an die Umwelt zurückgegeben wird, unterscheidet sich qualitativ von dem, was aus der Umwelt genommen wurde. An die dadurch veränderte Umwelt muß sich das wirtschaftliche System wieder anpassen – ein ko-evolutionärer Prozeß.
Die qualitative Veränderung kann mit Hilfe analytischer oder arithmomorpher Konzepte, die den mechanistischen Modellen eigen sind, nicht angemessen erfaßt werden. Denn diese Konzepte sind starr und präzise definiert und bleiben für immer mit sich selbst identisch. Um Wandel zu erforschen, bedarf es dialektischer Konzepte, die sich entwickelnde Halbschatten haben, in denen B gleichzeitig A und Nicht-A sein kann, z. B.: ein Alter, in dem man sowohl jung als auch alt ist; eine Kreditkarte, die Geld und gleichzeitig kein Geld ist, eine Amphibie, die sowohl am Land als auch im Wasser lebt. Wenn wir die tatsächliche qualitative Veränderung erfassen wollen, die für den Wirtschaftsprozeß wesentlich ist, müssen wir mit dialektischen Konzepten argumentieren und dürfen mechanistische Modelle (analytische Vergleiche) nur als Test für die dialektischen Argumente benützen. Unser überarbeiteter Text muß die gegenwärtige Überbewertung des arithmomorphen analytischen Denkens, die beinahe zum Ausschluß dialektischer Argumentation geführt hat, korrigieren.
Die Vision vom Kreislauf ist mit der mechanistischen Erkenntnislehre verwandt, denn sie betrachtet nur die Fortbewegung, die reversibel und qua-

litätslos ist. Diese Vision steht auch nicht im Widerspruch zum Ersten Gesetz der Thermodynamik (Erhaltung der Materie/Energie), das besagt, daß die Bausteine der Materie und Energie unzerstörbar sind. Aus dieser Perspektive gesehen besteht die Produktion darin, unzerstörbare Bausteine so anzuordnen, daß sie Nutzen bringen. Hingegen besteht der Konsum darin, dieselben Bausteine als Folge ihrer Nutzung in Unordnung zu bringen und schlußendlich wird auch die Fähigkeit der Erzeugnisse, Nutzen hervorzubringen, zerstört. Die Produktion ordnet die Bausteine dann aber wieder neu, und der Zyklus geht weiter. Wenn wir uns allein auf das Erste Gesetz der Thermodynamik konzentrieren, zeigt sich kein Hindernis dafür, physische Dimensionen ebenso wie die Kaufkraft in das Diagramm des Kreislaufs aufzunehmen, ja es lädt sogar dazu ein. Wir werden sogar einige Bücher finden, die behaupten, daß der Fluß des *Outputs* zirkulär sei, sich selbst erneuere und versorge! Physische Dimensionen in den Kreislauf aufzunehmen, wird aber durch das Zweite Gesetz der Thermodynamik, das Entropiegesetz, entschieden ausgeschlossen. Dieses besagt, daß jene Qualität der Materie/Energie, die Nutzen schafft, aufgebraucht wird und nicht wiederhergestellt werden kann. Der endgültige Wert, den sie produziert, ist die Erfahrung des Lebensgenusses. Weder die endgültigen Mittel, die Materie/Energie mit geringer Entropie enthalten, noch der endgültige Zweck des Lebensgenusses können als Kreislauf abgebildet werden.

Im überarbeiteten Text würde es die speziellen Kapitel für die Themengebiete „natürliche Ressourcen" und „Umwelt" (die für gewöhnlich am Ende des Buches angehängt werden) wahrscheinlich nicht geben, weil sie keine „Spezialgebiete" mehr wären, sondern ins Zentrum der Wirtschaftswissenschaft integriert wären.

Zusätzlich zu dieser allgemeinen erkenntnistheoretischen Umorientierung weg vom Mechanismus und Arithmomorphismus gibt es eine Anzahl von eher spezifischen Konsequenzen, die sich ergeben, wenn man den Entropiefluß in den Mittelpunkt der ökonomischen Theorie stellt. Diese Implikationen konzentrieren sich auf die Möglichkeit ständigen Wirtschaftswachstums (Erhöhung des realen Bruttosozialprodukts) als Norm für eine gesunde Wirtschaft und als Hauptziel der Wirtschaftspolitik. Der Kreislauf kann theoretisch endlos wachsen, weil der abstrakte Tauschwert (Schulden, Kaufkraft) keine physische Dimension hat. Das Wachstum im Kontext des Entropieflusses stößt jedoch auf die physischen Schranken der Erschöpfung von Ressourcen, der Umweltverschmutzung und der ökologischen Zerstörung.

In bäuerlichen Agrarwirtschaften ist dieser Konflikt unbedeutender, weil sie von der Sonnenenergie abhängig sind, der überreichen Quelle von niedriger Entropie. Außerdem sind sie auf die Akkumulation konkreter Gebrauchswerte, wie z. B. Schweine, konzentriert, die der Akkumulation ihre eigenen Grenzen setzen. Die moderne industrialisierte Wirtschaft hängt dagegen in größerem Ausmaß von den relativ knappen Quellen mit niedriger Entropie, die auf der Erde zu finden sind, ab (fossile Brennstoffe und Minerale) und konzentriert sich auf die Akkumulation von abstrakten Tauschwerten (Schulden, „negative Schweine"), für die gilt: mehr davon wird immer als besser empfunden. Aber die Schulden sollten nicht über lange Zeit hinweg schneller wachsen als die realen Vermögenswerte. Die industrialisierte Wirtschaft wird daher ab einem bestimmten Punkt an Grenzen des Entropieflusses stoßen. Im neuen Paradigma werden daher die zunehmende Erschöpfung der Ressourcen und die Umweltverschmutzung zur erwarteten, notwendigen Folge des Wirtschaftswachstums, und sind nicht mehr die überraschenden Externalitäten, als die sie im Paradigma des Kreislaufs angesehen werden. Technologische Anpassung ist natürlich möglich. Aber Technologien, die mehr Wohlfahrt (mehr Lebensgenuß) aus einem vorgegebenen Entropiefluß herauspressen können, werden interessanter sein als jene, die einfach die Durchlaufmenge erhöhen. Unser überarbeitetes Kapitel über Technologie würde die Tatsache betonen, daß die erstgenannten „Technologien" der Zukunft genauso wie der Gegenwart Nutzen bringen, während die letzteren der Gegenwart auf Kosten der Zukunft nützen.

Diese letzte Beobachtung legt für unser Kapitel über die Verteilung eine Neuorientierung in Richtung einer größeren Beachtung der Umverteilung zwischen den Generationen nahe. Die gängige Sichtweise scheint im Einklang mit Barnetts und Morses „unsichtbarer Hand zwischen den Generationen" zu stehen: „Indem sie sich der Verbesserung ihrer Lebensumstände widmet, vererbt jede Generation denen, die ihr folgen, eine produktivere Welt – gleichgültig, ob sie sich der Verpflichtung, zukunftsorientiert zu handeln, bewußt ist oder nicht" (1963, Seite 249).[5] Der Grund für diese Ansicht liegt darin, daß das von Menschen produzierte Kapital und die Arbeit normalerweise als Quellen der Wertschöpfung angesehen werden, während alles, dem ein Wert hinzugefügt wird, aus den unzerstörbaren Bausteinen der Natur besteht, denen die Natur selbst keinen Wert hinzufügt. Obwohl Georgescu nicht im geringsten den konventionellen Begriff der Wertschöpfung bestritt, nahm er dennoch an, daß auch die Natur einen Wert hinzufügt und daß der von der Natur geschaffene Wert den Unterschied zwischen Ressourcen und Abfällen ausmacht. Diese Vorrangstellung des von der Natur hinzugefügten Werts (niedrige Entropie) führt zu Georgescu-Roegens Meinung, daß wir „jedesmal, wenn wir einen Cadillac produzieren, unwiederbringlich eine bestimmte Menge niedriger Entropie vernichten, die wir ansonsten für die Erzeugung eines Spaten oder eines Pfluges hätten verwenden können.

Mit anderen Worten: Jedesmal, wenn wir einen Cadillac produzieren, bezahlen wir mit einer verringerten Anzahl von Menschenleben in der Zukunft."
Im Paradigma des Kreislaufs gibt es eine unsichtbare Hand zwischen den Generationen und Harmonie. Im Paradigma des Entropieflusses gibt es einen „unsichtbaren Fuß" und einen Interessenskonflikt zwischen den Generationen. Es kann uns kaum gleichgültig sein, welches dieser Paradigmen zutrifft, auch wenn wir natürlich wissen, welches politisch populärer ist.
Außer die Konflikte zwischen den Generationen hervorzuheben, würde unser Kapitel über die Verteilung zusätzlich darauf hinweisen, daß man sich nicht länger auf das „Wunder der Zinseszinsen" berufen kann – als Mittel, um jedermann aus der heutigen Generation der Armut „entwachsen" zu lassen. Wachstum kann nicht für ewig Umverteilung und Bevölkerungskontrolle beim Bekämpfen der Armut ersetzen.
Unser Kapitel über die wirtschaftliche Entwicklung würde ähnlichen Neuorientierungen unterzogen. Es könnte die Vision von Entwicklung als weltweiter Verallgemeinerung des Lebensstandards in den USA nicht aufrechterhalten. Es würde eher die Erkenntnis einführen, daß es aufgrund der Grenzen des Entropieflusses unrealistisch sei zu glauben, daß der normale Ressourcenverbrauch pro Kopf jener 5 Prozent der Weltbevölkerung, die in den Vereinigten Staaten leben, auf 100 Prozent, also auf 5,5 Milliarden Menschen ausgedehnt werden könne. Wir müssen entweder eingestehen, daß eine solche Entwicklung nur für eine Minderheit möglich ist, oder wir müssen Entwicklung in einer Weise neu definieren, wie sie auf alle ausgedehnt werden kann. Das neue Konzept von Entwicklung wäre nicht einfach mit einem Wachstum des realen Bruttosozialprodukts identisch, wie es gegenwärtig der Fall ist, sondern es würde die Bevölkerungskontrolle betonen sowie die Begrenzung der Ungleichheit in der Verteilung und eine Produktion für eine Suffizienz bei den Grundbedürfnissen. Die Vorstellung, daß die armen Länder einfach aus Armut und Verschuldung „herauswachsen" können, indem sich ihre Kreisläufe des Tausches immer schneller drehen, würde selbst aus dem Umlauf gezogen werden, ebenso wie andere Ponzi-Spiele.
Das Kapitel über die Volkswirtschaftliche Gesamtrechnung mit ihren Konventionen zur Berechnung des Kreislaufs würde um einen meßbaren Index für den Entropiefluß erweitert werden – die „Bruttosozialdurchlaufmenge". Außerdem könnte dieses Kapitel die eigenartige Asymmetrie in der derzeitigen Volkswirtschaftlichen Gesamtrechnung erörtern: Wir schreiben den Wert des von Menschen produzierten Vermögens von der gegenwärtigen Produktion ab, weil sein Wert sinkt, ziehen aber keine vergleichbare Schlußfolgerung aus der Entwertung des natürlichen Vermögens. Ein Land könnte seine Minen ausschöpfen, seine Wälder abholzen, die Ackerböden erodieren

lassen, sein Wild und seine Fischreserven ausrotten – und das gemessene Einkommen würde stetig wachsen, obwohl all diese Vermögenswerte verschwinden. Wenn wir den Entropiefluß in das Zentrum der Betrachtung stellen, sind wir gezwungen, den natürlichen Kapitalbeständen, die diesen lebensnotwendigen Fluß hervorbringen, Aufmerksamkeit zu widmen. Wir würden die Hicksche Definition hervorheben, gemäß der das Einkommen die maximale Menge ist, die eine Person oder eine Gemeinschaft in einem bestimmten Zeitraum verbrauchen kann und am Ende dieser Periode immer noch genauso gut gestellt ist wie am Anfang. Die Formulierung „gut gestellt sein" heißt, Kapital unversehrt gelassen zu haben, nur muß sie jetzt auch – neben dem vom Menschen produzierten Kapital – das natürliche Kapital einbeziehen.

Die Kapitel über die Produktion in unserem neuen Buch würden auf dem Bestands-Strom-Modell von Georgescu-Roegen basieren. Kapital und Arbeit werden als Mittel oder Kräfte begriffen, die den Fluß der natürlichen Ressourcen in einen Fluß von Erzeugnissen umwandeln. Die vorherrschende Beziehung zwischen Mitteln und Flüssen ist komplementär. Gegenseitige Ersetzbarkeit zwischen dem Mittel und dem Fluß ist nur in Ausnahmen möglich und auf die Verminderung von Abfall im Prozeß beschränkt. Das Kapital als fast perfektes Substitut für Ressourcen zu verstehen, wie es unter dem Einfluß der Produktionsfunktionen nach dem von Cobb-Douglas entwickelten Typus oft geschieht, heißt: Man glaubt, dasselbe Haus mit Hilfe von doppelt so vielen Sägen, dafür aber nur mit der Hälfte des Holzes bauen zu können. Ganz zu schweigen von dem Problem, daß mehr Sägen für ihre Erzeugung mehr Rohstoffe benötigen. Die vorherrschende, neoklassische Idee, daß wir einer Beschränkung der Ressourcen durch den Entropiefluß entkommen können, indem wir Rohstoffe durch Kapital ersetzen, würde auch weiterhin auftauchen als unterhaltsames, aber lehrreiches Beispiel dafür, wie sehr mechanistische Modelle in die Irre führen können – ein klassisches Beispiel für A. N. Whiteheads „Trugschluß der unangemessenen Konkretheit", den Georgescu als Todsünde der Wirtschaftswissenschaft bezeichnete (siehe Anm. 1, Kapitel 3).

Unser Kapitel zum Thema Bevölkerung würde eine stark überarbeitete Erörterung des Konzepts der optimalen Bevölkerungszahl beinhalten. Die Frage wäre nicht: „wie viele Menschen?" sondern: „wie viele Menschen für wie lange?" Oder besser noch: „wie viele Menschen für wie lange und auf welchem Niveau des Ressourcenverbrauchs pro Kopf?" Die wesentliche Frage wäre: Wie lassen sich die gesamten Jahre, die je von Menschen über die Zeit hinweg gelebt werden, maximieren, und zwar auf einem Niveau des Ressourcenverbrauchs pro Kopf, das für ein gutes Leben ausreichend ist. Im überarbeiteten Text wäre das komplizierte dialektische Konzept der Suffizienz (der ausreichenden Menge) genauso wichtig wie das Konzept der Effizienz.

Manche Themen würden natürlich fast unverändert bleiben: Angebot und Nachfrage, Elastizität, Grenzkosten und Grenzertrag, Gelderzeugung durch die Banken, Monopol, reiner Wettbewerb usw. Obwohl sich die Preistheorie nicht radikal verändern würde, müßten wir die zeitliche Beschränkung der Preise mehr betonen. Zukünftige Generationen können nicht auf den gegenwärtigen Märkten Angebote machen. Auch messen die relativen Preise die relative Knappheit bestimmter Ressourcen, aber sie reflektieren die absolute Dimension der Knappheit nicht adäquat, nämlich die Knappheit des Entropieflusses als Ganzem (d. h. die Knappheit seiner Quellen und Endlagerstätten in der Umwelt, die bis jetzt als freie Güter angesehen wurden).

Ich glaube, daß meine bisherigen Ausführungen reichen, um zu demonstrieren, daß die Einführung des Entropieflusses in ein Standardlehrbuch so viele Änderungen erfordern würde, daß dieses Lehrbuch kein Standardlehrbuch mehr wäre, auch wenn viele Kapitel immer noch vertraut aussehen würden. Vielleicht geschehen diese Änderungen deswegen so langsam. Man erwartet nicht, daß grundlegende Änderungen über Nacht passieren. Aber 25 Jahre sind eine angemessene Zeit, in der man sich einen Fortschritt schon erhoffen könnte. Was ist nur mit unserer Disziplin los?

Vielleicht wurde ein Teil der Antwort auf diese Frage von einem anderen großen Ökonomen im Jahr 1853 gegeben; einer, dessen Beitrag zu seiner Lebenszeit völlig ignoriert worden war: Herrmann Heinrich Gossen. Es ist in doppelter Hinsicht passend, Gossen zu zitieren, denn Georgescu und sein Kollege Rudolph Blitz gaben uns die genaue englische Übersetzung und Einleitung zu Gossens Werk. Am Ende seines Vorwortes schreibt Gossen:

„Ich schließe mit dem Wunsch, daß mein Werk einer strengen, aber vorurteilsfreien Prüfung unterworfen werden möge. Ich bin ganz besonders in der Lage, die letztere Forderung stellen zu müssen, weil ich genötigt war, so viele allgemein für wahr gehaltene Ideen als unrichtig zu bekämpfen, die vielen, sehr vielen Menschen um so mehr ans Herz gewachsen sind, als von dem Fürwahrhalten dieser Ideen ihre Stellung im Leben ganz oder teilweise bedingt ist, sie also durch das Aufgeben derselben in die Lage versetzt werden, in der ich mich selbst befinde, sich im reifen Mannesalter noch eine neue Stellung suchen zu müssen.“[6]

Ich bin froh, daß Nicholas in seinem reifen Alter keine neue Stellung suchen mußte. Gemeinsam mit einigen anderen Freunden war ich betrübt, daß seine letzten Jahre so von Bitternis und Zurückgezogenheit gezeichnet waren, teilweise deshalb, weil ihm sein Berufsstand die Anerkennung, die er in Wahrheit verdient hätte, verweigerte und teilweise bedingt durch seine eigene reizbare und anspruchsvolle Persönlichkeit. Seine Bitternis war so groß, daß er sogar die Beziehungen zu denen, die seinen Beitrag am meisten schätzten, abbrach. Aber nichts von all dem mindert die große Bedeutung seines Lebenswerkes, für das die ökologischen Ökonomen besonders dankbar sein müssen. Er forderte viel, doch er gab mehr.

Anmerkungen

[1] Nicholas Georgescu-Roegen, *The Entropy Law and The Economic Process* (Cambridge, Mass.: Harvard University Press, 1971).
[2] Nicholas Georgescu-Roegen, *Analytical Economics* (Cambridge, Mass.: Harvard University Press, 1966).
[3] Wie Mark Blaug in seinem Buch *Great Economists Since Keynes* (Totawa, N. J.: Barnes and Noble, 1985) bemerkte (S. 71): „Wir können gerechterweise nur anfügen, daß Georgescu-Roegens spätere Bücher nicht gut aufgenommen wurden, oder besser gesagt: Sie wurden respektvoll aufgenommen und rasch beiseite gelegt. Aus unterschiedlichen, komplexen Gründen, ganz abgesehen vom schwierigen Stil, in dem sie geschrieben wurden, und von den in ihnen enthaltenen, einschüchternden Querverweisen auf die theoretischen Fortschritte in Physik und Biologie, wurden diese Arbeiten von Ökonomen praktisch gar nicht kritisch diskutiert."
[4] *Evolution, Time, and Welfare in Economics*, hg. von A. M. Tang et al. (Lexington, Ky.: D. C. Heath Co., 1976).
[5] Harold Barnett und Chandler Morse, *Scarcity and Growth* (Baltimore, Md.: Johns Hopkins University Press for Resources for the Future, 1963).
[6] Herrmann Heinrich Gossen, *Entwicklung der Gesetze des menschlichen Verkehrs, und der daraus fließenden Regeln für menschliches Handeln,* Faksimile-Ausgabe der 1854 erschienenen Erstausgabe (Frankfurt a. Main: Verlag Wirtschaft und Finanzen, 1987), VIII.

Teil VII

ETHIK, RELIGION UND NACHHALTIGE ENTWICKLUNG

EINLEITUNG

Nachhaltige Entwicklung verlangt einen Sinneswandel, eine Erneuerung des Geistes und ein gesundes Maß an Reue. Dies alles sind religiöse Begriffe. Das ist kein Zufall, denn eine Änderung der grundlegenden Prinzipien unseres Lebens ist eine so tiefgreifende Veränderung, daß sie in ihrem Wesen religiöser Natur ist, ob wir sie so benennen wollen oder nicht. Unsere Intelligenz, die stolz ist auf ihre weltliche Gesinnung, zeigt einen starken Widerwillen gegen diese Bezeichnung. Die beste Strategie, ein Thema in der akademischen Welt zu marginalisieren, ist tatsächlich, es als religiös zu bezeichnen.[1] Wir verlangen nicht länger nach Reue oder auch nur nach Fortschritt. Die stärkste prophetische Äußerung, die wir heutzutage hören, ist der Ruf nach Veränderung. Wir haben nicht mehr den Mut, den wertbesetzten Begriff „Fortschritt" zu benutzen, weil die Werte von den Gebildeten als reine „Epiphänomene" angesehen werden. Der neutralere Ausdruck „Veränderung" wird bevorzugt, weil er keine Richtung oder Intention beinhaltet. Veränderung ist etwas Objektives, das einfach stattfindet, und wir haben vermutlich noch Spuren eines Pflichtgefühls, das uns veranlaßt, uns dieser Änderung anzupassen oder uns ihr zumindest nicht entgegenzustellen. Ein Beispiel von „Veränderung" in diesem Sinne ist die Tendenz zur Globalisierung, die in Teil V erörtert wurde.

Auf der einen Seite ist der Widerstand gegen Religion nicht schwer zu verstehen: Denn das Bild, das die meisten Menschen von Religion haben, ist ein Fernsehprediger, der an Gefühle appelliert und um Geld bettelt, damit er einen biblischen Themenpark im Disneylandstil bauen kann. (Ich war erstaunt zu hören, daß jedes Jahr mehr Menschen Disneyland besuchen als Mekka oder Jerusalem; vielleicht versuchen diese Prediger nur, von der Konkurrenz zu lernen!) Andererseits: Wenn jene, die die traditionelle Religion ablehnen – wie zum Beispiel die wissenschaftlichen Materialisten – in ihrem ziellosen, deterministischen Universum gute Gründe dafür finden, warum wir uns um die lebenserhaltende Fähigkeit der Erde kümmern sollten, so werde ich gern mit ihnen zusammenarbeiten bei der dringenden Arbeit, die Erde zu bewahren, und ich werde zeitweilig meine Überzeugung beiseite schieben, daß sie eigentlich an dem Ast sägen, auf dem sie sitzen.

Das erste Kapitel dieses Teils konzentriert sich auf das Prinzip der begrenzten Ungleichheit und argumentiert, daß dieses Prinzip eine starke biblische Grundlage hat. Es mag seltsam anmuten, wenn ich mich zur Unterstützung eines ethischen Prinzips auf die Autorität der Bibel stütze, statt mich auf John Rawls, Robert Nozick, Amartya Sen oder den Gesellschaftsvertrag zu berufen, wie es in der akademischen Welt zur Zeit Mode ist. Es ist aber eine historische Tatsache, daß die meisten moralischen Prinzipien, die in den Vereinigten Staaten heute Gewicht haben, direkt aus der Bibel stammen und sich mit Hilfe der Kirchen und Universitäten über das Land verbreitet haben. Auch die Universitäten selbst wurden überwiegend von Kirchen gegründet, normalerweise von protestantischen Kirchen, obwohl man davon heute in den meisten Universitäten nur mehr wenige Spuren findet.[2] Diejenigen, die ethische Prinzipien eher aus der Kultur und aus der Geschichte ableiten wollen, werden in unserer Kultur und Geschichte hauptsächlich verschiedene Interpretationen der Bibel als Grundlage für ethische Prinzipien finden. Also sehe ich keinen Grund, mich dafür zu entschuldigen, daß ich ein ethisches Prinzip direkt durch die Bibel begründe – statt indirekt durch unser sich zersetzendes kulturelles Erbe. Wenn säkular ausgerichtete Ethiker aus ihrer eigenen, tiefen moralischen Intuition und Vernunft heraus zum Prinzip der begrenzten Ungleichheit gelangen können, dann ist es gut so und man kann hoffen, daß sie einflußreich sein werden. Aber jeder Anspruch von ihrer Seite auf Originalität oder darauf, die ersten Entdecker dieses Prinzips zu sein, kann wohl kaum ernstgenommen werden.

Vor einigen Jahren habe ich ein Mindest- und ein Höchsteinkommen als Teil der institutionellen Grundlagen für eine Wirtschaft im stationären Zustand befürwortet.[3] Das Mindesteinkommen findet natürlich eine breite politische Unterstützung (trotz der regelmäßig wiederkehrenden Versuche von Politikern, es zu untergraben). Die Idee des Höchsteinkommens findet keine Unterstützung und scheint auf die Menschen den Eindruck zu machen, als sei sie gemein, kleinlich und boshaft. Ich glaube daß dieser Eindruck entsteht, weil man das Wachstum des Gesamtvermögens für unbegrenzt hält. Nach dieser Ansicht schadet es den Armen zumindest nicht, wenn die Superreichen noch reicher werden, und vermutlich wird ihnen sogar durch die Ausgaben der Reichen noch geholfen. Ich behaupte das Gegenteil: Es *gibt* eine Grenze der gesamten, materiellen Produktion, die das Ökosystem tragen kann, und es wäre eindeutig ungerecht, wenn 99 Prozent der begrenzten Gesamtproduktion einer Person alleine zufallen würden. Daraus schließe ich, daß es implizit eine Höchstgrenze für persönliches Einkommen geben muß. Als Antwort darauf höre ich schon den bekannten Refrain: „Das ist nicht die richtige Art, die Dinge zu betrachten." Jeder, der dieses Thema in den Medien aufwirft, wird auf der Stelle von den Gelehrten, die sich für unfehlbar halten, beschuldigt, daß er den Klassenkampf entfachen möchte.

Aber die Ungleichheit in den Vereinigten Staaten wächst, und sie wird wieder zum Thema werden – ungeachtet aller politischen Bemühungen, ihre Wichtigkeit zu verleugnen. Die Idee eines Höchst- sowie eines Mindesteinkommens tauchte neulich in einem sehr interessanten Büchlein von Sam Pizzigati auf, „The Maximum Wage" [„Der Höchstlohn"] (eigentlich schlägt der Autor eine Höchstgrenze für persönliches Einkommen vor).[4] Obwohl es in einem populären und flotten Stil geschrieben ist, bringt das Buch gut begründete und belegte Aussagen. Es befürwortet einen Unterschied im Faktor zehn zwischen dem Mindest- und dem Höchsteinkommen und erörtert viele günstige Auswirkungen, die es für die große Mehrheit der Bürger hätte. Ein Ausmaß an Ungleichheit, das einen zehnfachen Unterschied im Einkommen zwischen den Reichsten und den Ärmsten zuläßt, würde die Notwendigkeit gerechtfertigter Unterschiede in Entlohnung und Anreiz decken und zugleich die Tatsache respektieren, daß wir alle Mitglieder einer Gemeinschaft sind und nicht isolierte, atomistische Individuen. Ein Faktor von zehn ist keine heilige Zahl, aber er beruht auf einer gewissen empirischen Grundlage, da er in einer ganzen Reihe von Organisationen – wie z. B. im Staatsdienst, im Militär oder in den Universitäten angewandt wird. Sollte ein Faktor von zehn für unsere individualistische Gesellschaft zu egalitär sein, so könnte man ihn durch einen Faktor von zwanzig ersetzen.

Ein Vorstoß in diese Richtung kam vom Kongreßabgeordneten Martin Sabo aus Minnesota, der einen „Income Equity Act" vorschlug (ein Gesetz für gerechtes Einkommen). Dieses Gesetz würde die Berechtigung auf einen Steuerabzug für Gehälter von Führungskräften auf jene Gehälter beschränken, die nicht mehr als das fünfundzwanzigfache des am schlechtesten bezahlten Vollzeitbeschäftigten in derselben Firma betragen. Wenn also der Geschäftsführer 500.000 US-Dollar als absetzbare Firmenausgabe verdienen will, muß der am schlechtesten bezahlte Arbeiter in dieser Firma mindestens 20.000 US-Dollar verdienen. Sogar diese bescheidenen Maßnahmen würde der Kongreß gegenwärtig (1995) nicht als Gesetz verabschieden.

Irgendwann *muß* aber die Verteilung zum Thema werden. 1960 betrug das durchschnittliche Nettogehalt eines Geschäftsführers ungefähr das Zwölffache von dem eines durchschnittlichen Fabrikarbeiters. 1974 hatte sich dieser

Faktor auf 35 erhöht. 1995 beträgt er weit über 100 (*Business Week* veröffentlichte einen Faktor von 135). Dabei vergleichen diese Zahlen nur die Spitze mit dem Durchschnitt, nicht mit dem unteren Ende! Außerdem vergleichen sie nur Löhne und Gehälter. Würde man die Erträge aus Kapitalbesitz einrechnen, so wären die Einkommensunterschiede sehr viel höher.

Niemand tritt für eine boshafte, erzwungene Gleichheit ein. Ein Faktor von zehn als begrenzte Ungleichheit wäre durch reale Unterschiede in Leistung und Fleiß gerechtfertigt und würde auch genügend Anreize bieten, diese Eigenschaften hervorzurufen. Wer konservativ sein will, kann einen Faktor von zwanzig wählen. Aber der Zusammenhalt einer Gemeinschaft löst sich auf, wenn ein Faktor von 100 erreicht ist, vielleicht schon früher. Der Klassenkampf beginnt bereits. Die Vorliebe vieler Menschen auf dem Land und vieler Mitglieder der Arbeiterklasse für ihre Waffen sowie der daraus entstehende Einfluß der „National Rifle Association" erwächst aus einem normalerweise nicht artikulierten, aber dennoch sehr realen Gefühl: „Obwohl mich diese Regierung als einen ungebildeten Proleten der Arbeiterklasse abgeschrieben hat, gibt es eine Grenze dafür, wie weit sie's mit mir treiben können, wenn ich meine Waffen habe. Wenn sie mir meine Waffen nehmen, gibt es keine Grenze mehr." Ich nehme auch den beträchtlichen politischen und religiösen Fanatismus, der in diesen paramilitärischen Bewegungen steckt, wahr. Aber sie sind auch ein Ausdruck des Klassenkonfliktes, der aus der zunehmenden Ungleichheit erwächst.

Das zweite Kapitel in diesem Teil wurde für eine Konferenz des Weltkirchenrats (World Council of Churches = WCC) geschrieben, die gleichzeitig mit der Umwelt- und Entwicklungskonferenz der Vereinten Nationen (United Nations Conference on Environment and Development = UNCED) im Juni 1992 in Rio de Janeiro stattfand. Die Konferenz des Weltkirchenrates fand als Zeichen der Solidarität mit den Armen außerhalb von Rio, im Arbeitervorort Nova Iguaçu statt. Dies war eine sinnvolle Geste, denn sie machte den großen Kontrast zu den piekfeinen Hotels in Rio deutlich, wo die offiziellen Delegierten untergebracht worden waren. Sie offenbarte jedoch auch das Ausmaß der weltweiten Klassentrennung, denn die internationalen Teilnehmer der Konferenz des Weltkirchenrates waren buchstäblich Gefangene in jenem Kloster, wo die Konferenz abgehalten wurde. Die Wahrscheinlichkeit eines Überfalls auf einen Ausländer in den Straßen von Nova Iguaçu war so groß, daß wir überall nur mit Bussen hintransportiert wurden, auch zu dem zwar vorbereiteten, aber dennoch interessanten Treffen mit den Mitgliedern einer katholischen Basisgemeinde. Es waren ehrliche, anständige Leute, die sich bemühten, in einem Land zu überleben, in dem die Ungleichheit so groß wie nirgendwo sonst in der Welt ist. Daß ihre Rebellion sich bisher auf einen kleinen Prozentsatz von ihnen beschränkt, der Fremde überfällt, zeugt davon, daß sie im Grunde gute Menschen sind. Sie waren nicht sehr an der UNCED interessiert, und leider nahm die Konferenz von ihrer Existenz nur Notiz in Verbindung damit, daß sie das Paradigma eines „growth as usual" („Wachstums wie gehabt") gegen die Umweltschützer zu verteidigen hatten, die angeblich nicht daran interessiert waren, den Armen zu helfen. Die Idee der begrenzten Ungleichheit wurde auf der UNCED noch weniger besprochen als die Idee der Grenzen des Wachstums. Obwohl die UNCED einige gute Maßnahmen beschloß, blieb Wachstum doch das beherrschende Thema. Die Tatsache der zunehmenden Ungleichheit wurde erkannt, man reagierte darauf aber nur mit dem Ruf nach weiterem Wachstum. Ich glaube, daß nur wenige offizielle Teilnehmer die Absurdität jenes Slogans des italienischen Energiekonzerns ENI bemerkt haben, der über ihrem Konferenzstand hing und auf dem in Buchstaben von einem halben Meter Größe geprahlt wurde: „Wir wachsen mit dem Planeten."

Anmerkungen

[1] Siehe die wichtige Arbeit von Phillip E. Johnson, *Reason in the Balance: The Case against Naturalism in Science, Law, and Education* (Downers Grove, Ill.: InterVarsity Press, 1995).
[2] Siehe George M. Marsden, *The Soul of the American University: From Protestant Establishment to Established Nonbelief* (New York: Oxford University Press, 1994).
[3] *Steady-State Economics* (San Francisco: W. H. Freeman Co., 1977; Washington, D. C.: Island Press, 1991).
[4] Sam Pizzigati, *The Maximum Wage* (New York: Apex Press, 1992).

KAPITEL 14

EIN BIBLISCHES WIRTSCHAFTSPRINZIP UND DIE NACHHALTIGE WIRTSCHAFT

Jeder beansprucht die biblische Autorität für seine eigenen ökonomischen Lieblingsideen. Der Ökonom kann die Schrift zitieren wie der Teufel, um das zu beweisen, was er beweisen möchte. Es wurde bereits behauptet, daß Gott ein Sozialist ist, ein radikaler Gewerkschafter, ein Vertreter der Angebotspolitik, Anhänger einer einzigen Steuer, ein Reagananhänger usw. Und jetzt komme ich und versuche, meine Leser davon zu überzeugen, daß Gott am liebsten eine nachhaltige Wirtschaft oder eine Wirtschaft im stationären Zustand hätte. Ist das nicht alles ziemlich ermüdend? Sollten wir nicht lieber etwas anderes tun?

Im Gegenteil. Ich glaube, daß wir noch viel mehr darüber diskutieren sollten – gerade deswegen, weil dieses Thema so verwirrend und widerspruchsvoll ist. Das Christentum und andere Religionen haben schon mit einer großen Anzahl von Wirtschaftssystemen koexistiert. Aber verdienen alle diese Systeme gleichermaßen deren Segen (oder deren Fluch)? Gibt es denn nicht irgendwelche Richtlinien im Hinblick darauf, welche ökonomische Ordnung Gottes Zustimmung erhält oder, häufiger noch, seine Mißbilligung? Ich glaube, es ist unsere Pflicht, daß wir die ökonomischen Institutionen und die ökonomische Politik unserer Gemeinschaft, unserer Nation und unserer Welt zu beeinflussen versuchen.

Wir benötigen eine grundsätzliche Methode, um vom religiösen Glauben zu einem ökonomischen Prinzip zu kommen. Dieses Prinzip muß so allgemein und grundlegend sein, daß es von den Agrarsystemen des biblischen Palästina über das Römische Reich auf die modernen industrialisierten Ökonomien der Gegenwart übertragen werden kann. In diesem Kapitel versuche ich, ein spezielles – und radikales – wirtschaftliches Prinzip aus dem speziellen Zusammenhang des Alten und Neuen Testaments zu übertragen. Im letzten Kapitel beende ich dieses Buch mit einem umfassenderen Blick auf den religiösen Zusammenhang: Ich schlage Möglichkeiten vor, wie die grundlegenden Eigenschaften einer Ökonomie der nachhaltigen Entwicklung sich auf natürliche Weise aus einer religiösen Weltansicht entwickeln und durch diese entscheidend aufrechterhalten werden.

Meine Aufgabe besteht aus zwei Teilen: Erstens möchte ich die grundlegenden Prinzipien hinter den konkreten wirtschaftlichen Situationen, in denen sich das auserwählte Volk der Bibel befand, aufdecken; zweitens möchte ich denselben Prinzipien eine neue institutionelle Struktur geben, durch die sie unsere moderne Wirtschaft beeinflussen oder durchdringen können.

Zum Beispiel ist es heute sinnlos, wenn Bauern die Ränder ihrer Felder nicht abernten, um etwas vom Getreide für Wanderer, Besucher, Witwen und Waisen stehenzulassen. Diese Praxis ist überholt, aber das Prinzip ist zeitlos: Lege etwas für die Armen zurück. Die traditionelle Form ist veraltet, wir müssen also nach einer passenderen suchen. Sogar die Kategorien von Bedürftigen ändern sich: In unserer Zeit sind Witwen und Waisen oft wohlhabende Erben. Vielleicht kann der aus der Volkszählung stammende, nichtssagende Begriff „lediger Haushaltsvorstand" weit eher unsere benachteiligten Brüder und Schwestern – normalerweise Schwestern – benennen. Ich glaube, daß jeder das zweifache Problem einer Übertragung erkennen kann: Was war die wirkliche Bedeutung im ursprünglichen Zusammenhang? Was bedeutet derselbe Begriff im modernen Zusammenhang?

Ich beabsichtige, nur ein biblisches Prinzip zu behandeln – jenes, das ich als das grundlegendste ansehe, das am leichtesten wahrnehmbar ist und in unseren heutigen Welt am dringendsten besser institutionalisiert sein sollte. Es überschneidet sich auch teilweise mit den Institutionen, die man für eine nachhaltige Wirtschaft braucht. Im folgenden Text werde ich zuerst das Prinzip formulieren und Beweise dafür erbringen, daß es in der Tat die leitende wirtschaftliche Norm für jene Gruppen war, deren Werte durch die biblischen Schriften verkörpert werden, und daß seine Gültigkeit im Neuen Testament wiederum bestätigt wird. Zweitens schlage ich eine Institution vor, durch die dieses Prinzip besser in unsere moderne Wirtschaft integriert werden kann. Drittens stelle ich einige weitere Auswirkungen dieses Prinzips sowie seine Bedeutung für eine Wirtschaft im stationären Zustand vor.

Das Prinzip, in Form eines Elften Gebots formuliert, könnte lauten: *„Du sollst nicht unbegrenzte Ungleichheit in der Verteilung des Privateigentums erlauben."*

DAS PRINZIP DER BEGRENZTEN UNGLEICHHEIT UND SEINE BIBLISCHE GRUNDLAGE

Das „Elfte Gebot" setzt die Rechtmäßigkeit des Privateigentums und einer gewissen Ungleichheit in seiner Verteilung voraus. Es besteht einfach darauf, daß das Ausmaß dieser Ungleichheit begrenzt sein muß. Ehe wir über die Reichweite dieser Begrenzungen sprechen, möchte ich zunächst ein paar Worte über das Privateigentum selbst verlieren, weil seine Rechtmäßigkeit oft angefochten wurde. Christentum und Judentum betrachten die Menschen als freie und verantwortliche Individuen, die für ihre eigenen Taten verantwortlich sind. Ohne Privateigentum wäre der Spielraum individueller Freiheit und Verantwortung außerordentlich klein. Auch das Achte Gebot („Du sollst nicht stehlen") wird oft als indirekte Bestätigung für die Legitimität des Privateigentums zitiert.

Im Wirtschaftssystem des biblischen Palästina war Land der primäre Produktionsfaktor, die Hauptquelle von Vermögen. Es wurde als Eigentum Gottes betrachtet, der es erschaffen hatte. Aber das Land wurde von Familien besessen, bewirtschaftet und verwaltet, die als Gottes Pächter auf ewig ein Nutzrecht hatten. Manche Familien waren erfolgreicher als andere. Es gab Reiche und Arme. Reichtum wurde als Segen, Armut als Unglück angesehen. Absolute Gleichheit war weder die Realität noch wurde sie als Ziel angesehen, aber die Gemeinschaft konnte keine unbegrenzte Ungleichheit tolerieren. Es gab eindeutige Grenzen im Ausmaß der Ungleichheit. Erstens wurde das Land unter den Familien gleichmäßig aufgeteilt, oder zumindest gerecht in einem umfassenderen Sinne. Zweitens: Wenn Eigentum notwendig ist, um Freiheit und Verantwortung auszuüben, so war klar, daß jeder ein gewisses Eigentum haben sollte – zumindest das Recht, auf den Feldern Nachlese zu halten und die Ränder abzuernten, also eine abgeschwächte Form von Eigentum. Das Gegenstück zu dieser Position ist die klassische Rechtfertigung des Privateigentums als eines Bollwerks, das den Einzelnen gegen die Ausbeutung durch andere schützt. Wer Eigentum besitzt, verfügt über einen selbständigen Lebensunterhalt und muß nicht unter jeder Bedingung eine Arbeitsstelle annehmen. Beruht die Rechtmäßigkeit des Eigentums auf einem von diesen Gründen, so sollte der Besitz von Eigentum weitverbreitet und eigentlich allumfassend sein.

Aber im praktischen Verlauf einer Wirtschaft entsteht mit der Zeit natürlich Ungleichheit. Erfolg wie Mißerfolg haben beide die Tendenz, sich zu akkumulieren. Weder Begabung noch Fruchtbarkeit des Bodens noch Glück sind gleichmäßig verteilt. Ehen kommen wirtschaftlich gesehen nicht zufällig zustande und führen gewöhnlich zu einer weiteren Konzentration von Vermögen. Unehrlichkeit und Ausbeutung sind als Erklärung für Ungleichheit nicht notwendig, obwohl sie sicher dazu beitragen.

Die Antwort des Buches Leviticus auf die Frage, wieviel Ungleichheit erlaubt sein sollte, war im Prinzip folgende: nicht mehr Ungleichheit, als sich in 50 Jahren anhäufen kann, wenn man von einer gerechten Verteilung zu Anfang ausgeht, die Grundgesetze des fairen Handels beachtet, wenn man keine Zinsen verlangt, die Sabbatruhe einhält, wenn es Mindestrechte für die Armen gibt, der Zehnt bezahlt wird und ähnliches. Das Jobeljahr – der Sabbat der Sabbate, das fünfzigste Jahr – war der Zeitpunkt, an dem man zur ursprünglich gleichen Verteilung zurückkehrte. (Die Einführung des „Jobeljahres", des siebenmal siebten Jahres [vgl. Dtn. 15,1f.], in Lev. 25 geht über die früheren wirtschaftsrechtlichen Regelungen von Bundesbuch und Deuteronomium hinaus. Es befristet einerseits die Verkäuflichkeit von Grund und Boden, verlängert aber andererseits die Frist einer – der Schuldsklaverei ähnlichen – ökonomischen Abhängigkeit von sechs auf 50 Jahre; Anm. d. Übers.) Die bloße Existenz und das zu erwartende Eintreten des Jobeljahres trug dazu bei, die Akkumulation genau jener Ungleichheiten zu verlangsamen, die es schließlich ausgleichen würde. Wenn das Jobeljahr näher kam, wurde der Anreiz, Vermögen anzuhäufen, schwächer, weil die jetzigen Gewinne bald aufgegeben werden mußten. Unmittelbar nach dem Jobeljahr, wenn man die Gewinne 49 Jahre lang genießen konnte, war der Anreiz zur Anhäufung von Vermögen am größten, genau dann, wenn auch die Gleichheit in der Verteilung am größten war. Diese Überlegungen schlugen sich in den Preisen für Land nieder; sie sanken, wenn sich das Jobeljahr näherte – gemäß dem modernen Prinzip, daß das Kapital der aktuelle Wert eines diskontierten, zukünftigen Einkommensflusses ist; „... denn es ist die Zahl von Ernteerträgen, die er dir verkauft" (Lev. 25,13–17). In Übereinstimmung mit dem Zinsverbot wird der zukünftige Einkommensfluß mit null diskontiert, d. h. er wird überhaupt nicht diskontiert.

Gab es zusätzlich zu den allgemeinen langfristigen Grenzen gesellschaftlicher Ungleichheit, die durch das Jobeljahr gesetzt wurden, auch kurzfristige individuelle Mindest- und Höchstgrenzen? Es scheint so. Mindestgrenzen waren sicherlich das Sammeln auf den Feldern und die Almosen, die Rechte der Sklaven und Witwen, die alle in der Weise interpretiert werden können, daß sie eine Subsistenzgrundlage schufen, unter die niemand fallen durfte. Gab es auch eine entsprechende Obergrenze für den persönlichen Reichtum? Ich gehe davon aus, daß es so war, denn sogar dem König, der am ehesten die Rechte zu unbegrenzter Akkumulation besessen hätte, wurde dieses Recht ausdrücklich nicht zugestanden. Weder Pferde und Frauen, noch Gold und Silber darf der König übermäßig anhäufen (Dtn. 17,16ff). Die Tatsache, daß dieses Gesetz seit Salomon gebrochen wurde (wie auch das Jobeljahr selbst), führte einfach dazu, daß das Gesetz durch die wiederholten Anklagen der Propheten bekräftigt wurde. Die grundlegende Philosophie der Suffizienz, der „Genügsamkeit", und der begrenzten Ungleichheit auf individueller Ebene kommt im Buch der Sprüche zum Ausdruck:

„... gib mir weder Armut noch Reichtum, nähr mich mit dem Brot, das mir nötig ist, damit ich nicht, satt geworden, dich verleugne und sage: Wer ist denn der Herr?, damit ich nicht als Armer zum Dieb werde und mich am Namen meines Gottes vergreife." (Spr. 30,8/9)

Das Zinsverbot, das zumindest unter den Mitgliedern der Gemeinschaft galt, war ein starkes Instrument zur Beschränkung der Ungleichheit. Zinsbringende Schulden mit ihrer exponentiellen Verzinsung der Zinsen sind ein mächtiges Mittel der Akkumulation für den Verleiher und manchmal der Verarmung für den Entleiher.

Die Bibelwissenschaftler haben zu diesen Themen viel mehr zu sagen. Mein Wissen ist genauso begrenzt wie meine Absicht, einige Beweise dafür zu bieten, daß das allgemeine Prinzip, welches den kulturell spezifischen Gesetzen der biblischen Gemeinschaft Israels zugrundelag, das Prinzip der begrenzten Ungleichheit war. Als zusätzliche Bekräftigung dessen zitiere ich den Alttestamentswissenschaftler, C. J. H. Wright:

„Es gibt also eine enge Beziehung zwischen dem theokratischen Monotheismus Israels (dem zentralen Pfeiler seines Glaubens) und seiner Tendenz zu einer eigenen Art von gesellschaftspolitischem und wirtschaftlichem ‚Egalitarismus'. Dieser löschte Unterschiede nicht aus, versuchte aber, sie innerhalb der angemessenen Grenzen zu halten, die für Harmonie und Frieden in der Gesellschaft eine funktionale Notwendigkeit darstellten.“[1]

Und eine weitere, dies untermauernde Schlußfolgerung von A. B. Cramp, einem Wirtschaftswissenschaftler aus Cambridge, kann angeführt werden:

„Das Grundprinzip, welches in den vielseitigen, detaillierten Vorkehrungen enthalten ist, scheint eines zu sein, das der Akkumulation des Kapitals durch die Einzelnen Grenzen setzt (dies ist nicht notwendigerweise dasselbe wie die Gesamtakkumulation der Gesellschaft zu beschränken). Außerdem trifft dieses Grundprinzip ernsthaft Vorsorge für die schwierige Frage der Umverteilung des Kapitals, wenn es, was unvermeidlich ist, einigen Bürgern im Verlaufe des Wirtschaftsprozesses besser ergeht als anderen.“[2]

Ich habe mich auf das Alte Testament konzentriert, weil es die Organisation der Wirtschaft am ausführlichsten bespricht. Der Neue Bund ist nicht nur eine generelle Bekräftigung des Alten, sondern spricht schärfere und persönlichere Warnungen vor der Gefahr des Reichtums aus und gibt sogar eine nachdrücklichere Weisung, sich besonders um die Armen zu kümmern. Ich glaube daher, daß das Prinzip der begrenzten Ungleichheit, das im Alten Testament formuliert wurde, im Neuen Testament kraftvoll bestätigt wird, wenn auch in weniger legalistischer, sondern in eher persönlicher Weise. Rechtliche Strukturen sind notwendig, aber nicht hinreichend für Gemeinschaft und *shalom* (Frieden). Ein Sinneswandel, eine Erneuerung des Geistes auf der Ebene des Individuums ist ebenso erforderlich, sonst ist der Buchstabe des Gesetzes tot. Diese Erneuerung des Geistes auf individueller Ebene und in der Gemeinde fordert Paulus im 2. Brief an die Korinther (8,13–15): „Denn es geht nicht darum, daß ihr in Not geratet, indem ihr anderen helft;

es geht um einen Ausgleich. Im Augenblick soll euer Überfluß ihrem Mangel abhelfen, damit auch ihr Überfluß einmal eurem Mangel abhilft. So soll ein Ausgleich entstehen, wie es in der Schrift heißt: ‚Wer viel gesammelt hatte, hatte nicht zu viel, und wer wenig hatte, hatte nicht zu wenig.'" (Ex. 16,18)

Hier findet sich eine Bekräftigung des Prinzips begrenzter Ungleichheit im Neuen Testament, die sich explizit auf deren alttestamentliche Wurzeln beruft (Ex. 16,18): „Wer viel gesammelt hatte, hatte nicht zu viel, und wer wenig hatte, hatte nicht zu wenig." Die Aussage bezieht sich auf Manna, das die Eigenschaft hatte zu verderben, wenn es im Überschuß gesammelt wurde. Sie unterstreicht so die Vorstellung von einer Grenze für die Akkumulation von Ungleichheit.

Es ist eine fundamentale Voraussetzung für Gemeinschaft, daß niemand ein Anrecht auf Luxus hat, wenn anderen das Notwendige fehlt, gleichgültig ob das von Gott geschenkte Land, oder das gesamte Ökosystem, das die Fruchtbarkeit des Landes erhält, die Grundlage der Gemeinschaft ist. Wie können wir das Prinzip der begrenzten Ungleichheit auf vernünftige und wirksame Weise in die gegenwärtige Ökonomie integrieren? Und welche weiteren Auswirkungen würde dies haben?

DAS PRINZIP IN DER MODERNEN WELT

Bevor wir beginnen, nach neuen institutionellen Formen des Prinzips begrenzter Ungleichheit zu suchen, sollten wir uns fragen, ob nicht das Jobeljahr wiedereingeführt werden könnte. Ich glaube nicht, obwohl internationale Schuldner und Gläubiger gezwungen sein könnten, so etwas wie ein „Jobeljahr" – ein Erlassen der internationalen Schulden – in naher Zukunft zu vereinbaren! Aber das Jobeljahr setzt eine gerechte Ausgangsverteilung des Landes unter den einzelnen Familien voraus, die durch die Autorität Gottes im historischen Gedächtnis der Gesellschaft verankert ist. Das ist gegenwärtig nicht der Fall. Außerdem besteht der Großteil des Reichtums heute nicht aus Land, sondern aus Kapital, einschließlich Humankapital (Fähigkeiten, Ausbildung). Aufgrund der enormen Bedeutung des Kapitals und der damit verbundenen komplexen Verschuldungsstruktur wäre ein Zinsverbot zu verlangen, milde ausgedrückt, unrealistisch.

Das System des Jobeljahrs scheint zudem eine nachhaltige Wirtschaft vorauszusetzen, die wir im Moment bestimmt nicht haben, unabhängig davon, wie sehr einige von uns diese auch als Ziel anstreben. Die Ausgangsverteilung kann nur dann wiederhergestellt werden, wenn die Größe oder die Anzahl der Familien nicht wächst und wenn der Rohstoff (das Land) nicht mit der

Zeit erschöpft wird. Diese beiden Bedingungen wurden im alten Israel weit eher erreicht als heute. Die natürlich hohen Sterberaten ließen die Bevölkerung nicht schnell anwachsen; die Weidewirtschaft und der Ackerbau betrieben keinen raschen Raubbau an ihrer Rohstoffgrundlage, insbesondere da sie durch Gesetze, wie Sabbatbrache für das Land, ergänzt wurden.[3] Heute können wir nicht von der Existenz einer Wirtschaft im stationären Zustand als Voraussetzung ausgehen, sondern wir müssen sie zum Ziel unserer Politik machen – zu etwas, das in moderner Form wiederhergestellt werden sollte. Das Prinzip der begrenzten Ungleichheit einzuführen, ist eine notwendige, aber keine hinreichende Bedingung für das Erreichen eines modernen stationären Zustandes. Aber mehr darüber im nächsten Kapitel. Vorerst müssen wir einen Weg finden, die Beschränkung der Ungleichheit zu institutionalisieren ohne eine von Gott gegebene gerechte Ausgangsverteilung. Welches Ausmaß an Ungleichheit ist nötig, um die realen Unterschiede in der Schwere der Arbeit, in Initiative und Verantwortung zu belohnen? Was ist das faktische, derzeit existierende Ausmaß der Ungleichheit? Wie können wir das aktuelle Ausmaß mit dem funktional notwendigen und gerechten Ausmaß an Ungleichheit in Übereinstimmung bringen?

Wir müssen damit beginnen zu akzeptieren, daß wir keine von Gott gegebene Definition dafür haben, wo die Grenzen der Ungleichheit liegen sollten. Stehen wir nun vor einer hoffnungslosen Aufgabe? Ich denke nicht. Eine Demokratie hat keine eindeutige, objektive Regel, um das Wahlalter festzulegen; dem Gefühl nach sollte es in den frühen Erwachsenenjahren sein. Aber man könnte endlos darüber streiten, ob das richtige Alter achtzehn oder zweiundzwanzig ist. Die genaue Grenze ist großteils willkürlich. Wichtig ist, daß es ein festgesetztes und akzeptiertes Mindestalter gibt – ob achtzehn oder zweiundzwanzig ist nicht wirklich von Bedeutung. Ebenso sind die genauen Grenzen der Ungleichheit viel weniger wichtig als das Prinzip, daß irgendwo Grenzen festgelegt werden, die einem vernünftigen, funktionalen und gerechten Ausmaß an Ungleichheit entsprechen. Wie groß aber ist dieses vernünftige und funktionale Ausmaß? Das Mindesteinkommen wäre ein kulturell definierter Betrag, der für Essen, Kleidung, Wohnen, grundlegende Gesundheitspflege und Bildung ausreicht. Die Höchstgrenze könnte das Zehnfache des Mindesteinkommens sein. Plato dachte an einen Faktor vier. Warum schlage ich den Faktor zehn vor?

Es gibt einige Beweise dafür, daß der Faktor zehn ausreicht, um reale Unterschiede in der Leistung zu belohnen und genügend Anreiz zu bieten, daß alle notwendigen Arbeitsstellen freiwillig besetzt werden können. In der Armee der USA verdient z. B. der am besten bezahlte General das Zehnfache vom Lohn des untersten Soldaten. Vielleicht erhält der General noch außerordentliche Sonderzahlungen, die den Faktor auf elf oder zwölf erhöhen können. Dieselbe Spanne findet man im Staatsdienst – ein GS-18 (= „General Service 18“, der höchste Posten im öffentlichen Dienst in den USA) hat ungefähr das zehnfache Gehalt eines GS-1 (= niedrigster Rang im öffentlichen Dienst). An einer Universität bekommt ein hochqualifizierter Professor ungefähr das Zehnfache eines Universitätsassistenten. In Konzernen ist die Spanne wesentlich größer, hauptsächlich deshalb, weil die Spitzenmanager das Privileg besitzen, ihre Gehälter selbst festlegen zu können – im Gegensatz zu Generälen, hohen Staatsdienern und Professoren.

Ich verwende also den Faktor zehn als Maßstab. Der entscheidende Schritt ist die Umstellung von einer unbegrenzten auf eine begrenzte Ungleichheit. Die Festlegung der genauen Grenzen erfolgt willkürlich und diese können auf der Grundlage von Erfahrungen immer wieder angepaßt werden. Vielleicht sollte der Faktor fünf oder zwanzig betragen. Schließlich ist auch sieben eine ziemlich willkürliche Zahl. Würde es so viel ausmachen, wenn das „Sabbatjahr“ („sabbatical“, das Karenz- und Forschungsjahr eines Professors) im sechsten oder achten Jahr wäre, oder wenn das Jobeljahr alle 45 Jahre wäre?

Wie groß ist die faktische, derzeit existierende Spanne an Ungleichheit? Wie sieht die tatsächliche Einkommensverteilung aus? Die Wirtschaftswissenschaftler benutzen Lorenzkurven, Gini-Koeffizienten, Pareto-Verteilungen, lognormale Verteilungen usw., um die Einkommensverteilung zu beschreiben. Aber die anschaulichste und einfallsreichste Beschreibung, die ich je gesehen habe, stammt vom holländischen Ökonomen Jan Pen, der eine Parade von Zwergen und Riesen organisiert. Alle Einkommensbezieher werden so geschrumpft oder gestreckt, daß ihre Größe proportional zu ihrem Einkommen ist. Sie defilieren alle in einer Parade vorüber, die kleinsten zuerst, die größten zum Schluß. Die Parade dauert genau eine Stunde und wird von Menschen wie du und ich beobachtet, Leuten, von denen man annimmt, daß sie eine durchschnittliche Größe erreichen.

Was würden wir sehen? Zuerst kommen einige Menschen von negativer Größe, die Köpfe bis zu neun Meter unter der Erde. Das sind solche, die in diesem Jahr Verluste erlitten haben; sie sind nicht unbedingt arm, aber sie werden es bald sein, wenn sie so weitermachen. Dann folgt eine Menge Gnome, etwa in der Größe eines Streichholzes. Viele sind Teilzeitbeschäftigte, Studenten oder Hausfrauen, die sehr wenig verdienen, aber an einem Familieneinkommen teilhaben. Es geht ihnen also nicht so schlecht, wie man meinen könnte. Das Defilee der Zwerge dauert ungefähr fünf Minuten. Die Menschen nach ihnen sind deutlich größer, ungefähr einen Meter hoch: Rentner, geschiedene Frauen ohne Unterhaltszahlung, viele Behinderte, einige Künstler. Sie brauchen wiederum fünf Minuten. Die Parade dauert bereits fünfzehn Minuten, bis wir Menschen von knapp eineinhalb Metern Größe sehen, ungelernte Arbeiter: Eine ganze Menge von ihnen sind Frauen, viele haben eine dunkle Hautfarbe. Und nun sehen wir lange Zeit hindurch nur Zwerge. Dann folgen einige Büroangestellte, gebildete Menschen – sie sind keine Zwerge, aber sicherlich klein aus unserer Perspektive. Erst als bereits achtundvierzig Minuten der einstündigen Parade vorüber sind, zwölf Minuten vor dem Ende also, sehen wir Menschen unserer Größe, Menschen mit einem durchschnittlichen Einkommen. Wir sehen Lehrer, Staatsangestellte, Versicherungsagenten, Bauern, einige Facharbeiter. Sechs Minuten später kommen die ersten der obersten zehn Prozent, Menschen von beinahe zwei Meter Größe, fast ausschließlich Universitätsabsolventen. In den letzten paar Minuten tauchen plötzlich die Riesen auf: ein Anwalt, ein Arzt, einige Buchhalter, ungefähr fünfeinhalb Meter hoch; weitere Ärzte, Richter und Führungskräfte, über achtzehn Meter groß. Dann folgt Prinz Phillip, fast fünfundfünfzig Meter hoch, und der Direktor von Shell, mehr als doppelt so groß. Am Ende der Parade sehen wir einige Menschen, deren Größe in Kilometern gemessen werden muß, z. B. der Rocksänger Tom Jones. Und ganz am Ende kommt John Paul Getty, mindestens sechzehn Kilometer hoch.

Wie man erraten kann, fand die Parade von Professor Pen um 1970 in Großbritannien statt. Dieselbe Parade, 1990 in den Vereinigten Staaten abgehalten, würde eine weit größeres Maß an Ungleichheit aufweisen. Eine ähnliche Parade in einer Welt mit der von uns vorgeschlagenen, begrenzten Ungleichheit würde mit Menschen von einem bis eineinhalb Meter Größe beginnen und mit Menschen, die zehn bis fünfzehn Meter groß sind, enden. Die überwiegende Mehrheit würde sich innerhalb dieser Grenzen bewegen, die Zahl derjenigen, die von der Ungleichheit stärker betroffen sind, wäre relativ klein: einige ganz wenige an der Spitze, mehr ganz unten, aber immer noch weniger als jene, die in den ersten zehn Minuten der Parade von Jan Pen vorbeimarschierten, denn viele von ihnen wären Mitglieder einer Familie mit entsprechendem Gesamteinkommen, die aber selbst schlecht bezahlte Teilzeitarbeit verrichten.

Wir sollten lieber ein Konzept von Ungleichheit verwenden, das auf einer Spanne statt auf einer Varianz aufbaut. Obwohl das auf der Varianz beruhende Konzept in der Statistik gebräuchlicher ist, handelt es sich um einen Durchschnittsmaßstab, der sich nicht auf einzelne Individuen bezieht. Das Konzept, dem eine Spanne zugrundeliegt, entspricht mehr der grundlegenden Gesinnung der Bibel, die sich auf die konkrete Situation bestimmter Menschen konzentriert – die Situation der zu armen, die der zu reichen. Diese Extreme möchten wir vermeiden. Die durchschnittliche Abweichung vom Mittelwert ist nicht so wichtig. Darum konzentrieren wir uns auf die Mindest- und die Höchstgrenze.

Aber sollten diese Mindest- und Höchstgrenzen auf das Einkommen oder auf das Vermögen bezogen sein, oder sollte es, wie die Schrift scheinbar nahelegt, ein Mindesteinkommen, verbunden mit einer Obergrenze für das Vermögen, geben? Betrachten wir diese Möglichkeiten im einzelnen. Wir können offensichtlich keine Untergrenze für das Vermögen festlegen, denn man hat immer die Möglichkeit, sein Vermögen zu verbrauchen, und kann aber nicht erwarten, es Jahr für Jahr zurückerstattet zu bekommen. Also muß die Untergrenze für das Einkommen gelten. Die Obergrenze kann sich auf das Einkommen, auf das Vermögen oder auf beide beziehen. Eine obere Grenze für Vermögen, ohne Höchstgrenze für Einkommen, würde zu einem äußerst verschwenderischen Verbrauch des ganzen Einkommens führen bei jemanden, der bereits das Maximum an Vermögen erreicht hat. Da die Vermögensunterschiede beschränkt sind, würde dies die wachsende Ungleichheit einfach auf größere Unterschiede im Konsum umleiten. Indem sie zum Konsum anregt, würde diese Form der Beschränkung den übergeordneten Idealen des Bewahrens in einer nachhaltigen Gesellschaft entgegenwirken. Eine Obergrenze für das Einkommen umgeht dieses Problem. Es ist jedoch denkbar, daß sie das genau entgegengesetzte Problem hervorruft, indem sie eine übermäßige Ungleichheit im Vermögen hervorruft.

Diese Vorstellung von einer Symmetrie hält aber einer detaillierten Analyse nicht stand. Eine direkte Beschränkung des Einkommens begrenzt indirekt auch das Vermögen auf zweierlei Weise: Erstens wird Vermögen aus Einkünften langsamer akkumuliert, wenn das Einkommen begrenzt ist. Zweitens wird das früher akkumulierte Vermögen für jene entwertet, deren Einkommen aus anderem Vermögen oder aus Arbeit schon die Höchstgrenze erreicht hat. Diese Menschen erhalten einen Anreiz, ihr Vermögen zu verbrauchen oder auszugeben, weil sie dessen Erträge nicht behalten dürfen. Es ensteht also der Eindruck, daß direkte Beschränkungen, Ober- und Untergrenzen, am wirksamsten auf das Einkommen und nicht auf das Vermögen angewandt werden können, obwohl eine zusätzliche Obergrenze beim Vermögen einer weiteren Überlegung wert ist. Die einfachste und naheliegendste Einrichtung zur Beschränkung von Ungleichheit ist deswegen auch die beste – nämlich Ober- und Untergrenzen für das Einkommen.

DAS PRINZIP UND DIE WIRTSCHAFT IM STATIONÄREN ZUSTAND

Bis jetzt haben wir das Prinzip der begrenzten Ungleichheit im Hinblick auf einen bestimmten Zeitraum besprochen. Aber ist dieses Prinzip nicht auch im Zeitverlauf gültig? Die gegenwärtig lebenden Menschen sollten insgesamt nicht zu reich sein, wenn das bedeutet, daß die zukünftig lebenden zu arm sein werden. Oder umgekehrt: Die heute lebenden Menschen sollten nicht zu arm gehalten werden, nur um die nächsten Generationen reicher als nötig werden zu lassen. In einem Zeitalter, das von der Idee des Wirtschaftswachstums beherrscht wird und in dem es deshalb notwendig wird, gegenwärtigen Konsum zu verringern, um Investitionen tätigen zu können, wurde der zweite Irrtum gelegentlich erkannt. Wir fragen uns, ob die Kosten der Akkumulation, die von den ersten Generationen des sowjetischen Industrialisierungsschubs getragen wurden, durch die Vorteile der heute in den Ländern der ehemaligen Sowjetunion lebenden Bürger aufgewogen werden oder ob die Kosten für die Generation, die in Großbritannien während der Industriellen Revolution lebte, wirklich durch den später möglichen, höheren Konsum ihrer Enkel kompensiert wurden. Hier aber beschäftigt uns die zuerst getroffene Feststellung. Erzeugen und konsumieren wir in einem Ausmaß, das die Biosphäre destabilisiert und zukünftige Generationen verarmen läßt? Wird das Prinzip der Gerechtigkeit in Form von begrenzter Ungleichheit auf die Zukunft ausgedehnt, impliziert es Nachhaltigkeit – Gerechtigkeit, die auch für zukünftig lebende Menschen gilt. Eng mit Nachhaltigkeit verbunden ist die Frage nach dem Ausmaß der wirtschaftlichen Tätigkeiten (die Erschöpfung von Ressourcen und Umweltverschmutzung mit einschließen) im Verhältnis zu den natürlichen Raten der Angleichung und Wiederherstellung innerhalb des Ökosystems. Solange Wirtschaftswachstum (Entwicklung) auf qualitativen Verbesserungen beruht, sodaß man aus demselben Ressourcenfluß mehr Wohlfahrt gewinnen kann, gibt es keine ersichtliche Grenze für diese Form von Wachstum. Aber genausowenig gibt es einen Grund, diese Art von Wachstum nicht gleichmäßig aufzuteilen. Wenn Wissen die grundlegende Ressource ist, dann soll unbedingt das Wissen endlos wachsen. Geteiltes Wissen bedeutet multipliziertes und nicht dividiertes Wissen!

Ehe wir uns aber von der Idee hinreißen lassen, daß der menschliche Geist der grundlegende Rohstoff ist, der endloses Wirtschaftswachstum garantieren kann, sollten wir uns darauf besinnen, daß der Geist, obwohl er sich gewiß nicht auf seine physische Dimension reduzieren läßt, vom Körper abhängig ist; und der Körper ist physisch. „Ohne Phosphor kein Denken", gibt Frederick Soddy zu bedenken. Loren Eiseley formuliert es so: „Der menschliche Geist, so zerbrechlich, so vergänglich, so voll von unerschöpflichen Träumen und Verlangen, brennt durch die Energie eines Blattes." Ein Verstand, der zu solchen Einsichten fähig ist, sollte auch in der Lage sein, mehr Rücksicht gegenüber Blättern und Phosphor zu zeigen, als es in unserer von Wachstum besessenen Wirtschaft üblich ist. Der Wirtschaftswissenschaftler Kenneth Boulding erinnert uns daran, daß Kapital Wissen ist, das der physischen Welt in Form von unwahrscheinlichen Anordnungen aufgezwungen worden ist. Wissen kann aber nicht jeder Art von Materie durch jede Form von Energie aufgedrückt werden; es muß sich um Materie/Energie von geringer Entropie handeln. Sonst könnten wir uns die Ozeanbrise mit Hilfe von Windmühlen aus Sand zunutze machen und die gewonnene Energie verwenden, um Gold aus dem Ozean zu fördern.

Nehmen wir an, daß eine Wirtschaft innerhalb der Grenzen von Ungleichheit in einer Spanne von zehn zu eins bliebe, jedoch in ihrem absoluten Ausmaß wachsen würde; das bedeutet: mehr Menschen und ein höherer Verbrauch pro Kopf. Auch wenn zu jedem Zeitpunkt diese Grenze der Ungleichheit respektiert würde, könnte sie über längere Zeit hinweg nicht aufrechterhalten werden. Das Wachstum würde entweder künftige Generationen gewaltig reicher machen, oder der ökologische Zusammenbruch würde sie gewaltig ärmer machen – wahrscheinlich passiert zunächst das eine und diesem folgt das andere. Da die Fragen der Überbevolkerung und der ökologischen Zerstörung zur Zeit der Bibel nicht wichtig waren, finden wir sehr wenig spezifische Orientierung diesbezüglich in der jüdisch-christlichen religiösen Tradition. Wie bereits erwähnt, wurde Nachhaltigkeit mehr oder weniger als gegeben vorausgesetzt. Die Wirtschaft im alten Israel war eine Weide- oder Landwirtschaft mit geringem Ausmaß, die auf Sonnenenergie beruhte – also beinahe automatisch nachhaltig. Ich sage „beinahe", denn jene Gesetze zum Beispiel, die eine Brache für das Land vorschreiben und die verbieten, einen Vogel zu töten, der Eier brütet, oder Bäume im Krieg zu zerstören, beweisen eine Sorge um die Nachhaltigkeit, die darauf hindeutet, daß sie weder vollkommen automatisch eintrat, noch als gegeben angesehen wurde. Die hohen Sterberaten verhinderten ein zu rasches Bevölkerungswachstum, sodaß sich die Wirtschaft insgesamt nahezu in einem stationären Zustand befand, was auch notwendig war, um die ursprünglichen historischen Verhältnisse des Jobeljahres wiederherstellen zu können. Unter diesen Umständen konnte man nicht behaupten, daß man keine Obergrenze brauche, solange jedermann reicher wird, und daß es nicht viel ausmache, wenn die Reichen schneller reicher werden als die Armen. Denn wenn die Reichen innerhalb einer Ökonomie im stationären Zustand reicher werden, dann müssen die Armen ärmer werden, und zwar nicht nur relativ, sondern auch absolut gesehen. Wenn die Gesamtmenge begrenzt ist, muß es eine Obergrenze für das persönliche Einkommen geben. Wenn es auch eine Untergrenze gibt, dann gilt im großen und ganzen: je höher die Untergrenze, desto niedriger die Obergrenze.

Viele mögen behaupten, daß es historischer Zufall war und nichts mit göttlicher Offenbarung zu tun hat, wenn das auserwählte Volk eine Wirtschaft im stationären Zustand hatte. Wissenschaft und Technologie haben seither die natürlichen Grenzen beseitigt, die den stationären Zustand und – im besonderen – eine Höchstgrenze für das Einkommen notwendig gemacht hatten. Belassen wir das Mindesteinkommen, sagen sie, aber sobald erst einmal die Armut beseitigt ist, brauchen wir uns nicht länger um die Ungleichheit zu kümmern. Außerdem mag die zunehmende Ungleichheit erforderlich sein, um das Wachstum zu stimulieren, das wiederum dafür verwendet werden kann, das Mindesteinkommen anzuheben.

Dagegen ist zweierlei einzuwenden. Erstens: Aus der Perspektive einer Gemeinschaft ist es tatsächlich von Bedeutung, wie weit die Reichen und die Armen voneinander entfernt sind. Unbegrenzte Ungleichheit läßt sich mit einer Gemeinschaft nicht vereinbaren, unabhängig davon, wie gut es den Ärmsten geht. Auch relative Armut brütet Ressentiments aus, und Reichtümer isolieren und verhärten das Herz. Zusammenleben, Solidarität und Geschwisterlichkeit werden mit zunehmender ökonomischer Distanz schwächer. Die politische Macht zeigt eine Tendenz, dem relativen Einkommen zu folgen, und eine zu starke Machtkonzentration muß sowohl in einer Theokratie als auch in einer Demokratie verhindert werden, wenn sie nicht zur Plutokratie (Geldherrschaft, Geldaristokratie) führen soll.

Zweitens: Die Vorstellung, daß Wissenschaft und Technologie alle Grenzen aufgehoben haben, nur weil sie unsere Macht erheblich vermehrt haben, kommt dem Gegenteil der Wahrheit sehr nahe. Gerade weil Wissenschaft und Technologie uns solche Macht zur Verfügung gestellt haben, konnte das Ausmaß unserer Wirtschaft bis zu jenem Punkt wachsen, an dem wir heute an die Grenzen unserer Geschöpflichkeit stoßen: Endlichkeit, Entropie und ökologische Abhängigkeit. Die Wissenschaft kann uns dabei helfen, uns diesen Grenzen so gut wie möglich anzupassen. Aber die Vorstellung, daß wir sie überschreiten könnten, bedeutet: Wir nehmen die Autorität in Anspruch, Gottes Schöpfung nach unserem Entwurf neu zu gestalten, anstatt uns damit zu begnügen, sie nach Gottes Entwurf aufrechtzuerhalten und für sie zu sorgen.

Es steht außer Zweifel, daß wir uns aktiv an einem neuen Turmbau zu Babel beteiligen. Wie könnte es auch anders sein, wenn der Großteil unserer Generation die bloße Vorstellung von der Welt als einer Schöpfung ablehnt, selbst der eines Schöpfers, der in beträchtlichem Ausmaß zufällige Mutationen und natürliche Selektion als Prinzip der Prozeßgestaltung benutzte? Ich nehme keine antiwissenschaftliche Position ein, denn wenn wir Gottes Schöpfung aufrechterhalten und für sie sorgen wollen, müssen wir mit Sicherheit lernen, wie sie funktioniert. Das Erste und das Zweite Gesetz der Thermodynamik, in Verbindung mit Endlichkeit und ökologischer Interdependenz, machen deutlich, welch ein Unsinn die Behauptung ist, daß eine Wirtschaft in ihren physischen Dimensionen auf ewig (oder auch nur für eine sehr lange Zeit) wachsen könne. Es ist unwissenschaftlich, die Grundgesetze der Wissenschaft nicht ernst zu nehmen, von denen die meisten Unmöglichkeiten formulieren: Es ist unmöglich, sich schneller als mit Lichtgeschwindigkeit zu bewegen, Materie/Energie zu erzeugen oder zu zerstören, ein Perpetuum mobile herzustellen oder eine Urzeugung von Leben durchzuführen etc.

Lange bevor wir die endgültigen biophysischen Grenzen des Wachstums im Ausmaß unserer Wirtschaft erreicht haben, werden wir bereits die wirtschaftliche Grenze überschritten haben, ab der die Grenzkosten des Wachstums seinen Grenznutzen übersteigen. Niemand kann sicher sein, ob wir diesen Punkt nicht schon überschritten haben, weil wir uns nicht einmal die Mühe machen, Kosten und Nutzen des Wachstums zu berechnen. Wir berechnen die wirtschaftliche Aktivität nur im Bruttosozialprodukt und nehmen an, daß die nützlichen Aspekte solchen Wachstums die schädlichen überwiegen.

Die Diskussion über die Grenzen des Wachstums, die in den sechziger Jahren begonnen hat und mit der Wahl von Ronald Reagan wieder aufhörte, muß neu belebt werden. Sie hörte genau dann auf, als die Leute erkannten, daß Grenzen des Wachstums Grenzen der Ungleichheit mit sich bringen (wenn die Armut reduziert werden soll) und im besonderen eine Obergrenze. Aber, so dachte man, das ist natürlich unmöglich, also muß unsere Denkweise oder deren Voraussetzungen fehlerhaft gewesen sein. Weisen wir also die Prämissen der Endlichkeit und der Entropie zurück und nehmen die Vision von einem unbegrenzten Wachstum wieder auf, die nicht das politisch Unmögliche von uns fordert. Daß sie stattdessen das physisch Unmögliche fordert, kann vernachlässigt werden, denn die Mehrheit der Wähler hat nie etwas von den Gesetzen der Thermodynamik gehört, und seit dem Anbruch des Weltraumzeitalters wissen wir alle, daß die Endlichkeit durch eine neue Grenzlinie, die „high frontier", ersetzt wurde (als „frontier" wurde in der amerikanischen Geschichte die Grenze zwischen weißer „Zivilisation" und „Wildem Westen" bezeichnet, Anm. d. Übers.). Es gibt keine Grenze dafür, wie viele Türme zu Babel wir bauen können, und das Wirtschaftswachstum bleibt das *summum bonum* (höchste Gut). Aber das ist ein Hirngespinst. In historischer Perspektive ist der stationäre Zustand die Norm; Wachstum ist eine Abweichung. Ich möchte sicher nicht behaupten, daß das Ideal einer nachhaltigen Wirtschaft Teil der göttlichen Offenbarung ist. Ich möchte nur feststellen, daß das Prinzip der begrenzten Ungleichheit biblische Autorität für sich beanspruchen kann. Wenn wir aber versuchen, dieses Prinzip in der modernen Welt umzusetzen (insbesondere wenn wir seinen Geltungsbereich auf zukünftige Generationen ausweiten), werden wir dem Konzept einer Wirtschaft im stationären Zustand zunehmend mehr Bedeutung beimessen als dem Konzept der bestehenden Wachstumswirtschaft. Es ist eine sinnvolle Methode, um die Reichen davon abzuhalten, daß sie zu schwer auf den Armen lasten, und um die heute lebende Generation davon abzuhalten, daß sie zu schwer auf den kommenden Generationen lastet. Das Konzept ist auch von Bedeutung, weil es die Menschheit davon abhalten kann, zu sehr auf anderen Geschöpfen zu lasten. Deren Lebensräume müssen verschwinden, je mehr wir unser endliches Ökosystem in Rohstoffquellen und Mülldeponien, in Lebensraum für Menschen und in Lagerhäuser für unsere Erzeugnisse umwandeln. Unser Amt als Verwalter erfordert es, daß wir vom Pfad eines nicht nachhaltigen Wachstums abrücken, an das wir uns gerade deshalb so klammern, weil wir die Beschränkung der Ungleichheit vermeiden möchten. Und es wird uns nicht gelingen, vom Wachstum zum stationären Zustand zu gelangen, ohne der Ungleichheit Grenzen zu setzen.

Anmerkungen

[1] C. J. H. Wright, *An Eye for an Eye: The Place of Old Testament Ethics Today* (Downers Grove, Ill.: InterVarsity Press, 1983), 112.

[2] A. B. Cramp, *Economics in Christian Perspective*, mimeo, IX/26.

[3] Robert B. Coote und Mary P. Coote, *Power, Politics, and the Making of the Bible: An Introduction* (Minneapolis, Minn.: Fortress, 1990).

KAPITEL 15

NACHHALTIGE ENTWICKLUNG: VON DER RELIGIÖSEN ERKENNTNIS ÜBER EIN ETHISCHES PRINZIP ZUR WIRTSCHAFTSPOLITIK

Von der religiösen oder spirituellen Erkenntnis bis zu einer konkreten Wirtschaftspolitik, die mit dieser Einsicht so weit als möglich übereinstimmt, ist es ein weiter Weg. Wir brauchen einen Zwischenschritt: die Formulierung ethischer Prinzipien – also allgemeiner Prinzipien für richtiges Handeln in dieser Welt. Erst dann können wir uns fragen, welche konkrete Form von Wirtschaftspolitik in unserem spezifischen historischen Kontext diesen ethischen Prinzipien am besten entspricht – und damit auch indirekt der religiösen Erkenntnis, aus der diese Prinzipien abgeleitet wurden.
Man kann natürlich bei jedem von diesen drei Schritten Fehler begehen. Unsere religiöse Erkenntnis könnte falsch sein, vielleicht zu gefühllos oder möglicherweise zu fanatisch. Die Übertragung der grundlegenden religiösen Erkenntnis auf das ethische Prinzip könnte historisch voreingenommen oder zu einseitig sein, obwohl die zugrundeliegende Erkenntnis richtig ist. Die Ableitung einer spezifischen Wirtschaftspolitik aus dem allgemeinen Prinzip richtigen Handelns in der Welt könnte Fehler aufweisen. Auch wenn unser ethisches Prinzip fehlerfrei ist, führt unser mangelndes Verständnis für die Zusammenhänge der Welt manchmal zu einer Politik, die das Gegenteil dessen bewirkt, das wir erreichen wollten.

DIE RELIGIÖSEN GRUNDLAGEN DER NACHHALTIGEN ENTWICKLUNG

Obwohl ich hauptsächlich von christlichen Traditionen ausgehen werde, wenn ich über religiöse Grundlagen spreche, glaube ich, daß die meisten anderen religiösen Traditionen ähnliche Erkenntnisse in Bezug auf die Schöpfung und unsere Sachwalterschaft bieten. (Dies steht beim Judentum und beim Islam zu erwarten, mit denen das Christentum seine frühen biblischen Wurzeln gemeinsam hat.) Der Buddhismus zum Beispiel lehrt Bescheidenheit und die Tugend, schonend von der Welt zu leben. Ich konzentriere mich auf das Christentum, weil ich Christ bin, und nicht, weil ich im Wunsch nach einer ausschließlichen Geltung des Christentums die Wahrheit der anderen Traditionen leugnen möchte. Ich finde es außergewöhnlich ermutigend, daß so viel Übereinstimmung zwischen den traditionellen Religionen in der Frage der Sachwalterschaft herrscht. Weniger ermutigend ist es, daß wir alle Reue nötig haben, weil wir diese Sachwalterschaft in der Praxis nicht ernst genommen haben.

Man lehrt uns, daß Gott die Welt und alles darin erschaffen hat. In der Erzählung des Buches Genesis sah Gott, daß die Schöpfung gut war, bevor er Adam und Eva erschafften hatte, und die Schöpfung wurde als *sehr* gut bezeichnet, nachdem die Menschen hinzugekommen waren. Der Mensch ist ein besonderes, aber nicht das einzige Wesen, das für den Schöpfer wertvoll ist. Die Welt und unser Leben in dieser Welt sind Geschenke Gottes, für die wir dankbar sein sollten. Unsere Dankbarkeit und unsere Danksagung bringen wir in der Anbetung zum Ausdruck, aber sie sollten sich auch in Rücksichtnahme zeigen. Wenn wir Gott lieben, werden wir auch Gottes Welt lieben. Wenn wir für das göttliche Geschenk des Lebens dankbar sind, werden wir die Fähigkeit von Gottes Welt, Leben zu erhalten, nicht verschwenden. Wenn wir Gottes Welt lieben, werden wir uns bemühen zu verstehen, wie sie funktioniert, damit wir sie nicht unwissend zerstören wie ein neugieriges Kind, das mit einer Heuschrecke spielt. Wir werden lernen, uns selbst zu „beherrschen", bevor wir uns anmaßen, die Schöpfung zu „beherrschen" – und die buddhistische Überlegung ernst nehmen: „Fälle erst den Wald deiner Gier, bevor du wirkliche Bäume fällst."

Nicht nur die Menschen sind wichtig, auch wenn wir am wichtigsten sind. Ein Mensch ist viele Spatzen wert. Aber damit diese Aussage Sinn hat, muß der Wert eines Spatzen mehr als null sein. Alle Lebewesen haben einen instrumentellen Wert für andere Lebewesen und einen intrinsischen Wert kraft eigener Empfindung und kraft ihrer Fähigkeit, ihr eigenes Leben zu genießen. Wir beurteilen gewöhnlich die nicht menschlichen Arten nach ihrem instrumentellen Wert für uns und vernachlässigen dabei sowohl ihren intrinsischen Wert als auch den instrumentellen Wert, den sie für andere nicht menschliche Arten haben. Wir sprechen uns selbst einen intrinsischen Wert zu, ebenso wie einen instrumentellen Wert, den wir für andere Menschen haben (und der oft eine Quelle von Konflikten ist). Wir erfassen aber nicht unseren instrumentellen Wert für andere Arten, der zu oft negativ ist, aber positiv sein könnte, wenn wir uns darum kümmern würden. Selbst eine erste Aufzählung der Typen von Werten in der Welt führt zu einer umweltschützerischen Einsicht.

Es gibt Ketzereibewegungen im Christentum, die dazu neigen, die Welt zu verachten (Manichäismus, Gnostizismus). Diese Welt zu verachten, ist wirklich Häresie für eine Religion, die lehrt, daß Gott nicht nur diese Welt erschaffen hat, sondern daß Gott auch Fleisch geworden *(incarnatus)* war und ist in dieser Welt. Wird die Kirche heute von solchen Häresien be-

herrscht? Erklärt das ihr Zögern, sich zu Fragen des Umweltschutzes zu äußern? Ich glaube nicht. Ich glaube eher, daß die Kirche die wirklich ernstliche Bedrohung nicht begriffen hat, der die Schöpfung ausgesetzt ist.
Es ist nicht nur für Christen schwer, diese Bedrohung zu erkennen, sondern auch für viele Menschen guten Willens, denn die Bedrohung geht vom (demographischen und wirtschaftlichen) Wachstum aus, und Wachstum ist schon seit langem als nutzbringend angesehen worden. Man dachte, daß Wachstum die Vorzüge eines Lebens im Überfluß allen zugänglich macht. Es versprach, Armut und Not zu lindern, ohne zu viel auf dem Weg des Teilens zu verlangen. Technologische Lösungen des Armutsproblems würden in Zukunft dort erfolgreich sein, wo in der Vergangenheit die moralischen Lösungen scheiterten. Dies war die Hoffnung der Aufklärung und des modernen wissenschaftlichen Establishments, einschließlich insbesondere der vor kurzem untergegangenen marxistischen Häresie. Das Christentum stimmte mit der weltlichen Kultur in der Hoffnung auf Veränderung überein und das war tröstlich – aus heutiger Sicht etwas zu tröstlich.
Das exponentielle Wachstum hat uns, wie ich bereits dargelegt habe, in überraschend kurzer Zeit von einer relativ leeren Welt in eine relativ volle Welt geführt – überfüllt mit Menschen und deren „Einrichtungsgegenständen". Das Wirtschaftswachstum füllte diese Welt mit uns und mit unseren Erzeugnissen an, aber es fehlt nun ziemlich an den Dingen, die vorher da waren – dem, was nun in uns und unsere Dinge assimiliert wurde, nämlich die natürlichen Lebenserhaltungssysteme, die wir seit neuestem natürliches Kapital nennen, weil wir – mit Verspätung – ihren Nutzen und ihre Knappheit erkannt haben. Eine weitere Ausdehnung der menschlichen „Nische" läßt jetzt häufig die Umweltkosten schneller steigen als die Erträge der Produktion und führt so in eine neue Ära antiökonomischen Wachstums, eines Wachstums, das uns eher arm macht als bereichert, denn sein Grenznutzen ist kleiner als seine Grenzkosten. Dieses antiökonomische Wachstum macht es schwieriger und nicht leichter, die Armut zu beseitigen und unsere Biosphäre zu schützen. Das Bruttosozialprodukt wächst weiter, während die Wohlfahrt der Menschen ständig sinkt. Aus Verwirrung oder vielleicht aus Idolatrie verwechseln wir nach wie vor das Symbol mit der Realität, die es darstellen sollte. Nachdem dieses Symbol zu einer grob verfälschten Darstellung der Realität geworden ist, hören wir dennoch nicht auf, ihm zu dienen.
Die religiöse Erkenntnis, die ich hier vertreten habe, nämlich daß diese Welt Gottes Welt ist und daß wir verantwortlich dafür sind, wie wir mit ihr umgehen, ist so elementar, daß es schwer fällt, mehr darüber zu sagen. Eine Klarstellung müssen wir hier dennoch vornehmen: Wenn ich hier von Schöpfung spreche, so akzeptiere ich damit nicht implizit die antievolu-

tionäre Doktrin, die die biblischen Texte wörtlich interpretiert und die als „wissenschaftliche Schöpfungslehre" („scientific creationism") bezeichnet wird. Gottes Schöpfung als kreativer evolutionärer Prozeß ist für mich ehrfurchtgebietender, als es die Schöpfung einer Welt von statischen Lebensformen wäre. Mit dieser Klarstellung möchte ich aber keinesfalls die einfallsreichen „So-war-es-und-nicht-anders"-Geschichten und zirkulären Spekulationen billigen, die von dogmatischen Darwinisten ausgekocht wurden. Diese entziehen sich den Fragen der Ethik und der Politik durch ihre mechanistische Verleugnung von Realität und Wirksamkeit eines Zweckes, wie bereits in der Einleitung zu diesem Buch erörtert wurde. Es lohnt sich, die Feststellung von A. N. Whitehead an dieser Stelle nochmals zu zitieren: „Wissenschaftler, deren Lebenszweck in dem Nachweis besteht, daß sie zwecklose Wesen sind, sind ein hochinteressanter Untersuchungsgegenstand."

Die Frage, wie Gott die Welt erschaffen hat, ist wichtig und eng verbunden mit der Frage nach der Funktionsweise dieser Welt. Wir sollten diese Frage ernst nehmen, wenn wir die Schöpfung nicht durch unser Unwissen beschädigen wollen. Aber diese Frage folgt später. Unsere vorrangige Aufgabe ist es, daß wir das göttliche Geschenk der lebendigen Welt und unsere Verpflichtung, für sie zu sorgen, annehmen. Diese Verpflichtung existiert unabhängig von der speziellen göttlichen Technologie und von dem Entwurf, nach dem Gott diese Welt geschaffen hat, sowie unabhängig vom Stand unseres heutigen Wissens darüber, wie sich Zufall und Ziel in der göttlichen Technologie gegenseitig beeinflussen. Eine Verpflichtung, sich um die erschaffene Welt zu kümmern, gäbe es natürlich nicht, wenn der Zufall alles erklären und der Zweck als reine Halluzination abgetan werden könnte. Wenn Intentionalität nicht kausal begründbar ist, dann müssen wir uns mit Ethik gar nicht erst befassen.

Eine weitere Erkenntnis ist jedoch sehr wichtig. Obwohl sie nicht notwendigerweise religiös ist, kann diese Erkenntnis dennoch leichter von Menschen akzeptiert werden, die sich als Geschöpfe und nicht als Schöpfer verstehen. Es handelt sich um die präanalytische Vision – in der Einleitung und in Teil I dieses Buches ausgeführt –, welche die Wirtschaft als offenes Teilsystem eines größeren, aber endlichen, nicht wachsenden und geschlossenen Ökosystems betrachtet. Die Wirtschaft ist völlig von diesem Ökosystem abhängig, da es ihm als Quelle für Rohstoffe mit niedriger Entropie und als Auffangbecken für Abfälle mit hoher Entropie dient. Gänzlich unreligiöse Menschen können diese Sichtweise einfach deshalb akzeptieren, weil sie mit der tatsächlichen Erfahrung im Einklang steht. Die andere präanalytische Vision, die dem Großteil der heutigen wirtschaftlichen Analysen zugrundeliegt, besagt, daß die Wirtschaft das Gesamtsystem sei und daß sie in ihrem Wachstum durch nichts eingeschränkt wird. Diese Vision gesteht zwar ein, daß die Natur endlich sein mag, sieht sie aber nur als einen Teilbereich der Wirtschaft, den man durch andere Teilbereiche ersetzen kann, ohne daß das Gesamtwachstum in einer entscheidenden Weise dadurch begrenzt würde. Diese Vision paßt zu der Vorstellung, daß die Menschen im Prinzip eher Schöpfer als Geschöpfe sind. Ich zögere, diese Visionen als religiöse Erkenntnisse zu bezeichnen. Aber präanalytische Visionen teilen mit den religiösen Erkenntnissen eine Eigenschaft, die sicherstellt, daß wir ihnen durch Analyse niemals entkommen können: Sie definieren die Bedingungen der Analyse und können uns darum nicht eine Perspektive vermitteln, von der aus wir ihre eigenen Standpunkte widerlegen könnten. Ihre Macht über uns rührt zum Teil daher, daß wir an sie glauben und uns ihnen verpflichtet fühlen. Die Vision von der Wirtschaft als einem Teilsystem ist nicht identisch mit der grundlegenden religiösen Erkenntnis, daß diese Welt Gottes Schöpfung ist und daß wir sowie alle unsere kleinen Schöpfungen ein Teil dieser größeren Schöpfung sind und durch diese begrenzt werden. Sie ist jedoch sicherlich eher mit dieser religiösen Erkenntnis in Einklang zu bringen als die Vision von der menschlichen Wirtschaft als einem Gesamtsystem mit der Natur als einem Teilbereich, dessen Leistungen man durch die anderen Teilbereiche substituieren kann. Die analytischen Konsequenzen dieser beiden präanalytischen Visionen sind, wie ich bereits dargelegt habe, sehr unterschiedlich: die Vision von der Wirtschaft als Teilsystem führt uns zur Suche nach dem optimalen Ausmaß der menschlichen Nische; wenn dieses erreicht ist, sollte das Wachstum aufhören. Die Vision von der Wirtschaft als Gesamtsystem führt zu unendlichem Wachstum als Norm.

DAS ETHISCHE PRINZIP DER NACHHALTIGEN ENTWICKLUNG

Wenn wir die religiöse Erkenntnis akzeptieren, daß die Welt Gottes Schöpfung ist, und wenn wir wahrnehmen können, daß auch wir Geschöpfe Gottes sind mit kreatürlichen Begrenzungen unserer eigenen Schöpferkraft, welche Schlüsse sollten wir daraus für unser richtiges Verhalten in dieser Welt ziehen? Sollten wir so viel von der Materie/Energie dieser Welt als möglich für uns und unsere Erzeugnisse umwandeln? Sollte dies das „zentrale Organisationsprinzip" der Gesellschaft sein, um Vizepräsident Al Gores Ausdruck zu benützen? Tatsächlich war Wachstum unser zentrales Organisationsprinzip und ist es immer noch. Das ist genau unser Problem. Wir brauchen ein neues zentrales Organisationsprinzip – eine elementare Ethik, die unser Handeln auf eine Weise steuert, die besser mit den religiösen Erkenntnissen und den wissenschaftlich nachweisbaren Grenzen der natürlichen Welt übereinstimmt. Diese Ethik wird angedeutet durch Begriffe wie „Nachhaltigkeit", „Suffizienz", „Gerechtigkeit", „Effizienz". Wachstum ist nicht länger nachhaltig. Es war nie gerecht, weil einige mit weit mehr, als für ein Auskommen nötig ist, leben, während andere mit weit weniger auskommen müssen. Und ein System, das Ressourcen in einem Ausmaß verbraucht, durch das die lebenserhaltenden Systeme der Natur zerstört werden, ohne die fundamentalen Bedürfnisse von allen zu befriedigen, kann man nicht im entferntesten als effizient bezeichnen.

Um jenes Bündel von Werten, die durch die Worte „Nachhaltigkeit", „Suffizienz", „Gerechtigkeit", „Effizienz" ausgedrückt werden, in einen Satz zusammenzufassen, schlage ich folgendes vor: *Wir sollten uns um ein ausreichendes Vermögen pro Kopf bemühen – das effizient aufrechterhalten und zugeteilt sowie gerecht verteilt wird – für die größtmögliche Anzahl von Menschen, die unter diesen Umständen über die Zeit hinweg erhalten werden können.*

Dazu braucht es einige Erläuterungen. Man beachte, daß das Ziel ein *ausreichendes* – nicht das maximale – Vermögen pro Kopf ist. Ausreichend wofür? Für ein gutes Leben. Ich werde nicht versuchen, „ein gutes Leben" zu definieren, aber ich möchte anmerken, daß nicht nur von Menschen produziertes Vermögen, sondern auch erhaltenes natürliches Kapital für ein gutes Leben notwendig ist. Was wir maximieren, ist die Gesamtzahl von Leben, die im Zeitverlauf in „Suffizienz" gelebt werden können. Dieses Ziel unterscheidet sich ganz deutlich von einer Maximierung der Gesamtzahl der gleichzeitig lebenden Bevölkerung. Zu viele Menschen, die gleichzeitig leben, überlasten und zerstören die Tragfähigkeit der Erde; dies führt zu weniger Leben, oder zu Leben, die unterhalb der Grenze der Suffizienz geführt werden und infolgedessen zu einer kleineren Gesamtzahl von Leben, die Suffizienz erreichen. Ein zu hoher Pro-Kopf-Verbrauch führt zu jedem Zeitpunkt zum selben Resultat. Der Wert sowohl von technischer als auch von allokativer Effizienz bestätigt sich, weil sie einer größeren Anzahl von Menschen ermöglicht, über die Zeit hinweg unter der Bedingung von Suffizienz zu leben. Ein „effizient erhaltenes" Vermögen bedeutet, daß ein Vermögen, das abgeschrieben wird, durch eine neue Produktion ersetzt wird, die einen größeren (maximalen) Nutzen oder Befriedigung pro Einheit des eingesetzten Rohstoffes ermöglicht. Eine gerechte Verteilung bedeutet, daß alle Suffizienz finden und daß das Ausmaß von Ungleichheit, das über die Suffizienz hinausgeht, beschränkt ist. Sie bedeutet nicht, daß alle das gleiche Vermögen haben. Ein bestimmtes Maß von Ungleichheit in der Vermögensverteilung ist notwendig, um Gerechtigkeit, Effizienz und Gemeinschaft aufrechtzuerhalten. Aber, wie schon im vorigen Kapitel besprochen, die heutige Spanne an Ungleichheit ist sehr viel größer, als es mit Gemeinschaft vereinbar ist oder für ökonomische Anreize notwendig wäre. Die Idee der Nachhaltigkeit wird selbstverständlich durch das Beharren auf der Maximierung aller gesamten Leben *über die Zeit* hinweg erfaßt.

Da das Nützlichkeitsprinzip das elementarste ethische Prinzip ist, das der Wirtschaftswissenschaft zugrunde liegt, ist es hilfreich, die vorhin getroffene Feststellung mit der utilitaristischen Richtlinie von Jeremy Bentham zu vergleichen: „das größte Glück für die größte Anzahl" („the greatest good for the greatest number"). Benthams Regel besitzt den Vorteil der Kürze, enthält aber leider eine undurchführbare doppelte Maximierung. Man kann nicht zwei „größte Werte" haben, denn es ist möglich, entweder mehr Menschen mit weniger Glück pro Kopf zu haben oder mehr Glück pro Kopf für weniger Menschen. Im Sinne der Logik sollte die Regel heißen: „das größte Glück für eine ausreichende Anzahl" oder „ausreichend Glück für die größte Anzahl" verlangen. Wir vertreten hier das zweite Prinzip, und wir definieren „Anzahl" als die Gesamtanzahl über die Zeit hinweg.

Der Grund für diese Entscheidung liegt darin, daß wir keine Vorstellung davon haben, was eine ausreichende Anzahl von Menschen über die Zeit hinweg sein sollte – denn das zu wissen, würde bedeuten, daß wir über das Ende der Welt entscheiden. Die Standardökonomie ist jedoch mit ihrer Praxis eines Diskontierens der Zukunft implizit bereit festzustellen, daß ab einem bestimmten Zeitpunkt der Wert der Zukunft gleich null ist und sie daher genausogut auch enden könnte. Diese Weltsicht zurückzuweisen, ist Teil der Stoßrichtung des Konzeptes der Nachhaltigkeit. Obwohl uns sowohl Christentum als auch Thermodynamik lehren, daß die Welt nicht ewig dauert, bejahen wir trotzdem die Aussage, daß Leben und Langlebigkeit Geschenke Gottes sind und nicht verschwendet werden sollten. Außerdem haben wir eine Vorstellung davon, wie viel für ein gutes Leben ausreichend ist, obwohl es dazu unterschiedliche Meinungen geben wird. Diesbezüglich bedarf es einiger Überlegungen und Klarstellungen, aber es ist ganz offensichtlich, daß im einen Extremfall das Leben durch Armut an seiner Entfaltung gehindert wird, es im anderen Extrem durch Übersättigung und Exzeß nicht nur nicht mehr verbessert, sondern sogar geschädigt werden kann. Es ist nicht zu viel verlangt, ein vernünftiges Maß für die Grenzen der Ungleichheit zu finden – ungeachtet des Chors der „Ökonosophisten" (spitzfindigen Wirtschaftswissenschaftler), die fragen werden: „Was bildest *du* dir ein, daß du deinen persönlichen Geschmack allen anderen aufzwingen möchtest?" Usw., usw. *ad nauseam* (bis zum Erbrechen). Könnte das vorhin bejahte Bündel von Werten logisch auf „persönlichen Geschmack" reduziert werden und wäre anhaltendes Wachstum biophysisch möglich, dann wäre dieser verbreitete Einwand gerechtfertigt. Daß beide Voraussetzungen dieses Einwandes eindeutig nicht gegeben sind, weist auf das niedrige Argumentationsniveau in jenem Bereich hin, der heute als ernsthafter wirtschaftswissenschaftlicher Diskurs gilt.

Das Produkt aus Bevölkerungszahl und Ressourcenverbrauch pro Kopf zu jedem beliebigem Zeitpunkt ergibt das *Ausmaß* der menschlichen Anwesenheit in der Biosphäre – die Durchlaufrate der gesamten Ressourcen. Genau dieses Gesamtausmaß wird durch die Regenerations- und Aufnahmefähigkeit des Ökosystems beschränkt und kann nachhaltig oder nicht nachhaltig sein. Bei einem gegebenen nachhaltigen Ausmaß der Durchlaufmenge können wir wählen: Entweder können viele Menschen eine geringe Menge an Ressourcen pro Kopf verbrauchen oder weniger Menschen verbrauchen entsprechend mehr Ressourcen pro Kopf. Dies ist die Wahl des „ausreichend Guten", in dessen Sinne dann die Gesamtzahl von Leben maximiert würde.[1]

Wenn etwas wie die oben beschriebene Ethik akzeptiert wird, so müssen wir eine entsprechende Wirtschaftspolitik finden, um sie in die Praxis umzusetzen. Ohne eine solche Ethik werden wir von Sophisten irregeführt, die behaupten, daß wir keine Verpflichtung gegenüber der Zukunft haben. Die in Zukunft lebenden Menschen existieren noch nicht, Menschen, die nicht existieren, können keine Rechte haben, und ohne Rechte gibt es keine Verpflichtungen. Also haben wir keine Verpflichtungen gegenüber in der Zukunft lebenden Menschen. Manchmal fügen sie noch hinzu: Sogar wenn wir welche hätten, würden wir der Zukunft den besten Dienst erweisen, wenn wir das jetzige Vermögen maximieren. Die unsichtbare Hand verwandelt nicht nur persönliche Habgier in gesellschaftliche Wohltätigkeit, sondern transformiert auch die Selbstsucht einer Generation in Großzügigkeit zwischen den Generationen. Man glaubt, daß das Vermächtnis des von Menschen produzierten Kapitals an die Zukunft die Abschreibung und den Verbrauch des natürlichen Kapitals mehr als aufwiegt.

Aber der Wert eines Sägewerks ohne Wälder ist gleich null; der Wert eines Fischerbootes ohne Fische ist null; der Wert einer Raffinerie ohne verbleibende Ölvorkommen ist null; der Wert eines Dammes ohne Flüsse und ohne Einzugsbereich mit ausreichenden Waldflächen, um die Erosion und die Verschlammung des aufgestauten Sees zu vermeiden, ist null. Das leere Gerede von der unsichtbaren Hand zwischen den Generationen, von der beinahe vollständigen Nachhaltigkeit oder von der Substitution von natürlichem Kapital durch das von Menschen produzierte ist nur der übliche, wirre Versuch, eine moralische Frage auf technologischer Ebene nicht zu beantworten.

Ich glaube, daß Gott, der Schöpfer, existiert: heute, in der Vergangenheit und in der Zukunft, und daß er der Grund ist für unsere Verpflichtung gegenüber der Schöpfung. Diese Verpflichtung beinhaltet unsere Verantwortung gegenüber den anderen Geschöpfen und besonders gegenüber leidenden Mitgliedern unserer eigenen Spezies. Daß wir fähig und geneigt sind, die Gegenwart auf Kosten der Zukunft und auf Kosten anderer Arten reich zu machen, ist genauso wirklich und sündhaft wie unsere Neigung, die Reichen sich weiter bereichern zu lassen auf Kosten der Armen. Es ist zweifellos Sünde, das Geschenk der Schöpfung in einem geschädigten Zustand zurückzugeben, der weniger Leben weniger reichlich und für eine kürzere Zeit erhalten kann. Wenn es Sünde ist, zu töten und zu stehlen, dann ist es gewiß auch eine Sünde, die Tragfähigkeit der Erde zu zerstören – die Fähigkeit der Erde, das Leben in der Gegenwart und in der Zukunft zu erhalten. Manchmal geraten wir in eine ausweglose Situation, in der Sünden unvermeidlich sind. Manchmal mögen wir zukünftiges Leben opfern müssen, um gegenwärtiges zu retten. Aber zukünftiges Leben zu opfern, um den gegenwärtigen Luxus und die Extravaganz zu schützen, das ist etwas ganz anderes!

Sicher teilen viele mit mir ein Pflichtbewußtsein gegenüber der Schöpfung, wie ich es im vorigen Absatz bekraftigt habe. Sie werden aber davor zurückschrecken, es durch einen Theismus irgendeiner Prägung zu begründen. Man hat jedoch das Recht, zu erwarten, daß diese Menschen bemüht sein werden, ihr Pflichtbewußtsein auf etwas Grundsätzlicheres als auf ihre eigenen subjektiven, persönlichen Präferenzen zu gründen – auch (und besonders) dann, wenn diese Präferenzen aus einem Prozeß der zufälligen genetischen Mutationen und der natürlichen Selektion mechanisch abgeleitet werden. Insbesondere hat man das Recht, so viel Urteilskraft und Klarheit von ihnen zu erwarten, daß sie ein verkümmertes Pflichtbewußtsein, das ein Erbe aus den Zeiten eines theistischen Glaubens ist, nicht mit einem neuen Pflichtbewußtsein verwechseln, das sich aus der modernen Kosmologie des wissenschaftlichen Materialismus ableitet.

WIRTSCHAFTSPOLITISCHE MASSNAHMEN FÜR EINE NACHHALTIGE ENTWICKLUNG

Eine Wirtschaftspolitik für nachhaltige Entwicklung soll die Lösungen der wirtschaftlichen Probleme nicht länger im Rahmen des modernen zentralen Organisationsprinzips Wachstum suchen, sondern im Rahmen der traditionellen Prinzipien der Nachhaltigkeit, der Suffizienz, der Gerechtigkeit und der Effizienz.

Der erste Schritt dieser Änderung in der Wirtschaftspolitik ist, wie bereits im zweiten Kapitel ausgeführt, die Erkenntnis, daß wir es mit drei wirtschaftlichen Problemen zu tun haben: Allokation, Verteilung und Ausmaß. Diese drei wirtschaftlichen Probleme verkörpern drei unterschiedliche Ziele, und die Lösung des einen löst nicht automatisch die anderen. Derzeit versuchen wir, drei Fliegen mit zwei Klappen zu schlagen. Das erste Ziel ist, das Problem der Allokation zu lösen: die Zuteilung der Ressourcen zu ihren verschiedenen Verwendungszwecken für Güter – das heißt: Wie viele Ressourcen teilt man für Autos zu, wie viele für Fahrräder, Schuhe und Bohnen? Eine optimale Zuteilung ist effizient, wenn sie den Menschen das gibt, was sie brauchen und was sie auch bezahlen können. Das Instrument, mit dem Effizienz erzielt wird, sind die relativen Preise, die die Grenzopportunitätskosten messen. Das zweite Ziel ist die Verteilung, die Aufteilung der Ressourcen, verkörpert in den Endprodukten, auf verschiedene Menschen – das heißt: Wieviele Fahrräder oder Bohnen werden dir, mir oder anderen Menschen zugeteilt? Eine optimale Verteilung bewegt sich innerhalb der Grenzen von Gerechtigkeit und Suffizienz. Die wirtschaftspolitischen Instrumente dafür sind Transferzahlungen und Grenzen der Ungleichheit. Die ökonomische Theorie hat diese zwei Probleme schon vor langer Zeit wahrgenommen, wenn auch dem Problem der Effizienz mehr Aufmerksamkeit geschenkt wurde als dem Problem der Gerechtigkeit. Das Problem des Ausmaßes wurde von der Wirtschaftstheorie und Wirtschaftspolitik traditionell nicht wahrgenommen – es ist das neuerdings wahrgenommene dritte Ziel, für das es kein wirtschaftspolitisches Instrument gibt.

Heutzutage kann aber das Problem des optimalen Ausmaßes nicht mehr umgangen werden. Es blieb in der Vergangenheit unbeachtet, denn solange das Ausmaß gering war, konnte das Wirtschaftswachstum ein zentrales Organisationsprinzip der Gesellschaft sein. Wachstum wurde an erste Stelle gerückt, weil man vermutete, daß es das Problem der Armut in einer Kaskade von Überfluß, gewährt durch die wunderbare Gnade der Zinseszinsen, wegwaschen würde. Es entstände keine Notwendigkeit für Umverteilung; tatsächlich würde eine verfrühte Umverteilung die Wachstumsmaschine nur verlangsamen. Das Wachstum würde auch die Ineffizienz wegwaschen, selbst ohne jene politische Disziplin zu üben, die die vollen sozialen Kosten und die Umweltkosten sich in den relativen Preisen widerspiegeln läßt. Aber auch das Ausmaß hat seine Grenzen. Es hat eine Höchstgrenze und weit vor der Höchstgrenze erreicht es sein Optimum – den Punkt, ab dem jedes weitere Wachstum mehr Kosten verursacht als Nutzen bringt. Täglich wird es offensichtlicher, daß wir dieses optimale Ausmaß schon überschritten haben.

Daß ein solches optimales Ausmaß existiert, folgt unmittelbar aus der präanalytischen Vision von der Wirtschaft als offenes Teilsystem eines größeren, aber endlichen und nicht wachsenden Ökosystems. Da die Wirtschaft sich physisch ausdehnt, eignet sie sich einen immer größeren Teil des gesamten Lebensraumes und der gesamten Materie/Energie des Ökosystems an. Darum bleibt immer weniger für die anderen Arten, die jene Leistungen erbringen, von denen wir abhängen – wie zum Beispiel die Photosynthese, um nur die wichtigste zu nennen. Lange bevor die Grenzen des wachsenden Teilsystems mit dem Gesamtsystem zusammenfallen, werden wir lebenserhaltende Leistungen geopfert haben, die viel wertvoller sind als die zusätzlichen Leistungen an Gütern, die wir im Austausch dafür erhalten haben.

Die Erde selbst entwickelt sich, ohne zu wachsen. Daraus folgt, daß ein Teilsystem der Erde letzten Endes denselben Verhaltensmodus einer Entwicklung ohne Wachstum (auch „nachhaltige Entwicklung") übernehmen muß. Dies kann bei jedem Ausmaß des Teilsystems geschehen, das innerhalb der Grenze für die Tragfähigkeit der Erde liegt. Das optimale Ausmaß, das sich aus unserer zugrundeliegenden Ethik ableitet, würde alle Leben, die über die Zeit hinweg je gelebt werden, bis zu einem Niveau des Ressourcenverbrauchs pro Kopf maximieren, der für ein gutes Leben ausreicht. Was wir heute mit Sicherheit wissen, ist nur, daß das optimale Ausmaß nachhaltig sein muß, daß das wirtschaftliche Teilsystem das Ökosystem nicht so sehr überladen darf, daß die Möglichkeiten zukünftigen Lebens reduziert werden. Im Moment ist es eine ausreichend große Herausforderung, sich um ein nachhaltiges Ausmaß zu bemühen. Später können wir darüber nachdenken, welches nachhaltige Ausmaß optimal ist.

Der Begriff eines optimalen Ausmaßes im vorigen Absatz ist rein anthropozentrisch in dem Sinne, daß die menschliche Nische nur durch die Notwendigkeit beschränkt wird, andere Lebensformen aufgrund ihres instrumentellen Wertes für uns zu erhalten – das heißt: wegen ihrer ökologischen lebenserhaltenden Leistungen. Der intrinsische Wert anderer Arten wird dabei nicht wahrgenommen. Wenn wir den intrinsischen Wert anderer Lebewesen erkennen – wie ihn die Heilige Schrift anerkennt und wie wir es meines Erachtens auch tun sollten –, werden wir einen zusätzlichen Grund haben, für sie Lebensräume oder Habitate zu bewahren. Dies würde bedeuten, daß das optimale Ausmaß der menschlichen Nische noch kleiner wäre, als wenn wir nur den instrumentellen Wert der anderen Geschöpfe zählen.[2]

Auf der Ebene der spezifischen Wirtschaftstheorie scheint mir das Konzept der handelbaren Lizenzen, das in Kapitel 2 erläutert wurde, das Musterbeispiel für eine Politik zur Lösung der Probleme von Allokation, Verteilung und Ausmaß zu sein. Der große Vorteil von handelbaren Lizenzen liegt darin, daß sie uns dazu zwingen, drei unabhängige Ziele der Politik zu unterscheiden und zu erkennen, daß sie drei unabhängige Instrumente der Politik erfordern. Außerdem machen sie erforderlich, daß die ersten beiden Ziele

(Ausmaß und Verteilung) erst in sozialen Übereinkommen festgelegt sein müssen, bevor das dritte Ziel (Allokation) durch den Wettbewerb am Markt auf individueller Ebene gelöst werden kann.

ZUSAMMENFASSUNG UND SCHLUSSBEMERKUNG

Wir sind Geschöpfe, mit Schöpferkraft ausgestattet, aber auch Beschränkungen unterworfen, und wir haben die Verpflichtung gegenüber unserem Schöpfer, daß wir für die Schöpfung sorgen und ihre Fähigkeit, Leben und Wohlstand zu erhalten, unversehrt bewahren. Das bedeutet im besonderen, so zu handeln, daß die Gesamtzahl der Leben, die jemals über die Zeit hinweg auf dem Niveau der Suffizienz gelebt werden können, maximiert wird. Das wiederum heißt: Die Tragfähigkeit der Erde darf nicht zerstört werden. Infolgedessen soll Nachhaltigkeit, nicht Wachstum, zur bestimmenden Ethik einer schöpfungsorientierten Wirtschaft werden. Im Rahmen dieser Vision werden die mit der Nachhaltigkeit verbundenen Werte der Suffizienz, der Gerechtigkeit und Effizienz zu zentralen Organisationsprinzipien der Wirtschaft. Wachstum der Bevölkerungszahl oder im Ressourcenverbrauch pro Person würde – je nach seinen positiven oder negativen Auswirkungen auf Nachhaltigkeit, Suffizienz, Gerechtigkeit und Effizienz stimuliert oder gebremst. Das beste wirtschaftspolitische Instrument dafür ist, wie ich in Kapitel 2 und an anderen Stellen dargelegt habe, das Schema der handelbaren Lizenzen, das eine klare Trennung von Ausmaß, Verteilung und Allokation erfordert.

Die technischen und wirtschaftlichen Probleme, die beim Bemühen um das Erreichen von Nachhaltigkeit entstehen, sind nicht allzu schwierig. Das zentrale Problem besteht darin, unsere Sucht nach dem Wachstum als der bevorzugten Methode zur Durchsetzung unserer schöpferischen Macht zu überwinden wie auch den Götzenglauben – ob wir nun in religiösen Begriffen denken oder nicht –, daß die uns gegebene schöpferische Macht autonom und unbegrenzt sei. Ein solcher Götzenglaube kann nicht akzeptieren, daß die Abschaffung der Armut die Anerkennung von *Grenzen* erforderlich macht – *Grenzen* des Wachstums im Ressourcenverbrauch pro Kopf, *Grenzen* des Bevölkerungswachstums, *Grenzen* für das Wachstum der Ungleichheit. Unsere Weigerung, diese geschöpflichen Grenzen anzuerkennen, führt zu einem Wachstum über die Tragfähigkeit der Erde hinaus und zu der daraus folgenden Zerstörung. In weiterer Folge verringert sich dadurch die Gesamtanzahl der Leben, die jemals unter der Bedingung der Suffizienz gelebt werden können; darüber hinaus führt unsere Weigerung zum vorzeitigen Tod vieler Menschen, die bereits heute unter dem Suffizienzniveau leben müssen.

Wir müssen uns dem Versagen der Wachstumsidolatrie stellen. Wir müssen aufhören, der wachsenden Wirtschaft zuzurufen: „Erlöse mich, denn du bist mein Gott!“ Stattdessen müssen wir den Mut aufbringen, mit Jesajas Worten zu fragen: „Habe ich nicht eine Lüge in meiner rechten Hand?“

Anmerkungen

[1] Der Begriff „maximieren“ sollte nicht so verstanden werden, als böte er eine präzise mathematische Lösung des ethischen Problems. Es ist eine bequeme Möglichkeit, Effizienz in das Problem der Bedienung mehr als eines Wertes hineinzubringen. Drei Werte spielen hier eine Rolle: Suffizienz, Nachhaltigkeit und Gerechtigkeit. Die Effizienz, die im Text als vierter Wert behandelt wird, ist in Wirklichkeit ein abgeleiteter Wert. Denn ihr Wert hängt davon ab, wie weit sie jedem der drei Grundziele einen höheren Grad an Realisierung ermöglichen kann – unter der Voraussetzung eines bestimmten gegebenen Grades an Realisierung für die beiden anderen Ziele.

[2] Die laufende Diskussion über Biodiversität würde meiner Ansicht nach fruchtbarer sein, wenn sie in bezug auf die Tatsache geführt würde, daß der gesamte Lebensraum in wachsendem Ausmaß durch eine Art vereinnahmt wird, und nicht erst bei der Frage einsetzte, wie viele verschiedene Arten in dem ständig kleiner werdenden Lebensraum überleben können, der ihnen bleibt, wenn die menschliche Nische ständig expandiert. Fortschreitende menschliche Expansion bedeutet, daß andere Arten verschwinden oder wegen ihres instrumentellen Wertes domestiziert werden wie z. B. Rinder (oder Tiere im Zoo).

VERZEICHNIS DER IM TEXT ZITIERTEN LITERATUR

Abramowitz, M. 1979. „Economic Growth and Its Discontents." In: *Economics and Human Welfare*, hg. von M. Boskin. New York: Academic Press.

Ahmad, Yusuf J., Salah El Serafy und Ernst Lutz (Hg.). 1989. *Environmental Accounting for Sustainable Development.* Washington, D. C.: The World Bank and United Nations Environment Programme.

Barnett, Harold und Chandler Morse. 1963. *Scarcity and Growth.* Baltimore: Johns Hopkins University Press.

Birch, C. und John Cobb. 1981. *The Liberation of Life.* Cambridge: Cambridge University Press.

Boulding, Kenneth. 1945. „The Consumption Concept in Economic Theory." *American Economic Review,* Mai 1945, 2.

Boulding, Kenneth. 1949. „Income or Welfare?" *Review of Economic Studies* 17, 79.

Boulding, Kenneth. 1964. *The Meaning of the Twentieth Century.* New York: Harper and Row.

Brown, Harrison. 1970. „Human Materials Production as a Process in the Biosphere." *Scientific American,* September 1970, 194–208.

Brown, Lester, et al. 1971. *State of the World.* New York: Norton.

CEPAR, ININMS, DHS. 1988. *Encuesta Demográfica y de Salud Familiar, 1987.* Ecuador: Quito.

Clark, C. W. 1976. *Mathematical Bioeconomics.* New York: Wiley.

Cleveland, C. J., et. al. 1984. „Energy and the U.S. Economy: A Biophysical Perspective." *Science* 225.

Cobb, Clifford W. und John B. Cobb, Jr. 1994. *The Green National Product: A Proposed Index of Sustainable Economic Welfare.* Lanham, Md.: University Press of America and The Human Economy Center.

Cook, E. 1982. „The Consumer as Creator: A Criticism of Faith in Limitless Ingenuity." *Energy Exploration and Exploitation* 1, Nr. 3, 194.

Costanza, R. und Herman E. Daly. 1992. „Natural Capital and Sustainable Development." *Conservation Biology* 6 (März), 37–46.

Culbertson, John M. 1971. *Economic Development: An Ecological Approach.* New York: Knopf.

Daly, Herman E. 1980. „The Economic Thought of Frederick Soddy." *History of Political Economy* 12, Nr. 4.

Daly, Herman E. 1985. „The Circular Flow of Exchange Value and the Linear Throughput of Matter-Energy: A Case of Misplaced Concreteness.“ *Review of Social Economy* 43, Nr. 3, 279–97.

Daly, Herman E. 1991. *Steady-State Economics.* 2. Auflage. Washington, D. C.: Island Press.

Daly, Herman E. und John B. Cobb, Jr. 1994. *For the Common Good.* 2. Auflage, Boston: Beacon Press.

Ehrlich, P. und A. Ehrlich. 1981. *Extinction.* New York: Random House.

El Serafy, Salah. 1989. „The Proper Calculation of Income Depletable Natural Resources.“ In: *Environmental Accounting for Sustainable Development,* hg. von Yusuf. J. Ahmad, Salah El Serafy und Ernst Lutz. Washington, D. C.: World Bank.

Fearnside, P. M. 1986. *Human Carrying Capacity and the Brazilian Rainforest.* New York: Columbia University Press.

Fisher, I. 1935. *100% Money.* New York.

Fleck, A. 1957. „Frederick Soddy.“ *Biographical Memoirs of Fellows of the Royal Society* 3, 203–16

Foy, George. 1989. „Public Wealth and Private Riches: Past and Present.“ *The Journal of Interdisciplinary Economics* 3, 3–10.

Georgescu-Roegen, Nicholas. 1971. *The Entropy Law and the Economic Process.* Cambridge, Mass.: Harvard University Press.

Georgescu-Roegen, Nicholas. 1979. „Comments on the Papers by Daly and Stiglitz.“ In: *Scarcity and Growth Reconsidered,* hg. von V. Kerry Smith. Baltimore: RfF and Johns Hopkins University Press.

Gever, J., et al. 1986. *Beyond Oil.* Cambridge, Mass.: Ballinger.

Global 2000 Report to the President. 1980. Washington, D. C.: U.S. Government Printing Office.

Gore, Al. 1992. *Earth in the Balance.* Boston: Houghton Mifflin.

Hartwick, J. und A. Hageman. 1993. „Economic Depreciation of Mineral Stocks and the Contribution of El Serafy.“ In: *Toward Improved Accounting for the Environment,* hg. von Ernst Lutz. Washington, D. C.: World Bank.

Hawken, P. 1983. *The Next Economy.* New York: Ballantine.

Hicks, J. R. 1946. *Value and Capital.* 2. Auflage. Oxford: Oxford University Press.

Hirsh, F. 1976. *Social Limits to Growth.* Cambridge, Mass.: Harvard University Press.

Hueting, Roefie. 1980. *New Scarcity and Economic Growth.* Amsterdam: North Holland Publishing Co.

Ise, J. 1925. „The Theory of Value as Applied to Natural Resources." *American Economic Review* 15 (Juni), 284–91.

Jackson, Tim und Nick Marks. 1994. *Measuring Sustainable Economic Welfare – A Pilot Index: 1950–1990.* Stockholm: Stockholm Environmental Institute. Veröffentlicht gemeinsam mit der „New Economics Foundation", London.

Keynes, J. M. 1930. „The Economic Possibilities for Our Grandchildren." In: *Essays in Persuasion.* New York: Norton.

Keynes, J. M. 1936. *The General Theory of Employment, Interest, and Money.* New York: Harcourt Brace.

Knight, F. H. 1927. „Review of ‚Wealth, Virtual Wealth, and Debt'." *Saturday Review of Literature,* 732.

Landázuri, H. und C. Jijón. 1988. *El Medio ambiente en Ecuador.* Quito: ILDIS.

Lauderdale, J. M. 1819. *An Inquiry into the Nature and Origin of Public Wealth and into the Means and Causes of Its Increase.* 2. Auflage. Edinburgh: Archibald Constable.

Ledec, G., R. Goodland, J. Kirchner und J. Drake. 1985. „Carrying Capacity, Population Growth, and Sustainable Development." In: *Rapid Population Growth and Human Carrying Capacity,* hg. von D. Mahar. Washington, D. C.: World Bank.

Leipert, Christian. 1986. „Social Costs of Economic Growth." *Journal of Economic Issues* 20, Nr. 1, 109–31.

Leontief, Wassily W. 1977. *The Future of the World Economy.* New York: Oxford University Press.

Marshall, Alfred. 1961. *Principles of Economics.* 9. Auflage. New York: Macmillan.

McCracken, Paul W. 1975. *Wall Street Journal,* 17. September 1975, 16.

Meadows, D. H., et al. 1972. *The Limits to Growth.* New York: Potomac Associates.

Millikan, R. A. 1930. „Alleged Sins of Science." *Scribner's Magazine* 872, 119–30.

Nordhaus, William. 1991. *Science,* 14. September 1991, 1206.

Odum, E. P. 1969. „The Strategy of Ecosystem Development." *Science,* April 1969, 262–70.

Pearce, D. W., A. Markandya und E. B. Barbier. 1989. *Blueprint for a Green Economy.* London: Earthscan.

Perrings, Charles. 1987. *Economy and Environment: A Theoretical Essay on the Interdependence of Economic and Environmental Systems.* Cambridge: Cambridge University Press.

Pesek, B. P. und T. R. Saving. 1967. *Money, Wealth, and Economic Theory.* New York.

Pigou, A. C. 1970. *The Economics of Welfare.* London: Macmillan.

PNUD/FAO/SFN. 1979. „Capacidad de Uso de los Suelos, Uso Actual y Tendencias, y el Desarrollo del Sector Forestal." Documento de Trabajo Nr. 30, 13, 20.

Reich, R. B. 1983. *The Next American Frontier.* New York: Penguin.

Repetto, Robert. 1987. *Natural Resource Accounting for Indonesia.* Washington, D. C.: World Resources Institute.

Russell, A. S. 1956. „F. Soddy, Interpreter of Atomic Structure." *Science,* 1069f.

Schumpeter, Joseph. 1965. *Geschichte der ökonomischen Analyse.* Göttingen: Vandenhoeck & Ruprecht.

Silverman, A. G. 1927. „Review of ‚Wealth, Virtual Wealth, and Debt'." *American Economic Review,* 275–78.

Simon, J. 1981. *The Ultimate Resource.* Princeton, N. J.: Princeton University Press.

Simons, H. 1948. *Economic Policy for a Free Society.* Chicago.

Sinsheimer, Robert L. 1978. „The Presumptions of Science." *Daedalus,* 23–35.

Soddy, Frederick. 1920. *Science and Life.* London.

Soddy, Frederick. 1922. *Cartesian Economics: The Bearing of Physical Science upon State Stewardship.* London: Hendersons.

Soddy, Frederick. 1924. *The Inversion of Science.* London.

Soddy, Frederick. 1926. *Wealth, Virtual Wealth, and Debt.* London. Neuauflage von Omni Publications, Hawthorne, CA, 1961.

Soddy, Frederick. 1933. *Money Versus Man.* New York.

Soddy, Frederick. 1934. *The Role of Money.* London.

Soddy, Frederick. 1943. *The Arch Enemy of Economic Freedom* (Pamphlet). Oxford.

Soddy, Frederick. 1949. *The Story of Atomic Energy.* London.

Tanzi, V. (Hg.). 1983. *The Underground Economy in the United States and Abroad.* Lexington, Ky.: Heath.

Thurow, Lester. 1980. *The Zero-Sum Society.* New York: Penguin.

Tinbergen, Jan. 1952. *On the Theory of Economic Policy.* Amsterdam: North Holland Publishing Co.

Tobin, J. 1965. „Money and Economic Growth." *Econometrica,* Oktober 1965, 33.

Turner, F. 1984. „Escape from Modernism." *Harper's,* November.

Vitousek, Peter M., Paul R. Ehrlich, Anne H. Ehrlich und Pamela A. Matson. 1986. „Human Appropriation of the Products of Photosynthesis." *BioScience* 34, Nr. 6, 368–73.

Wilkinson, Richard. 1973. *Poverty and Progress: An Ecological Perspective on Economic Development.* New York: Praeger.

Weltbank. 1988. „Ecuador: Country Economic Memorandum 1988." Washington, D. C.: World Bank.

ZUM AUTOR

Herman Edward Daly ist Wirtschaftswissenschaftler und arbeitete von 1988–1994 in der Weltbank; er lehrt mittlerweile an der Universität von Maryland. 1987 gründete er gemeinsam mit Gleichgesinnten ein eigenes Journal und die Internationale Gesellschaft für Ökologische Ökonomie. Träger des Alternativen Nobelpreises.
Veröffentlichungen zum Thema Umwelt und nachhaltige Entwicklung u. a.: „Steady-State Economics“, „Population, Technology, and Lifestyles: The Transition to Sustainability“, „Natural Capital and Sustainable Development“, „For the Common Good“.